Ötztal

Pitztal

Raphaela Moczynski und
Mag. Thomas Schmarda

GPX-Daten zum Download

www.kompass.de/wanderfuehrer

Kostenloser Download der GPX-Daten der im Wanderführer enthaltenen Wandertouren.

AUTOREN

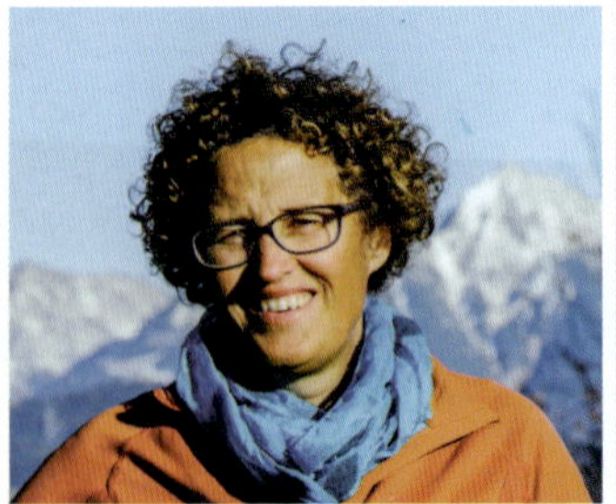

Raphaela Moczynski ist Geografin und lebt seit über 20 Jahren auf dem Mieminger Plateau – in Blickweite von Faltegartenköpfl und Pirchkogel. Wann immer es geht, ist sie zu allen Jahreszeiten in den Bergen unterwegs. Besonders liebt sie die Hüttentouren, die den Alltag vergessen lassen. Begeistert ist sie von der einzigartigen Lage einiger Hütten im Ötztal wie etwa der Hochstubaihütte, dem Brunnenkogelhaus oder dem Ramolhaus.

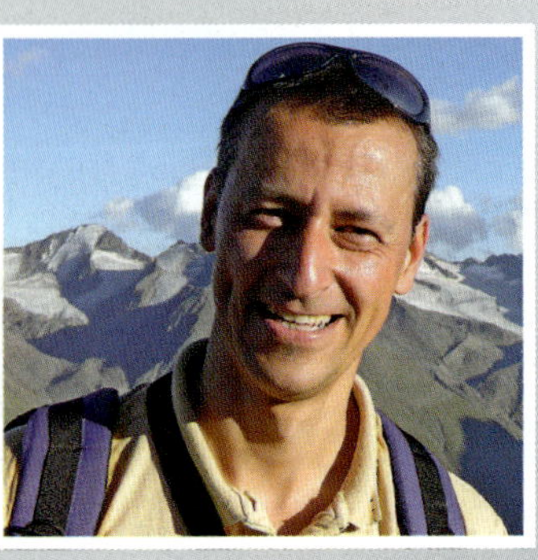

Thomas Schmarda ist Geschäftsführer des Naturparks Ötztal. Er ist Autor des Einleitungstextes über den Naturpark und hat die Themenkästen über Tiere und Pflanzen gestaltet. Als zoophiler Biologe schätzt er die landschaftliche und insbesondere die naturkundliche Vielfalt des Ötztals auf engem Raum – am Vormittag das Gipfelglück auf einem 3000er genießen und am Nachmittag mit der Familie am Piburger See schwimmen gehen. Dies macht für ihn den Reiz und die Schönheit dieser einmaligen Naturpark-Landschaft aus.

VORWORT

Das Ötztal zählt zu den bekanntesten Tälern Tirols und ist ein erstklassiges Wandergebiet. Das rund 65 km lange, von Gletschern geformte Tal wird von diesen auch heute noch geprägt. Majestätisch ist der stark vergletscherte Hauptkamm, erschreckend klein die schwindenden Gletscher am Geigenkamm.

Wer den besiedelten Talboden verlässt, taucht in eine einzigartige Hochgebirgswelt ein, die oberhalb der Almen von wilder, fast schon archaischer Schönheit und Unberührtheit ist. Um so einladender sind die vielen Schutzhütten und Almen, die den Wanderer willkommen heißen und mit Tiroler Schmankerln verwöhnen. Sie werden im Buch vorgestellt und sollen Lust machen auf einen Tagesbesuch oder eine Hüttentour.

So faszinierend die Gipfel und Panoramablicke sind: Es lohnt sich immer wieder auch der Blick aufs Kleine – die bunt leuchtenden Flechten und Bergblumen auf Wiesen oder in Felsspalten, die rauschenden Bergbäche und tosenden Wasserfälle, die Tiere. Deshalb bietet

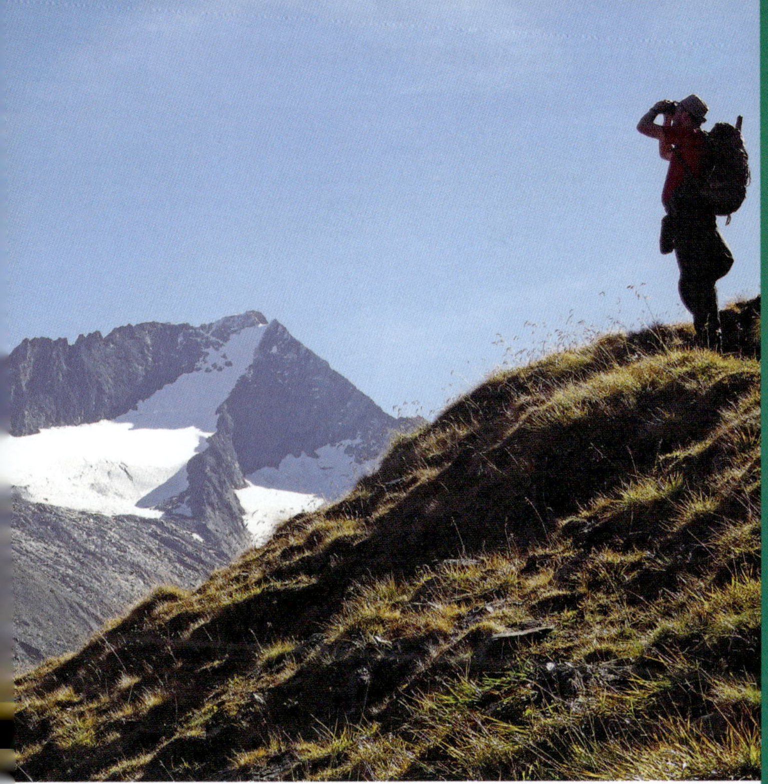

das Buch neben den Informationen eines klassischen Wanderführers zu einigen Touren zusätzliche naturkundliche Informationen.

Das Pitztal hat seinen ganz eigenen Charakter, es ist bis auf das Gletscherskigebiet im Talschluss noch eine sehr ursprüngliche Gebirgslandschaft. Vom schmalen Talboden steigen steile Felswände auf, unterbrochen nur von eindrucksvollen Wasserfällen und Murenstrichen. Der Weg ist weit zu den Almen und noch weiter zu den Gipfeln. Einsam ist es oben und so trifft man mit etwas Glück auf Steinböcke, von denen rund 1200 den Kaunergrat bevölkern. Im neu eröffneten Steinbockzentrum im Pitztal lassen sie sich aus der Nähe beobachten.

Genießen Sie die grandiose Tiroler Berglandschaft, freuen Sie sich über einen Bergtag in einem der einsamen Hochtäler und das Gefühl der Zufriedenheit, wenn Sie erfolgreich einen Gipfel bestiegen haben. Weit reicht der Blick und so findet sich schnell ein neues Ziel.

Wir wünschen Ihnen erlebnisreiche Tage im Naturpark Ötztal und im benachbarten Pitztal.

Raphaela Moczynski
Mag. Thomas Schmarda

INHALT UND TOURENÜBERSICHT

AUFTAKT

ANHANG

km	h	hm	hm									Karte
8,2	3:15	550	550	✓			✓	✓	✓		✓	35
4,9	1:45	275	250	✓	✓		✓		✓		✓	43
5,7	3:20	650	650	✓	✓	✓	✓	✓			✓	43
11,2	5:45	875	875	✓	✓	✓	✓	✓			✓	43
6,3	1:30	170	170	✓	✓		✓		✓		✓	43
12,7	5:30	900	900	✓	✓						✓	43
7	3:45	835	835	✓	✓		✓	✓			✓	43
10,8	3:15	836	836	✓	✓		✓		✓	✓	✓	43
7,5	4:15	780	780	✓	✓		✓	✓			✓	43
13,2	5:40	1050	1050	✓	✓						✓	43
14,3	5:15	900	900	✓	✓		✓		✓		✓	43
21,6	8:30	1490	1490	✓	✓		✓	✓			✓	43
8,5	4:50	1621	78	✓	✓		✓				✓	43
6,7	3:00	190	190	✓	✓						✓	43
9,5	5:00	850	1200	✓	✓			✓			✓	43
11,3	5:30	932	932	✓	✓		✓		✓		✓	43

INHALT UND TOURENÜBERSICHT

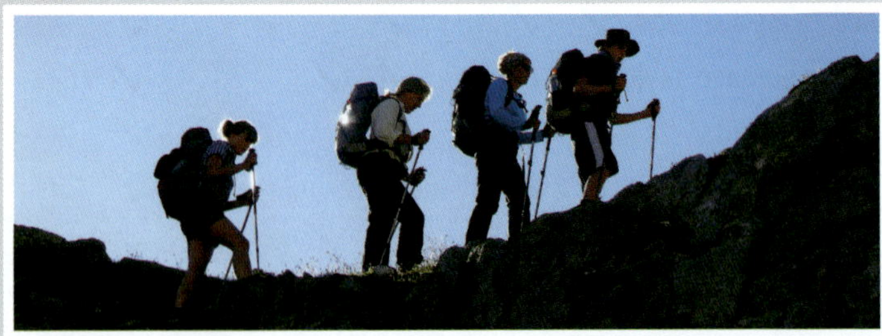

Unter dem Dreirinnenkogel unweit der Erlanger Hütte.

km	h	hm	hm	P								Karte
10	5:40	854	900	✓	✓						✓	43
6,2	1:50	265	265	✓	✓		✓		✓		✓	43
12,2	5:20	980	980	✓	✓		✓	✓			✓	43
10,3	4:35	560	835	✓	✓						✓	43
12,4	3:40	540	540	✓	✓		✓		✓	✓	✓	43
10,3	4:30	860	860	✓	✓		✓				✓	43
12,5	6:40	1424	1424		✓		✓	✓			✓	042
11,7	6:00	1275	472		✓		✓				✓	042
14,7	7:10	705	1637	✓	✓		✓	✓			✓	042
12,2	7:00	740	1310	✓	✓		✓	✓			✓	042
11,7	5:45	690	1280	✓	✓		✓				✓	042
3,1	1:15	70	155	✓	✓		✓			✓	✓	042
14,2	5:00	526	1250	✓	✓	✓	✓				✓	042
10,3	3:00	700	25		✓		✓				✓	042
7,4	3:30	1000	20	✓	✓							042

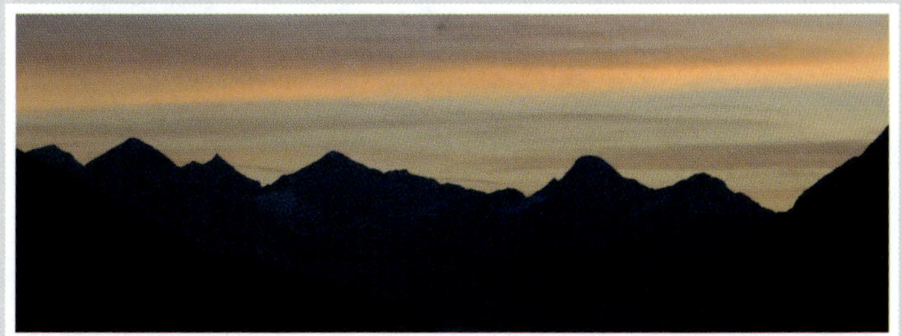

Abendstimmung.

INHALT UND TOURENÜBERSICHT

GURGLER TAL

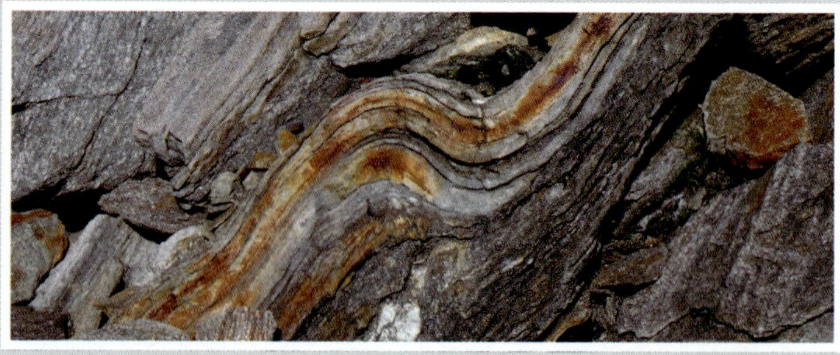

Die Natur als Künstlerin – eindrucksvolle Falte an der Kraspesspitze.

km	h	hm	hm									Karte
13,4	4:40	190	1093	✓	✓	✓	✓				✓	042
5,5	3:00	495	495	✓	✓		✓		✓		✓	042
5,3	1:30	135	135	✓	✓		✓		✓	✓	✓	042
12,4	3:50	520	520	✓	✓		✓				✓	43
9,6	5:25	1110	1110	✓	✓		✓	✓			✓	042
22,3	7:50	733	1189	✓	✓	✓	✓				✓	042
25,6	8:00	1230	1230	✓	✓		✓				✓	042
14,8	6:45	1100	1100	✓	✓		✓				✓	042
17,7	6:40	862	862	✓	✓		✓				✓	042
8	2:45	250	960	✓	✓		✓					042
12,6	5:15	906	906	✓	✓						✓	042
12	4:30	750	750	✓	✓							042
15,9	5:20	825	825	✓	✓	✓	✓				✓	042
11,2	5:20	1100	1100	✓	✓	✓	✓	✓			✓	042

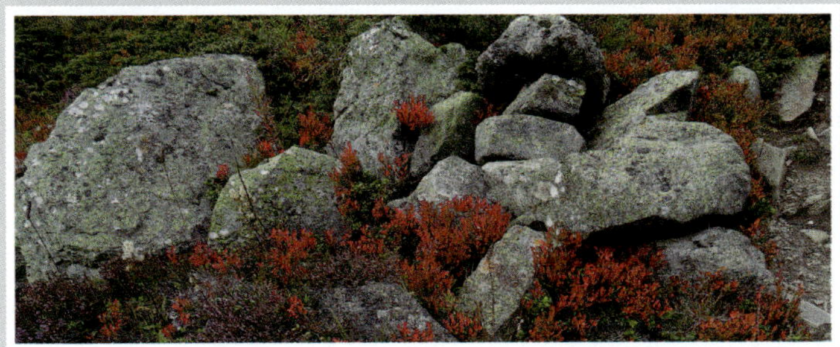

Farbenfroher Herbst auf dem Weg zur Gurgler Seenplatte.

INHALT UND TOURENÜBERSICHT

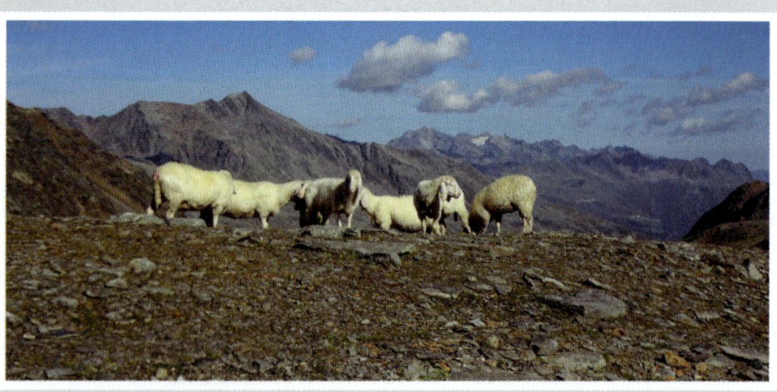

Schafe am Königsjoch.

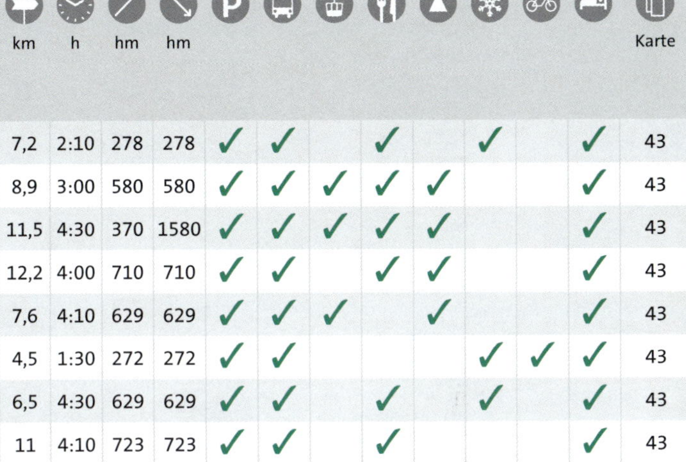

km	h	hm	hm									Karte
7,2	2:10	278	278	✓	✓		✓		✓		✓	43
8,9	3:00	580	580	✓	✓	✓	✓	✓			✓	43
11,5	4:30	370	1580	✓	✓	✓	✓	✓			✓	43
12,2	4:00	710	710	✓	✓		✓	✓			✓	43
7,6	4:10	629	629	✓	✓	✓		✓			✓	43
4,5	1:30	272	272	✓	✓				✓	✓	✓	43
6,5	4:30	629	629	✓	✓		✓		✓		✓	43
11	4:10	723	723	✓	✓		✓				✓	43
5,9	1:50	495	495	✓	✓		✓			✓	✓	43
6,8	4:00	925	925	✓	✓		✓				✓	042
13,6	7:30	1130	1130	✓	✓		✓				✓	43
16,7	8:15	986	1575	✓	✓	✓	✓				✓	042
13,7	8:45	1386	1480	✓	✓		✓				✓	042
9	4:00	430	275	✓	✓	✓	✓				✓	042
11,3	6:00	870	870	✓	✓			✓			✓	042

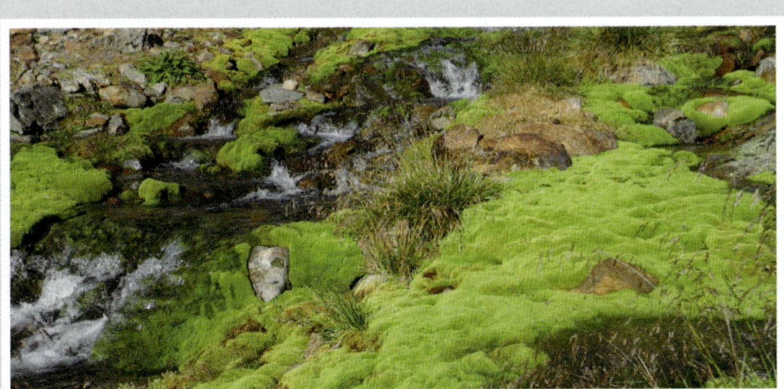

Kleine Schönheiten auf dem Weg zum Wurmtaler Kopf.

GEBIETSÜBERSICHTSKARTE

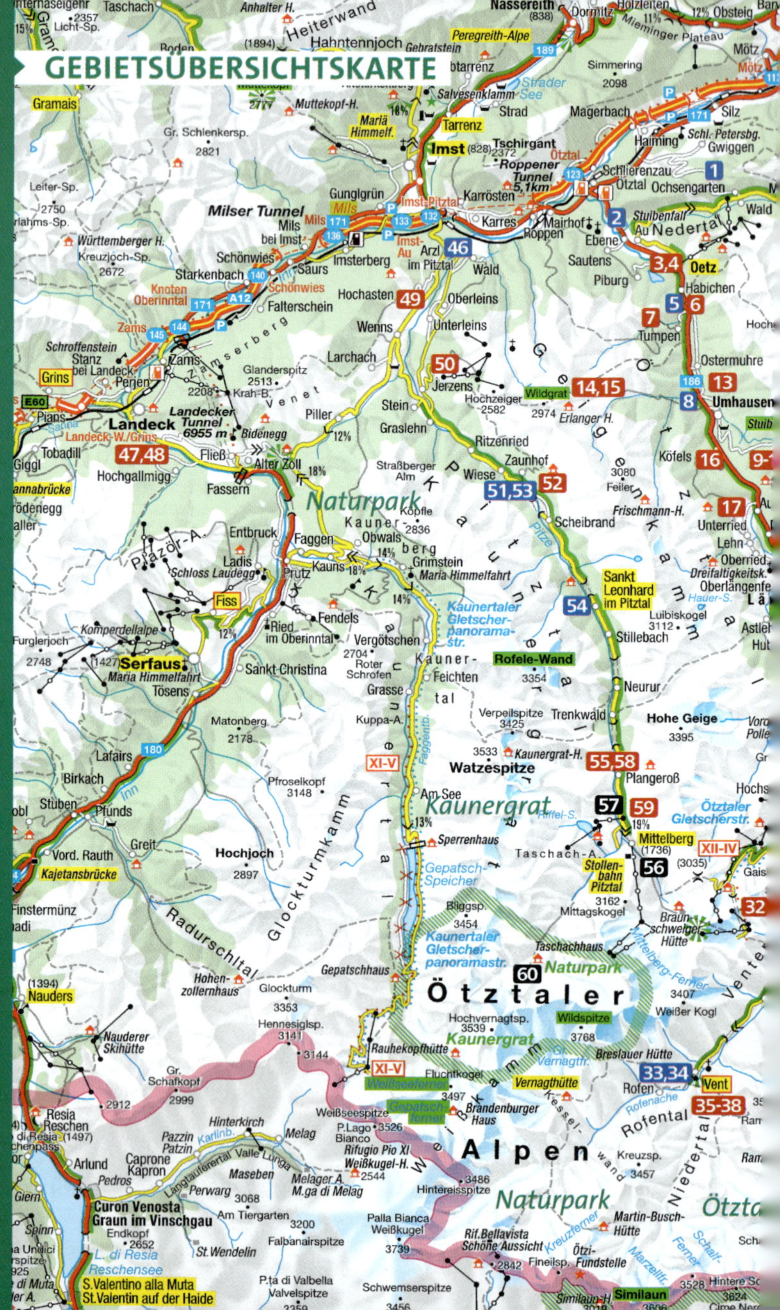

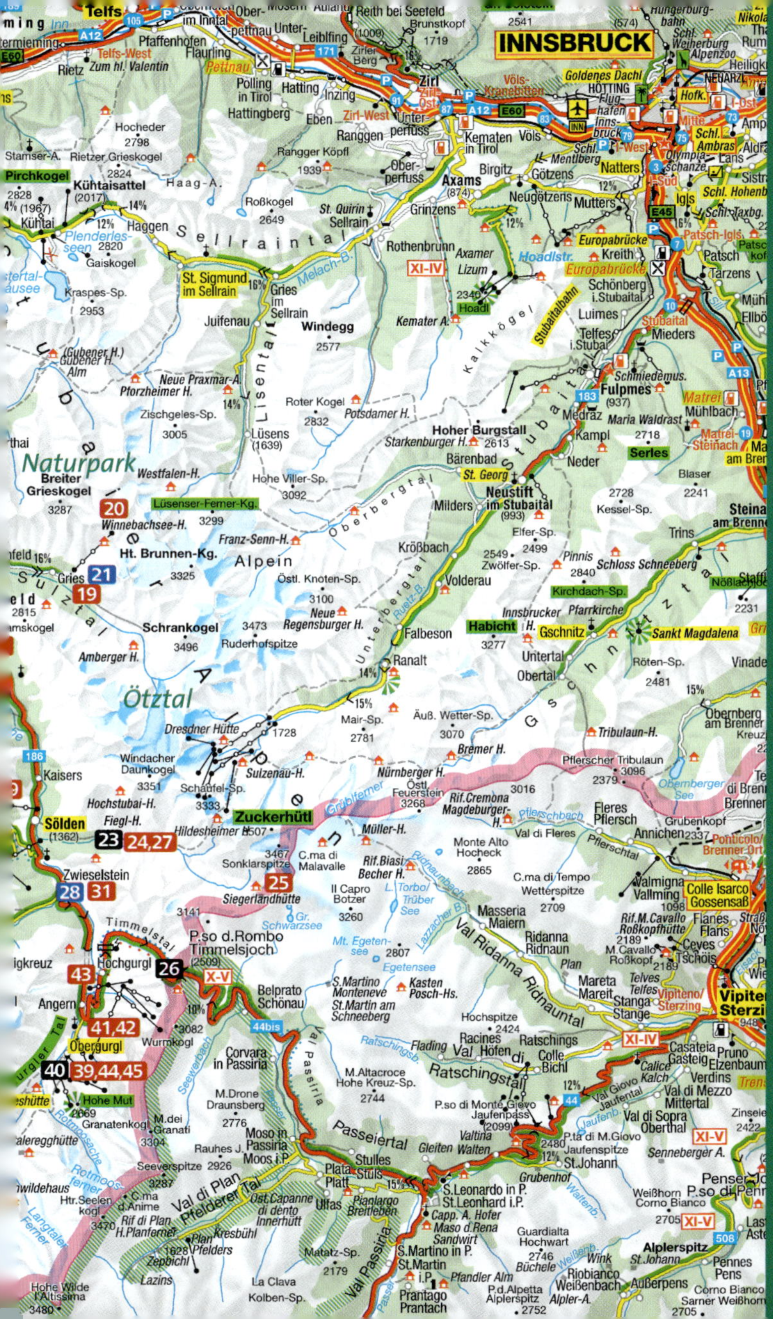

INNSBRUCK
Telfs
Zirl
Kematen in Tirol
Axams
Völs
Götzens
Mutters
Natters
Igls
Patsch
Sellraintal
St. Sigmund im Sellrain
Gries im Sellrain
Kühtaisattel
Kühtai
Lüsens
Lisental
Fulpmes
Telfes i.Stubai
Mieders
Schönberg i.Stubaital
Neustift im Stubaital
Stubaital
Oberbergtal
Unterbergtal
Falbeson
Ranalt
Gschnitz
Gschnitztal
Habicht
Serles
Steinach am Brenner
Naturpark
Ötztal
Stubaier Alpen
Zuckerhütl
Sölden
Zwieselstein
Hochgurgl
Obergurgl
Timmelsjoch
P.so d.Rombo
Moso in Passiria
Moos i.P.
Passeiertal
Val Passiria
S.Leonardo in P.
St.Leonhard i.P.
S.Martino in P.
St.Martin i.P.
Val Ridanna
Ridnauntal
Ratschingstal
Vipiteno/Sterzing
Colle Isarco
Gossensaß
Pflersch
Val di Fleres
Pfelderer Tal
Val di Plan
Jaufenpass
P.so di Monte Giovo

DAS GEBIET

Das Ötztal

Das längste Seitental des Inns ist vom Taleingang bei Ambach bis nach Obergurgl rund 65 km lang – eingerahmt von fast 260 Dreitausendern. Das Ötztal markiert die Grenze zwischen Stubaier Alpen im Osten und Ötztaler Alpen im Westen.

Das schlauchförmige Tal, das sich in südöstlicher Richtung zum Alpenhauptkamm zieht, hat einige, wenn auch kurze Seitentäler: Von Nord nach Süd sind das auf der Ostseite das Nedertal (Nederbach), das Horlachtal (Horlachbach), das Sulztal (Fischbach) und das Windachtal (Windache). Auf westlicher Seite sind die wichtigsten Zuflüsse der Ache der Tumpenbach (Tumpental), der Leiersbach (Leierstal bzw. Fundustal), der Leckbach (Breitlehntal), der Pollesbach (Pollestal) und der Rettenbach (Rettenbachtal).

Bei Zwieselstein teilt der 3163 m hohe Nederkogel das Ötztal, nach Südwesten zweigt das Venter Tal ab, das sich bei Vent wiederum ins Rofental und Niedertal aufspaltet, nach Süden zieht das Gurgler Tal.

Der eiszeitliche Ötztalgletscher hobelte das Tal tief aus und schuf ein typisches Trogtal mit Wänden, die vom Talboden steil in die Höhe steigen (etwa die Engelswand bei Tumpen). Hoch über dem Talboden enden heute Hochtäler und Kare, ihr Wasser stürzt als imposante Wasserfälle zu Tal. Diese Topografie macht das Wandern vom Talboden auch so anstrengend, ist man doch schon zwei Stunden zu den Almböden unterwegs, über denen oft erst die eigentlichen Gipfel aufragen. Aus diesem Grund

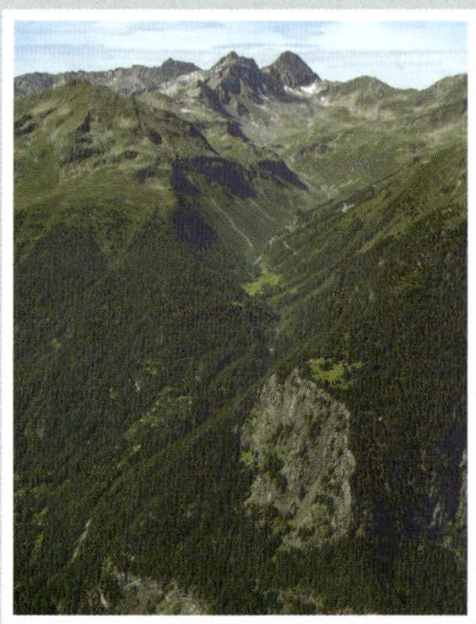

Das Tumpental mit Armelenwand.

werden auch viele „strategisch" günstig gelegene Almen als Startpunkte für Wanderungen mit Hüttentaxis und Wanderbussen angefahren.

Anders als das Pitztal gliedert sich das Ötztal in fünf Talstufen, deren Entstehung zum Teil auf postglaziale Bergstürze zurückgeht, zum anderen auf die Arbeit der Gletscher. Jedes der Talbecken wird vom nächsten durch steile Felsriegel getrennt, durch die sich die Ötztaler Ache meist schluchtartig ihren Weg gebahnt hat.

Typisch für die Talstufen sind die von Bergbächen ins Tal geschobenen Schwemmkegel, auf denen die Bevölkerung Siedlungen errichtete, etwa in Sautens und Umhausen. Die Bevölkerung musste damals die Risiken zwischen Überflutungen durch Hochwasser und Vermurung durch anschwellende Bergbäche nach Starkregenereignissen abwägen und entschied sich für die Schwemmkegel.

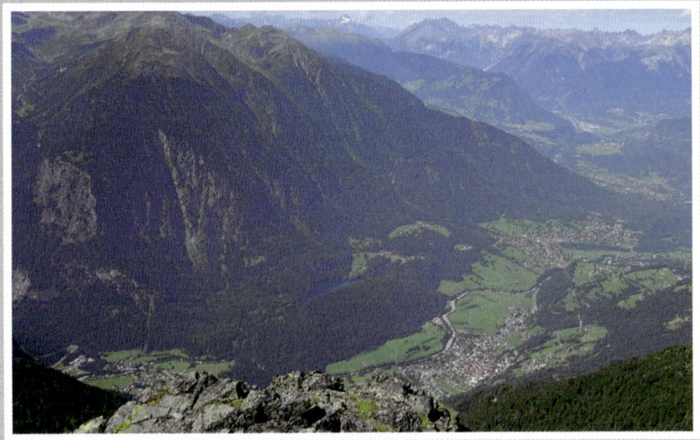

Blick vom Wetterkreuzkogel: Piburg-Habichen-Bergsturz und Piburger See.

So blieb es unvermeidlich, dass es immer wieder zu starken Zerstörungen der Dörfer in den letzten Jahrhunderten kam, von denen die Chroniken berichten.

Die Talstufen

Auf der **ersten Talstufe** liegen Ambach, Sautens, Oetz (mit schönem Ortskern), Habichen und der idyllisch gelegene Piburger See. Über diesen Orten thront der 3007 m hohe Acherkogel, der nördlichste Dreitausender Tirols. Von seinem Gipfel bis zum Talboden besteht ein Höhenunterschied von 2000 m. Vom Kühtai zieht sich das Nedertal bis nach Ambach, wo sich der Nederbach durch die Auer Klamm den Weg zur Ache gebahnt hat. Der Weiler Oetzerau wiederum liegt auf einem alten Talboden der Ötztaler Ache – etwa 250 m über dem heutigen Niveau.

Zwischen Habichen und Tumpen überwindet die Ache in den Achstürzen einen Höhenunterschied von rund 80 m, die nördlichsten Stromschnellen lassen sich von der Wellerbrücke aus auf dem Weg zum Piburger See bewundern. Die Steilstufe zwischen der ersten und der zweiten Talstufe ist auf den Piburg-Habichen-Bergsturz zurückzuführen. Bei Habichen findet sich auch das Bergsturzmaterial von der Armelenwand.

Die **zweite Talstufe** beginnt bei Tumpen, an dessen südlichem Ortsende die berühmte Engelswand in den Himmel ragt. Über dieser imposanten Felswand liegt der kleine Weiler Farst, eine der extremsten Wohnlagen des Ötztals. Die Farstrinne, die man auf dem Weg zu den Höfen von Farst quert, ist ein berühmt-berüchtigter Murstrich, der regelmäßig bei schweren Unwettern für Verwüstungen bis zur Bundesstraße sorgte. Rund um Umhausen weitet sich dann das Tal. Der Ort mit einigen hübschen alten Gebäuden war einst das Zent-

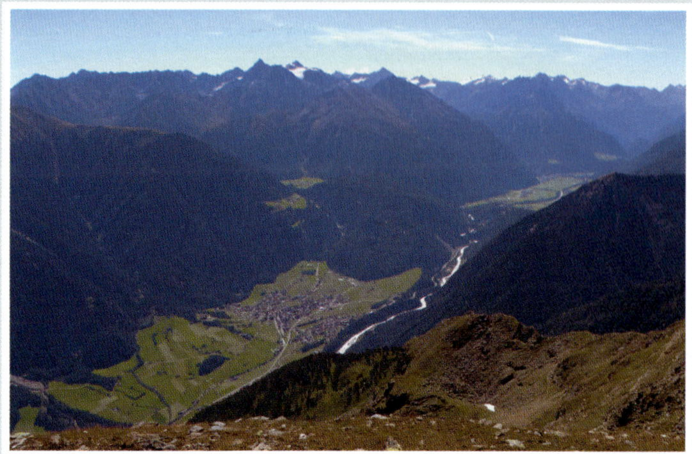

Der Köfler Felssturz mit Tauferberg und Maurachklamm.

rum des Ötztaler Flachsanbaus. Da er in den letzten Jahrhunderten immer wieder von Muren heimgesucht und zum Teil zerstört wurde, begann man Ende des 18. Jh. mit dem Bau einer neuen Siedlung – Neudorf auf der westlichen Seite der Bundesstraße. Die Naturkatastrophen spiegeln sich auch in Ortsnamen wie Östermuhre oder Muhre. Größte Attraktion des Dorfes ist der Stuibenfall am Ausgang des Horlachtals. Nach einem tragischen Steinschlagereignis mussten massive Eingriffe zur Hangsicherung unternommen werden, durch die der Wasserfall viel von seiner ursprünglichen Schönheit verloren hat.

Die zweite Talstufe wird von der dritten durch das Bergsturzgelände des Köfler Bergsturzes getrennt. Gewaltige Felsmassen haben nicht nur eine Barriere quer durch den Talboden gelegt, sondern sich bis weit ins Horlachtal geschoben und den Tauferberg aufgetürmt. Eindrucksvoll ist die Fahrt durch das sogenannte „Maurach", dem ehemals verschütteten Abschnitt der Ötztaler Ache. Hier sind die Hänge bis heute in Bewegung...

Das Längenfelder Becken bildet die **dritte Talstufe**. Dabei handelt es sich um den Seeboden der nach dem Köfler Bergsturz aufgestauten Ötztaler Ache, die sich erst einen neuen Weg durch das Bergsturzgelände graben musste. Bis zum 10. Jh. lag hier der nur allmählich versiegende See. 1,5 km breit und 8 km lang ist die Ebene, die sich von der Nösslachkapelle bei Winklen bis Huben zieht und auf dieser Strecke nur 50 m ansteigt. Wer genau hinschaut, wird feststellen, dass es nur wenige Schuttkegel im Talboden gibt, stattdessen aber steil vom Talboden aufragende Wände. Markanter Blickfang bei der Fahrt talein-

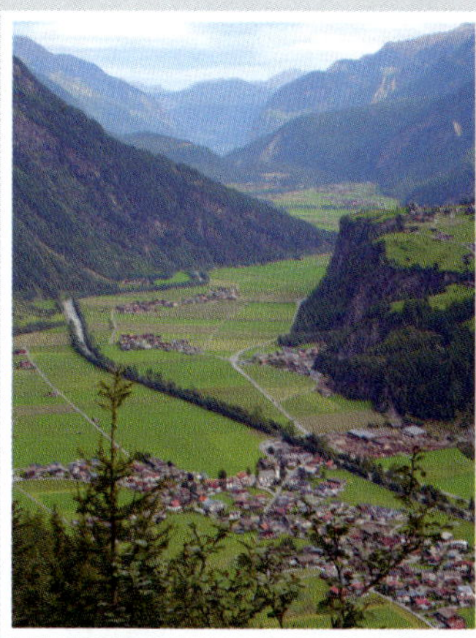

Die Längenfelder Talstufe mit dem Burgsteinplateau.

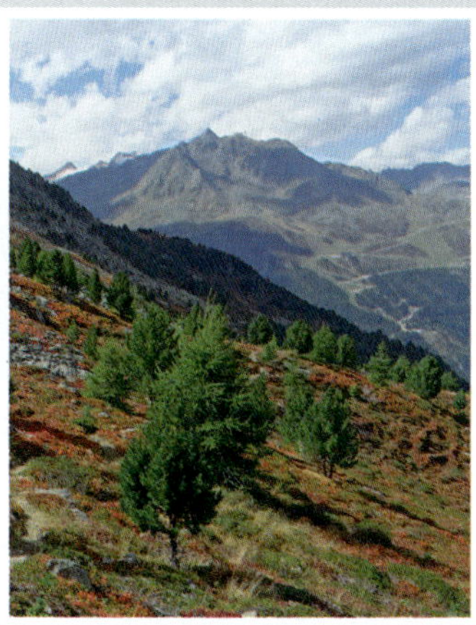

Blick aus dem stillen Windachtal hinüber ins Skigebiet von Sölden.

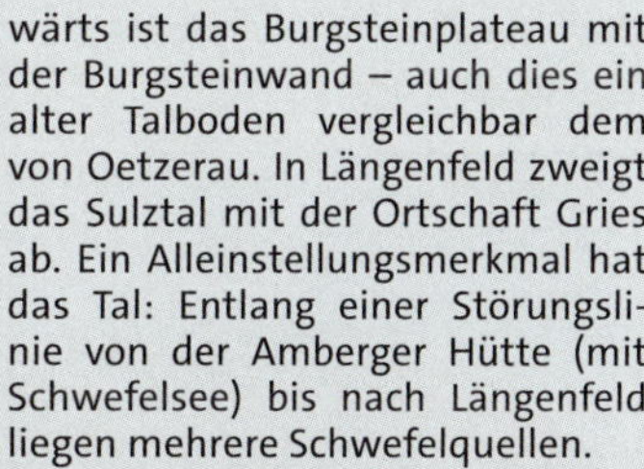

wärts ist das Burgsteinplateau mit der Burgsteinwand – auch dies ein alter Talboden vergleichbar dem von Oetzerau. In Längenfeld zweigt das Sulztal mit der Ortschaft Gries ab. Ein Alleinstellungsmerkmal hat das Tal: Entlang einer Störungslinie von der Amberger Hütte (mit Schwefelsee) bis nach Längenfeld liegen mehrere Schwefelquellen.

6 km lang zieht sich die Fahrt von Huben bis Kaisers am Anfang der Talebene von Sölden, auf dieser Strecke ist das Tal – einmal abgesehen von Aschbach – kaum besiedelt. Auf der **vierten Talstufe** liegt Sölden, das international bekannte Skizentrum des Ötztals. Seine beiden erschlossenen Gletscher Rettenbach- und Tiefenbachferner sorgen für sichere Skiverhältnisse auch in schneearmen Jahren. In Sölden mündet von Osten das einsame Windachtal in die Talstufe ein.

Südlich von Sölden folgt auf eine weitere Engstelle, die Kühtrainschlucht, die **fünfte** und kleinste **Talstufe** bei Zwieselstein. Hier teilt sich das Tal in das Venter und Gurgler Tal.

Gurgler Tal

Der Höhenunterschied vom Gurgler Tal zur Zwieselsteiner Talstufe beträgt rund 150 m. Vom 7 km langen Gurgltal (gerechnet von der Schlucht oberhalb von Zwieselstein bis zu den Almböden) zweigt nach Südosten der wichtigste Übergang nach Südtirol ab, das Timmelstal. Im Tal ist auch die glaziale Überformung am prägnantesten ausgebildet: Hier findet man auf der östlichen Talseite eine lange, breite und flache Trogschulter, auf der besuchenswerte Seen wie der Nedersee und die Gurgler Seenplatte liegen. Auf etwa 2600 m liegt das Gletschertor des Gurgler Ferner. Auf östlicher Seite gibt es mehrere Seitentäler, darunter das Rotmoos- und

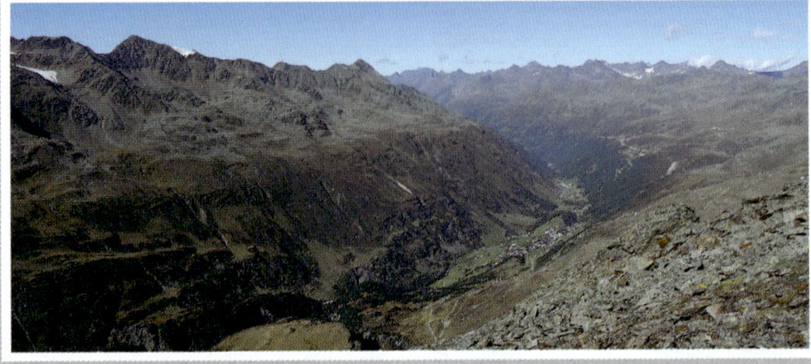

Gurgler Tal mit der markanten Trogschulter auf der westlichen Talseite.

das Gaisbergtal. Hochgurgl liegt an der Timmelsjoch Hochalpenstraße.

Venter Tal

Das rund 14 km lange Tal ist ein relativ steiles, häufig von Lawinen bedrohtes Tal, das sich erst bei Vent etwas öffnet. Die Siedlungen von Heiligkreuz auf halber Strecke liegen hoch über der Venter Ache, die sich teilweise tief eingeschnitten hat. Südlich von Vent teilt sich das Tal in das Nieder- und das 10 km lange Rofental. Am Talschluss beider Täler gibt es historische Übergänge ins heutige Südtirol.

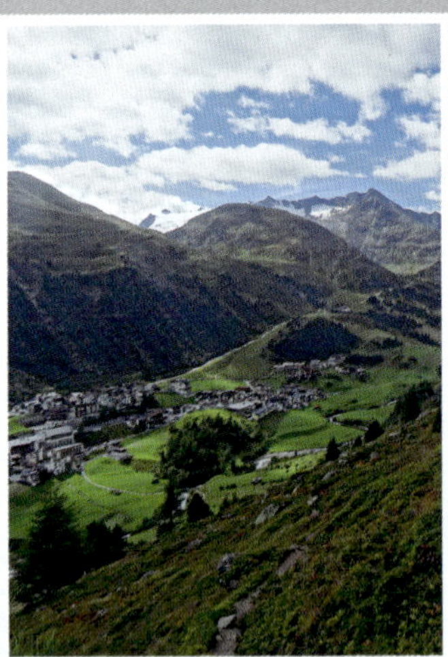

Blick vom Seenplatten-Weg nach Obergurgl und zur Hohen Mut.

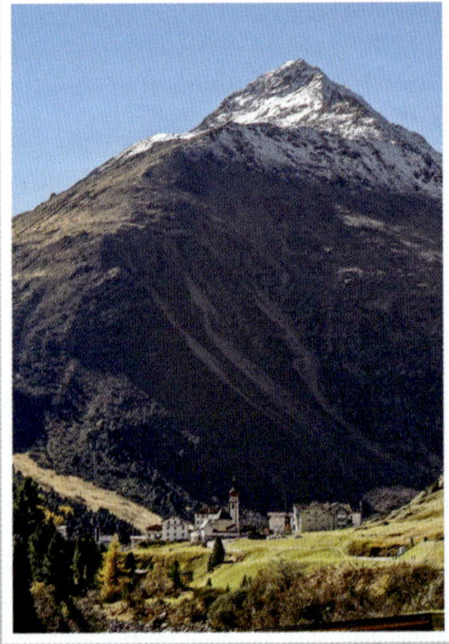

Die Talleitspitze (3406 m) thront über dem Bergsteigerdorf Vent.

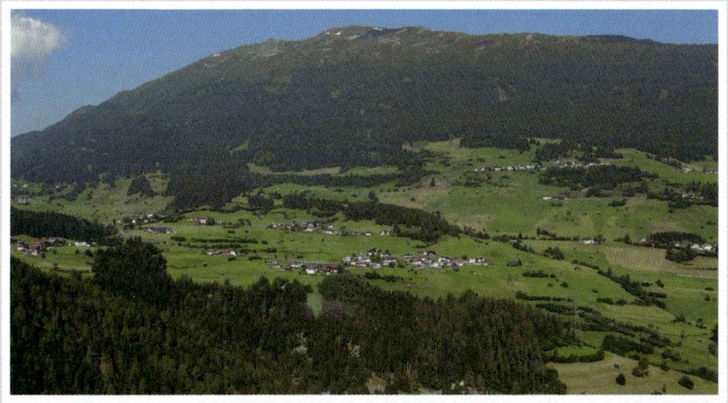

Blick von Jerzens zum Venetmassiv.

Das Pitztal

Das 40 km lange schmale Pitztal ist ein Seitental des Inns, das östlich vom Geigenkamm und westlich vom Kaunergrat begrenzt wird. Durch das Tal fließt die Pitze, die am Mittelbergferner auf über 3000 m entspringt und am Ende der Arzler Pitzeklamm auf rund 700 m in den Inn mündet. Das Pitztal zählt wie das Ötztal zu den inneralpinen Trockentälern. Grund dafür sind die das Tal einrahmenden hohen Gebirgskämme, die sich den feuchten Luftströmungen aus dem Süden als mächtige Barrieren in den Weg stellen und zum Abregnen zwingen. Im Norden halten die Lechtaler Alpen die aus dem Norden einströmenden Luftmassen ab.

Im äußeren Pitztal mit den Ortschaften Arzl, Wald, Wenns und Jerzens präsentiert sich die Tallandschaft noch weit und zum Inntal hin offen, die genannten Ortschaften liegen in sanft geneigten Bergflanken und ziehen sich weit den Berg hinauf. Hier findet man eine klassische alpine Kulturlandschaft mit Weilern, verstreut liegenden Höfen, Bergwiesen und Feldern, auf denen alle Getreidesorten und Kartoffeln angebaut werden. Viele Höfe werden aber nur noch als Nebenerwerbswirtschaft betrieben. Dank des günstigen Klimas wachsen viele Obstbäume. Der Hauptort ist Wenns an der Abzweigung zur Pillerhöhe. Insgesamt gehören 25 Weiler am Südhang des Venet und im Pillertal zur Gemeinde Wenns.

Während auf östlicher Seite die Skiberge Hochzeiger und Sechszeiger die eindrucksvolle Kulisse bilden, ist es auf der westlichen Seite das waldfreie Venetmassiv. An seiner Südseite liegen nicht nur zahlreiche Almen, sondern auch das Naturdenkmal Pillermoor. Die Verbindung vom Pitztal über den Piller Sattel nach Prutz ist übrigens darauf zurückzuführen, dass der Inntalboden in den Zwischeneiszeiten einmal sehr viel höher lag und der Inn über den Pillersattel bis Wald geflossen ist.

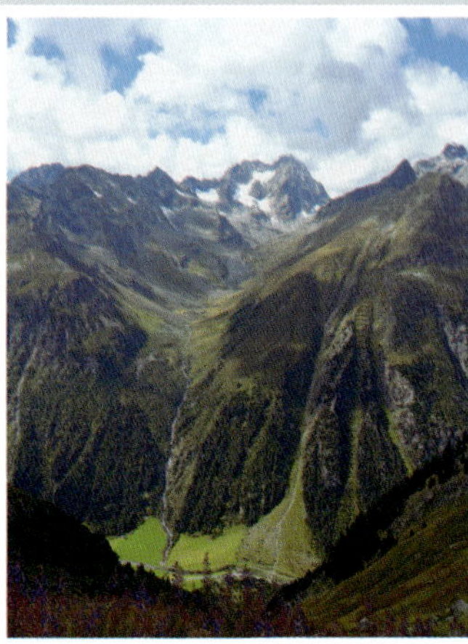

Gewaltige Höhenunterschiede von Plangeross hinauf zur Watzespitze.

Innerpitztal

Bei Jerzens zeigt sich ein markanter Wechsel des Untergrunds von Kalk zu hartem Gneis. Unmittelbar hinter dem Ort beginnt das Innerpitztal mit einer Engstelle. Aber auch auf den folgenden fast 30 km bis Mittelberg behält es seinen schluchtartigen Charakter. Kontinuierlich leicht ansteigend zieht es sich in südöstlicher Richtung bis Mittelberg. Dort teilt der Mittagskogel das Tal in das Mittelberg- und das Taschachtal. Den grandiosen Schlussstrich setzt der von der Wildspitze nach Norden ziehende 20 km lange Weißkamm, unter dem der mächtige Mittelbergferner und der Taschachferner liegen.

Ab Zaunhof hat das Tal den klassischen, vom Gletscher geschaffenen Charakter eines Trogtals (U-Form). Die steil vom Talboden aufsteigenden Flanken und Wände des Geigenkamms im Osten und des Kaunergrats im Westen werden von Muren und Lawinen durchbrochen, die breite Schwemmkegel ins ohnehin schon schmale Tal geschoben haben. Viele dieser Naturereignisse waren hausgemacht, hatte man doch im 19. Jh. die schützenden Bannwälder an den Hängen gerodet. Die Waldgrenze liegt bei 1900 bis 2000 m, darüber befinden sich Almwiesen, Latschenhänge und alpine Matten, auf denen nach oben die mit Schotter gefüllten Kare und Gipfel folgen.

Extrem hoch ist die absolute Höhe zwischen dem Talboden und den Gipfeln, von denen viele die Dreitausendermarke knacken. So überraschen auch die vielen Wasserfälle nicht – insgesamt 40 –, die sich auf beiden Seiten zu Tal stürzen und im Winter zu gefrorenen Schönheiten werden. 50 Gletscher speisen die Bergbäche, die der Pitze das Wasser zuführen.

Alle Weiler im Innerpitztal gehören zur Gemeinde St. Leonhard, mit 22 km eine der längsten Gemeinden Österreichs. Im Winter ist es dunkel im Tal, die Sonnenscheindauer in den zwischen 1100 und 1700 m Höhe liegenden Ortschaften liegt bei zeitweise bei nur ein bis zwei Stunden. Die extremen Lebensbedingungen, die jahrhundertelange Teilung des Grunds unter den Erben, die bald kein Auskommen mehr mit ihrem Boden hatten, führte zu einer massiven Abwanderung der Bevölkerung. Viele verdingten sich den Sommer über außerhalb des Tals. Auch deshalb blieb das Innerpitztal – früher der Almgrund von Imst – lange vor einer Erschließung verschont. 1923 wurde

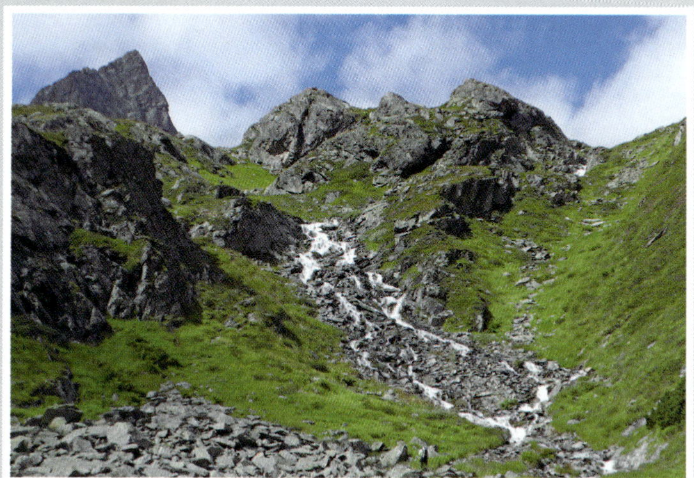

Blick zum Geigenkamm beim Abstieg vom Mittelberglesee.

der erste Straßenabschnitt bis Wenns eröffnet, ab 1933 führte die Talstraße bis St. Leonhard, ab 1956 schließlich bis Mittelberg. 1983 begann mit dem Bau der Stollenbahn ein neues Zeitalter: War das Innerpitztal bis dahin extrem arm und abgelegen und bestand lediglich aus Weilern mit einigen Höfen, wurden nun mehr und mehr Unterkünfte für den Sommer-, vor allem aber für den Wintertourismus errichtet. Heute muss man die schönen alten Höfe mancherorts schon suchen. Mandarfen ist sogar eine reine Hotelsiedlung.

Nach dem Zweiten Weltkrieg setzte die touristische Erschließung ein und beschränkt sich bis heute ausschließlich auf Beherbergungsbetriebe am Talboden, nur am Talschluss finden sich am Gletscher und am Riffelsee Aufstiegshilfen.

Abgesehen von dem durch den Tourismus geprägten Talschluss findet man überall sonst eine durch Bergwege erschlossene, aber ansonsten noch sehr unberührte Gebirgslandschaft mit kristallklaren Karseen und artenreichen Bergwiesen vor. Am Kaunergrat lebt zudem eine große Population von über 1200 Steinböcken, die 1953 wieder eingeführt wurden und auch das Wappentier des Tals sind. Gut beobachten lassen sie sich beispielsweise rund um die Kaunergrathütteund im neuen Tiroler Steinbockzentrum in St. Leonhard.

Gletscherwanderung Pitztal

Eine Wanderung zu Gletscherspalten und Eishöhlen ist auf dem Pitztaler Gletscher möglich. Die Führungen finden an einem Tag (in der Hochsaison auch an zwei Tagen) statt. Start: Bergstation des Gletscherexpress.
www.pitztal.com/de/sommer/highlights/gletscherwanderung

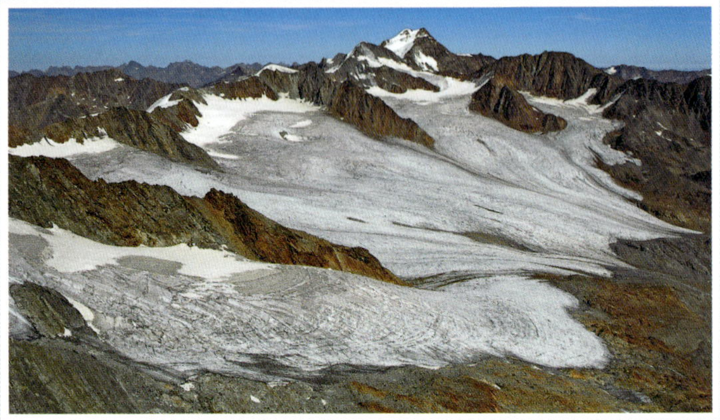

Der Vernagtferner mit Wildspitze.

„Dem Berg ganz nah…“ im Naturpark Ötztal

Das Motto des Naturparks Ötztal vermittelt es eigentlich schon klar: Im Ötztal spürt und sieht man die Berge mit ihrer intensiven naturkundlichen Vielfalt eigentlich permanent, auch wenn man sich noch im Tal befindet – man ist den Bergen und der Natur ganz nah. Und diese Natur im „Tol“ (wie es die Einheimischen nennen) hat wahrlich viel zu bieten. Neben den meist talnahen, intensiv genutzten Gebieten finden sich zahlreiche, weitgehend naturnahe Landschaften mit erstaunlicher botanischer und zoologischer Artenfülle. Idyllische Seen und Moore schmiegen sich in die Landschaft, ausgedehnte Lärchen-Zirben-Wälder breiten sich entlang der Berghänge aus und den fulminanten Abschluss im obersten Stockwerk bilden die mächtigen, rund um die höchsten Gipfel des Hauptkamms thronenden Gletscher. Mächtige Gletscher, naturkundliche Forschung und die lange Besiedelungsgeschichte sind die drei Besonderheiten des Naturparks Ötztal.

Die Gletscher

Die Ötztaler Alpen beherbergen die größten und längsten Gletscher der Ostalpen. Sie sind das augenscheinlichste Spezifikum des Naturparks. 67 Großgletscher, wie z. B. der Vernagtferner oder der knapp 8 km lange Gurgler Ferner, entladen ihre wertvolle Wasserfracht durch das Ötztal. Die aktuell noch vorhandene Gletscherfläche beträgt noch knapp 17 % der gesamten Schutzgebietsfläche (ca. 87 km^2 von 510 km^2). Der Naturpark Ötztal ist alpenweit jenes Schutzgebiet mit dem zweitgrößten Gletscherflächenanteil (nach dem UNESCIO World Heritage Swiss Alps Jungfrau-Aletsch). Damit wird die alpenweite Bedeutung des Naturparks für das Thema Gletscher unterstrichen.

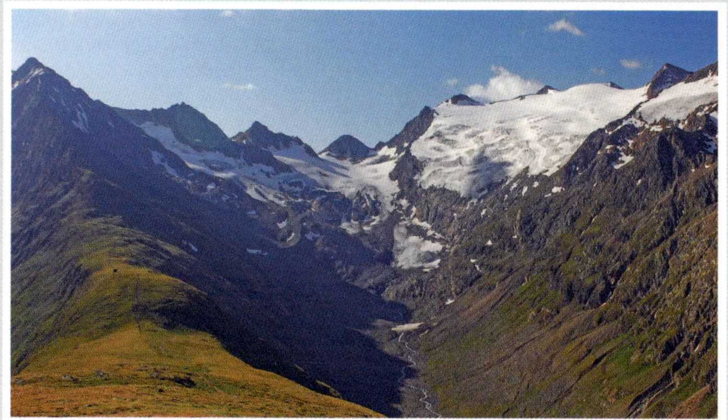

Blick von der Hohen Mut ins Rotmoostal, rechts der Wasserfallferner.

Der Vernagtferner oberhalb von Vent gehört zu den intensivst beforschten Gletschern der Ostalpen. Es stehen 150-jährige Messreihen zur Verfügung, über die auf die Klimaentwicklung rückgeschlossen werden kann. Die Gletscher sind *die* Landschaftsgestalter im Ötztal. Das Ergebnis ihres jahrtausendelangen Wirkens im Rahmen der Eiszeiten ist heute überall im Tal sichtbar. Runde, weiche Landschaftsformen zeugen vom schürfenden Einfluss der Gletscher während der Eiszeit. Die schroffen Gipfel der Höchstlagen überdauerten die Eiszeit hingegen ohne Gletschereinfluss. Sie beherbergen auch heute noch eine ganz speziell angepasste kälteliebende Flora und Fauna.

Die naturkundliche Forschung

Im Ötztal hat die hochalpine, naturkundliche Forschung Tradition. Als „Base-camp“ für die Forscher wirkt die Alpine Forschungsstelle Obergurgl (AFO), eine Außenstelle der Universität Innsbruck. Limnologen, Zoologen, Geologen, Glaziologen, Hydrologen, Botaniker, Lichenologen machen die Gegend rund um Obergurgl unsicher. Die Umgebung von Obergurgl – insbesondere das Rotmoostal – zählt zu den weitum naturkundlich intensivst beforschten Gebieten in den Alpen.

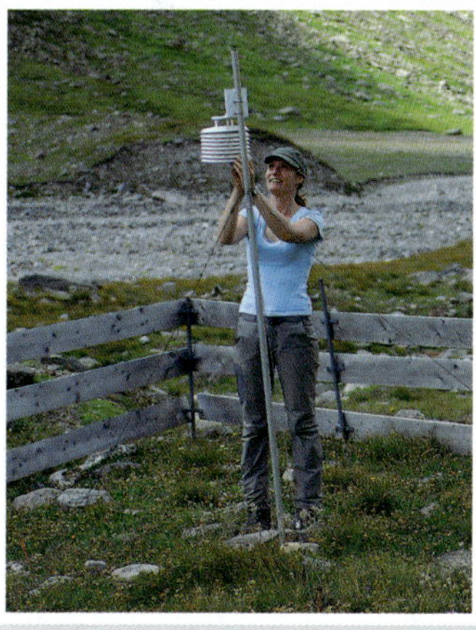

Derzeitige Forschungsschwerpunkte liegen im Bereich von Mensch-Umwelt-Beziehungen, der ökologischen Wiederbesiedelung ehemaliger Gletscherflächen (in Zusammenhang mit „Climate Change") und des Langzeit-Ökosystem-Monitorings in alpinen Hochlagen. Die Schaffenskraft der alpinen Forschung in Obergurgl spiegelt sich in der Anzahl der entstandenen Publikationen wider – über 2500 Publikationen wurden bislang veröffentlicht.

Die hochalpine Besiedlungsgeschichte

Der spektakuläre Fund des Ötzi im Jahre 1991 verhalf dem Wissenschaftszweig der hochalpinen Archäologie zu einem wahren Boom. Zuvor galt das hochalpine Gelände als weißer Fleck in der steinzeitlichen Forschung. Heute ist das Ötztal und seine Umgebung diesbezüglich sicher eine der am besten untersuchten hochalpinen Landschaften.

Neben dem außergewöhnlichen Fund des Ötzi am Tisenjoch auf 3208 m sind der „Beilsteil" südlich von Obergurgl oder der „Hohle Stein" bei Vent hervorzuheben. Es konnte ortsfremdes Material nachgewiesen werden, das knapp 10.000 Jahre alt ist. Somit gibt es im Gebiet nachweisliche Spuren von Menschen, die über 4000 Jahre vor dem Ötzi im Ötztal aktiv waren.

Im Kontext der Besiedelungsgeschichte sind zudem die traditionellen Ötztaler Schaftriebe herausragend. In den Sommermonaten beweiden tausende, zum Großteil aus dem benachbarten Südtirol aufgetriebene Schafe die alpinen Rasen und prägen so die hochalpine Landschaft im Naturpark. Jedes Jahr werden gegen Mitte Juni tausende Schafe von Süden über die Jöcher auf die Sommerweiden des innersten Ötztals getrieben. Mitte September geht es dann wieder zurück nach Südtirol. Dieses jahreszeitliche, saisonale Wandern des Menschen mit dem Vieh wird

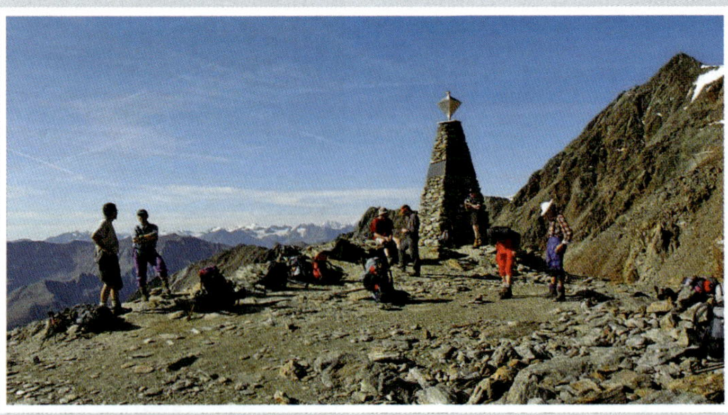

Wanderung zur Ötzi-Fundstelle am Tisenjoch.

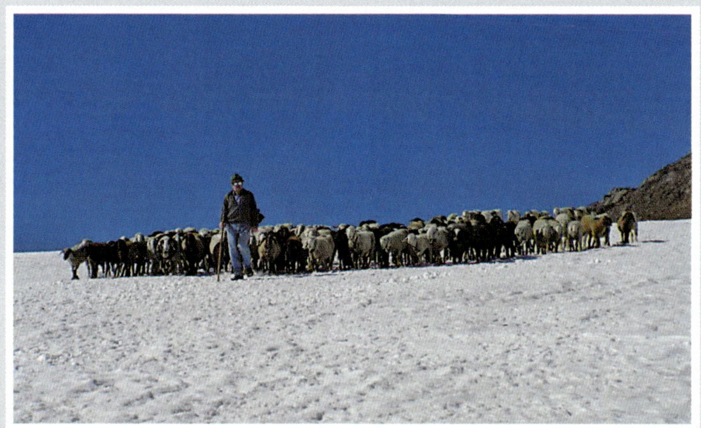

Transhumanz: Im Frühsommer werden die Schafe aus dem Schnalstal über die Gletscher in das Rofental und das Niedertal getrieben.

wissenschaftlich als „Transhumanz" (lat. trans – hinüber, humus – Erdboden, Gegend) bezeichnet. Transhumanz ist eine uralte Form der alpinen Weidewirtschaft und ist heute im Alpenbogen insgesamt rückläufig. Diese Verbindung über die Jöcher spiegelt auch die bis heute enge Beziehung der Schnalstaler und Venter Bevölkerung wider.

Die Natur im Ötztal – Vielfalt auf 3000 m vertikal

Von Ambach am Eingang des Ötztals (750 m) bis hinauf zur Wildspitze (3774 m) durchschreitet der Wanderer alle klimatisch bedingten Vegetationsstufen. Würde man diesen klimatischen Weg in der Ebene durchschreiten, entspräche dies einer Distanz von über 3000 km vom Mittelmeer bis nach Nordskandinavien. Die wechselnden klimatischen Bedingungen nehmen entscheidend Einfluss auf die Pflanzen- und Tiergemeinschaften im Naturpark. Typisch ist jedenfalls eine Abnahme der Arten- und Individuenzahl mit zunehmender Höhe.

Die Pflanzenwelt im Naturpark Ötztal wird durch den Untergrund und die Meereshöhe beeinflusst. In talnahen Bereichen gedeihen die Fichte oder seltener die Weißtanne, an trockenen Stellen die Kiefer. Etwas höher in Richtung Waldgrenze sind die Lärchen-Zirben-Wälder typisch für das Ötztal. Charakteristisch für die Waldgrenze ist die winterfeste Zirbe. Sie überlebt winterliche Frostphasen bis minus 45 °C. Im Unterwuchs des Zirbenwaldes entwickeln sich die Arten, die auch oberhalb der Waldgrenze in den anschließenden Zwergstrauchheiden zu finden sind. Typische Vertreter sind die Heidel-, Preisel- und Rauschbeere oder auch die Rostrote Alpenrose.

NATURPARK ÖTZTAL

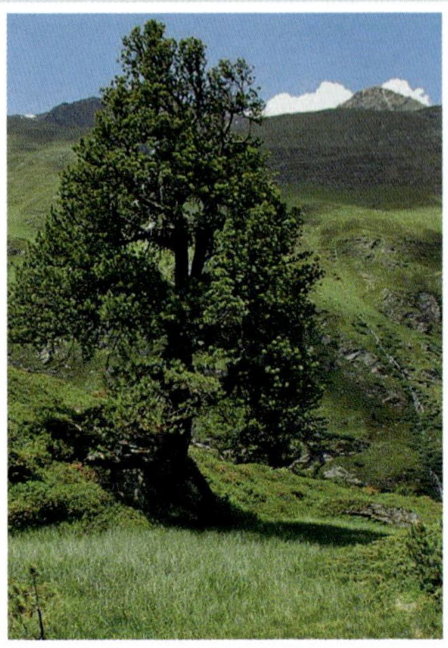

Zirbe.

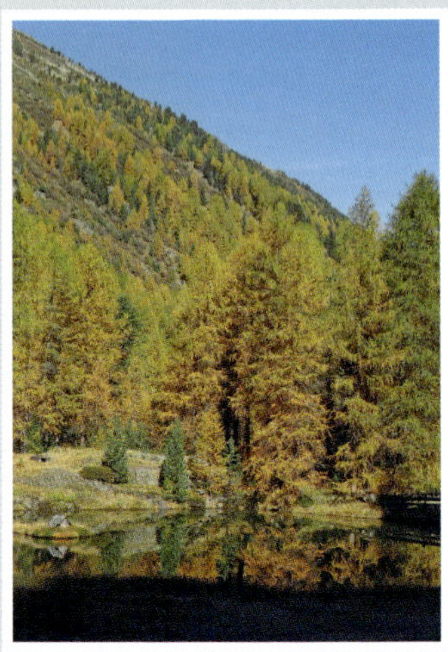

Lärchenwald am Piller See.

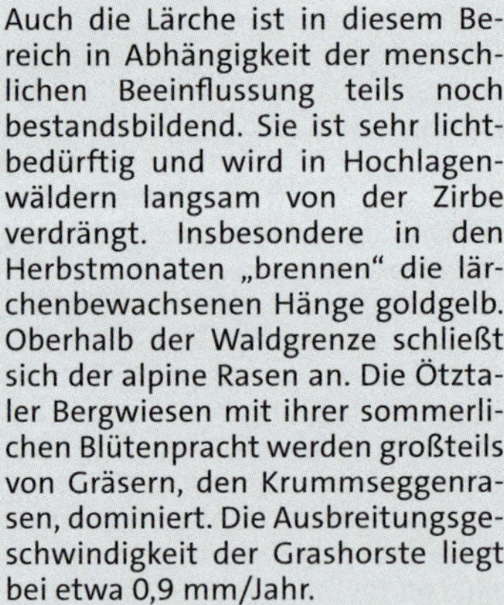

Auch die Lärche ist in diesem Bereich in Abhängigkeit der menschlichen Beeinflussung teils noch bestandsbildend. Sie ist sehr lichtbedürftig und wird in Hochlagenwäldern langsam von der Zirbe verdrängt. Insbesondere in den Herbstmonaten „brennen" die lärchenbewachsenen Hänge goldgelb. Oberhalb der Waldgrenze schließt sich der alpine Rasen an. Die Ötztaler Bergwiesen mit ihrer sommerlichen Blütenpracht werden großteils von Gräsern, den Krummseggenrasen, dominiert. Die Ausbreitungsgeschwindigkeit der Grashorste liegt bei etwa 0,9 mm/Jahr.

Als herausragender botanischer Leckerbissen der alpinen Stufe ist das Vorkommen der Einfachen Mondraute im Ötztal zu bewerten. Diese unscheinbare Farnpflanze ist europaweit hochgradig bedroht und kommt nur mehr an wenigen Standorten isoliert im Raum Vent vor. Die ausdauerndsten und widerstandsfähigsten Bewohner der Hochlagen sind aber die Flechten. Gewisse Flechten haben laut Experten vermutlich ein Alter, das auf das Ende der letzten Eiszeit vor 10.000 Jahren zurückgeht. Sie siedeln auf bloßem Gestein und wachsen nur Bruchteile von Millimetern im Jahr.

Trotz der unwirtlichen Umgebung finden sich in den obersten Regionen des Naturparks noch über 100 Arten von Blütenpflanzen. Weitere charakteristische (teils geschützte) Pflanzenarten sind das Sternlebermoos, der Fetthennen-Steinbrech oder der Spinnwebhauswurz. Insgesamt sind im Ötztal bislang 1150 höhere Pflanzenarten nachgewiesen. Das sind gut 60 % aller in Nord- und Osttirol wachsenden Pflanzenarten.

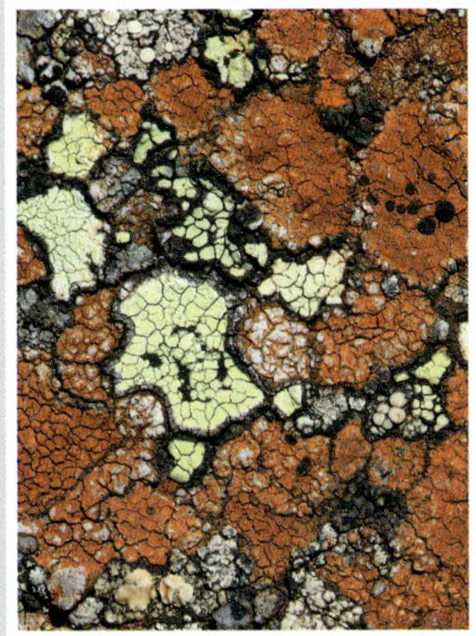

Krustenflechten.

Die Tierwelt im Naturpark Ötztal ist entsprechend dem vielfältigen Lebensraumangebot reichhaltig, allerdings nicht so umfassend erfasst wie die Pflanzenwelt. Nicht nur das raue Klima stellt die Tiere vor eine große Herausforderung, auch die raschen Veränderungen der Umwelt beeinträchtig sie. Muren und kleine Überschwemmungen verändern den Lebensraum oft innerhalb kürzester Zeit. Auch Einflüsse durch Beweidung verändern die Vegetation und damit auch den Lebensraum der Tiere.

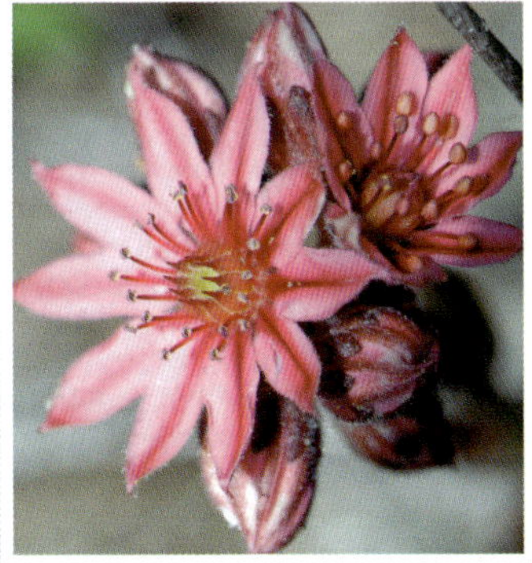

Spinnwebhauswurz.

Außer den allgegenwärtigen Schafen (ca. 4000 im Ötztal) sind Säugetiere für den Wanderer meist nur selten zu beobachten. Viele der heimischen Säuger sind nacht- bzw. dämmerungsaktiv. Trittspuren im Schnee, Kot und Fraßspuren oder auch Lautäußerungen zeugen von ihrer Anwesenheit. Die scharfen Warnpfiffe des Murmeltiers und ihre auffallenden Bauten in der alpinen Stufe sind kaum zu übersehen. Über der Waldgrenze fühlen sich auch die Gämsen und Steinböcke wohl, Rothirsch und Reh sind hingegen im Wald zu Hause.

Eine ornithologische Kartierung des Ötztals identifizierte kürzlich 105 Vogelarten im Schutzgebiet. Dies entspricht ca. einem Drittel der Brutvogelarten Tirols. Vögel lassen sich aufgrund ihrer Tagaktivität und ihres Gesangs sehr gut bei Wanderungen beobachten. Wer Glück hat, erblickt z. B. den König der Lüfte, den Steinadler. Auch der Bartgeier, der mit 2,5 m Spannweite größte Vogel im Gebiet, wird gesichtet. Als einziger Standvogel weit über der Baumgrenze bleibt der Schneefink im winterlichen Ötztaler Hochgebirge. Der strukturierte, teils von Felsen durchsetzte Bergwald bietet zudem einer Reihe seltener Vögel wie dem Auerhuhn oder dem Uhu idealen Schutz.

Wechselwarme Amphibien und Reptilien können aufgrund hochentwickelter Anpassungsstrategien den

NATURPARK ÖTZTAL

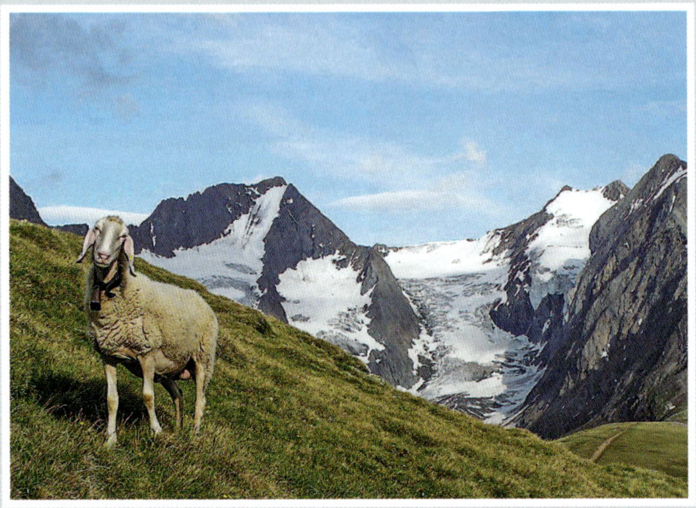

Ötztaler Schafe und Berge.

unwirtlichen, kalten Lebensraum des Ötztals bewohnen. So überwintern die Larven des Bergmolches in Tümpeln und Mooren. Falls es innerhalb einer Sommersaison nicht gelingt, genügend Nahrung aufzunehmen, wandeln sich die Bergmolch-Larven erst im folgenden Frühsommer zu erwachsenen Tieren. Auch der bräunliche Grasfrosch ist in seiner Fortpflanzungsweise eng mit dem Wasser verbunden.

Auch die Insekten und stammesgeschichtlich niederen Tiere sind zahlreich im Naturpark Ötztal vertreten. Sie machen zahlenmäßig wohl den größten Teil der Tiere im Gebiet aus. Diese Tiergruppen wurden in der alpinen Stufe im Raum Obergurgl durch zahllose Untersuchungen im Gletschervorfeld intensiv beforscht. So listet eine Langzeit-Ökosystem-Studie von 2006 für das hochalpine Gebiet von Obergurgl an die 1900 wirbellose Tierarten auf.

Eine besondere Schmetterlingsart ist der Matterhornbärenspinner. Dieser äußerst seltene Gipfelschmetterling hat die letzte Eiszeit wahrscheinlich auf unvergletscherten Gipfeln überdauert und ist bis heute an diesen unwirtlichen Lebensraum gebunden. In der Gruppe der Ameisen findet sich beispielsweise die Schwedische Kerbameise mit dem bisher einzigen mitteleuropäisch nachgewiesenen Fundort im Gebiet der Ötztaler Alpen.

... und deshalb: Gehen Sie bei Ihren Wanderungen mit offenen Sinnen durch die Natur, seien Sie wachsam und Sie werden staunen, welche Geheimnisse das Ötztal für Sie verbirgt. www.naturpark-oetztal.at

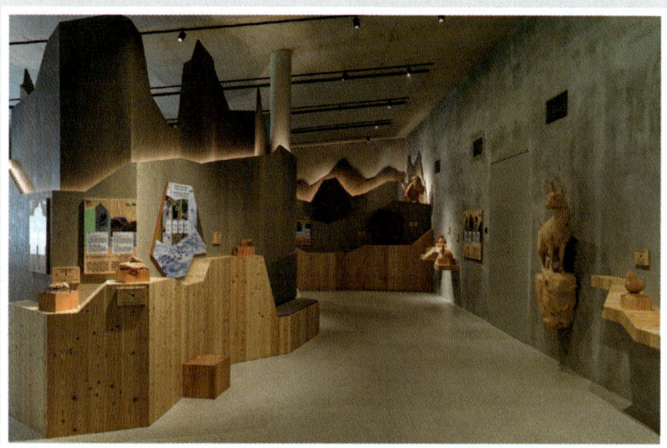

Natur ERLEBNIS Ausstellung im Naturpark Haus Längenfeld

Das neue Naturpark Haus bietet eine einzigartige Informationsdrehscheibe für die Ötztaler Natur. Die zweisprachige (de/en) multimediale Natur ERLEBNIS Ausstellung vermittelt auf knapp 300 m² die herausragenden Besonderheiten der Ötztaler Pflanzen, Tiere und Lebensräume. Dabei werden modernste Vermittlungsmethoden wie Hologramm, VR-Brillen oder Sinnesstationen bis hin zu übersichtlichen Schautafeln, Bildpräsentationen und handgeschnitzten Exponaten angewendet.

Aktuelle Öffnungszeiten und Eintritte (viele Ermäßigungen) siehe www.naturpark-oetztal.at/naturpark-haus

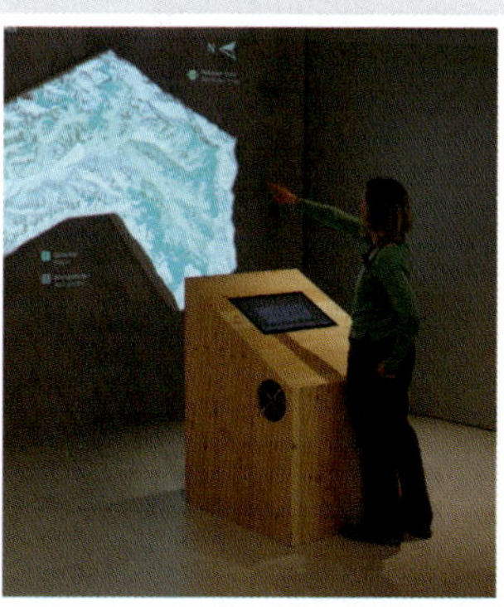

Standort: Am südlichen Ortsende von Längenfeld an der B186 (taleinwärts links)

Naturpark Shop: Sortiment regionaler Produkten sowie Natur- und Kulturführer.

Tel. 05253/20 201
Oberlängenfeld 142
A-6444 Längenfeld
office@naturpark-oetztal.at
www.naturpark-oetztal.at/naturpark-haus

NATURPARK KAUNERGRAT

Der 240 km^2 große Naturpark (die Naturparkregion Kaunergrat ist 600 km^2 groß) schließt im Westen an den Naturpark Ötztal an und erstreckt sich von den Innauen bis zum Alpenhauptkamm. In seinen Grenzen liegen das Pitztal, das Kaunertal und die Innauen zwischen Arzl und Imsterau. Die östliche Grenze verläuft über den Geigenkamm, die westliche über den Gebirgskamm westlich des Kaunertals. Insgesamt 84 Dreitausender liegen in der Naturparkregion, zudem 47 Almen. Zu den schützenswerten Natur- und Kulturlandschaften zählen die Trockenrasen und Sonnenhänge im Inntal, die Pitzeklamm, das Riegetal, das Piller Moor und Teile des Ruhegebietes Ötztaler Alpen.

Fließer Sonnenhänge

Seit 2001 stehen die Fließer Sonnenhänge, die sich von der Bundesstraße die Steilhänge hinaufziehen, unter Schutz. Berechtigterweise, denn hier findet man eine sehr hohe Dichte an Schmetterlingsarten – insgesamt konnten die Biologen 1100 verschiedene Arten identifizieren. Jährliche Niederschläge unter 600 mm (bedingt durch die Lage in einer Föhnschneise und das inneralpine Klima), eine Südexposition mit starker, fast senkrechter Sonneneinstrahlung und hohen Bodentemperaturen (bis zu 70 °C) haben einen in Tirol seltenen Trockenrasenkomplex entstehen lassen, wichtiger Lebensraum für wärmeliebende Tier- und Pflanzenarten. Bis ins Mittelalter standen hier trockene Föhrenwälder, die von der Bevölkerung gerodet wurden, um Weideflächen zu schaffen. Um eine erneute Verbuschung zu verhindern, werden die Sonnenhänge mit Schafen, Ziegen und Rindern beweidet und, wo notwendig, durch zusätzliche Pflegearbeiten geschützt. Typisch für die Hänge sind die Lesesteinmauern. Weitere Trockenrasenhänge finden sich an den Südhängen von Kauns, Kaunerberg und Faggen.

Landschaftsschutzgebiet Riegetal

Das Riegetal mit vier Bergseen wird im Norden vom Kamm, der sich vom Hochzeiger bis zum Wildgrat zieht, und im Süden vom Gemeindekopf begrenzt. Oberhalb von Jerzens liegen ausgedehnte Zirbenwälder.

Piller Moor

Das Moor besticht mit einer großen Vielfalt, findet man hier doch alles, vom gemähten Niedermoor bis hin zum unberührten Hochmoor. Das Moor entstand Ende der letzten Eiszeit und zählt wissenschaftlich zu den sog. Durchströmungs- und Übergangsmooren. Interessant ist neben der Artenvielfalt und Zahl an geschützten bzw. gefährdeten Pflanzen auch die alte Nutzung. Über 200 Jahre wurde hier Torf gestochen, was heute noch im Landschaftsbild zu sehen ist. Der Naturpark hat das Moor mit einem 2,5 km langen Moorlehrpfad erschlossen. Informativ ist auch der Folder „Moor and More", ein Büchlein über das Moor mit insgesamt vier Wandervorschlägen.

Ruhegebiet Ötztaler Alpen

Das Ruhegebiet liegt größtenteils im Naturpark Ötztal, zu einem kleinen Teil aber auch im Naturpark Kaunergrat. Es ist als Natura-2000-Gebiet von der Europäischen Union ausgezeichnet. Die ausgedehnten Gletschervorfelder sind schützenswerte Lebensräume für Pflanzen und Tiere. Durch das Ruhegebiet führen u. a. Wanderungen

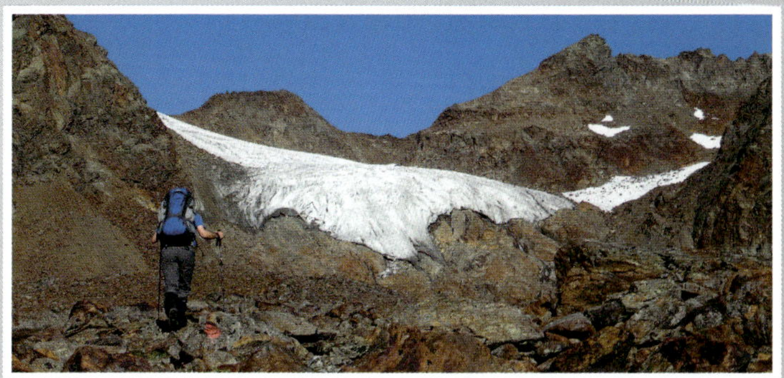

Unberührte Hochgebirgslandschaft auf dem Weg zum Wurmtaler Kopf.

zum Wurmtaler Kopf und zum Ölgrubenjoch sowie der Fuldaer Höhenweg.

Arzler Pitzeklamm
In der Klamm findet sich ein seltener Lindenmischwald und Bergahorn-Eschenwald. Die Schlucht- und Hangmischwälder profitieren vom etwas milderen Klima in der Schlucht und der hohen Luftfeuchtigkeit.

Alter Siedlungsraum
Der unweit des Naturparkhauses gefunden Brandopferplatz, der über 2000 Jahre bis zur Römerzeit für Rituale genutzt wurde. Das Archäologische Museum in Fließ zeigt die hier gefundenen Opfergaben. Der Brandopferplatz wurde erst 1991 entdeckt.

Naturparkhaus am Gachen Blick
Das 2007 eröffnete Naturparkhaus besticht auch durch seine Lage am Gachen Blick an der Schnittstelle zwischen Kaunertal, Pitztal und Inntal. Das Haus ist zum einen die Servicestelle des Naturparks, zeigt aber auch die interessante multimediale Ausstellung „3000 m VERTIKAL". Hier werden die verschiedenen Lebensräume, aber auch die jahrtausendealte Siedlungsgeschichte vorgestellt.
www.kaunergrat.at

Themenwege

Kaunertaler Gletscher-Lehrpfad
Start: Kaunertaler Gletscherstraße, 5 km (1.30 Std.). Führt zum Ende der Gletscherzunge.

Moorlehrpfad Piller Moor
Start: Naturparkhaus, 2,5 km (1.30 Std.); 7 Lehrtafeln und ein Moorturm.

Pitzeklamm
Start: Parkplatz bei der Hängebrücke in Arzl, 3 km (1 Std.). Führt in die Schlucht und endet am Inn (Tour 46).

Kauner Wald- und Strauchlehrpfad
Start: Kauns, 2,5 km (1.30 Std.). Verläuft durch die Kauner und Kaunerberger Trockenrasen und informiert über insgesamt 40 heimische Baum- und Straucharten.

Wildtiererlebnispfad
Startpunkt ist der Gasthof Waldeck, 1 km (1 Std.)

ALLGEMEINE TOURENHINWEISE

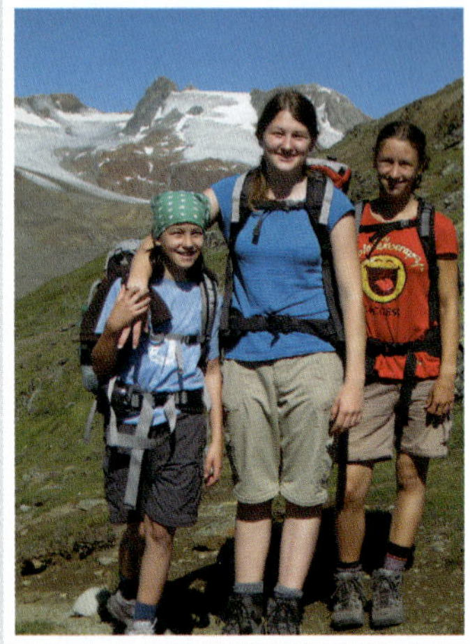
Unterwegs auf dem Seuffertweg.

MIT KINDERN WANDERN
Welche Tour ist die richtige für meine Kinder? Diese Frage werden sich viele Eltern stellen – und müssen sie letztendlich selbst beantworten.

Kinder ab etwa acht Jahren, die sportlich sind und sich auch zu Hause gerne bewegen, können problemlos vier bis fünf Stunden – mit ausreichend Pausen – wandern und sind meist schneller unterwegs als die sie begleitenden Erwachsenen. Auch mehrere Hundert Höhenmeter am Tag sind durchaus zu schaffen.

Die Hüttenwanderungen sind natürlich besonders spannend. Einen guten und leicht gepackten Rucksack (Fleece- und Regenjacke, Wasserflasche, Proviant) werden Kinder kaum spüren oder als Last empfinden.

Wer Kinder mit Fernglas und Kamera ausstattet, ihnen ausreichend Zeit einräumt, am Bach zu spielen, sich Steine anzuschauen, Schafe zu streicheln, darauf zu warten, dass das Murmeltier wieder aus seinem Bau kommt, wird Kinder erleben, die begeistert sind und nach der Ankunft auf der Hütte immer noch genügend Energie zum Herumtollen haben.

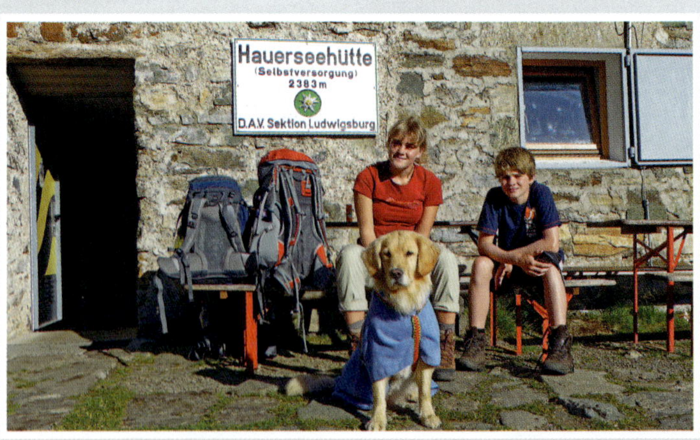

BERGWEGEQUALIFIZIERUNG

Die Einteilung der Gehstrecken in Tirol erfolgt nach folgenden Anforderungen an den Wanderer bzw. der technischen Schwierigkeit der Gehstrecke. Der Führer übernimmt diese Klassifizierung für die Touren:

■ BLAUER WANDERWEG

- allgemein zugängliche Gehstrecke
- breite Anlage mit geringen Steigungen/Gefällen
- keine Bergerfahrenheit und Bergausrüstung notwendig

■ ROTER BERGWEG

- mittelschwierig, überwiegend schmal, oft steil
- kurze, versicherte Geh- und Kletterpassagen möglich
- alpine Erfahrung notwendig
- entsprechende körperliche Verfassung und Trittsicherheit notwendig
- Mindestbergausrüstung

■ SCHWARZER BERGWEG

- schwierig, schmal, fast zur Gänze steil, ausgesetzt
- längere versicherte Geh- und Kletterpassagen
- gute alpine Erfahrung und Konditionsstärke erfoderlich
- Trittsicherheit und Schwindelfreiheit notwendig
- entsprechende Bergausrüstung

ZEITANGABEN

Die Gehzeiten basieren auf folgender rechnerischen Grundlage: 400 Hm im Aufstieg und 4 km horizontal pro Stunde; ein Drittel weniger im Abstieg. Eine Formel, die auch in der Praxis sehr gut funktioniert. Die Angaben beziehen sich auf die reine Gehzeit – ohne Pausen.

Wer beobachtet, braucht natürlich entsprechend länger. Dies sollte in der Tourenplanung auf jeden Fall Berücksichtigung finden.

MEINE LIEBLINGSTOUR

Das Rotmoostal fasziniert immer wieder aufs Neue. Der Weg durch das schöne Gaisbergtal ist schon ein erster Höhepunkt des Tages. Mit Kindern empfiehlt es sich vielleicht, mit der Bahn auf die Hohe Mut zu fahren und so ein paar Höhenmeter einzusparen. Bei der Stempelstelle kommt man den Gletschern, allen voran dem Wasserfallferner, sehr nahe. Zurück sollte man mit offenen Augen wandern, denn so findet man vielleicht Granate und Hornblenden, sieht vielleicht ein Murmeltier und die schönen Haflinger. Und zum Schluss lockt die Einkehr in der Schönwieshütte (Tour 44, S. 196).

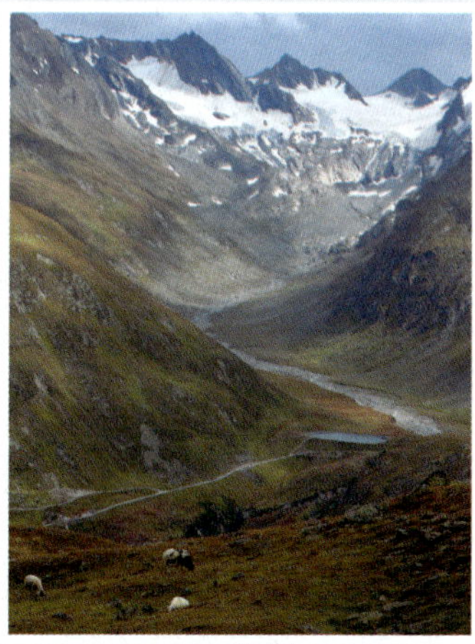

MEINE HIGHLIGHTS

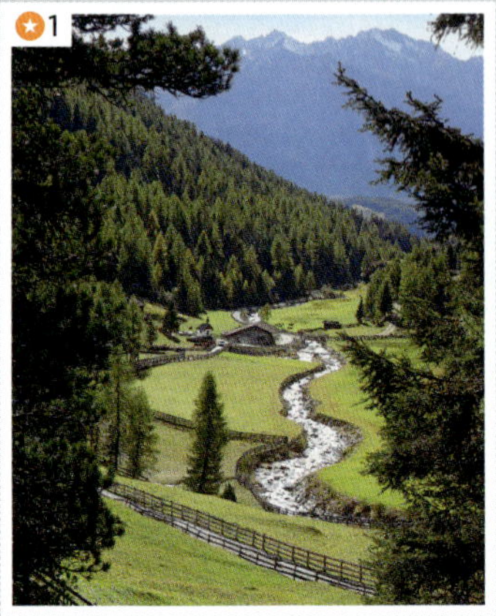

1

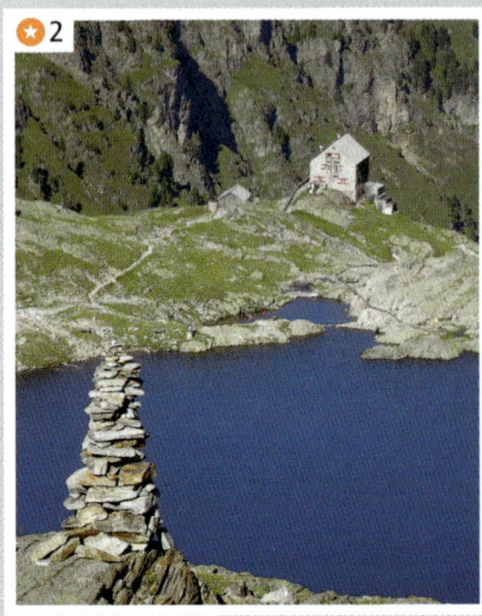

2

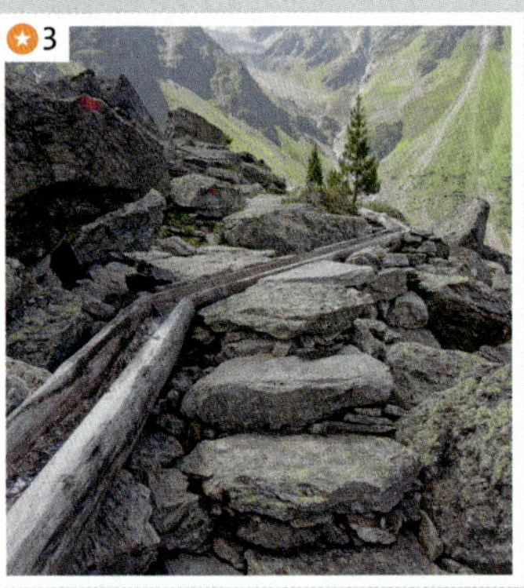

3

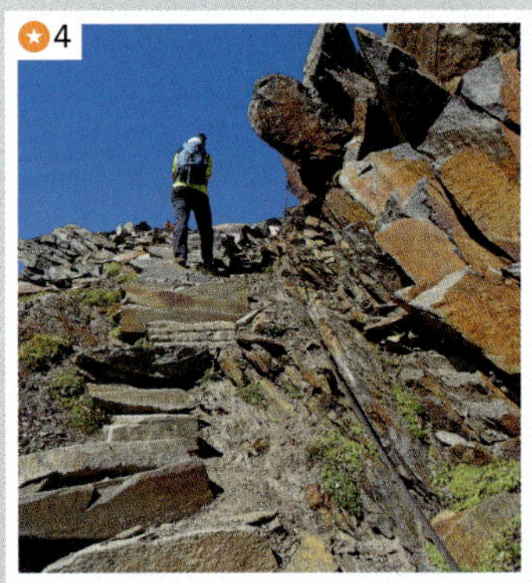

4

1: Das Horlachtal und seine stillen Seitentäler
→ Touren 10 und 11, Seite 69 und 72

2: Die Erlanger Hütte und der Wettersee
→ Tour 13, Seite 81

3: Der Köfler Waalweg
→ Tour 16, Seite 93

4: Über die „Himmelsleiter" zur Hochstubaihütte
→ Tour 23, Seite 117

5: Der Seuffertweg: Panoramaweg über dem Rofental
→ Tour 37, Seite 167

6: Gipfel mit grandiosem Blick: der Wurmtaler Kopf im Pitztal
→ Tour 60, Seite 256

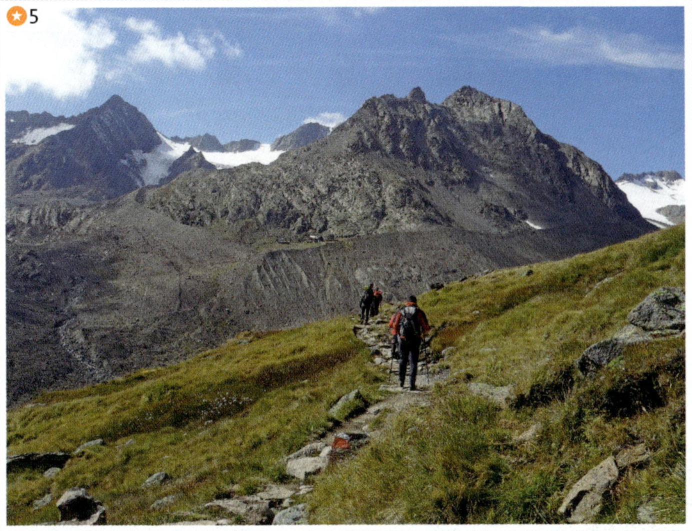

5

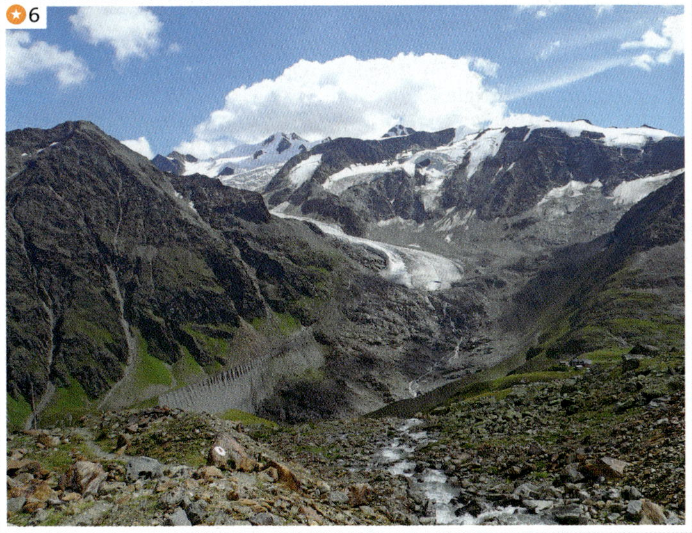

6

FALTEGARTENKÖPFL • 2184 m

Herrlicher Blick ins Inntal und zur Mieminger Kette

 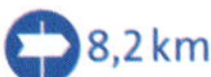  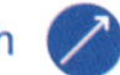 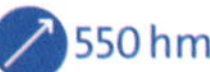 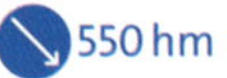 

8,2 km | 3:15 h | 550 hm | 550 hm | 35

START | Gebührenpflichtiger Wanderparkplatz am Sattele, 1690 m [GPS: UTM Zone 32 x: 645.937 m y: 5.232.676 m]
CHARAKTER | Kleine Gipfelwanderung mit großartigem Panoramablick ins Inntal, sehr familienfreundlich.

Der kleine, aber feine Gipfel ist ein ganzjährig beliebtes Ziel der Einheimischen, bietet er doch mit der Feldringalm eine schöne Einkehr und dazu einen einfachen Gipfel mit tollem Panorama. Und wer Glück hat, trifft im Sommer auf eine Herde Haflinger, die nicht nur ein schönes Fotomotiv, sondern auch gutmütig sind und sich gerne streicheln lassen.

▶ Gestartet wird am Wanderparkplatz am **Sattele** 01, der sich an schönen Tagen schon früh füllt. Der Parkplatz liegt an der Verbindungsstraße von Haiming (Inntal) ins Kühtai. Durch den Wald geht es zunächst mäßig steil auf einem breiten Almweg (im Winter eine beliebte Rodelbahn) hinauf zur Hütte. Die letzte Kehre lässt sich durch einen steilen Anstieg über die Almwiesen sogar noch abkürzen. Die gemütliche **Feldringalm** 02 öffnet sich nach Norden und Westen und bietet einen weiten Blick Richtung Lechtaler Alpen und ins Oberinntal.

Zwischen Hütte und Stallgebäude führt der Weg hindurch und kurz relativ steil eine Stufe hinauf

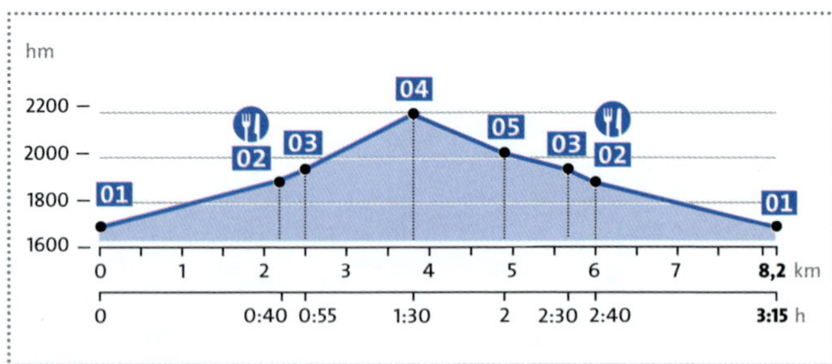

01 Sattele, 1690 m; 02 Feldringalm, 1888 m; 03 Weggabelung, 1957 m; 04 Faltegartenköpfl, 2184 m; 05 Grünwaslkreuz, 2027 m

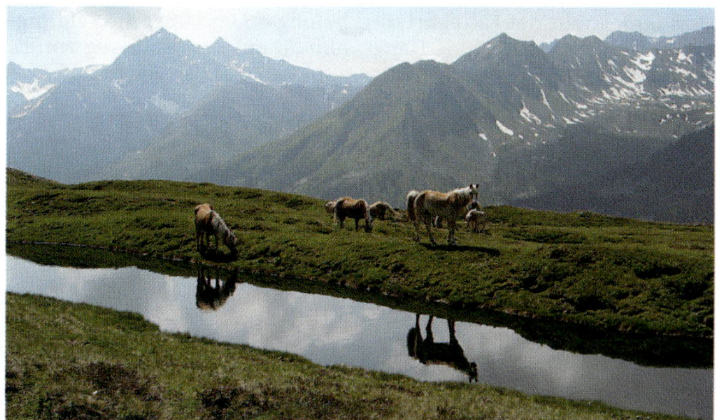

Haflinger grasen im Sommer unterhalb des Faltegartenköpfls.

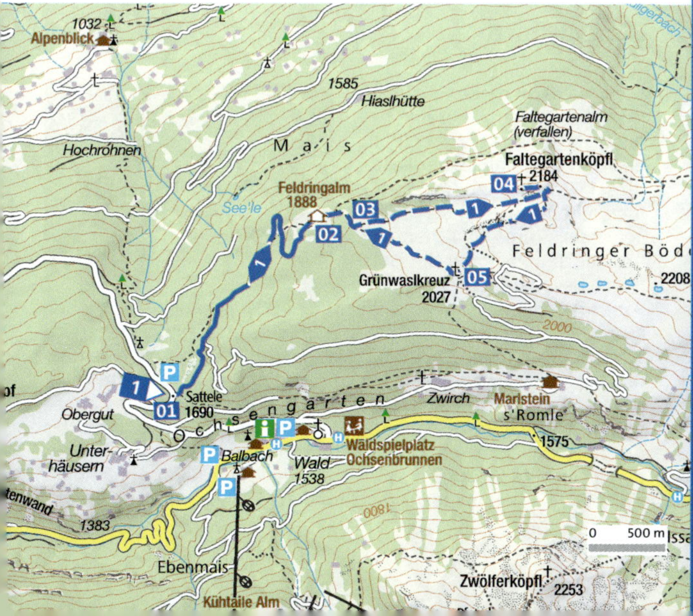

zu einer **Weggabelung** 03. Hier halten wir uns links und wandern unterhalb des bewaldeten Grats über sanft gewellte Hügel Richtung Pirchkogel. Das Gipfelkreuz des Faltegartenköpfls ist erst relativ spät zu sehen. Unterhalb des Gipfels besteht die Möglichkeit, auf einem etwas ausgesetzten Pfad direkt hoch zum Kreuz zu steigen, einfacher ist es aber, weiter geradeaus zum Sattel zu wandern und von dort die letzten Meter hinauf auf den Grat und zum Gipfelkreuz des **Faltegartenköpfls** 04 hochzusteigen. Dank der exponierten Lage genießt man hier einen Rundumblick auf die Ötztaler Alpen mit dem dominanten Acherkogel im Süden, dem vorderen Geigenkamm im Westen, den Lechtaler Alpen im Nordwesten, der Mieminger Kette im Norden und dem Karwendel im Nordosten. Und dazu der faszinierende Blick ins 1600 m tiefer liegende Inntal aus der Vogelperspektive.

Zurück geht es wieder über den Grat hinunter in den Sattel und dann ohne Markierung über die Feldringer Böden mit vielen blauen Lacken (kleinen Wasserstellen) Richtung Südwesten zum **Grünwaslkreuz** 05. Hier wenden wir uns nach Nordwesten und wandern ohne großen Höhenunterschied zurück zur **Weggabelung** 03 und über die **Feldringalm** 02 auf dem Fahrweg zurück zum Parkplatz am **Sattele** 01.

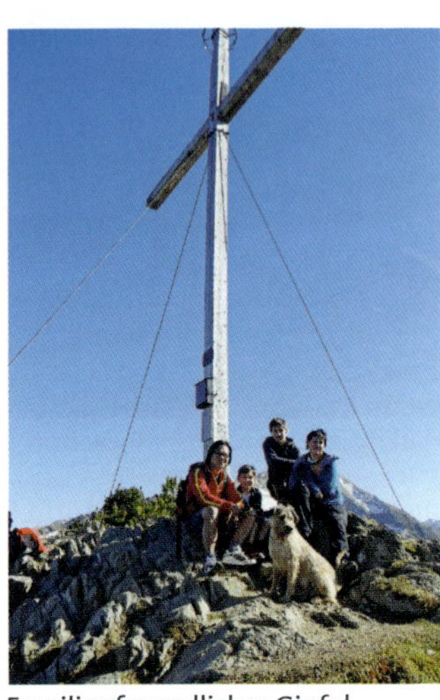

Familienfreundlicher Gipfel.

Der Grasfrosch

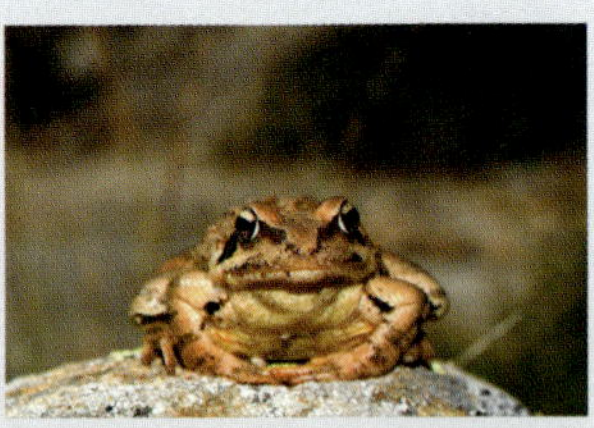

Der rund 10 cm große Grasfrosch ist zwar in ganz Europa heimisch, bei uns aber zunehmend bedroht. Beschränkender Faktor für sein Vorkommen sind die immer seltener werdenden Laichgewässer. Zum Ablaichen von April bis Juni benötigt der Grasfrosch bevorzugt flache, von der Sonne beschienene Stillgewässer. Über 4000 Eier können in großen Klumpen abgelaicht werden. Grasfrösche brauchen einen reich strukturierten Lebensraum mit Wiesen, Gebüschen und Feuchtbereichen. Ihr Landlebensraum kann bis zu einen Kilometer vom Laichplatz entfernt sein. In der Nacht gehen die Tiere auf Nahrungssuche und fressen allerlei Kleingetier – vom Käfer über Asseln, Spinnen bis hin zu Nacktschnecken. Grasfrösche kommen im Ötztal in Feuchtbereichen bis über 2600 m vor. Der aufmerksame Beobachter findet sie im Bereich der Blauen Lacken auf den Feldringer Böden.

OETZERAU

Entlang der Auerklamm zum Aussichtsbalkon von Oetz

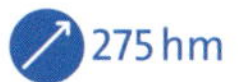

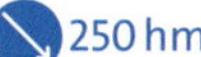

START | Bushaltestelle Ambach, 763 m
[GPS: UTM Zone 32 x: 641.342 m y: 5.230.866 m]
CHARAKTER | Einfache Wanderung auf einem Waldpfad nach Oetzerau, dann gemütlich bergab über Asphalt, Karrenwege und Waldpfade.

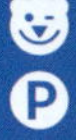

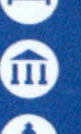
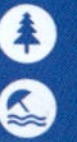

Die Ortschaft Oetzerau liegt auf einem Sonnenplateau rund 250 m über dem Talboden. Der Weg hinauf führt durch die Auerklamm, leider hat man jedoch nur an wenigen Stellen die Möglichkeit, einen Blick auf die imposante Schlucht zu werfen. Abenteuerlustige können sie im Rahmen einer Canyoningtour durchqueren. In Oetz selbst lohnen die Pfarrkirche und das Turmmuseum einen Besuch. Beim Bummel durch die Gassen finden sich einige schöne historische Gasthöfe.

▶ Von der **Bushaltestelle Ambach** 01 läuft man wenige Schritte taleinwärts und zweigt beim Wegweiser in den Wald ab. Nun folgt man dem Rundwanderweg „Auerklamm" durch lichten Wald bis zu einem Hinweisschild „Wasser-Waal". Eigentlich geht der Weg geradeaus weiter (Richtung „Ruine – Auenstein"), doch ein kleiner Abstecher bietet ein erstes Mal die Möglichkeit, in die Klamm zu schauen. Wieder zurück beim Holzschild „Wasser-

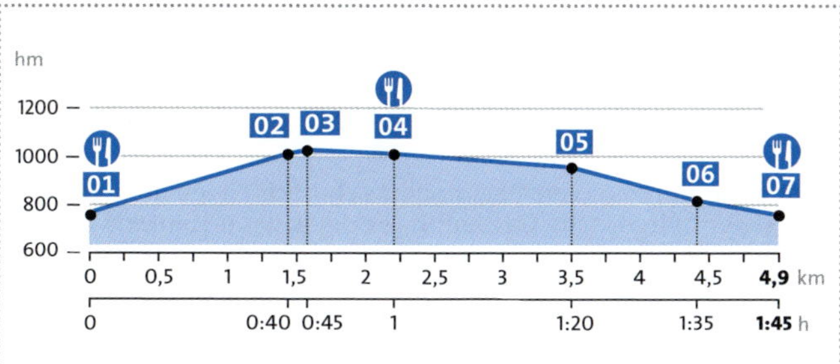

01 Bushaltestelle Ambach, 763 m; 02 Aussichtsplatz mit Bänken, 1014 m; 03 Holzbrücke, 1020 m; 04 Oetzerau, Straßenbiegung, 1008 m; 05 Klingenburg, 951 m; 06 Pfarrkirche Oetz, 817 m; 07 Bushaltestelle Oetz, 784 m

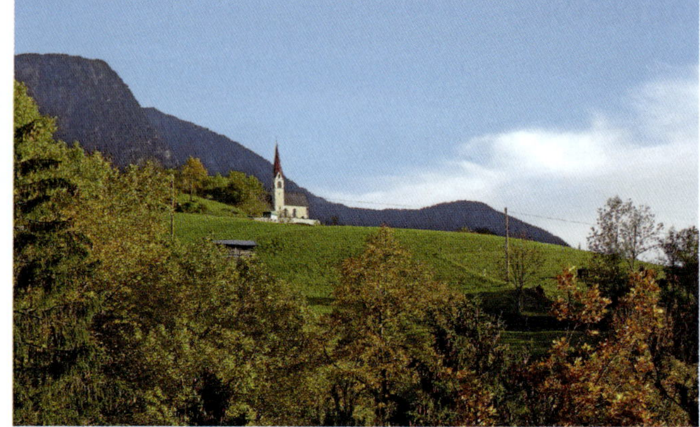
Der erste Blick auf Oetzerau zeigt die 1698 geweihte Antoniuskirche.

Waal" folgt man nun dem markierten Pfad Richtung Ruine und steigt weiter bergwärts, bis es lichter wird. Schön ist der Blick über die Klamm auf die Kirche von Oetzerau. Schließlich hat man die Höhe von Oetzerau erreicht und kann an einem kleinen **Aussichtsplatz mit Bänken** 02 eine Rast einlegen.

Entlang des Waldrands führt der Weg zum oberen Ende der Auerschlucht, die man auf einer gedeckten **Holzbrücke** 03 überquert. Vorbei an einer Kapelle wandern wir nun mit freiem Blick nach Oetzerau, Abzweige talwärts werden ignoriert.

Bei den ersten Häusern von **Oetzerau** folgen wir einfach der Straße zwischen den Häusern hindurch, bis die Straße markant nach rechts zur Feuerwehr und Kirche abbiegt. An dieser **Straßenbiegung** 04 queren wir die Straße und folgen den gelben Wegweisern Richtung Klingenburg und Oetz (die Straße hat keinen Namen). Der Weg führt am Sportplatz und der Volksschule vorbei

Gasthof Stern und Posthotel Kassl

Im alten Dorfkern von Oetz finden sich noch einige alte Häuser, u. a. der spätgotische **Gasthof Stern**, eines der ersten und damit ältesten Häuser des Ortes. Eine Inschrift auf der Fassade weist das Jahr 1573 aus, Historiker vermuten, dass es sogar noch älter ist. Ein Teil des Kellers wurde wohl mal als Gefängnis genutzt.

Das 400 Jahre alte **Posthotel Kassl** zählt zu den schönsten historischen Hotelbauten im Ötztal, seine größte Attraktion ist die Jugendstilbar. Die Geschichte des Hotels reicht bis ins 17. Jh. zurück, der älteste Teil stammt sogar von 1605.

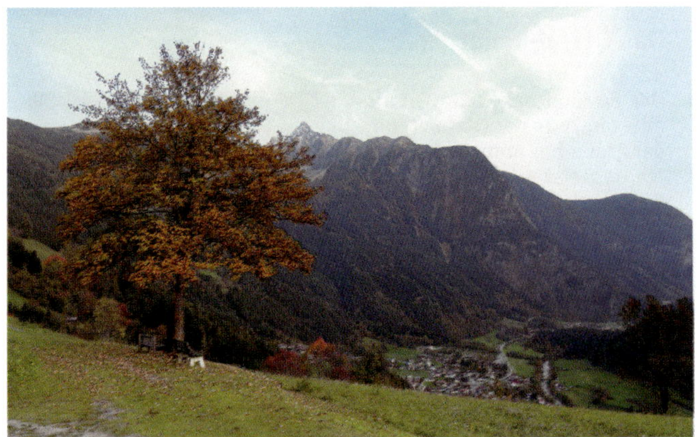

Auf dem Weg nach Klingenburg genießt man diesen Blick auf Oetz.

zum Haus „Gabriele", wo er in einen Feldweg übergeht.

Mit herrlichem Blick auf die am steilen Berghang liegenden Weiler oberhalb von Oetz und dem markanten Acherkogel wandert man gemütlich auf einem abfallenden Feldweg entlang und kann so den schönen Ausblick ins Vor-

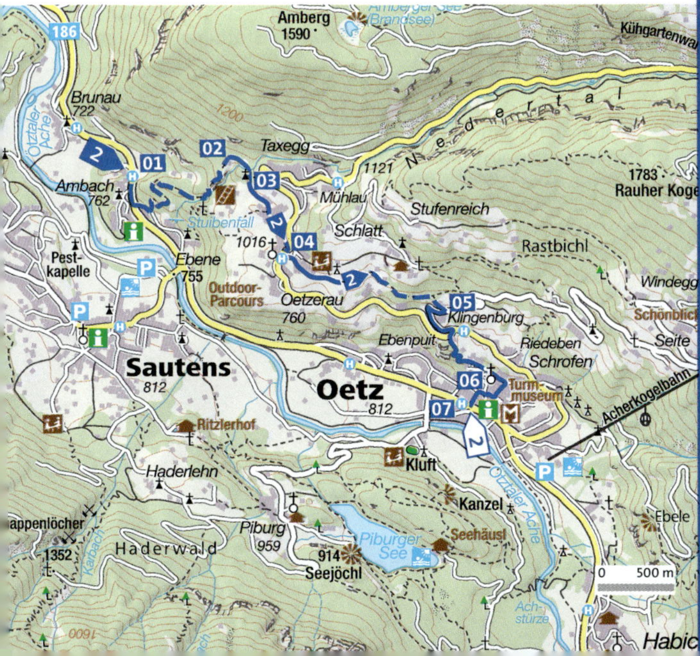

Das Ötztal-Relief

Der Pavillon des Ötztal Tourismus direkt an der Ötztaler Bundesstraße bei Ambach beinhaltet den ersten der insg. sechs Naturpark-Infopunkte des Tales. Der rund 30 m² große Raum beinhaltet ein 3,5 x 2,5 m großes handgefertigtes Landschaftsrelief des Ötztals.

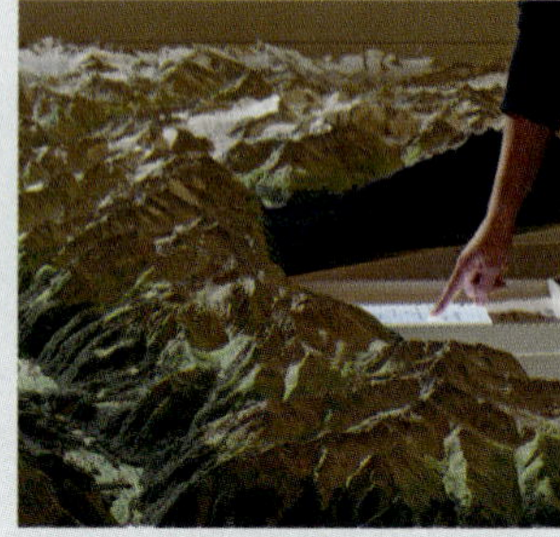
Das Ötztal-Relief im Naturpark-Infopunkt Ambach.

Über einen Touchscreen werden mittels modernster Lasertechnik über 70 entstehungsgeschichtlich und naturkundlich besonders interessante Orte am Ötztal-Relief angesteuert. Ein ideales „Empfangszimmer" für all jene, die das Ötztal noch nicht wie ihre Hosentasche kennen. Öffnungszeiten Sommer: Mo–Fr 9–13, 14–17 Uhr

dere Ötztal genießen. Wo nötig finden sich Wegweiser, dazu ein paar Aussichtsbänke und selbst im Herbst noch wunderschön blühende Wiesenblumen.

Kurz geht es durch ein Wäldchen, dann sind auch schon die wenigen Höfe von **Klingenburg** 05 erreicht. Für ein kurzes Stück folgt man der Fahrstraße, kürzt nochmals ab und steht dann auf der Fahrstraße hinunter nach Oetz. Nach Überqueren der Straße biegt rechts auf Höhe einer kleinen weißen Kapelle ein Wanderweg ab, der durch einen grünen Baumtunnel zu den ersten Häusern von Oetz leitet.

Auf dem Kirchweg spazieren wir nun an der **Pfarrkirche** 06 vorbei durch den alten Kern von Oetz. Wunderschöne alte, mit Malereien verzierte Häuser liegen am Weg, u. a. das Gasthaus Stern und das 400 Jahre alte Posthotel Kassl. Rechts oder links am Posthotel vorbei ist schnell die Hauptstraße erreicht, an der die **Bushaltestelle** 07 liegt. Von hier sind es nur wenige Stationen bis Ambach.

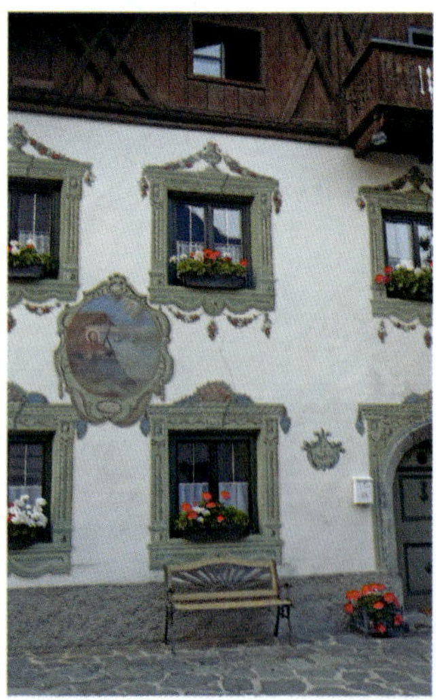
Im historischen Ortskern von Oetz.

ROSSKOPF UND WETTERKREUZKOGEL • 2591 m

Aussichtsreiche Gipfeltour im vorderen Ötztal

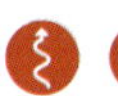  5,7 km  3:20 h  650 hm  650 hm  43

START | Hochoetz, Bergstation Acherkogelbahn, 2020 m [GPS: UTM Zone 32 x: 646312 m y: 5.230.559.64 m]
CHARAKTER | Einfache Gipfeltour mit großartigem Panorama.

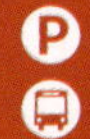

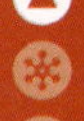

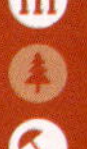

Gleich zwei Gipfel mit grandioser Aussicht ins Ötztal, auf die Lechtaler Alpen und die Mieminger Kette bietet diese familienfreundliche Halbtagestour, die sich in Kombination mit der Wanderung durch das Wörgetal zu einer ganztägigen Bergtour verlängern lässt.

▶ Von Oetz fahren wir mit der Acherkogelbahn hinauf zur **Bergstation Hochoetz** 01. Von dort folgt man dem breiten Fahrweg hinauf zur **Neuen Bielefelder Hütte** 02, die einen eindrucksvollen Tiefblick ins vordere Ötztal bietet. Von dort folgt man kurzzeitig einer Skipiste, bis in einer Linkskurve gelbe Wegweiser auf den alpinen Steig zum Wetterkreuzkogel und zum Roßkopf weisen. Der Pfad führt durch ausgedehnte Latschenfelder den Hang entlang bergauf. Wenig später kommt man zu einem Bacheinschnitt und einer **Weggabelung** 03, an der nach rechts der Besinnungsweg abzweigt. Den Wegweisern zum Roßkopf und Wetterkreuz folgend geht es in mehreren Kehren zum Sattel am Roßkopf hinauf. Hier wiederum nach links zum Gipfel-

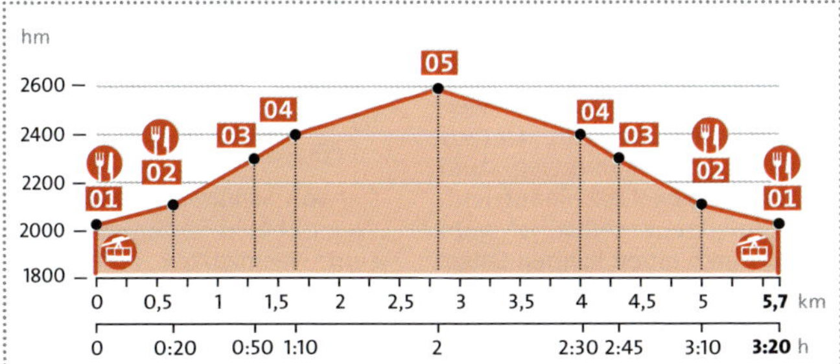

01 Hochoetz, Bergstation, 2020 m; 02 Neue Bielefelder Hütte, 2112 m; 03 Weggabelung, 2290 m; 04 Roßkopf, 2399 m; 05 Wetterkreuzkogel, 2591 m

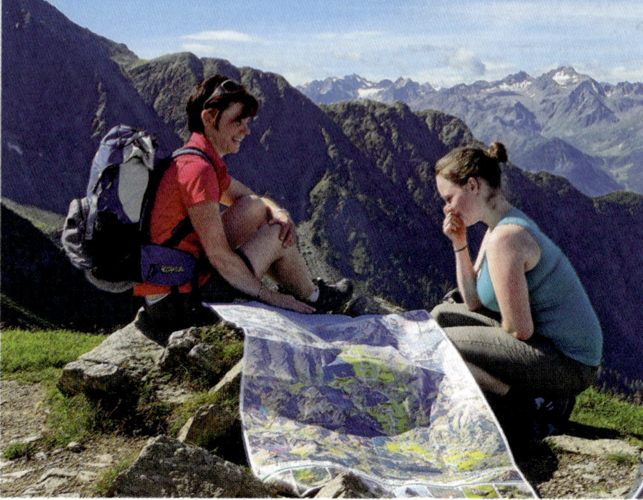

Kartenstudium am Gipfel des Roßkopfs.

kreuz des **Roßkopfs** 04 hinaufsteigen. Auch hier begeistert der Panoramablick. Richtung Süden ist der weitere Weg zum Wetterkreuz erkennbar, dahinter türmt sich der mächtige Acherkogel auf. Rechts davon sind die Gletscher von Sölden und die vielen Gipfel des Geigenkamms zu sehen.

Vom Gipfel des Roßkopfs folgen wir dem Wegweiser „Übergang zum Hinteren Roßkopf und zum Wetterkreuz“ und queren zunächst eine Flanke zu einer weiteren Einsattelung, von der aus ein bequemer Kammweg zum **Wetterkreuzkogel** 05 hinaufzieht. Das Gipfelkreuz selbst ist vom Kamm durch einen kleinen Sattel getrennt und liegt etwas tiefer. Auch hier wieder ein grandioser Rundumblick vom Wörgegrat und Acherkogel hinüber zur Armelenhütte und ins Tumpental und talwärts zum Piburger See, nach Sautens und ins „Forchert“. Und in der Ferne die Lechtaler Alpen, das Zugspitzmassiv und die Mieminger Kette. Zurück geht es auf gleichem Weg zur Bergstation **Hochoetz** 01.

Alternativer Abstieg:
Weg 148 führt talwärts Richtung Alte Bielefelder Hütte und stößt dann auf den Besinnungsweg (40 Min.). Diesem folgt man zur **Bergstation Hochoetz** 01 (ca. 1.45 Std.).

Besinnungsweg

Der von Schülern gestaltete Weg mit acht Stationen, die zum Nachdenken anregen sollen, führt von der Bergstation über die Neue zur Alten Bielefelder Hütte, von dort zur Acherbergalm und zurück zum Ausgangspunkt. (2.30 Std., 6,2 km, 407 Hm)

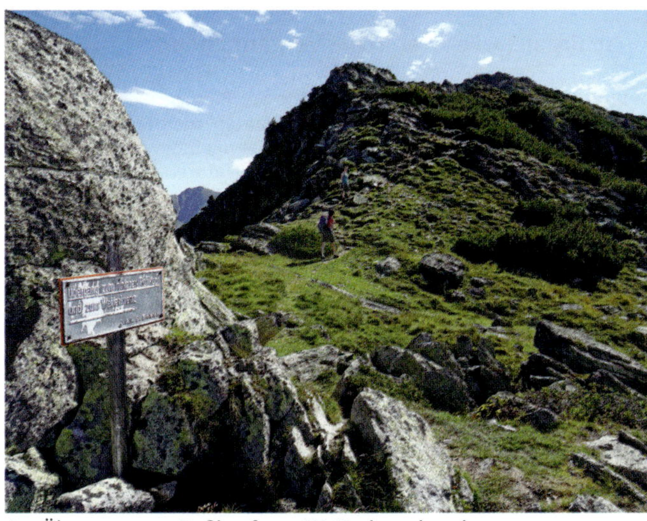

Am Übergang vom Roßkopf zum Wetterkreuzkogel.

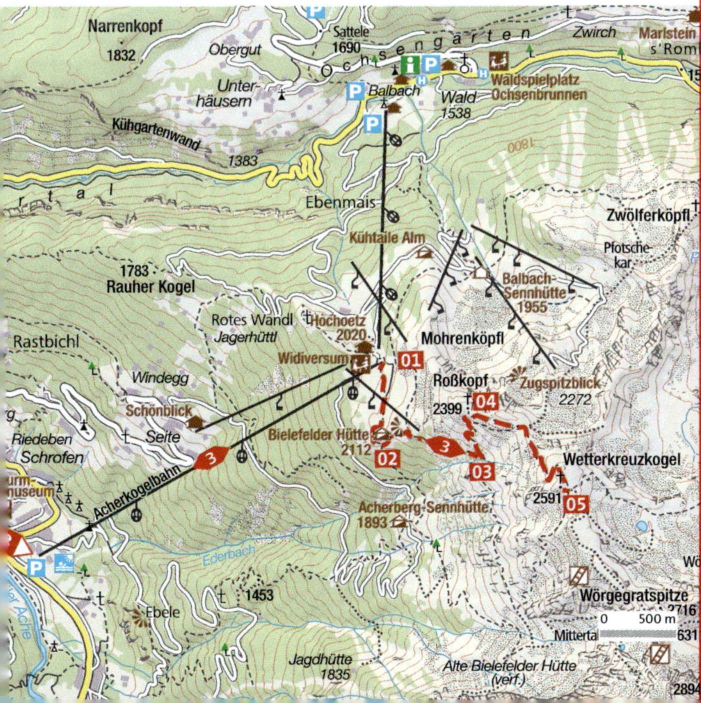

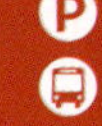

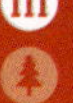

Tschirgant – Fenster in die Vergangenheit

Vom Gipfel des Wetterkreuzes streift der Blick in Richtung Ötztal-Ausgang zum landschaftlich dominanten, weithin sichtbaren Tschirgant (2370 m). An seiner Südseite zeugen die sogenannten Weißen Wände von einem nachhaltigen Naturereignis, das sich vor rund 3000 Jahren abgespielt haben soll. Ein riesiger Bergsturz mit ca. 240 Mio. m³ ergoss sich ins Tal und schleuderte seine Ausläufer bis zu 6,5 km weit ins Ötztal hinein bis nach Habichen. Die riesige Bergsturzmasse aus Wettersteinkalk und Hauptdolomit wurde auf eine Fläche von über 13 km² verteilt.

Das Gebiet wird heute von einem monotonen Kiefernwald – einem typischen Trockenzeiger – bewachsen und beherbergt aufgrund seines trocken-warmen Standortklimas eine Vielzahl spezieller Tier- und Pflanzenarten. Heute ist das sogenannte „Forchet", wie der Waldbestand von den Einheimischen genannt wird, als Naturschutzgebiet ausgezeichnet.

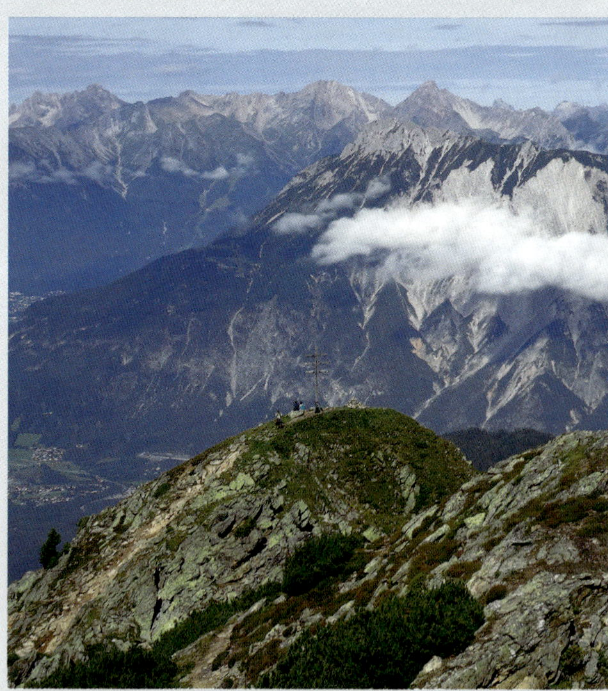

Der Tschirgant vom Wetterkreuzkogel aus.

KNAPPENWEG

Auf den Spuren der Bergknappen des Wörgetals

 11,2 km 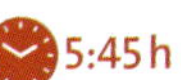 5:45 h 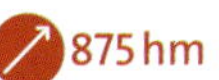 875 hm 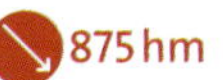 875 hm 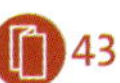 43

START | Hochoetz, Bergstation Acherkogelbahn, 2020 m [GPS: UTM Zone 32 x: 646312 m y: 5.230.559.64 m]
CHARAKTER | Unschwere, aber lange Wanderung mit einem zweistündigen Aufstieg zu Beginn und zwei Gegenanstiegen am Ende der Wanderung. Besonders schön zur Blütezeit der Almrosen zwischen Juni und Juli.

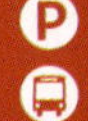

Wer heute durch das stille Wörgetal wandert, genießt die alpine Landschaft und wird sich kaum vorstellen können, dass hier vor 350 Jahren Bergbau betrieben wurde und das Hämmern der Knappen von den Wänden widerhallte.

▶ Von Oetz geht es zunächst ganz bequem in der Gondel hinauf nach **Hochoetz** 01. Ein breiter Fahrweg leitet hinauf zur **Neuen Bielefelder Hütte** 02. Vor der Hütte endet eine Skipiste, der man bergauf bis zu einem Zaun mit Wegweiser folgt. Dort beginnt der alpine Steig zum Wetterkreuzkogel und Roßkopf. Durch Latschenfelder wandern wir bis zu einer **Weggabelung** 03, an der man zum **Roßkopf** 04 abzweigt. Er wird von einem Gipfelkreuz und einem Steinmännchen

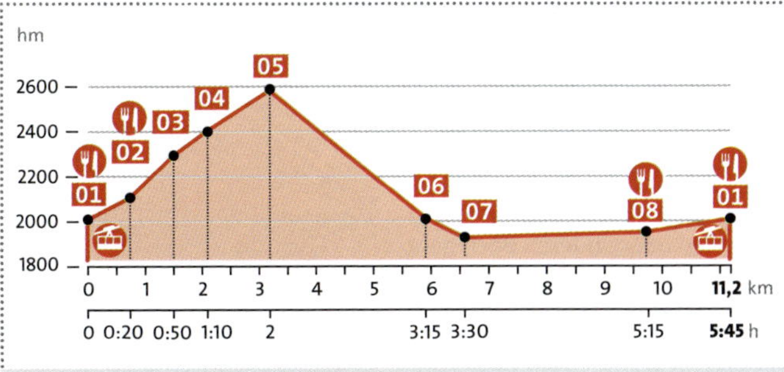

01 Hochoetz, Bergstation, 2020 m; 02 Neue Bielefelder Hütte, 2112 m; 03 Weggabelung, 2290 m; 04 Roßkopf, 2399 m; 05 Wetterkreuzkogel, 2591 m; 06 Knappenhaus, 2014 m; 07 Weggabelung Obere Issalm, 1928 m; 08 Balbachalm, 1955 m

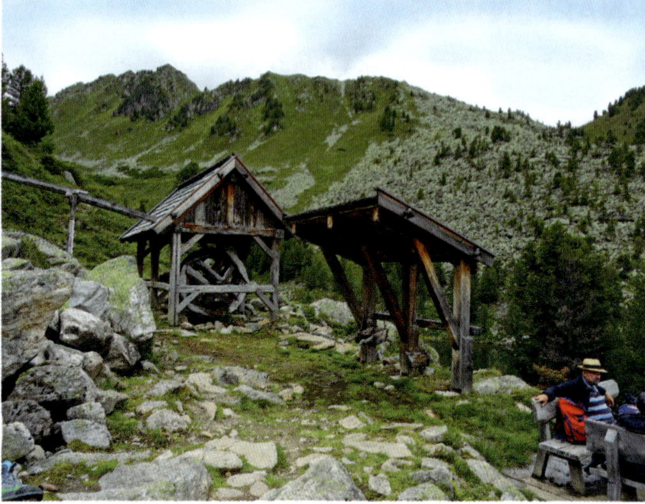

Rast beim Knappenhaus.

gekrönt und bietet eine traumhafte Weitsicht. Von dort geht es aussichtsreich über einen Kamm zum **Wetterkreuzkogel** 05.

Vom Wetterkreuzkogel, bei dem im Sommer häufig Schafe anzutreffen sind, führt der Knappenweg zunächst relativ steil hinunter ins Wörgetal, das rechts von einem eindrucksvollen Grat begrenzt wird. Dieser zieht sich von der Hinteren über die Vordere Karlesspitze bis zum Schafzöllen.

Vorbei an kleinen Seen und über den einen oder anderen Bach geht es bergab mit schönem Blick zum langen Graskamm, der hinauf zum Pirchkogel zieht. Deutlich flacher wandert man nun durch das stille Tal Richtung Kühtai, durch ausgedehnte Almrosenfelder und vorbei an Bergwiesen. Erfahrungsgemäß blüht die Alpenrose, von den Tirolern Almrosen genannt, zwischen Juni und Ende Juli.

Schon früh sieht man linker Hand die grünlich schimmernden Gesteinsblöcke des Felssturzes, der sich vom Zwölferköpfl hinunter

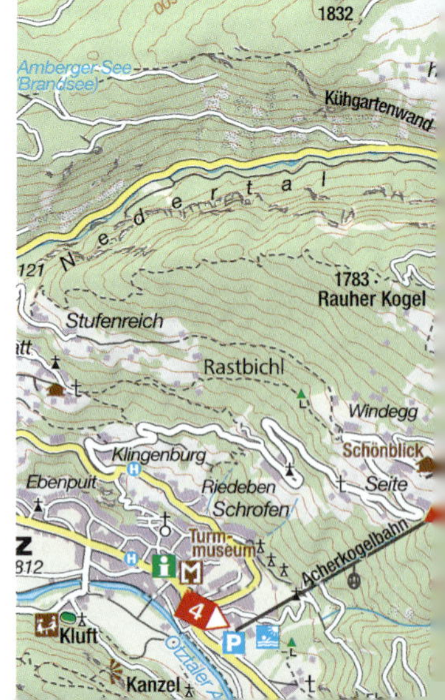

Bergbau im Wörgetal

Seit der ersten Hälfte des 17. Jahrhunderts wurden im Wörgetal unterhalb des Wörgetalsattels mit Hilfe von Schwarzpulver in 2500 m Höhe Stollen in den Berg getrieben. Mineralien wie Bleiglanz, Kupferkies und Pyrit, etwas Gold sowie Kupfer- und Bleierze baute man in der 40 m hohen Erzader in der „Schwarzen Wand", einem ins Wörgetal reichenden Felssporn des Wetterkreuzkogels, ab.

Zur Blütezeit arbeiteten hier einmal 450 Knappen. Dank des Sees, an dem wohl einst ein Pochwerk gestanden hat (daher der Name Pochersee) konnte man mit Wasserkraft das Erz zerkleinern. Das hatten die Knappen zuvor vom Stollenausgang aus in Säcken im Spätwinter (Ende April) über Schnee bis zum See gezogen. Das vom tauben (wertlosen) Gestein getrennte Erz wurde anschließend mit Hilfe von Ochsengespannen über den Ochsengarten (daher der Name) nach Oetz transportiert und dort in der Teufelsschmiede verhüttet.

www.knappenweg.at

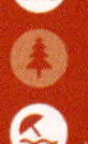

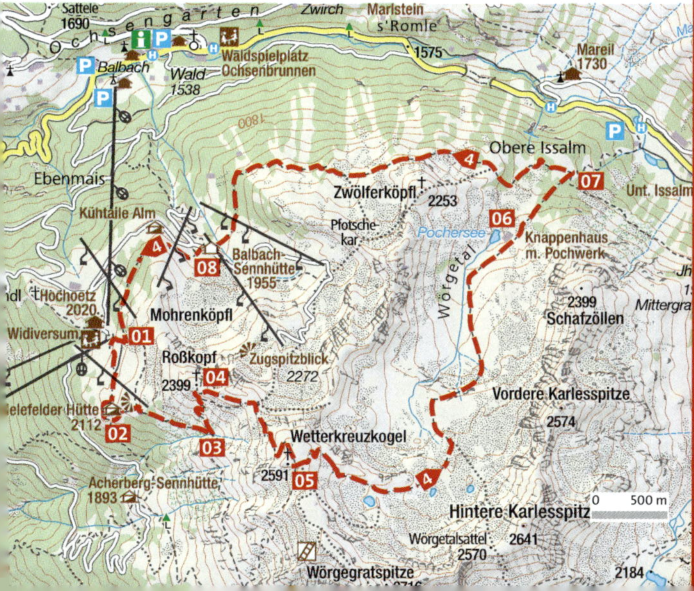

zum Pochersee zieht. Etwas oberhalb des 80 x 50 m großen Pochersees (Wörgetalsee) steht das **Knappenhaus** 06, in dem ein kleines Museum mit Tafeln über den historischen Bergbau im Wörgetal informiert. Ein Teil des Museums mit Knappenfiguren und Werkzeugen kann nur im Rahmen einer Führung besichtigt werden, vom öffentlichen Teil ist aber ein Blick in diesen zweiten (verschlossenen) Museumsraum möglich. Neben dem rekonstruierten Knappenhaus steht eine ebenfalls rekonstruierte Pochermühle, eine Art Steinmühle, in der früher das Erz zertrümmert wurde.

Vom Knappenhaus mit ein paar Bänken und Tischen geht es weiter talwärts zur **Weggabelung Obere Issalm** 07. Hier erinnern nur noch Mauerreste an die einstige Alm. An der Weggabelung mit Rastplatz und Infotafeln finden sich auch diverse Wegweiser ins Kühtai (so läuft man z. B. nur 30 Min. bis zur Unteren Issalm mit Bushaltestelle an der Kühtaier Straße).

Der Rückweg zur Bergstation ist ein Panoramaweg, der zunächst einmal kurzzeitig wieder steiler bergauf führt und dann zwischen Zirben hindurch Richtung Westen verläuft. Der gut ausgetretene Pfad umrundet in stetigem Auf und Ab den Nord- und später den Osthang des kegelförmigen Zwölferköpfls (2253 m). Auf der anderen Talseite blickt man auf den Gasthof Marlstein, den Weiler Ochsengarten, die Feldringer Böden, das Faltegartenköpfl und den mächtigen Pirchkogel.

Bei der **Balbachalm** 08, die mit ihrer Terrasse zur Einkehr einlädt, ist wieder das Hochoetzer Skigebiet erreicht.

Rechts von der Alm führt ein Themenweg über das Mohrenköpfl zurück zur Bergstation. „Auf den Spuren der Wildtiere“ lautet das Motto, entlang des Wegs wird über zehn tierische Alpenbewohner informiert. Der Weg beginnt gleich oberhalb der Alm, führt nochmals kurz bergan und endet direkt bei der Bergstation Hochoetz. Die Alternative ist der Fahrweg rund um das Mohrenköpfl.

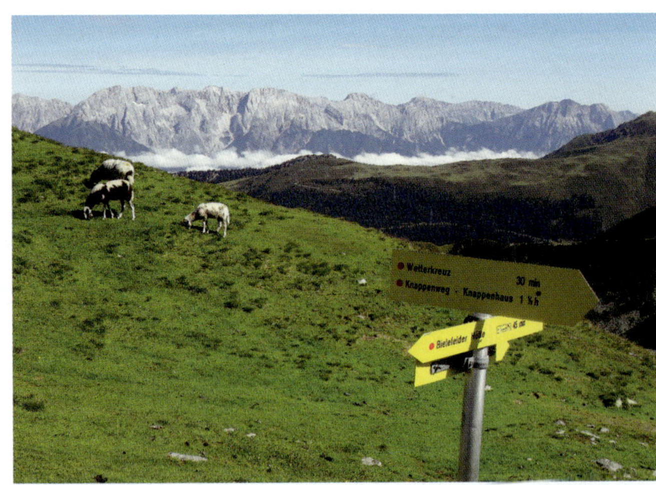

Blick vom Kamm zum Wettersteingebirge und zur Mieminger Kette.

PIBURGER SEE

Verstecktes Naturjuwel im Vorderen Ötztal

 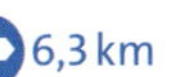 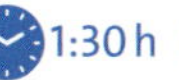 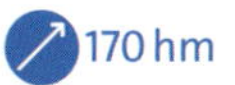 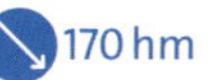 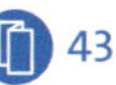

6,3 km | 1:30 h | 170 hm | 170 hm | 43

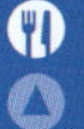

START | Habichen (Parkplatz bei der gedeckten Holzbrücke), 850 m [GPS: UTM Zone 32 x: 644.344 m y: 5.227.840 m]
CHARAKTER | Kurzweilige Wanderung, die vor allem für Kinder spannend ist und an heißen Sommertagen mit der Abkühlung im See lockt.

Viele Wege führen zum Piburger See – vom Oetzer Ortsteil Piburg, von Oetz selbst, von Habichen…

Egal, für welchen Weg man sich entscheidet: Kaum einer wird sich, am See angekommen, der Faszination dieses kleinen Gewässers auf einer Felssturzterrasse und eingerahmt von dunklen Wäldern entziehen können. Vor allem im Frühjahr und Herbst geht es hier geruhsam zu. An Badetagen ist es dagegen mit der Ruhe ziemlich vorbei. Der Piburger See ist einer der wärmsten Bergseen Tirols und dank seiner Nähe zu den umliegenden Siedlungen ein beliebtes Naherholungsziel.

Hier wird der Zustieg über die Wellerbrücke vorgestellt. Diese über die Achstürze führende Brücke ist schon für sich selbst gesehen ein lohnendes Ziel, denn von der Brücke hat man einen schönen Blick auf die Stromschnellen der Ötztaler Ache. Besonders eindrucksvoll ist das Naturschauspiel nach der Schneeschmelze oder nach lang anhaltenden Niederschlägen.

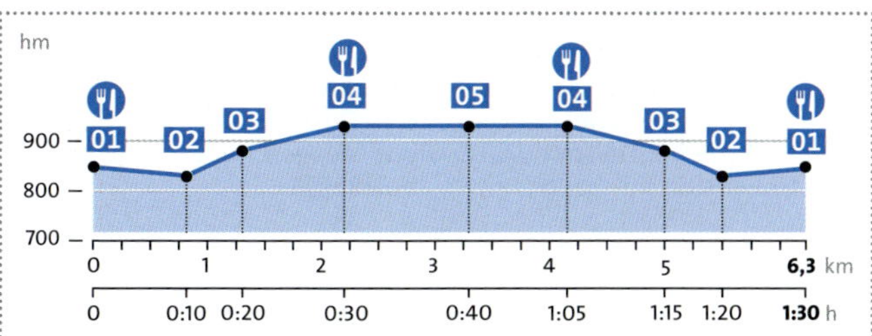

01 Habichen, Parkplatz an der Holzbrücke, 850 m;
02 Wellerbrücke, 828 m; 03 Weggabelung/Forststraße, 883 m;
04 Gasthaus Seehäusl, 924 m; 05 Nordwestende des Sees, 926 m

Der Piburger See

Der See ist als Schutzgebiet Teil des Naturparks Ötztal. Seine Entstehung verdanken wir einer beeindruckenden Naturkatastrophe. Ein gewaltiger Bergsturz, der vor 10.000 Jahren abgegangen sein soll, verlegte nach der letzten Eiszeit die Vertiefung an der Südseite (taleinwärts) des heutigen Sees. Dadurch wurde der See aufgestaut. Der urige Blockwald ist beim Aufstieg von der Wellerbrücke und im Wald hinter dem Seehäusl gut sichtbar. Im Sommer erwärmt sich das Wasser an der Oberfläche auf bis zu 24 °C, am Seegrund in 25 m Tiefe bleibt es hingegen das ganze Jahr hindurch bei kühlen 4 °C. Die angenehme Temperatur und das weiche Wasser machen ihn nicht nur zu einem beliebten Badesee, sondern auch zu einem ganz besonderen Lebensraum für viele spezielle Tier- und Pflanzenarten. Der Piburger See dürfte einer der wissenschaftlich am besten untersuchten Seen in Tirol sein. Seit 1931 werden am See gewässerkundliche Untersuchungen durchgeführt, seit 1975 läuft ein intensives Untersuchungsprogramm mit regelmäßigen Kontrollen durch die Universität Innsbruck.

▶ Vom Inntal kommend an der Talstraße beim Hinweisschild „Habicher Hof" die Hauptstraße verlassen und taleinwärts fahren, bis man die Straße unterqueren kann. Parallel zur Talstraße weiterhin taleinwärts bis zum

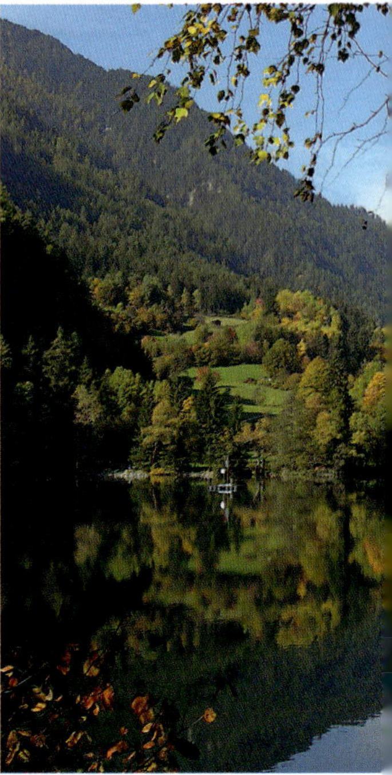

Parkplatz an der Holzbrücke 01 fahren. Von dort folgt man der Beschilderung zur Wellerbrücke. Über Wiesen führt der Weg zum Wald, wo man auch schon die Ausläufer des Bergsturzgeländes erreicht, durch das man zum See wandert. Zwischen den bemoosten Felsbrocken führt der Pfad gut ausgeschildert zur **Wellerbrücke** 02.

Eine steile Treppe leitet hinunter auf die Brücke, unter der je nach Wasserstand die Ötztaler Ache hindurchtost. Am anderen Ende geht es über einen mit Geländer gesicherten Steg am steilen Fels weiter. Dieser mündet in einen Waldpfad, auf diesem zu einer

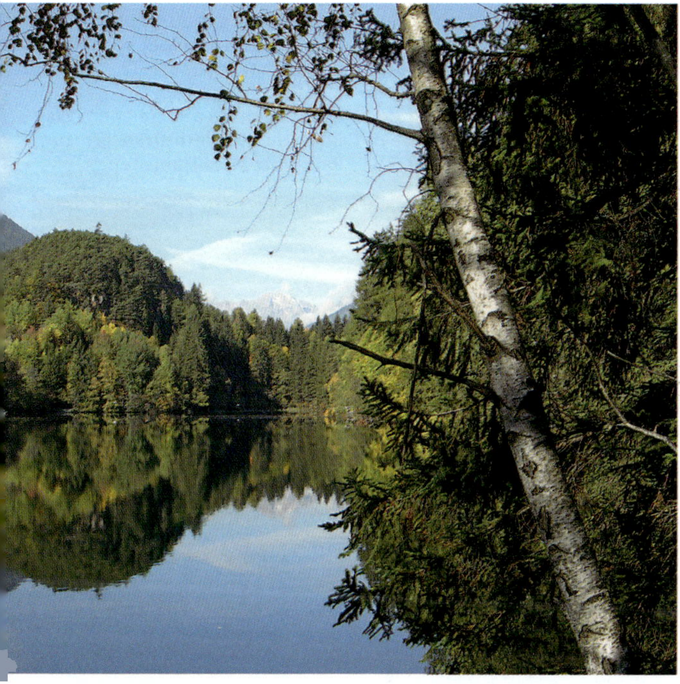

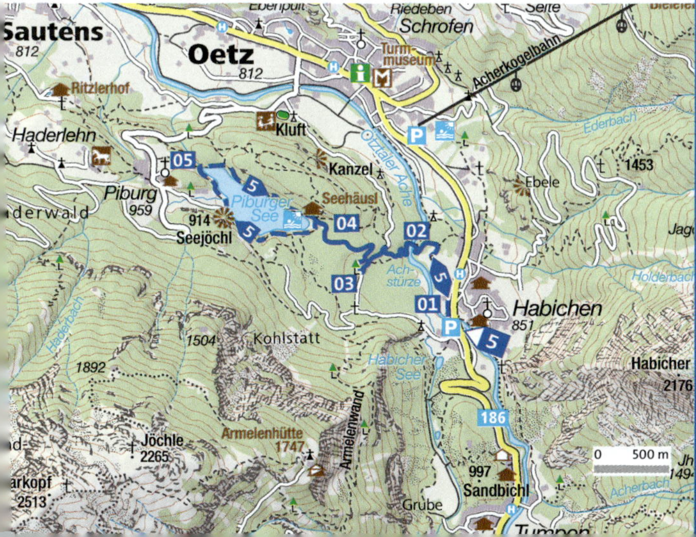

Weggabelung 03 und ab da auf einer Forststraße zum See. Schon bald ist das nette **Gasthaus Seehäusl** 04 erreicht. Der Rundweg führt gemütlich einmal um den See herum zu seinem **Nordwestende** 05 und weiter auf der Talseite zu der gebührenpflichtigen Badeanstalt. Er endet schließlich wieder am **Seehäusl** 04.

Zurück geht es auf gleichem Weg über die **Wellerbrücke** 02 zum **Parkplatz** 01 in Habichen.

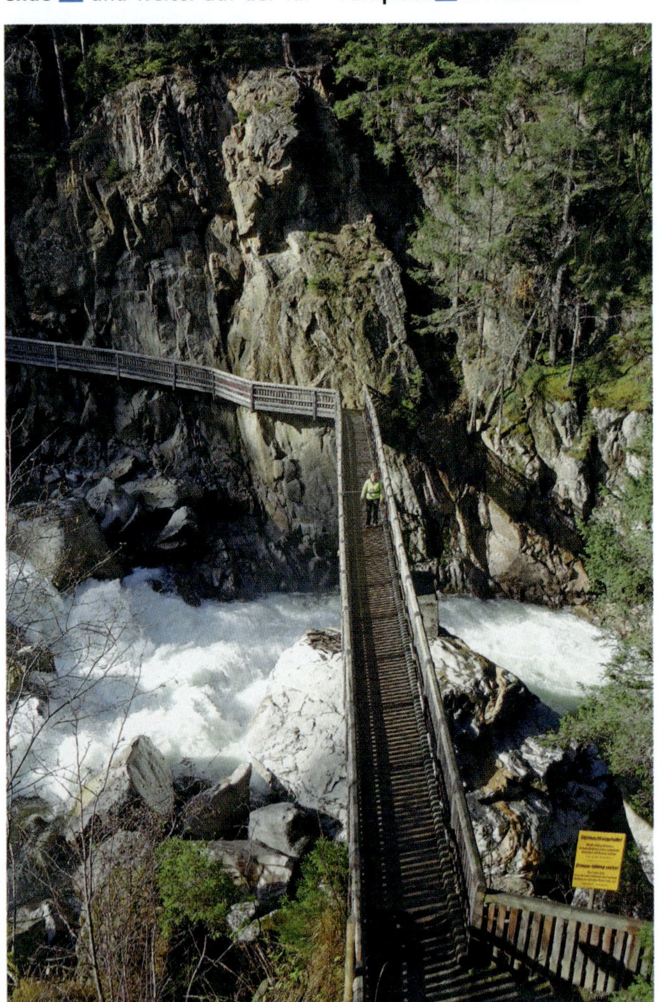

Spektakuläre Brücke über die Ötzer Ache.

ARMELENHÜTTE • 1747 m

Hüttenaufstieg durch einen mystischen Bergwald

 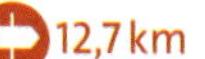  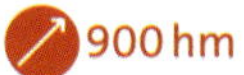 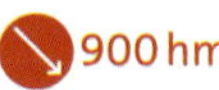 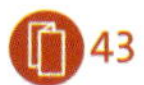

12,7 km | 5:30 h | 900 hm | 900 hm | 43

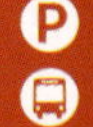

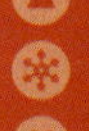
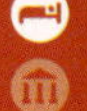

START | Habichen, Parkplatz unterhalb der Bundesstraße bei der Holzbrücke über die Ötztaler Ache, 850 m
[GPS: UTM Zone 32 x: 644.344 m y: 5.227.840 m]
CHARAKTER | Aufstieg über einen schmalen, teilweise versicherten Steig unterhalb der Armelenwand. Dieser sollte bergab nur bei trockenen Verhältnissen begangen werden, da die Rutschgefahr sehr groß ist.

Die Wanderung führt durch einen faszinierenden Bergwald und ein eindrucksvolles Felssturzgelände. An heißen Sommertagen spendet der Wald viel Schatten. Belohnt wird man am Schluss mit der Armelenhütte, eine innen wie außen urige Hütte mit schönem Blick ins Tal und auf die gegenüberliegende Talseite. Doch auch der Rückweg birgt Überraschungen: den tosenden Tumpener Wasserfall, den idyllischen Habicher See (der bei heißem Wetter mit einem Sprung ins Wasser lockt) und schließlich noch der Habicher Eiskeller.

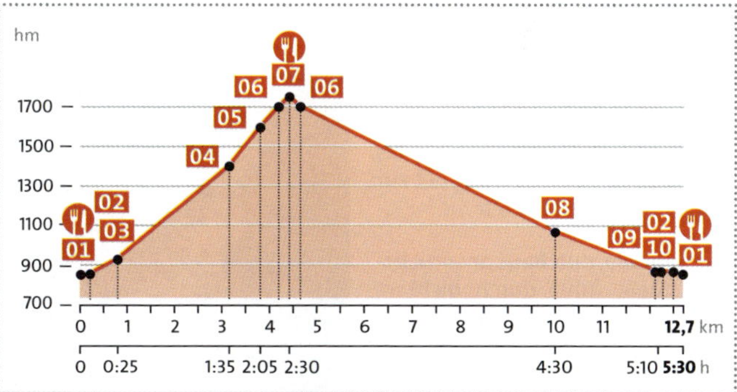

01 Habichen, Parkplatz an der Holzbrücke, 850 m;
02 Wegweiser Piburger See, 861 m; 03 Steig zur Armelenhütte, 934 m;
04 Tumpenbachtal, 1401 m; 05 Verzweigung, 1602 m; 06 Almstraße, 1700 m;
07 Armelenhütte, 1747 m; 08 Tumpener Wasserfall, 1064 m;
09 Habicher See, 864 m; 10 Eiskeller, 865 m

6

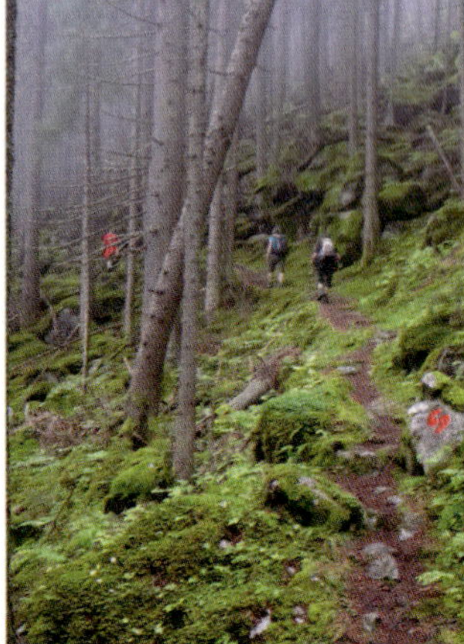

Durch den mystischen Bergwald unterhalb der Armelenwand.

▶ Vom Inntal kommend an der Talstraße beim Hinweisschild zum Habicher Hof die Hauptstraße verlassen und sich taleinwärts halten, bis rechts die Talstraße unterquert werden kann. Parallel zur Talstraße zum **Parkplatz an der Holzbrücke** 01 fahren. Nach Überqueren der Brücke geht es an drei Häusern vorbei nach Süden, bis ein **Wegweiser** 02 zum Piburger See und zur Wellerbrücke nach rechts zweigt. Diesem folgen, bis nach schräg links der **Steig** 03 zur Armelenhütte abzweigt.

Der schmale, durchaus anspruchsvolle Steig führt durch dichten, dann auch wieder lichteren Bergwald, einzelne Passagen sind teils durch einfache Holzgeländer gesichert. Der gesamte Weg führt durch Felssturzgelände, die zum Teil haushohen Steine sind mit hell leuchtendem Moos überzogen. Zwischendurch gibt es auch mal eine Bank zum Ausruhen, die man angesichts des steilen Wegs durchaus gebrauchen kann. Die bis zu 400 m hohe Armelenwand ist teilweise bewachsen, aber dennoch eindrucksvoll.

An einer Weggabelung weiter geradeaus bis sich der Wald öffnet und man das **Tal des Tumpenbachs** 04 erreicht. Hier genießt man einen schönen Blick Richtung Süden und in das untere Tumpental. Nochmals geht es einige Minuten steil bergauf zu einer weiteren **Verzweigung** 05. Hier halb-rechts zur **Almstraße** 06 und auf dieser wieder rechts in wenigen Minuten zur **Armelenhütte** 07.

Abstiegsvarianten: Wenn das Wetter trocken ist, kann man durchaus auf dem Aufstiegsweg wieder nach Habichen zurückkehren. Bei feuchtem Wetter ist der Steig unterhalb der Armelenwand jedoch nicht zu empfehlen, dann sollte man auf jeden Fall auf die Fahrstraße ausweichen. Dabei können einzelne Kehren abgekürzt werden. Höhepunkt des

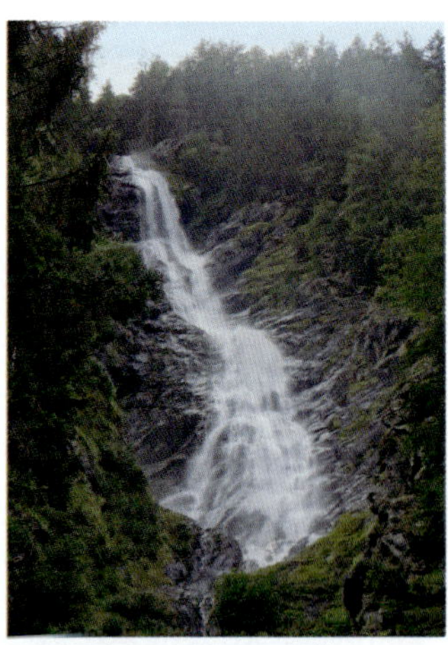

Der Tumpener Wasserfall.

Rückwegs ist die Plattform beim **Tumpener Wasserfall** 08.

Im Tal beim ersten Haus nach links abbiegen und westlich am Sandbichl vorbei am Bach entlang Richtung Habicher See wandern. Zu diesem zweigt ein steiler Pfad rechts hinunter ab, der parallel zum Bach verläuft und teilweise mit Zaun gesichert ist. Am **Habicher See** 09 führt ein Weg links von einem Weidezaun am **Eiskeller** 10 vorbei zum **Wegweiser** 02, wo sich der Kreis schließt.

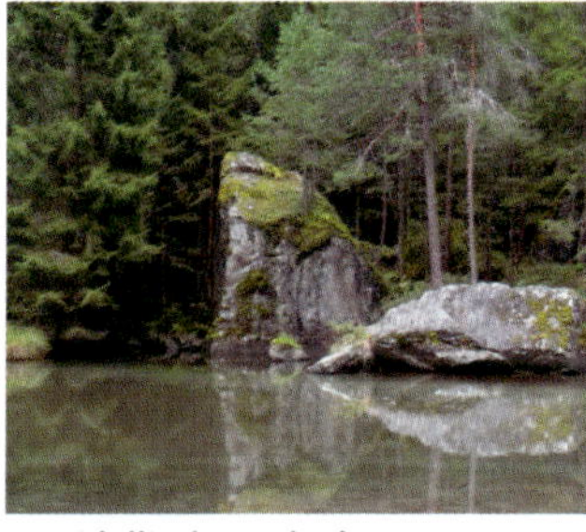

Der idyllische Habicher See.

Eiskeller Habicher See

Diese Felsspalte wurde jahrhundertelang als natürlicher Kühlschrank genutzt. Hier konnte man bis in den Sommer hinein die im Winter geschlagenen Eisblöcke lagern, da die Temperatur im „Eiskeller" ganzjährig rund um den Gefrierpunkt liegt. Wer es nicht glauben will, sollte einmal die Holztür öffnen…
Woher die Kälte kommt? Die Bergsturzhalde oberhalb weist unterirdische Gangsysteme auf, durch die kalte Luft aus großer Höhe talwärts strömt. Viele der Felsspalten haben nasse Wände, sodass Verdunstungskälte die Temperatur der Fallwinde zusätzlich senkt. Eine Mauer vor dem Felsloch hält die kalte Luft in der Felsspalte, eine Linde sorgt im Sommer für zusätzlichen Schatten.

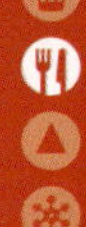

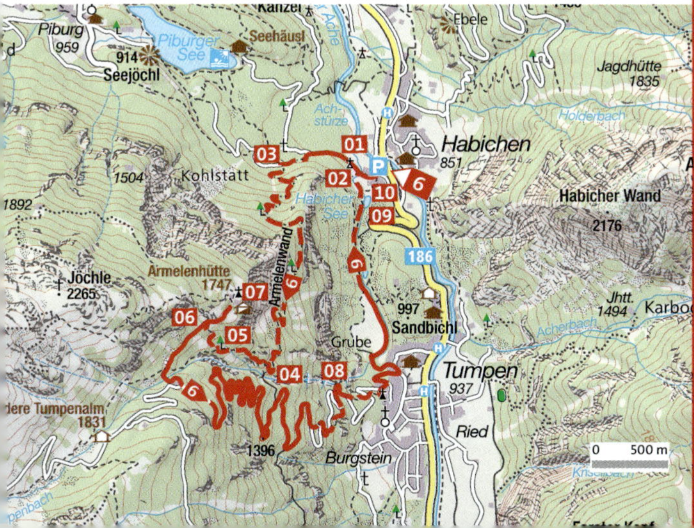

ERSTER KARKOPF • 2513 m

Durchs vordere Tumpental auf einen schönen Aussichtsberg

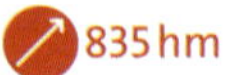

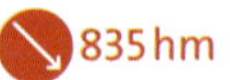

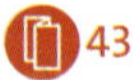

START | Vordere Tumpenalm, 1831 m
[GPS: UTM Zone 32 x: 642.634 m y: 5.225.969 m]
CHARAKTER | Unschwieriger Gipfelaufstieg über Almwege und Bergpfade. Hinunter zur Armelenhütte etwas steiler.

Rund 1000 Höhenmeter sind es vom Talboden bis zur Vorderen Tumpenalm und dann noch weitere 700 Hm bis zum Gipfel. Die meisten werden sich daher für das Hüttentaxi entscheiden, das die Wanderer bequem bei der Vorderen Tumpenalm absetzt.

▶ Von der **Vorderen Tumpenalm** 01 wandern wir auf dem Almweg über Wiesen, später am Wald entlang durch das vordere Tumpental hinauf zur **Hinteren Tumpenalm** 02. Weit reicht der Blick ins hintere Tumpental, an dessen Talschluss sich die Murmentenkarspitze erhebt.

Zwischen Almrosenteppichen hindurch schlängelt sich der markierte Pfad unterhalb des Mittleren Karkopfs durch Weidegebiet hinauf zu einem breiten Graskamm, schon bald mit Blick zum Gipfelziel. Zum Schluss führt der Weg über den Grasrücken vor zum **Gipfelkreuz** 03. Dank seiner exponierten Lage genießt man vom Gipfel des Karkopfs einen 360-Grad-Blick: Spektakulär ist der Blick hinein ins Ötztal, von hier oben ist nicht

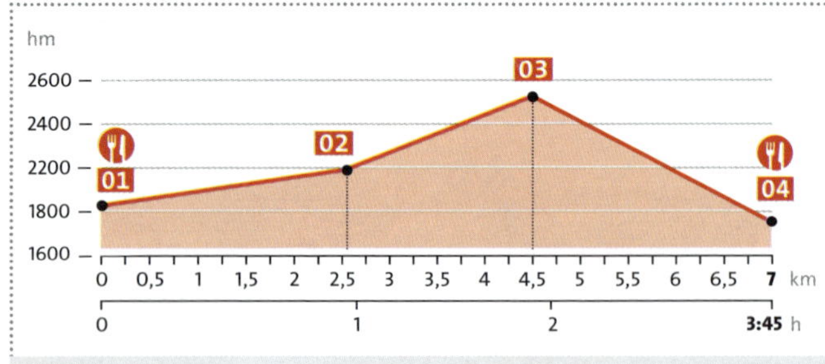

01 Vordere Tumpenalm, 1831 m; 02 Hintere Tumpenalm, 2191 m; 03 Erster Karkopf, Gipfelkreuz, 2513 m; 04 Armelenhütte, 1747 m

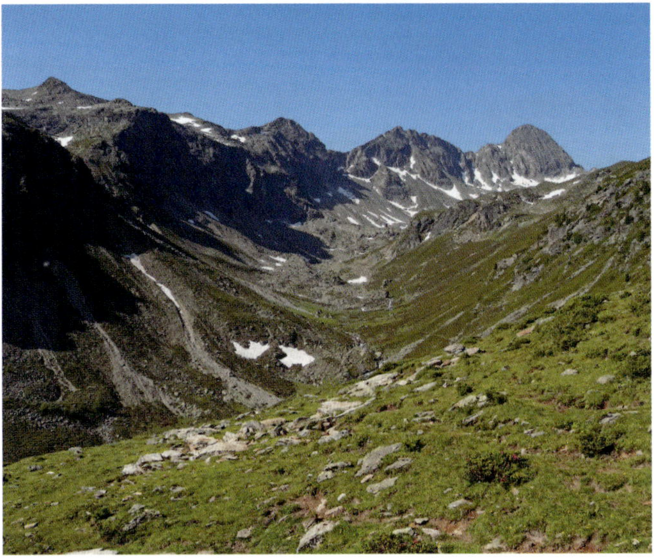

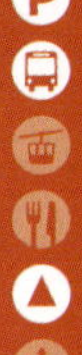

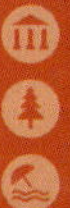

Hintere Tumpenalm – Blick ins obere Tumpental.

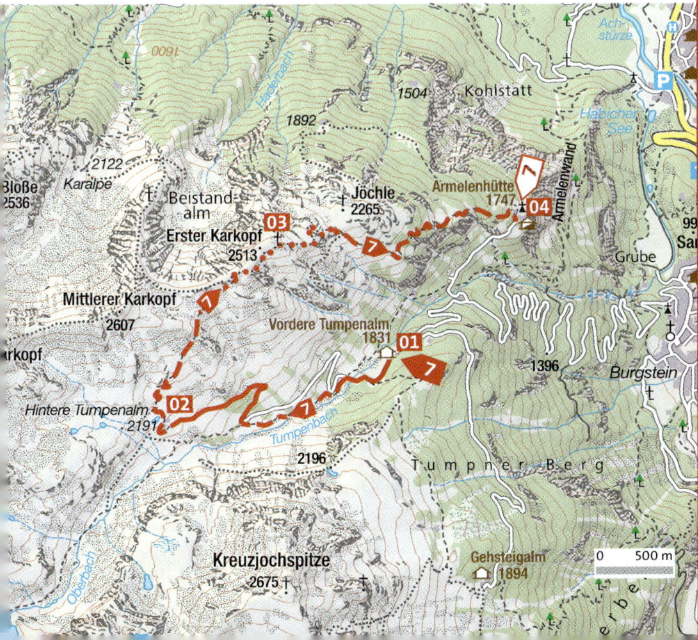

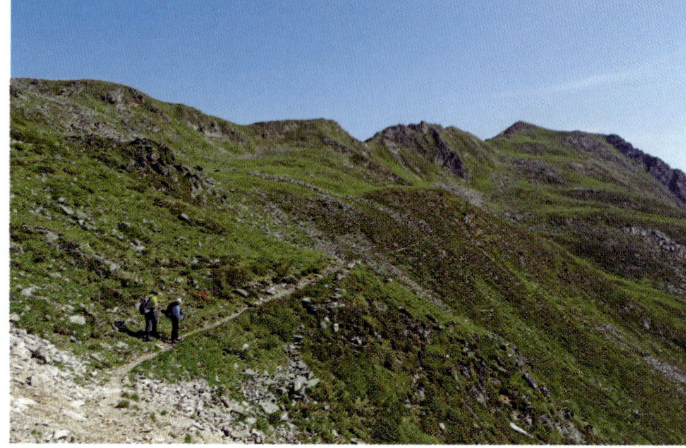

Ein angenehm zu laufender Höhenweg führt zum Ersten Karkopf.

nur der Köfler Bergsturz hervorragend zu sehen, sondern auch der flache Talboden von Längenfeld. Richtung Norden und Nordosten reicht der Blick bis zu den Lechtaler Alpen, Tschirgant- und Zugspitzmassiv und zur Mieminger Kette, unten der Eingang zum Ötztal mit Sautens und Oetzerau und die Einmündung der Ötztaler Ache in den Inn.

Herrlich blühende Almrosen säumen den Aufstiegsweg.

Für den Weiterweg steigen wir nach Osten ab, zunächst recht steil den Gipfelaufbau hinunter zu einem Grassattel. Über Wiesen, dann durch Almrosen und zwischen Zirben hindurch taucht man in den Wald ein. Der Waldweg ist nochmals steil und stark von Wurzeln durchzogen und von daher nicht so angenehm zu begehen. Ein kleiner Felsabsatz wird sogar mittels einer einfachen Holzleiter überwunden. Nach gut eineinhalb Stunden ist dann die Lichtung erreicht, auf der die **Armelenhütte** 04 steht.

Hier kann man nicht nur hervorragend einkehren, sondern sich auch vom Hüttenwirt ein Taxi zurück ins Tal rufen lassen. Für diejenigen, die keine Knieprobleme haben und ins Tal laufen wollen, gibt es zwei Varianten: Bei trockenen Wetterbedingungen ist der Steig unterhalb der Armelenwand reizvoll – er endet in Habichen (2.30 Std.). Bei nicht so guten Bedingungen folgt man dem Fahrweg, der in zwei Stunden nach Tumpen führt.

FARST • 1479 m

Einsames Bergbauerndorf hoch über Umhausen

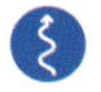 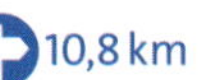 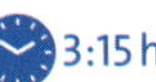 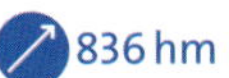 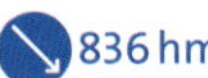 

 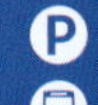 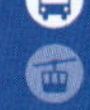    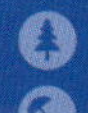

START | Wanderparkplatz in Umhausen, Ortsteil Östen/Ostermuhre, 960 m [GPS: UTM Zone 32 x: 645.020 m y: 5.223.631 m]
CHARAKTER | Unschwere, aber aussichtsreiche Wanderung auf der teils asphaltierten, teils geschotterten Zufahrtsstraße nach Farst, außerdem Güterwege und ein kurzer Bergpfad. Die Straße nach Farst darf nur von den Bewohnern befahren werden, über das Tourismusbüro in Umhausen kann aber ein Taxi bestellt werden.

Jeder, der sich von Längenfeld kommend Umhausen nähert, sieht hoch oben über der steil abfallenden Engelswand die wenigen Höfe von Farst scheinbar am Hang kleben. Unwillkürlich fragt man sich, wie man so weit oben und abgelegen leben kann. Überraschenderweise zählt der Weiler Farst zu den ältesten Ansiedlungen des Ötztals (mindestens seit dem 13. Jh.), bis 1933 gab es nicht einmal eine Straße dort hinauf! Heute leben nur noch wenige Menschen ganzjährig in Farst.

Was früher rund ums Jahr ein mühevoller Auf- und Abstieg war, ist heute eine leichte Wanderung. Begonnen wird sie im Ortsteil Östen am **Parkplatz** 01 neben dem Feuerwehrhaus. Die Straßenseite

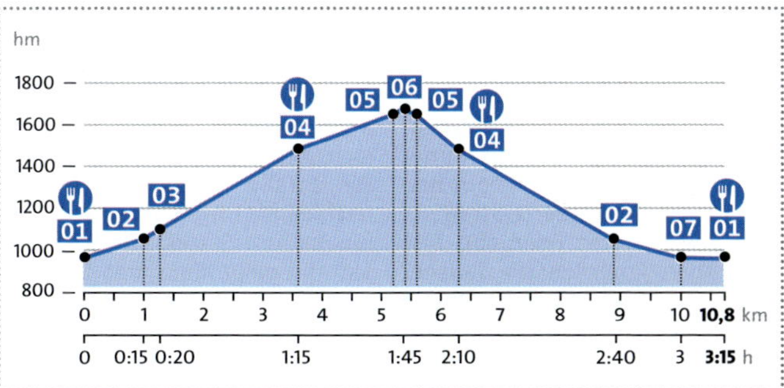

01 Parkplatz Östen (Holzbrücke), 960 m; 02 Abzweigung Weg nach Östen, 1042 m; 03 Stoppschild, 1107 m; 04 Farst, Ortseingang, 1479 m; 05 Abzweig Wanderweg, 1650 m; 06 Sattel, 1660 m; 07 Maria Schnee, 961 m

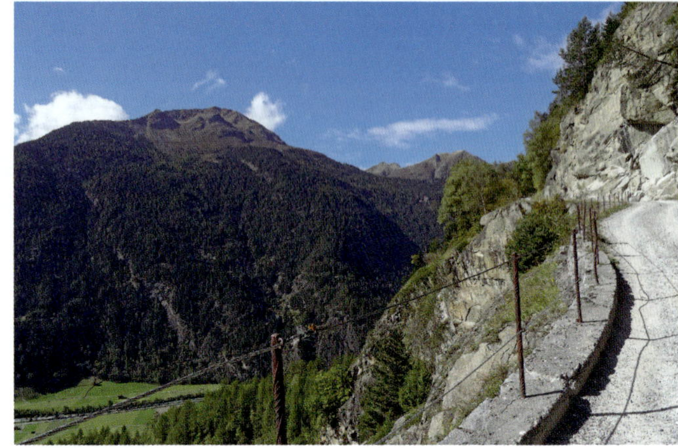
Auf dem Weg ins Bergdorf.

wechseln und wenige Meter an der Bushaltestelle vorbei talauswärts gehen, bis rechts ein Fahrweg abzweigt. Diesem folgt man entlang der Felder bis zu einer Holzbrücke über die Farstrinne. Kurz hinter der Brücke zweigt links ein **Weg nach Östen** 02 ab, den wir auf dem Rückweg nehmen. Bis zum kurz darauf in Sicht kommenden Stoppschild dürfte man noch mit dem eigenen Fahrzeug fahren.

Beim **Stoppschild** 03 beginnt nun die beständig ansteigende Fahrstraße nach Farst, die zunächst noch geteert ist. In lang gezogenen Kehren steigt man mit immer besserer Aussicht auf, bis auf halber Strecke die geteerte Straße in eine geschotterte übergeht. Erst weit oben kommen die Jausenstation und die Materialseilbahn in Sicht (die erst 1946 gebaut wurde). Aber auch dann müssen noch zwei weitere Kehren zurückgelegt werden.

In **Farst** 04 könnte die Wanderung mit einer gemütlichen Einkehr in der Jausenstation enden, es lohnt sich aber, noch bis zum ausgeschilderten Sattel weiterzuwandern. Dafür folgen wir der Straße, laufen vorbei am Kapellchen und biegen hinter dem rechts liegenden Wohnhaus auf einen markierten Wanderweg ab. Er führt an Steinschlagnetzen vorbei zu einer geschotterten Straße (der Verlängerung der Straße von Farst) – auf diese Weise vermeidet man, über Privatgrund zu laufen.

Dieser folgt man links weiter bergauf mit schönem Blick zur gegenüberliegenden Talseite auf Kreuzjochspitze und Karkopf-Kamm. Die Straße macht einen Knick nach rechts und führt in den Wald hinein zum Sattel. Kurz vor dem Sattel zweigt links der **Wanderweg** 05 zurück nach Farst ab.

Ab der Materialseilbahn (zur Reichalm) am **Sattel** 06 wäre es noch eine weitere Stunde Fußmarsch bis zur Alm, wo die Farster bis heute im Sommer das Gras mähen. Nach Osten fällt der Sat-

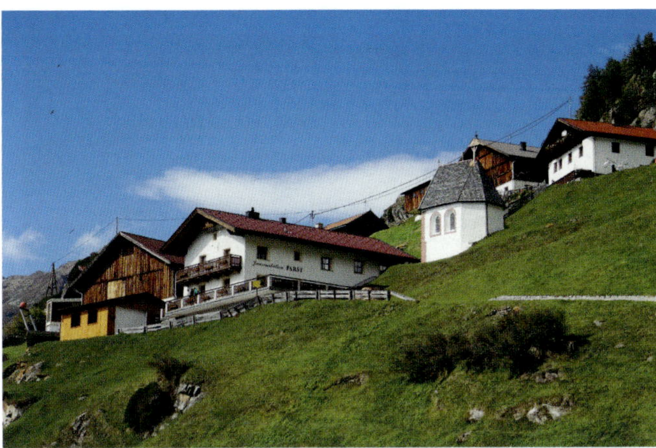

Fast am Ziel – die ersten Häuser von Farst.

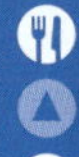

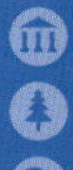

tel steil zur Farstrinne ab, dahinter erheben sich Hochreichkopf und Hohe Wasserfalle. Zurück nehmen wir ab der Abzweigung den **Wan-**

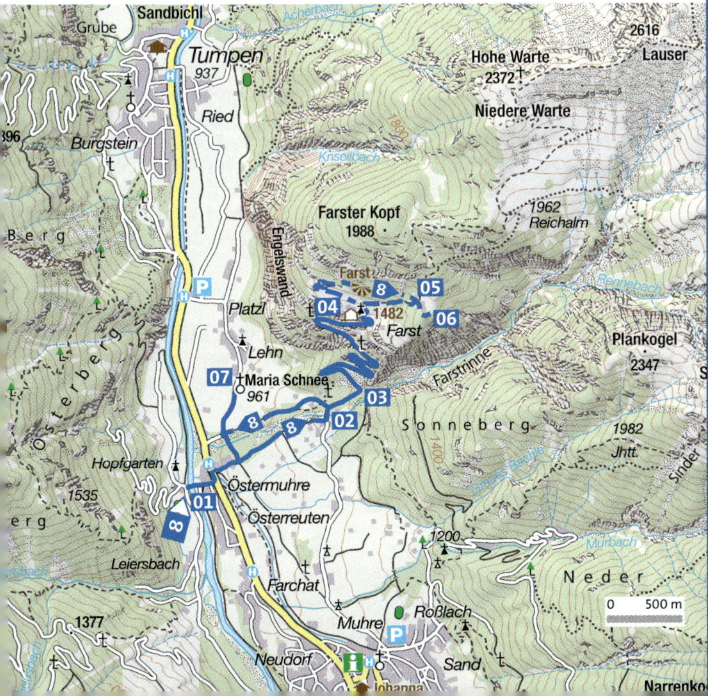

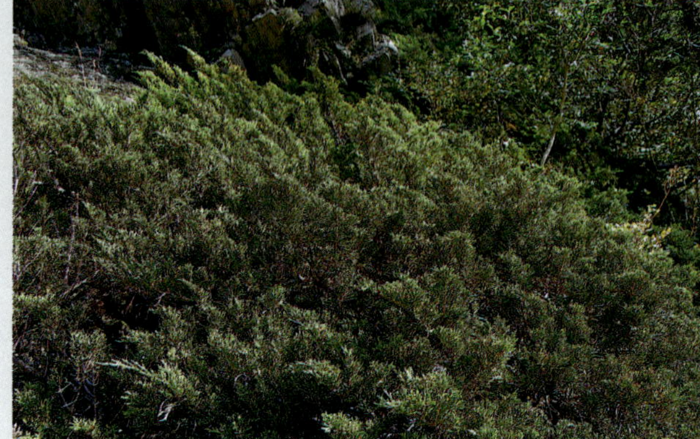

Achtung giftig – der Stinkwacholder

Am Weg entlang der Straße nach Farst finden wir immer wieder einen ganz besonderen Zwergstrauch, den sogennanten „Sadebaum“ oder „Stinkwacholder“. Dieser lichtbedürftige, reich verzweigte Strauch gedeiht bevorzugt an südexponierten, warmen Felshängen. Seine Blätter sind nadelförmig, an den ausgewachsenen Pflanzen gedeihen Schuppenblätter. Die unscheinbaren Blüten sind weißlich und sitzen am Ende der Zweige. Aus diesen entwickeln sich die blauschwarzen, erbsengroßen Beeren. Der Sadebaum ist stark giftig! Besonders die Zweigspitzen enthalten scharf-würzig riechende, ätherische Öle mit den stark giftigen Sabinen. Bereits äußerlich führt der Kontakt bisweilen zu Hauterkrankungen und der Bildung von Blasen. In der Antike wurde der Stinkwacholder sogar als Abtreibungsmittel verwendet. Der Sadebaum ist nach der Tiroler Naturschutzverordnung teilweise geschützt.

derweg 05 nach Farst und steigen von den Höfen auf dem bekanntem Weg ins Tal ab.

Am Ende der Fahrstraße biegen wir bei der **Abzweigung** 02 rechts ins Wäldchen ein und wandern an den Wiesen entlang Richtung Bundesstraße.

Bevor es aber endgültig zum Parkplatz geht, empfiehlt sich noch ein kurzer Abstecher zur Barockkirche **Maria Schnee** 07, die in den Wiesen erbaut wurde. Das Kirchlein, dessen Vorgängerbau von Muren bedroht schließlich aufgegeben wurde, stammt in seiner heutigen Form aus dem Jahr 1796. Innen beeindruckt die Kirche mit ihrer Rokokoausstattung.

Von Maria Schnee gehen wir zurück zum Abzweig, überqueren die Farstrinne und laufen auf bekanntem Weg weiter zum **Parkplatz** 01.

NARRENKOGEL • 2309 m

Aussichtsloge am Eingang des Horlachtals

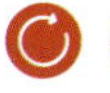 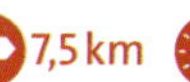

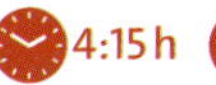

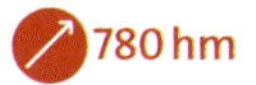

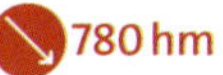

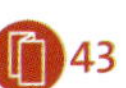

START | Gebührenpflichtiger Wanderparkplatz in Niederthai, 1550 m [GPS: UTM Zone 32 x: 649.253 m y: 5.221.319 m]
CHARAKTER | Zunächst steiler Aufstieg (hier ist Trittsicherheit gefordert), dann angenehme und aussichtsreiche Wanderung auf einen schönen Gipfel mit der Möglichkeit, mit dem Poschachkogel noch einen weiteren Gipfel zu besteigen.

Der Narrenkogel ist der erste Gipfel eines Kamms, der sich auf der Nordseite des Horlachtals bis an dessen Ende zieht. Konditionsstarke können ihn im Rahmen einer Tageswanderung überschreiten und anschließend in der Schweinfurter Hütte übernachten. Für alle anderen ist der Narrenkogel ein abwechslungsreicher Gipfel, der durch seine exponierte Lage einen herrlichen Panoramablick in alle Richtungen gewährt.

▶ Vom **Wanderparkplatz Niederthai** 01 führt eine kleine Teerstraße nach Nordwesten. Vorbei an der Alten Dorfschmiede und dem neu erbauten Feuerwehrhaus geht es den Schildern folgend hinauf zum Bergmahderweg. Diesem folgt man aber nur ein kurzes Stück tal-

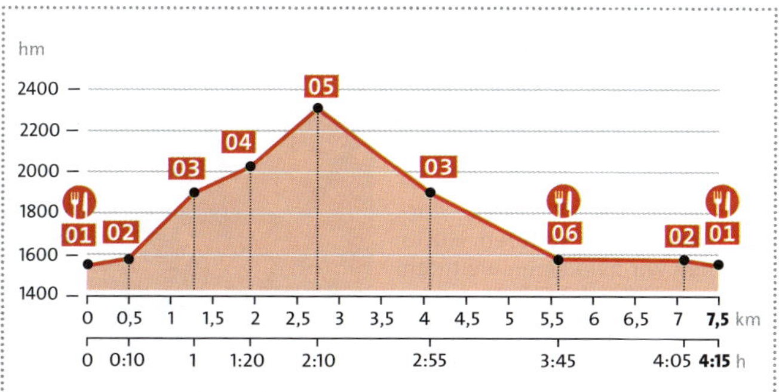

01 Wanderparkplatz Niederthai, 1550 m; 02 Wegweiser zum Narrenkogel, 1572 m; 03 Wegweiser/Abzweig nach Umhausen/Platte, 1905 m; 04 Wegweiser Bergle, 2036 m; 05 Narrenkogel, 2309 m; 06 Höfle, 1567 m

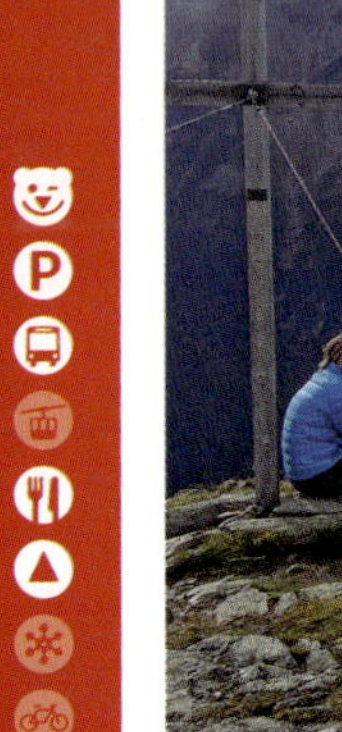

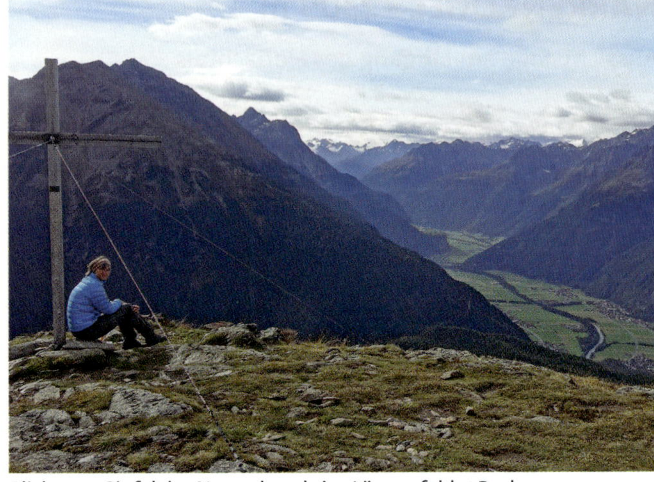

Blick vom Gipfel des Narrenkogels ins Längenfelder Becken.

einwärts, denn schon bald zweigt an einem **Wegweiser** 02 der Weg zum Narrenkogel nach links ab. Sehr steil geht es nun im Wald einen Steig hinauf. Nach einer guten Stunde ist das Schlimmste geschafft und man erreicht die inzwischen nicht mehr bewirtschafteten Böden der Berglealm.

Den **Wegweiser** 03 Richtung Umhausen ignorieren wir vorerst, hier steigen wir auf dem Rückweg ab. Nun geht es gemütlich über die flachen Heidekrautwiesen (mit köstlichen Heidelbeeren zur richtigen Jahreszeit) Richtung Norden. Nach einer weiteren Hütte erreichen wir bald einen weiteren **Wegweiser (Bergle)** 04. Nun wieder steiler ansteigend Richtung Osten durch Hochwald, zum Teil über kleinere Blöcke und Wurzeln. Dann ist endgültig die Waldgrenze erreicht, sodass man die letzten zehn Minuten zwischen Alpenrosenteppichen (besonders schön zur Blütezeit im Juni und Juli), Wacholder und Zirben mit freiem Blick zum Gipfel des **Narrenkogels** 05 hinaufwandern kann. Dieser hat übrigens zwei Gipfelkreuze, weil er der Hausberg gleich zweier Ortschaften ist: ein Kreuz wurde von Niederthai aufgestellt, das andere, tiefer stehende von Umhausen.

Für den Rückweg folgen wir dem Hinweg zurück zur Berglealm und

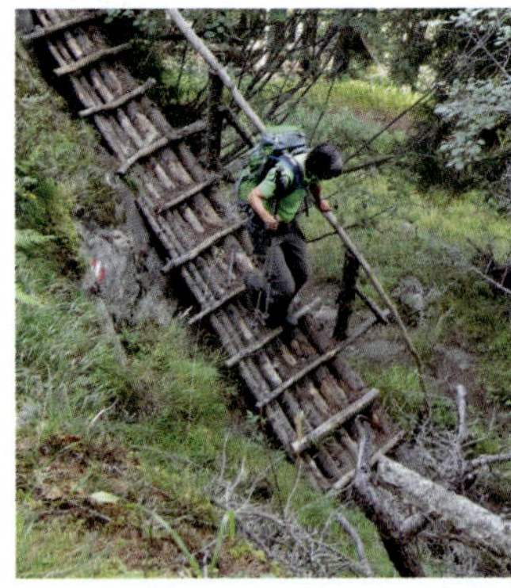

Tannenhäher – ein Aufforstungsgehilfe

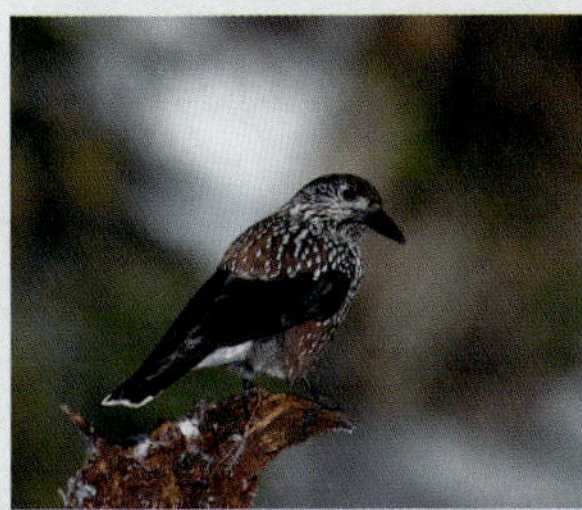

Der Tannenhäher (ötztalerisch „Zirmgratsch“ genannt) ist einer der auffälligsten Vögel im Zirbenwald. Sein dunkelbraunes, weiß gesprenkeltes Gefieder, sein kräftiger Schnabel sowie sein typisch eintönig-durchdringender Ruf sind die charakteristischen Markenzeichen dieses Rabenvogels. Der Tannenhäher legt Vorräte für die Überwinterung an, die er in Verstecke über sein bis zu 6,5 ha großes Revier verteilt. Pro Versteck legt er den Inhalt seines Kehlsackes (ca. 50 Zirbennüsse) in bis zu 2 cm tiefe Erdlöcher. Insgesamt sind es bis zu 3000 Verstecke pro Hektar. Rund ein Viertel der Vorräte bleibt allerdings ungenutzt und wächst teils aus. So trägt der Tannenhäher unbewusst als Forstgehilfe wesentlich zur Verbreitung der Zirbe bei.

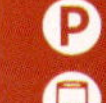
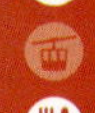

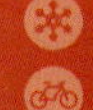

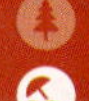

wandern weiter bis zum **Wegweiser** 03 nach Umhausen/Platte. Hier tauchen wir wieder in den Wald ein und steigen talwärts, teils durch mächtiges Blockwerk hindurch. Ein Felsabsatz wird mittels einer steilen Holztreppe überwunden. Schließlich erreicht man einen

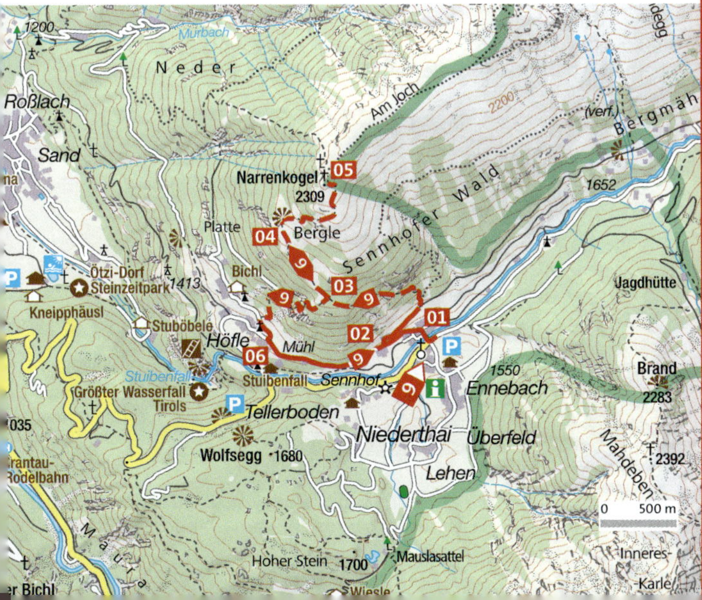

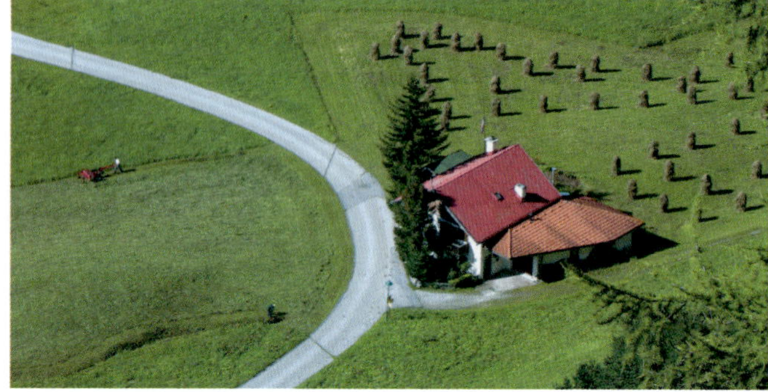
Heuernte in Höfle.

breiten Fahrweg und wandert entlang von mächtigen Steinschlagnetzen zunächst einmal nach Norden, bevor es in einer Kehre die letzten Meter hinunter zu den ersten Häusern von **Höfle** 06 geht. Der Rückweg nach Umhausen ist gut ausgeschildert, auf dem Weg dorthin verleitet allerdings noch die Jausenstation Bichl zu einem weiteren Zwischenstopp.

Auf dem Rückweg nach Umhausen (Teerstraße) wird auch klar, warum oberhalb von Höfle so viele Fangnetze gespannt sind, denn ganz offensichtlich ist der Hang in Bewegung. Schon bald kommen die Häuser von Umhausen in Sicht, ein letzter Blick hinein ins Horlachtal, dann ist man auch schon wieder bei der Feuerwehr und gleich darauf beim **Wanderparkplatz** 01.

Hier sollte man sich noch Zeit für den **Infopunkt des Naturparks Ötztal** gleich am Parkplatz nehmen. Das Schwerpunktthema ist der Köfler Bergsturz, vor allem der Tauferberg bei Niederthai.

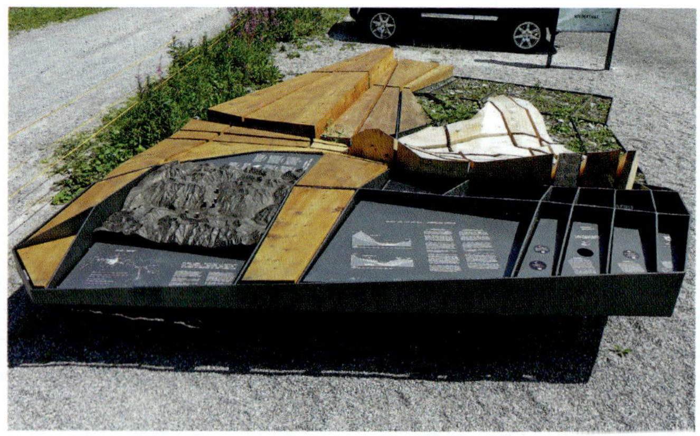
Der modern gestaltete Naturpark-Infopunkt am Wanderparkplatz.

GRASTALSEE • 2536 m

Einsames Hochtal mit Bergsee

  13,2 km 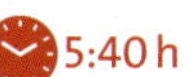 5:40 h  1050 hm  1050 hm 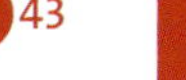 43

START | Gebührenpflichtiger Wanderparkplatz in Niederthai, 1550 m [GPS: UTM Zone 32 x: 649.253 m y: 5.221.319 m]
CHARAKTER | Eine abwechslungsreiche Wanderung durch Bergwald und über Almwiesen, nur zum Schluss ein stärkerer Anstieg über Blockschutt.

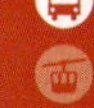
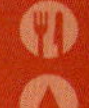

Der Grastalsee hat eine Länge von rund 500 m und zählt damit zu den größten Bergseen des Ötztals. Oft wird man das einsame Hochtal ganz für sich allein haben. Besonders schön ist es dort zur Zeit der Almrosenblüte.

▶ Vom **Wanderparkplatz** 01 in Niederthai folgt man der Teerstraße nach Süden zum Hotel Falknerhof, wendet sich dort nach links und wandert auf der Forststraße bis zum **Wegweiser** 02, an dem der Pfad rechts ins Grastal abzweigt. Auf diesem steigt man weiterhin im Wald hinauf zu einem Weidezaun und einer Forststraße. Diese führt links über den Bach. Gleich hinter der Brücke zweigt bei einer weiteren **Weggabelung** 03 ein Wanderweg nach rechts ab; hier beginnt die schöne Wanderung durchs Grastal. Zunächst geht es noch ein Stück durch den Hochwald, bis sich

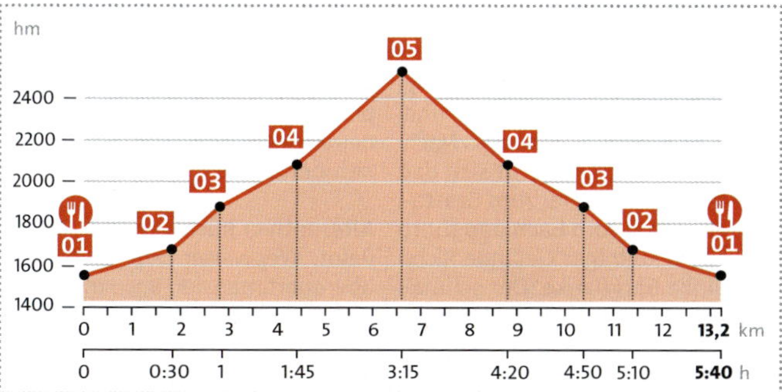

01 Parkplatz Niederthai, 1550 m; 02 Abzweig Forststraße/Wegweiser, 1546 m; 03 Weggabelung, Abzweig ins Grastal, 1871 m; 04 Abzweigung zum Kreuzjöchle, 2067 m; 05 Grastalsee, 2536 m

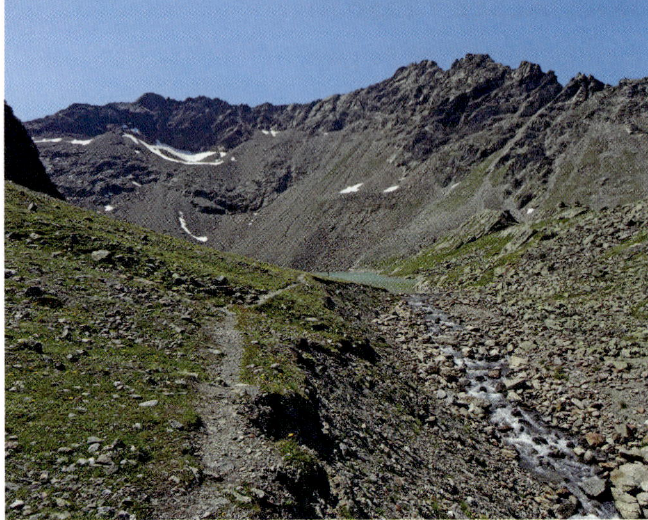

Kurz vor dem Erreichen des Grastalsees.

dann plötzlich das ganze Tal mit seinen Weideböden vor einem öffnet. Links des Bachs wandern wir nun moderat, aber beständig ansteigend, zum Talschluss. Bei genauem Hinschauen entdeckt man schon früh am Talende auf der linken Talseite den Riegel, hinter dem sich der Grastalsee verbirgt.

Wir kommen an der **Abzweigung zum Kreuzjöchle** 04 vorbei und wandern weiter geradeaus. Nach rund 10 Minuten entfernt sich der Weg beim Wegweiser zum Grastaler Höhenweg vom Bach und führt nun durch steiniges Gelände Richtung linke Bergflanke. Der schmale Pfad zieht in einer leichten Linkskurve über einen Schutthang nun deutlich stärker ansteigend hoch zum See. Dessen Ausfluss überwindet die Steilstufe als kleiner Wasserfall. Wir selbst müssen noch einen von links kommenden Abfluss des Grastalferners queren, dann sind die Seehöhe und der **Grastalsee** 05 nach wenigen Minuten erreicht. Wir genießen den See, der vom Hemerkogel, dem markanten Hörndle und dem Rücken des Grastaler Grieskogels (hinter ihm versteckt sich der Grastalferner) eingerahmt wird.

Später wandern wir auf gleichem Weg zurück ins Tal zum **Parkplatz** 01, wo man sich Zeit für den neuen Infopunkt des Naturparks nehmen sollte.

Alternativer Rückweg
Beim Wegweiser am Grastalsee überquert man den Bach und steigt hinauf zum Hemerkogel (2759 m). Für die 250 Höhenmeter durch deutlich schwierigeres Gelände (Blockwerk) sind 1.30 Std. angegeben. Der steile Abstieg führt zu den Hemerachalmen und von dort über den Mauslasattel zurück nach Niederthai (insgesamt 2.45 Std.).

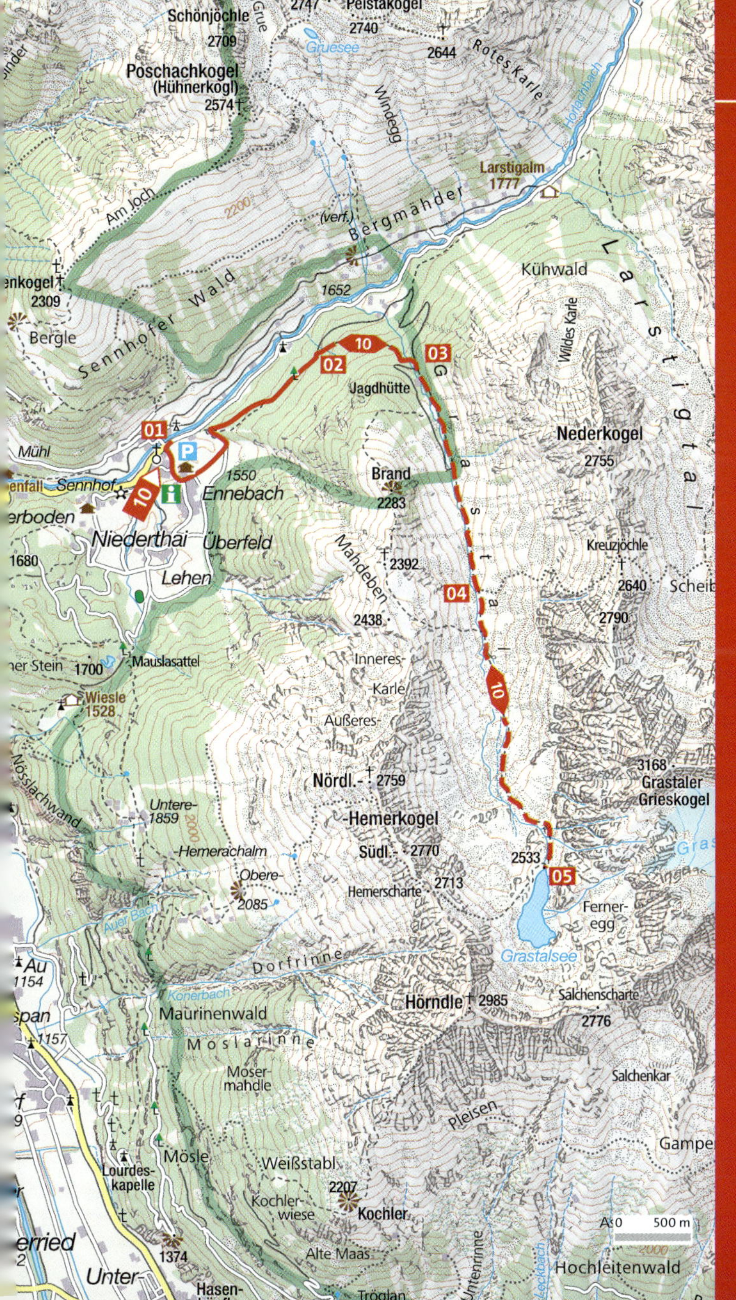
Schönjöchle
2709
Peistakogel
2740
2747
2644
Gruesee
Rotes Karle
Poschachkogel
(Hühnerkogl)
2574
Windegg
Horlachbach
Larstigalm
1777
Am Joch
Bergmähder
(verf.)
Sennhofer Wald
1652
Kühwald
Larstigtal
2309
Bergle
Wildes Karle
10
02
03
Jagdhütte
Grastal
01
Nederkogel
2755
Mühl
Brand
2283
1550
Sennhof
Ennebach
Niederthai
Überfeld
Mahdeben
2392
Kreuzjöchle
2640
Lehen
1680
04
2438
2790
Mauslasattel
1700
Wiesle
1528
Inneres-
Karle
Außeres-
3168
Grastaler
Grieskogel
Nördl.-
2759
-Hemerkogel
Nösslachwand
Untere-
1859
Südl.-
2770
2533
-Hemerachalm
05
Obere-
2085
Hemerscharte
2713
Ferner-
egg
Auer Bach
Grastalsee
Dorfrinne
Au
1154
Konerbach
Hörndle
2985
Salchenscharte
2776
Maurinenwald
1157
Moslarinne
Moser-
mahdle
Salchenkar
Pleisen
Mösle
Lourdes-
kapelle
Weißstabl
2207
Kochler-
wiese
Kochler
0
500 m
Unter
1374
Alte Maas
Hasen-
Tröglan
Untenrinne
Leckbach
Hochleitenwald

LARSTIGTAL

Das Große Moos am Fuß des Strahlkogels

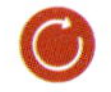 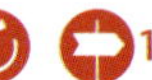 14,3 km  5:15 h 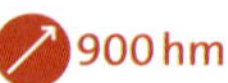 900 hm 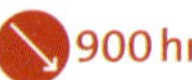 900 hm 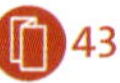 43

START | Gebührenpflichtiger Wanderparkplatz in Niederthai, 1550 m [GPS: UTM Zone 32 x: 649.253 m y: 5.221.319.m]
CHARAKTER | Eine technisch einfache Wanderung auf Fahrwegen und guten Bergwegen mit in der Summe doch einigen Höhenmetern. Für Kinder ist das Große Moos mit seinen Bächen und Lacken ein attraktives Wanderziel.

Das stille Hochtal verdankt seinen Namen den Lärchen (Larstig = Lärchensteg), die sich im Spätherbst nach den ersten Frösten in gelbgold leuchtende Bäume verwandeln. Unser Tagesziel ist das Große Moos (Scheiblehnisse), ein flaches Feuchtgebiet am Talschluss. Das Moos ist ein schönes Ziel für Kinder, die hier gefahrlos an den kleinen mäandrierenden Bächen spielen und auf den umliegenden Blöcken herumtollen können.

Vom **Parkplatz** 01 geht es auf dem breiten Forstweg gemütlich am Horlachbach entlang taleinwärts. Noch vor der Larstigalm passieren wir den **Abzweig zum Bergmahderweg** 02. Erstes Etappenziel ist die **Larstigalm** 03 mit ihrer kleinen Kapelle und der Jausenstation.

Nur 100 m später zweigt nach rechts ein **Pfad** 04 in den Hochwald ab. Durch den schönen Lär-

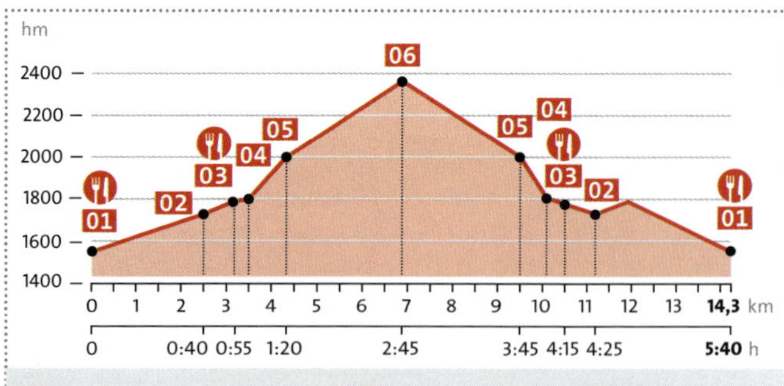

01 Parkplatz Niederthai, 1550 m; 02 Abzweig Bergmahderweg, 1730 m; 03 Larstigalm, 1777 m; 04 Abzweig ins Larstigtal, 1799 m; 05 Eingang ins Hochtal, 1990 m; 06 Großes Moos (Scheiblehnisse), 2363 m

Das kleinste Reptil Österreichs – die Bergeidechse

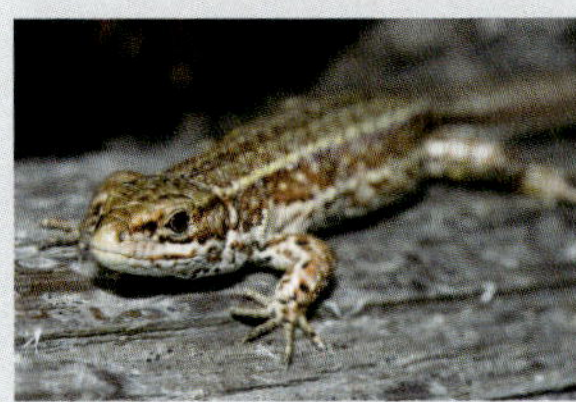

Die Bergeidechse bewohnt Waldlichtungen, Moore und Gewässer, Bergwiesen mit Felsen oder Steinmauern sowie Blockhalden. Mit ihren rund 18 cm ist sie das kleinste Reptil Österreichs. Gegen Ende des Winters erwachen die Tiere aus ihrer Winterstarre. Aufgrund einer erhöhten Konzentration an Zucker im Blut – „Supercooling" – können die Tiere leichte Minustemperaturen über mehrere Wochen überdauern, ohne zu erfrieren. Zu Beginn des Frühjahrs häuten sich die Tiere. Bei einer Körpertemperatur von 25–30 °C gehen sie dann auf Nahrungssuche (z. B. Spinnen und Zikaden), suchen Partner und paaren sich. Eine Besonderheit stellt die Fortpflanzung bei der Bergeidechse dar: Sie pflanzt sich „vivipar", das heißt lebendgebärend, fort. Das Weibchen legt keine Eier, sondern die Jungtiere entwickeln sich im Mutterleib über zwei bis drei Monate und werden im Sommer lebend geboren.

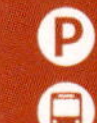

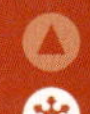
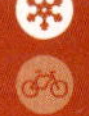
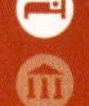

chenwald, der weiter oben von Zirben abgelöst wird, schlängelt sich der Pfad eine Steilstufe hinauf. Oben angekommen lichtet sich am **Eingang des Hochtals** 05 der Wald und man wandert nun mit freiem Blick zum Strahlkogel (mit seiner markanten Pyramidenform) und dem weiß leuchtenden Larstigferner taleinwärts. Eine Zeit lang hört man es rechts vom Weg nur leise gluckern, denn der Bach fließt unterhalb der Blöcke. Beständig, aber nicht unangenehm, geht es bergauf. Die Vegetation wird schütterer, der Weg zieht an Blockfeldern vorbei einen kleinen Querriegel hinauf, hinter dem man zu Recht das **Große Moos (Scheiblehnisse)** 06 erwartet.

Das Große Moos, ein bis auf einige wenige Lacken verlandeter Seeboden, wird von mehreren wunderschön mäandrierenden Bächlein durchflossen. Eingerahmt wird die Bergidylle vom Larstigferner zwischen Larstigspitze (3172 m) links und Strahlkogel (3295 m) rechts. Es lohnt sich, dem Pfad rechts am Moos entlang noch eine Zeit lang zu folgen, denn aus leicht erhöh-

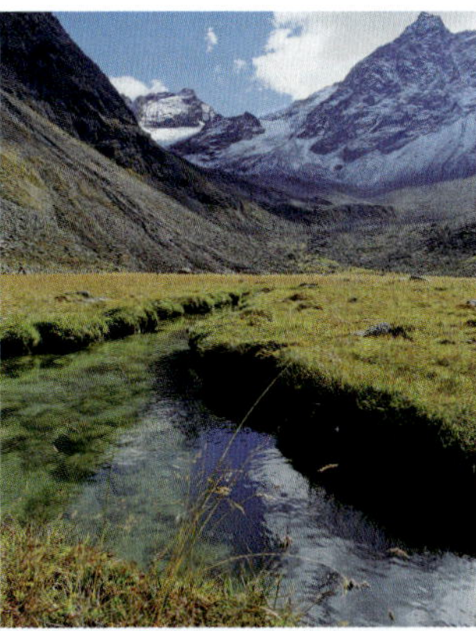

Glasklare Bäche durchfließen das Große Moos.

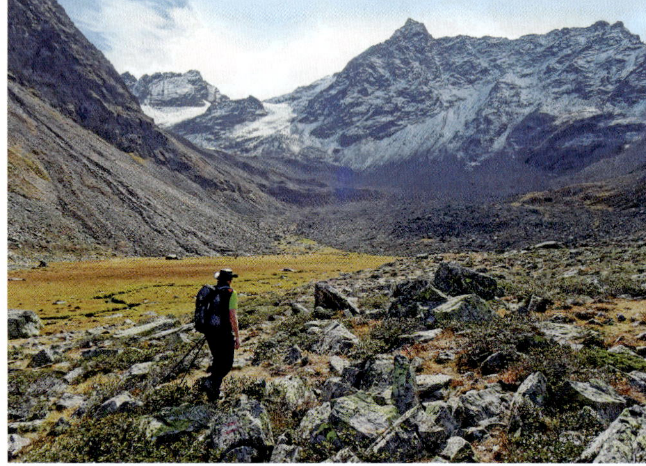

Das Große Moos hat man im Herbst meist ganz für sich alleine.

ter Position ist die Schönheit dieses von den Einheimischen „Große Moos“ genannten Feuchtgebietes noch besser zu erkennen. Im Sommer leuchten die Wollgrasfelder und bieten schöne Fotomotive.

Wer früh dran ist und eine weitere sportliche Herausforderung sucht, kann in rund einer Stunde zum Kreuzjöchle auf- und ins benach-

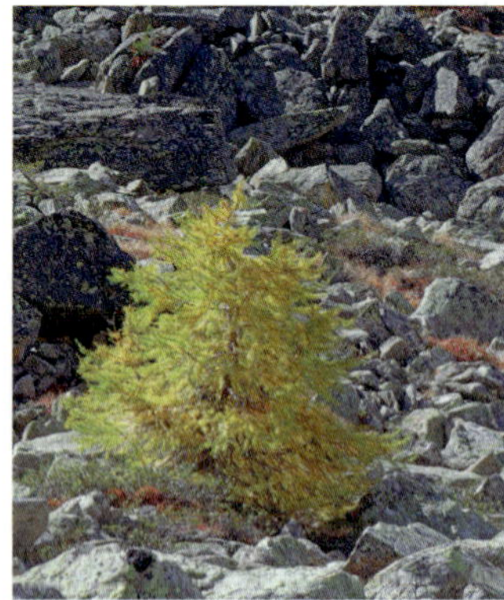

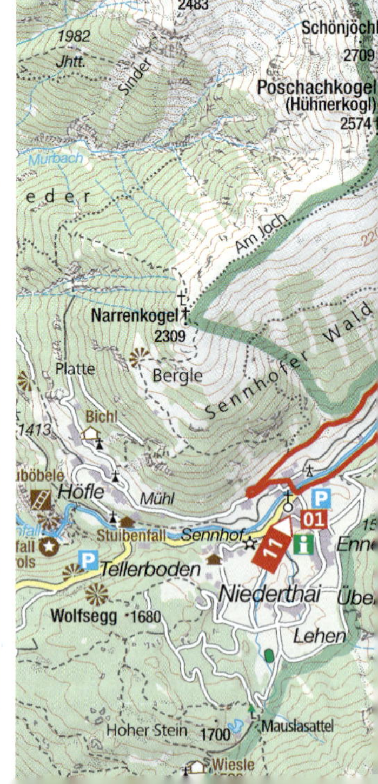

barte Grastal absteigen und von dort zum Parkplatz zurückkehren. Alle anderen wandern auf bekanntem Weg zurück zur **Larstigalm** **03**, die zur wohlverdienten Einkehr ruft. Für den weiteren Rückweg empfiehlt sich ab der Jausenstation ein Alternativweg, der etwas längere **Bergmahderweg** **02**.

Rund 50 m geht es nochmals bergauf zu einer Kapelle. Sehr eindrucksvoll sind die unglaublich steilen Bergwiesen, die hier noch immer mühevoll gemäht werden. Schön ist auch der Blick hinein ins Grastal. Mit Blick zum Geigenkamm wandern wir nun die letzte halbe Stunde zum **Wanderparkplatz** **01** hinunter.

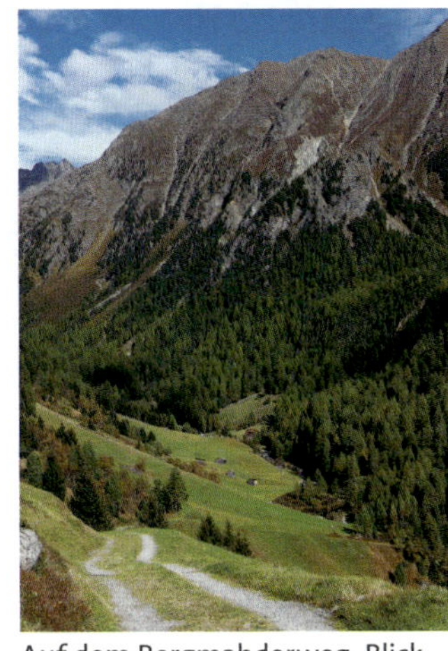

Auf dem Bergmahderweg: Blick taleinwärts zur Larstigalm.

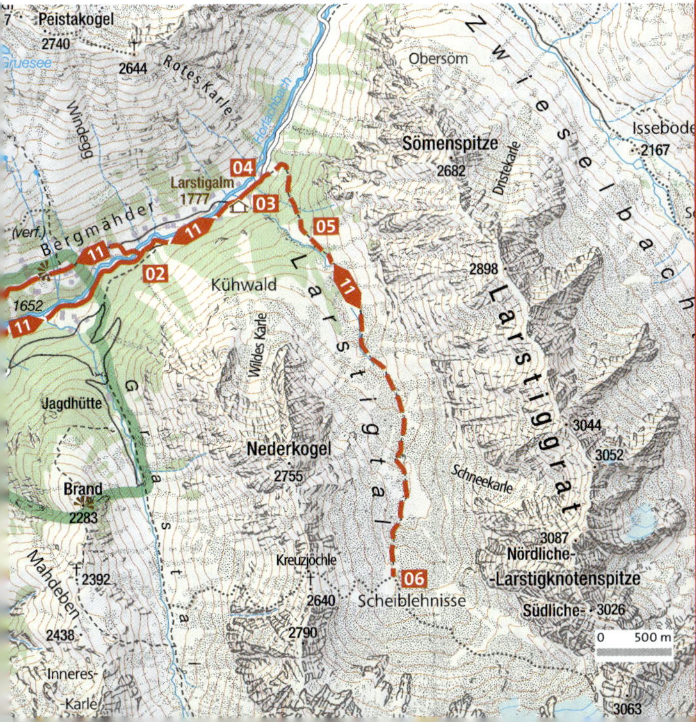

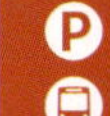

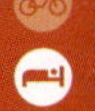

KRASPESSPITZE • 2954 m

Grandioser Aussichtsgipfel über dem Finstertaler Stausee im Kühtai

 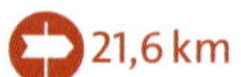 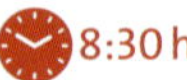 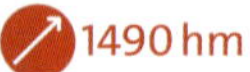 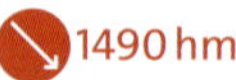 

START | Gebührenpflichtiger Wanderparkplatz in Niederthai, 1550 m [GPS: UTM Zone 32 x: 649.253 m y: 5.221.319.m]
CHARAKTER | Eine mittelschwere Tour, die nur durch ihre Länge und die Höhenmeter sehr anstrengend ist. Es empfiehlt sich daher, zumindest einmal auf der Schweinfurter Hütte zu übernachten und so Gehzeit und Höhenmeter (300 Hm) zu reduzieren.

Die Finstertaler Scharte ist ein viel begangener Übergang vom Kühtai ins Ötztal. Die Kraspesspitze östlich der Scharte wiederum ein gern besuchter Aussichtsberg, der aber im Gipfelbereich Trittsicherheit verlangt. Eindrucksvoll ist der Blick auf den Finstertaler Stausee, der 1981 aufgestaut wurde. Der Damm hat eine imposante Höhe von 149 m und eine Kronenlänge von 650 m.

▶ Vom **Parkplatz** 01 folgt man dem Fahrweg zur **Larstigalm** 02, in der es zu früh zum Einkehren ist, und wandert noch gut 1,5 km weiter, bis rechts ein **Pfad** 03 abzweigt und durch Latschen hinauf zur **Schweinfurter Hütte** 04 zieht.

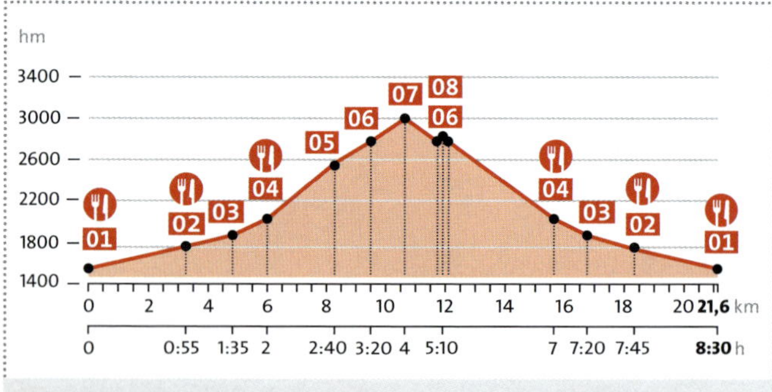

01 Parkplatz Niederthai, 1550 m; 02 Larstigalm, 1777 m; 03 Pfad zur Schweinfurter Hütte, 1886 m; 04 Schweinfurter Hütte, 2034 m; 05 Weites Kar (Abzweig Variante), 2550 m; 06 Finstertaler Scharte, 2777 m; 07 Kraspesspitze, 2954 m; 08 Schartenkogel, 2855 m

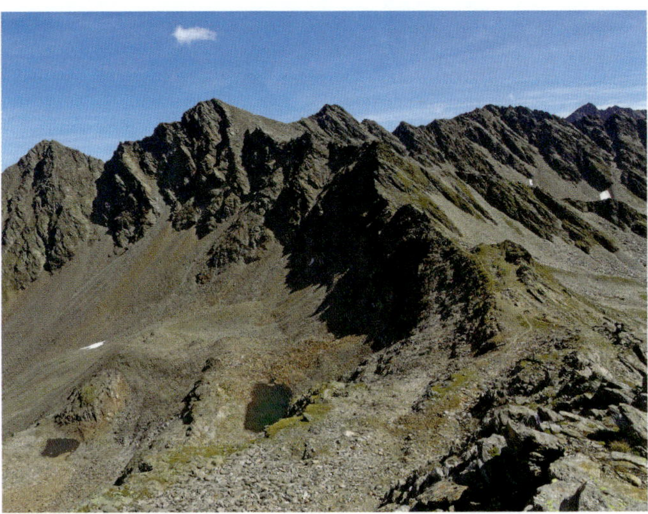

Ein langer Grat zieht von der Finstertaler Scharte zur Kraspesspitze (genau unter der Wolke), der Weg verläuft rechts des Grates.

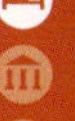

Nach der Rast bei den netten Wirtsleuten geht es anschließend ordentlich zur Sache. Die nächsten 520 Höhenmeter wandert man quasi in der Falllinie am rechten Hang zu einer Weggabelung im **Weiten Kar** 05.

Hier hat man die Möglichkeit, rechts auf direktem Weg über einen langen Rücken in ein blockreiches Kar unterhalb des Gipfels und zuletzt über einen erdigen Pfad hinauf zum Gipfel zu wandern (1.15 Std.). Da das blockige Gelände nicht jedermanns Sache ist, wandern wir stattdessen über die Toten Böden hinauf zur **Finstertaler Scharte** 06.

Der weitere Weg zur Kraspesspitze ist ausgeschildert und von der Scharte in Teilen gut zu überblicken. Zunächst wendet man sich nach Osten und quert mit leichtem Höhenverlust die Südflanke zu einer markanten Felsrippe und steigt diese steil hinauf. Oben wendet sich der Pfad nach Nordosten und führt durch Blockwerk immer unterhalb des zerklüfteten Grates Richtung Gipfel. Auf halber Strecke trifft man auf den Variantenweg von der Schweinfurter

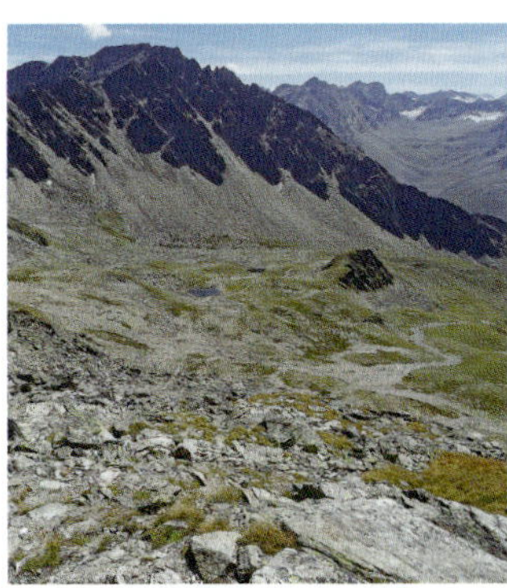

Die Toten Böden von der Scharte, rechts oben das Zwieselbachtal.

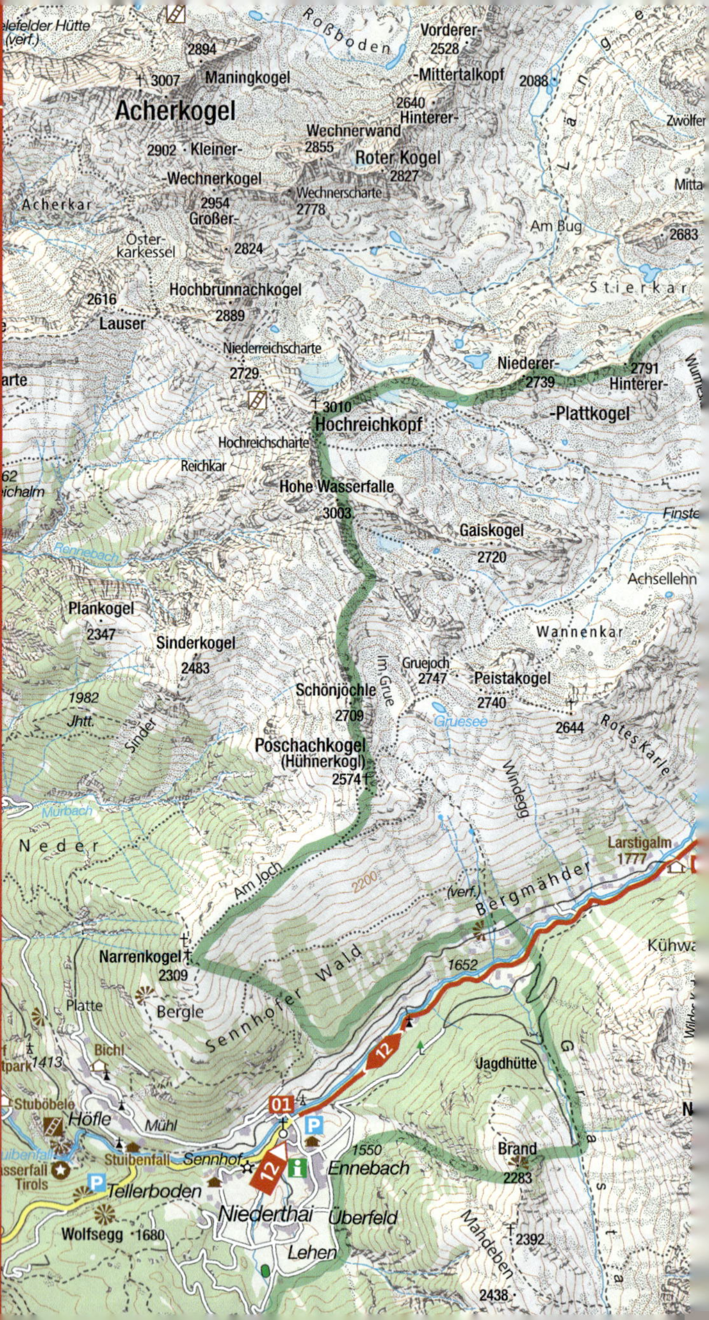
Roßboden
Vorderer-
2528
-Mittertalkopf
2088
2894
3007
Maningkogel
Acherkogel
2640
Hinterer-
Wechnerwand
2855
Roter Kogel
2827
2902 Kleiner-
-Wechnerkogel
Acherkar
2954
Großer-
Wechnerscharte
2778
Am Bug
2683
Öster-
karkessel
2824
Hochbrunnachkogel
2889
2616
Lauser
Stierkar
Niederreichscharte
2729
Niederer-
2739
2791
Hinterer-
-Plattkogel
3010
Hochreichkopf
Hochreichscharte
Reichkar
Hohe Wasserfalle
3003
Gaiskogel
2720
Achsellehn
Rennebach
Plankogel
2347
Sinderkogel
2483
Wannenkar
Gruejoch
2747
Peistakogel
2740
Im Grue
Schönjöchle
2709
Gruesee
2644
Rotes Karle
1982
Jhtt.
Sinder
Poschachkogel
(Hühnerkogl)
2574
Windegg
Murbach
Neder
Larstigalm
1777
Am Joch
2200
(verf.)
Bergmähder
Kühwa
Narrenkogel
2309
Wald
1652
Platte
Bergle
Sennhofer
Bichl
1413
Jagdhütte
Stubübele
Höfle
Mühl
01
12
Stuibenfall
Sennhof
Ennebach
1550
Brand
2283
Tellerboden
Tirols
Niederthai
Überfeld
Mahdeben
Wolfsegg
1680
Lehen
2392
2438
Grasstal

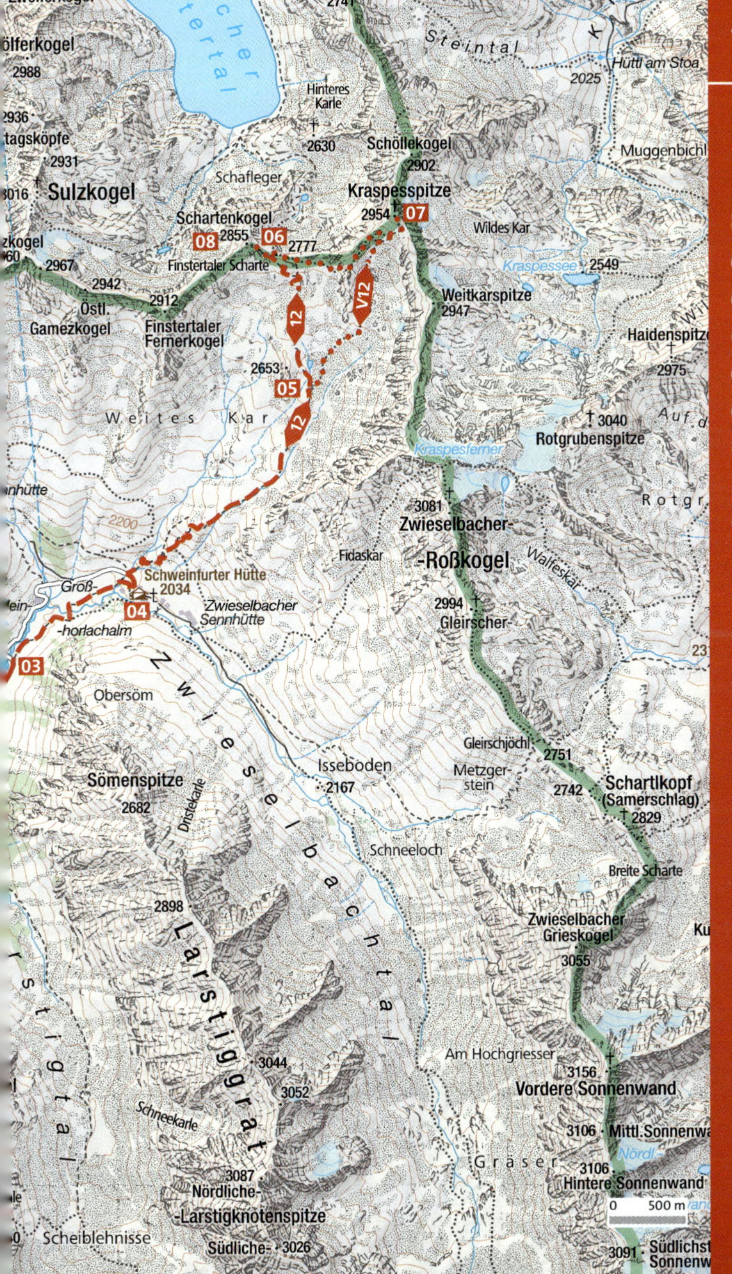
Sulzkogel
Schartenkogel
Finstertaler Scharte
Kraspesspitze
Schöllekogel
Weitkarspitze
Östl. Gamezkogel
Finstertaler Fernerkogel
Weites Kar
Schweinfurter Hütte 2034
Zwieselbacher Sennhütte
Rotgrubenspitze
Kraspessee
Kraspesferner
Zwieselbacher-Roßkogel
Fidaskar
Walfeskar
Gleirscher-
Obersöm
Sömenspitze 2682
Zwieselbachtal
Isseboden 2167
Schneeloch
Metzger-stein
Gleirschjöchl
Schartlkopf (Samerschlag) 2829
Breite Scharte
Zwieselbacher Grieskogel 3055
Am Hochgriesser
Vordere Sonnenwand
Hintere Sonnenwand
Larstiggrat
Schneekarle
Nördliche-Larstigknotenspitze
Südliche- 3026
Scheiblehnisse
Haidenspitze
Muggenbichl
Hütti am Stoa
Steintal
Wildes Kar
Hinteres Karle
Schafleger
0 500 m

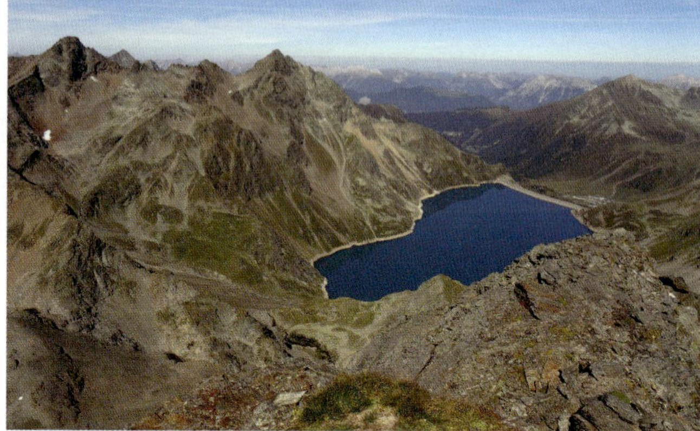

Blick vom Gipfel auf den leuchtend blauen Speicher Finstertal.

Hütte. Ab hier geht es über eine steile Schutthalde zunächst ein Stück Richtung Osten am Gipfel vorbei und dann auf einem zunehmend erdiger werdenden Weg direkt hoch zum Grat zwischen Kraspesspitze und Schöllekogel. Nun nach links die letzten Meter hinüber über Blöcke zum Kreuz der **Kraspesspitze** 07.

Der Abstieg erfolgt auf dem Aufstiegsweg. Wieder an der **Finstertaler Scharte** 06 angekommen, bietet sich noch die Möglichkeit, in wenigen Minuten einen zweiten Gipfel, den **Schartenkogel** 08, zu besteigen.

Von der Scharte steigen wir anschließend über die Toten Böden zur **Schweinfurter Hütte** 04 ab. Nach wohlverdienter Pause auf der Hütte folgt der Rückweg durch das Horlachtal zurück zum **Wanderparkplatz** 01 in Niederthai.

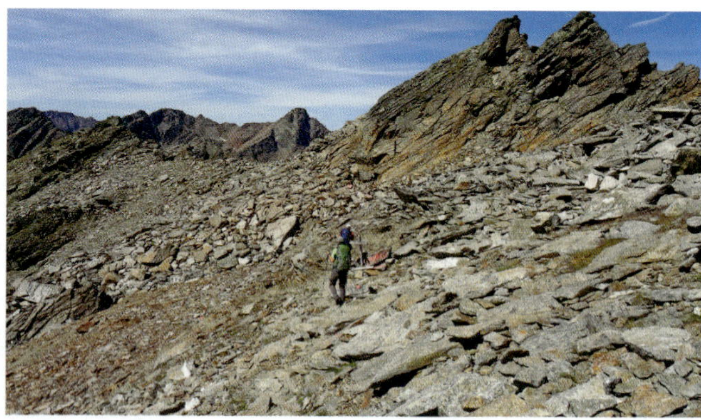

Der Abstiegsweg quert hinüber zum eindrucksvollen Grat.

ERLANGER HÜTTE • 2541 m

Drei attraktive Zugänge zu einer spektakulär liegenden Alpenvereinshütte

  8,5 km  4:50 h  1621 hm  78 hm 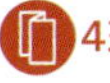 43

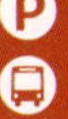
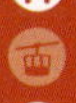

START | Wanderparkplatz in Umhausen-Neudorf, 995 m [GPS: UTM Zone 32 x: 645.522 m y: 5.222.041 m]
CHARAKTER | Durch die Höhenmeter anstrengende Wanderung auf Wirtschaftswegen und Steigen. Seit einem Bergsturz 2010 fährt das Hüttentaxi nur noch bis zur ersten Kehre hinter dem Abzweig ins Fundustal, ab da wandert man auf einem neu angelegten markierten Steig zur Vorderen Leierstalalm. ACHTUNG: Bei Starkregen ist der Leierstalweg wegen hoher Steinschlaggefahr nicht begehbar.

Die herrlich am Wettersee gelegene Erlanger Hütte zählt sicher zu den schönsten Übernachtungszielen entlang des Geigenkamms. Vom Ötztal aus gibt es drei attraktive Zustiege, die dank Hüttentaxis auch einen Tagesbesuch möglich machen. Wer allerdings vom Tal aus aufsteigen will, muss jeweils (je nach Kondition) bis zu zwei zusätzliche Stunden einplanen und sollte dann auf der Hütte übernachten.

▶ In Umhausen-Neudorf fährt man über die Ache zum **Wanderparkplatz** 01 und folgt ab dort der Beschilderung Leierstalalm/

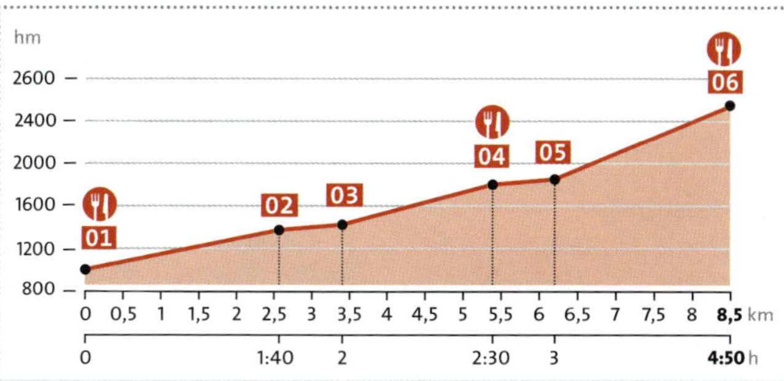

01 Wanderparkplatz, 995 m; 02 Abzweig ins Fundustal, 1373 m; 03 Straßensperre, neuer Weg, 1439 m; 04 Vordere Leierstalalm, 1790 m; 05 Weg 913 zur Erlanger Hütte, 1868 m; 06 Erlanger Hütte, 2541 m

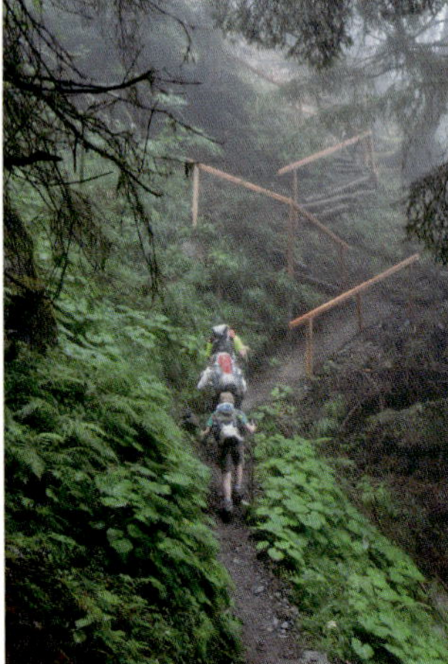
Auf dem Weg zur Leierstalalm.

Fundusalm. Die breite Forststraße zieht stetig ansteigend hinauf zum **Abzweig ins Fundustal** 02. Nun geht es runter zur Brücke über den Fundusbach, wenige hundert Meter danach zweigt in der ersten Linkskehre der Wanderweg vor einer **Straßensperre** 03 ab.

Den neuen Weg zur Vorderen Leierstalalm gibt es erst seit 2013. 1300 Arbeitsstunden waren nötig, um den 600 m langen neuen Zugang dorthin zu bauen. Dieser führt rechts in der Kehre in den Wald hinein und einen recht steilen Hang entlang, gesichert durch einfache Holzzäune. Er fällt dann rund 60 m zum Leiersbach ab, der auf einer ebenfalls neu errichteten Brücke überquert wird. Anschließend geht es rechts des Baches steil hinauf ins Weidegebiet der **Vorderen Leierstalalm** 04, wo man auf einen Wanderweg von der Gehsteigalm trifft. Der Wanderweg führt unterhalb der Jausenstation vorbei.

Für rund 20 Minuten wandert man auf dem Almweg zur Materialseilbahn, hinter der rechts der **Weg 913** 05 zur Hütte abzweigt. Nun heißt es Kehre für Kehre stetig auf-

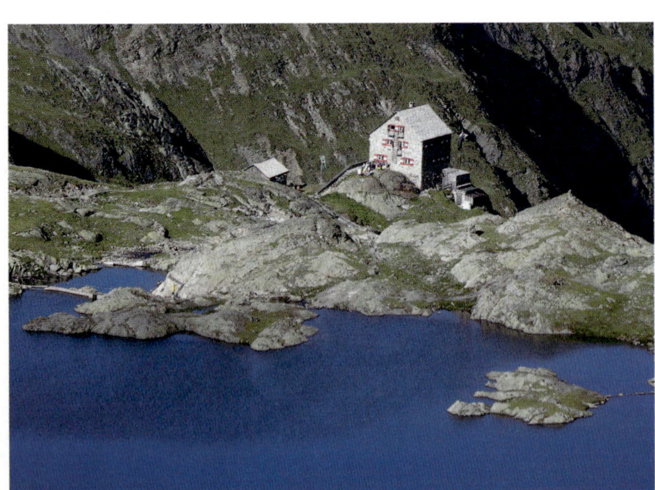
Einzigartige Lage: die Erlanger Hütte am Wettersee.

Wettersee

Wer kennt ihn nicht, den Wettersee mit der dahinter liegenden Erlanger Hütte? Er zählt zu den Motiven, die schon unzählige Male in Bergbüchern und -kalendern auftauchten. Der hübsche Karsee ist ein nettes Ziel für einen Tagesausflug, wenn man mit dem Hüttentaxi zu einer der drei Almen fährt und dadurch die Aufstiegszeit um rund 2 Stunden verkürzt. Den See erreicht man von der Hütte in fünf Minuten und kann diesen auch umrunden. Dabei heißt es über Blockgelände klettern und feuchtes Moos überqueren.

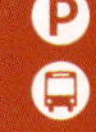
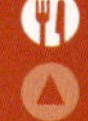
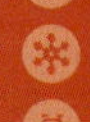
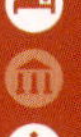

steigen, zunächst noch zwischen Almrosen, Wacholder und Wiesen hindurch, später durch Fels, immer rechts des Baches. Das Ziel vor Augen zieht sich das letzte Stück doch noch ziemlich hin. Dafür wird man auf der **Erlanger Hütte** 06 mit guter Küche und herrlicher Aussicht belohnt.

Zustieg über das Tumpental
Mit dem Hüttentaxi erreicht man in einer halben Stunde bequem die Vordere Tumpenalm (1831 m). Entlang des Tumpenbachs folgt man der Almstraße (zur Hinteren Tumpenalm), biegt aber noch vor der Alm in einer Rechtskehre auf einen Wanderweg ab und durchwandert nun allmählich ansteigend das Tumpental, bis man auf den Forchheimer Höhenweg (Weg 911, 2360 m) trifft. Hier wendet man sich nach links, wandert hinauf zu einer Scharte (2594 m) und erreicht auf der anderen Seite absteigend den Weg 912, der nach rechts höhenparallel zur Hütte zieht. Zu guter Letzt muss eine (unschwierige) versicherte Passage über einen Felsrücken hinauf zur Hütte überwunden werden (insgesamt 3.45 – 4 Std.).

Zustieg über die Gehsteigalm
Entweder zu Fuß hinauf zur Gehsteigalm (1894 m, 2.30 Std. ab Parkplatz Umhausen-Östen) oder mit dem Hüttentaxi (45 Min.) dorthin fahren. Von der Gehsteigalm steigt man hoch zum Weg 912, der von der Vorderen Tumpenalm kommt (ab der Alm 45 Min.) und weiter mäßig steil hinauf zum Felsrücken (2500 m) unterhalb der Kreuzjochspitze zieht. Nun wandert man noch 1 Stunde mit herrlicher Aussicht auf Erlanger Hütte, Brechkogel und Wildgrat höhenparallel am Hang unterhalb des Grates der Kreuzjochspitze zur Erlanger Hütte (2.30–3 Std.). Ein traumhafter Höhenweg!

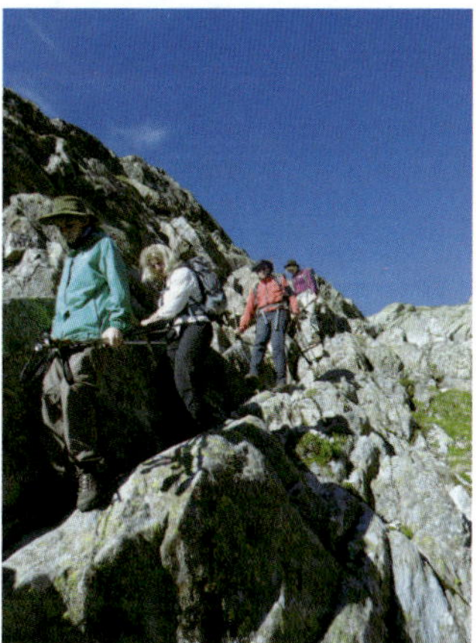

Die versicherte Passage gleich unterhalb der Erlanger Hütte.

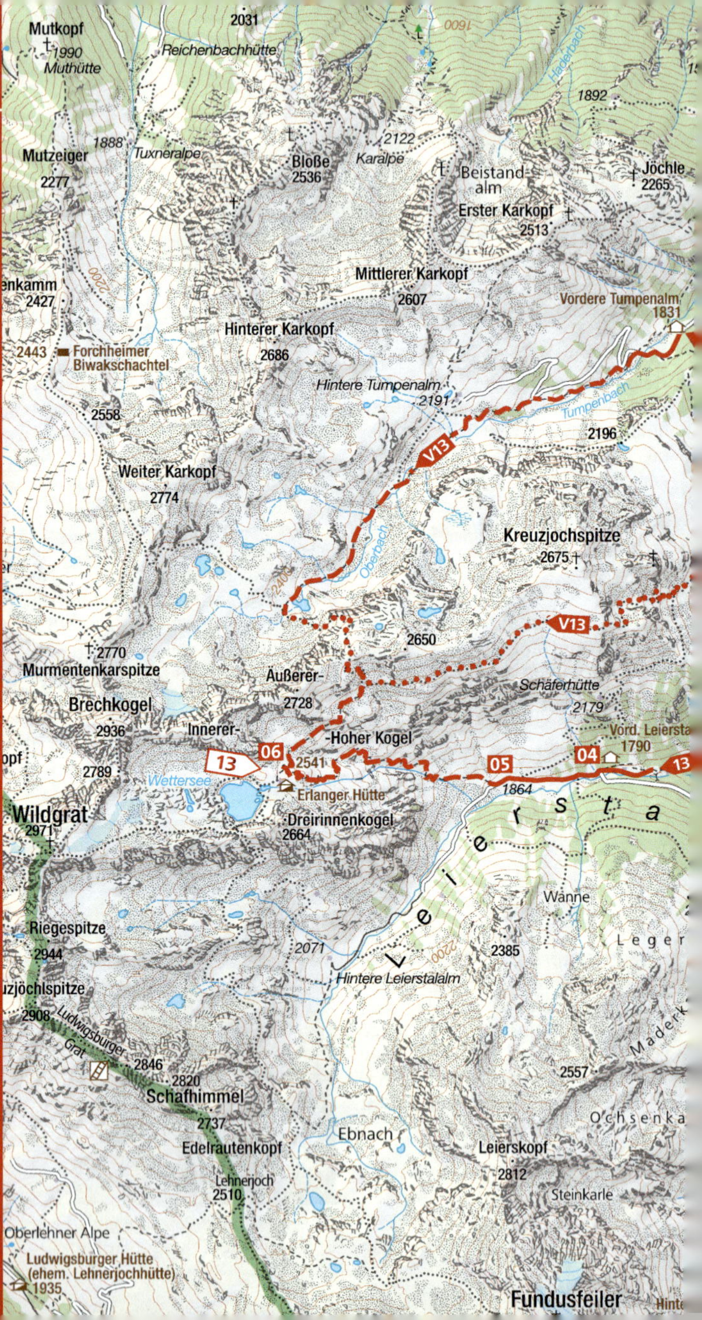

Mutkopf
1990
Muthütte
2031
Reichenbachhütte
1600
Haderbach
1892
1888
Mutzeiger
2277
Tuxneralpe
2122
Bloße
2536
Karalpe
Beistandalm
Jöchle
2265
Erster Karkopf
2513
enkamm
2427
2200
Mittlerer Karkopf
2607
Vordere Tumpenalm
1831
Hinterer Karkopf
2686
2443
Forchheimer Biwakschachtel
Hintere Tumpenalm
2191
Tumpenbach
2558
2196
V13
Weiter Karkopf
2774
Oberbach
Kreuzjochspitze
2675
2400
V13
2650
2770
Murmentenkarspitze
Äußerer-
2728
Schäferhütte
Brechkogel
2179
2936
Innerer-
Hoher Kogel
Vord. Leiersta
1790
opf
2789
13
06
2541
05
04
13
Wettersee
Erlanger Hütte
1864
Wildgrat
2971
Dreirinnenkogel
2664
Leierstal
Wanne
Riegespitze
2944
2071
2385
Leger
2200
Hintere Leierstalalm
uzjöchlspitze
2908
Ludwigsburger Grat
Maderk
2846
2820
2557
Schafhimmel
Ochsenka
2737
Ebnach
Edelrautenkopf
Leierskopf
2812
Lehnerjoch
2510
Steinkarle
Oberlehner Alpe
Ludwigsburger Hütte (ehem. Lehnerjochhütte)
1935
Fundusfeiler
Hinte

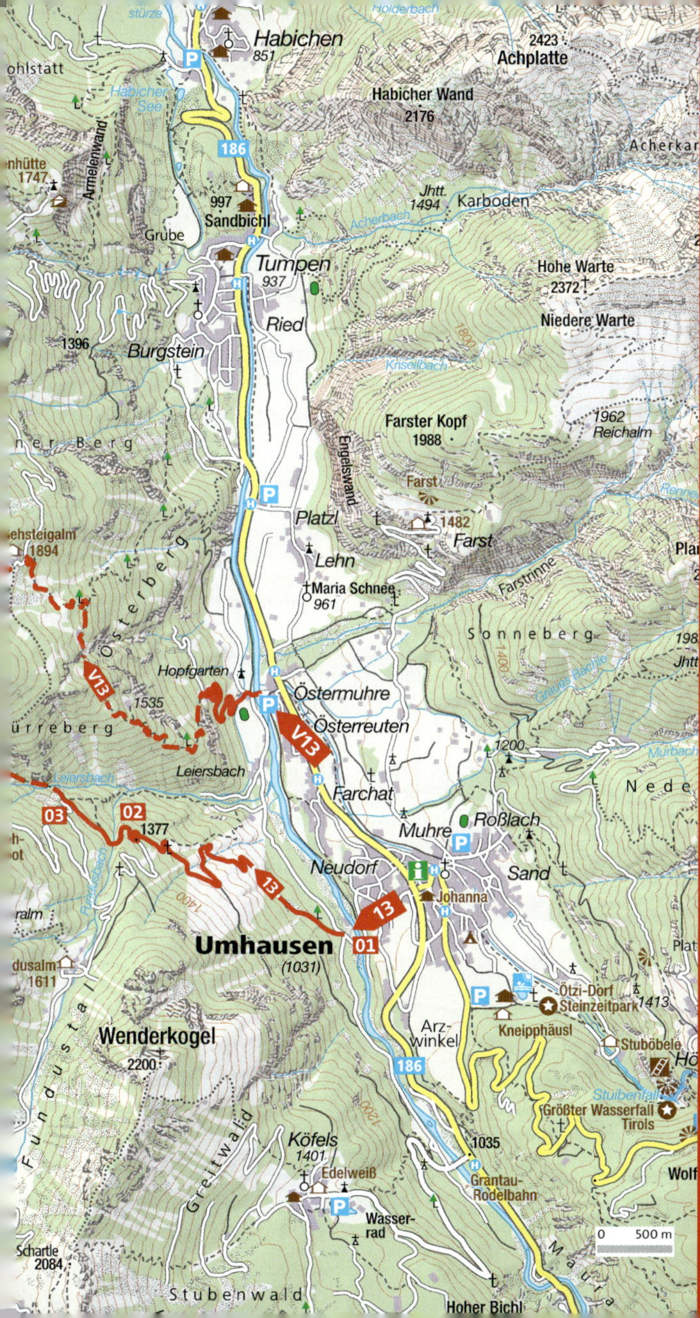

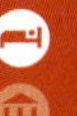

KREUZJOCHSPITZE • 2675 m

Familienfreundliche Panoramawanderung auf einen einfachen Gipfel

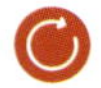 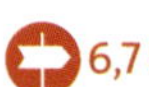 6,7 km 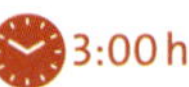 3:00 h  190 hm  190 hm  43

START | Wanderparkplatz in Umhausen-Neudorf, 995 m [GPS: UTM Zone 32 x: 645.522 m y: 5.222.041 m]
CHARAKTER | Die Wanderung zur Kreuzjochspitze ist eine Empfehlung der Hüttenwirte. Ab der Scharte am Forchheimer Höhenweg geht es weglos, aber gut erkennbar zum Gipfel.

Die Kreuzjochspitze ist der östliche Ausläufer des Brechkogelkamms, ein leichter Panoramagipfel mit fantastischem Blick ins Ötztal, die nördlichen Stubaier Alpen und die Gipfel des Geigenkamms. Da er leicht zu besteigen ist, ist er ein lohnendes Ziel für Familien mit Kindern.

Gestartet wird an der **Erlanger Hütte** 01, von der es Richtung Norden zunächst über einen mit Seilen versicherten Felsabsatz einige Meter hinunter geht. Hier befindet man sich auf dem Forchheimer Höhenweg (Weg 911), dem man an einer **Abzweigung** 02 hinauf zur **Scharte** 03 folgt.

Hier verlassen wir den Höhenweg und wenden uns nach rechts. Die Trittspuren führen unterhalb des Grats am Hang entlang, die vielleicht einzige „schwierige" Stelle ist eine etwa 10 m lange Passage, bei der man vorsichtig einen im Rutschen befindlichen Hang queren muss. Ansonsten läuft man auf meist gut ausgetretenen

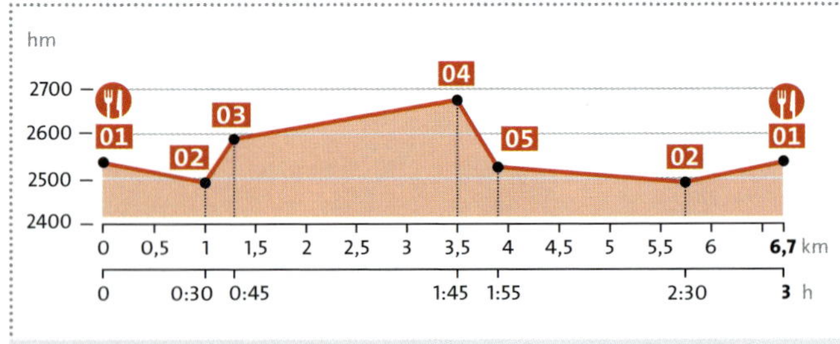

01 Erlanger Hütte, 2541 m; 02 Abzweigung Forchheimer Weg, 2511 m; 03 Scharte, 2594 m; 04 Kreuzjochspitze, 2675 m; 05 Wanderweg 912, 2523 m

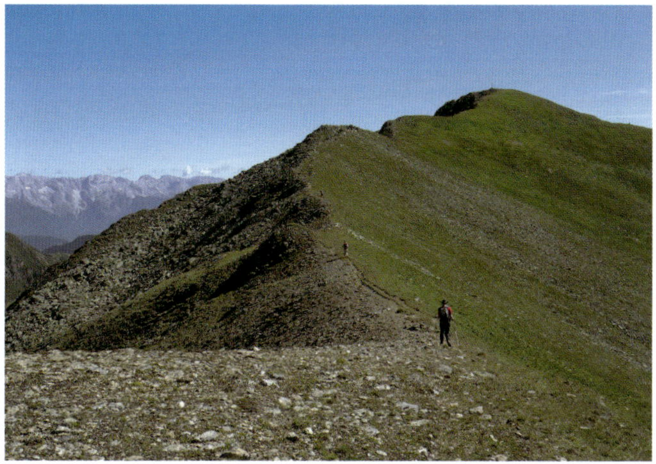

Ein herrlicher Kammweg führt knapp unter dem Grat zum Gipfelkreuz.

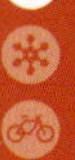

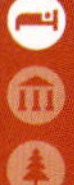

Wiesenpfaden mal auf, meist aber etwas unterhalb der Südflanke Richtung **Gipfelkreuz** 04, das nach rund einer Stunde ab der Scharte erreicht ist. Nach ausgiebiger Rundumschau geht es nun immer noch markierungslos über die Wiesen und vorbei an grasenden Schafen hinunter zum **Wanderweg 912** 05, der von der Gehsteigalm kommend zur **Erlanger Hütte** 01 zurückführt.

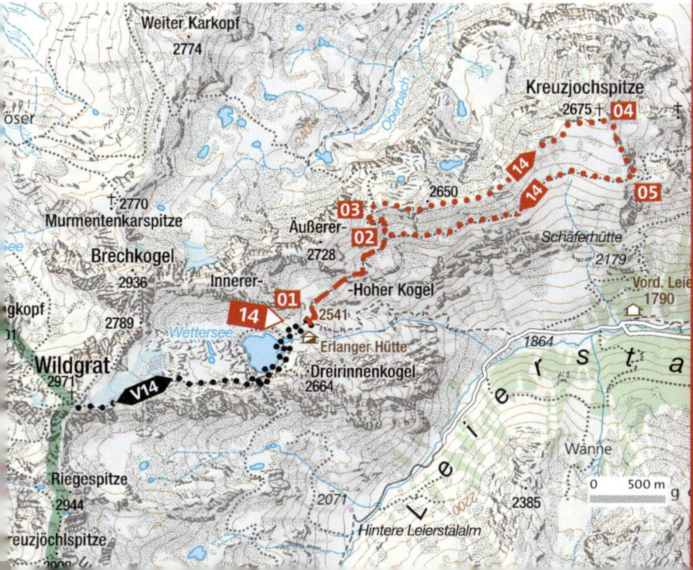

Wildgrat, 2971 m (schwer)

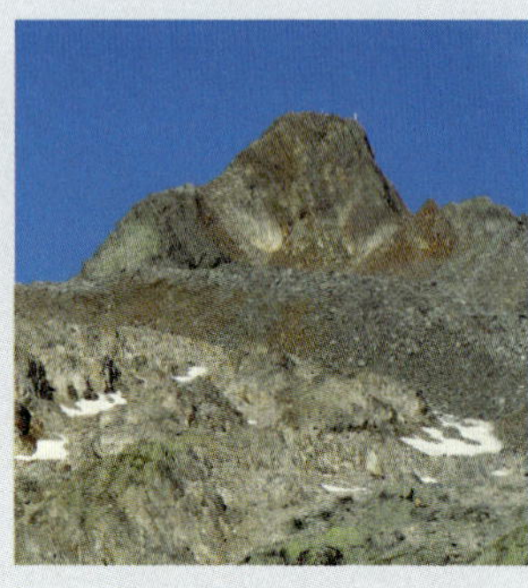

Der Wildgrat ist anspruchsvoll, da der Gipfelaufbau leichte Kletterei erfordert. Hier sind Trittsicherheit und Schwindelfreiheit unbedingt notwendig.

Von der Hütte folgt man den Wegweisern zum Wildgrat und umrundet dabei zunächst den Wettersee zu einem Viertel. Dann zieht der Pfad über flachen Fels, Gletscherschliff und Geröll bergwärts, meist müssen harmlose Firnfelder gequert werden. Rund eine Stunde ist man bis zum Gipfelaufbau unterwegs. Selbst wer sich die Kletterei nicht zutraut, sollte zumindest bis dorthin aufsteigen, denn nicht nur der Aufstiegsweg ist ausgesprochen schön, sondern auch die Aussicht! Beim Schlussanstieg auf die Markierungen achten! Technisch unschwierig geht es teils etwas ausgesetzt hinauf zum Kreuz (ab der Hütte 1.30 Std.). Hin und wieder müssen die Hände zu Hilfe genommen werden.

Wer eine Überschreitung ins Pitztal plant, kann zur Hochzeigerbahn absteigen (2 Std.). Eine Alternative ist der Abstieg über Kugleter See und den Hohen Gemeindekopf (2771 m, 2 Std.) zur Ludwigsburger Hütte (1935 m, insgesamt: 3.30 Std.).

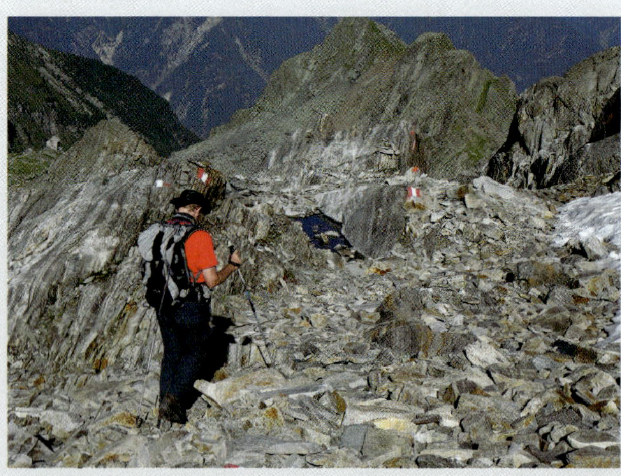

ERLANGER HÜTTE – FRISCHMANNHÜTTE

Durch die wilde Berglandschaft des Geigenkamms

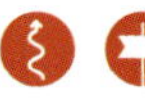  9,5 km  5:00 h 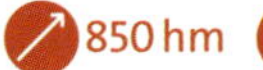 850 hm 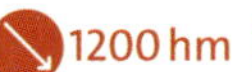 1200 hm 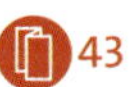 43

START | Erlanger Hütte, 2541 m
[GPS: UTM Zone 32 x: 640.055 m y: 5.222.906 m]
CHARAKTER | Für die Besteigung des Fundusfeilers (von der Feilerscharte aus) sowie für den Abstieg ins Funduskar sind Trittsicherheit und Schwindelfreiheit notwendig. Unterhalb der Feilerscharte können noch Altschneefelder liegen. Der Abstiegsweg verläuft neben einer steilen, aber gut versicherten Schluchtrinne.

Eine abwechslungsreiche Wanderung am Geigenkamm, einer eindrucksvollen Hochgebirgslandschaft mit vielen kleinen Seen, schönen Bergbächen, den Hochweiden unterhalb des Lehnerjochs und der Möglichkeit, en passant auch noch den Funduspfeiler zu besteigen.

Von der **Erlanger Hütte** 01 geht es zunächst zum Wettersee, der zu einem Viertel umrundet wird, bis die **Wegweiser** 02 auf den Abzweig zur **Scharte unterhalb des Dreirinnenkogels** 03 weisen. Diese ist nach wenigen Minuten erreicht. Nun geht es in vielen Kehren eine Rinne teilweise über Wiesen, teil-

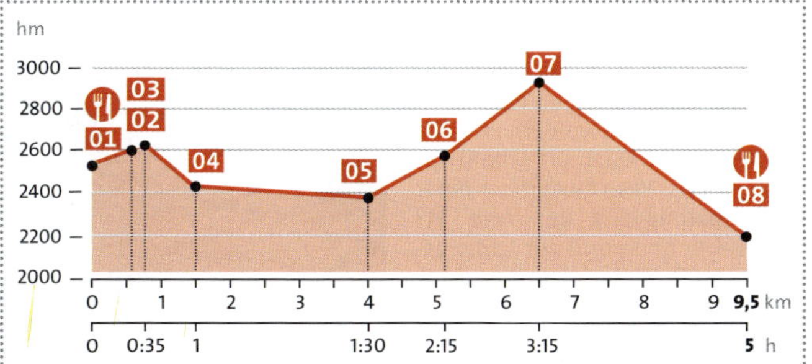

01 Erlanger Hütte, 2541 m; 02 Wegweiser Abzweig Weg 911, 2591 m; 03 Scharte unterhalb des Dreirinnenkogels, 2612 m; 04 Bach, 2417 m; 05 Abzweig Lehnerjoch, 2374 m; 06 Abzweig zum Lehnerjoch, 2571 m; 07 Feilerscharte, 2926 m; 08 Frischmannhütte, 2192 m

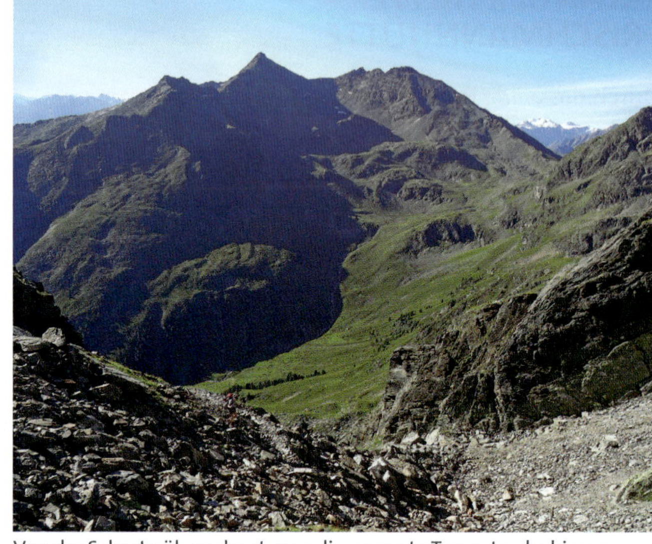

Von der Scharte überschaut man die gesamte Tagesstrecke bis zum pyramidenförmigen Fundusfeiler, rechts davon die Feilerscharte.

weise über Geröll, zunächst sehr steil, später moderater den Hang querend hinunter zum malerisch mäandrierenden **Bach** 04 im oberen Leierstal.

Nach dem Bach wenige Höhenmeter auf versichertem Pfad eine Felskante hinauf und dann in leichtem Auf und Ab über Bergwiesen auf halber Höhe über dem Hochtal zu den Weideböden unterhalb des Lehnerjochs. Hier zweigt an einer **Weggabelung** 05 der Weg 915 zum Lehnerjoch und zur Ludwigsburger Hütte (Pitztal) ab.

Der weitere Weg führt nun Richtung Südosten an einem See vorbei, an dem manchmal Haflinger grasen. Dann beginnt der eigentliche Aufstieg vom sogenannten „Schwarzen Loch" hinauf zur Feilerscharte. Zunächst noch über Wiesen führend wird das Gelände zunehmend karger. Der Steig pas-

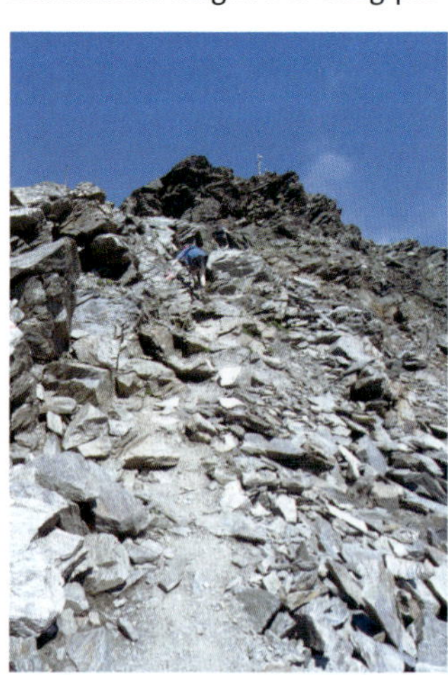

Der schuttreiche Aufstiegsweg zum Gipfel des Fundusfeilers.

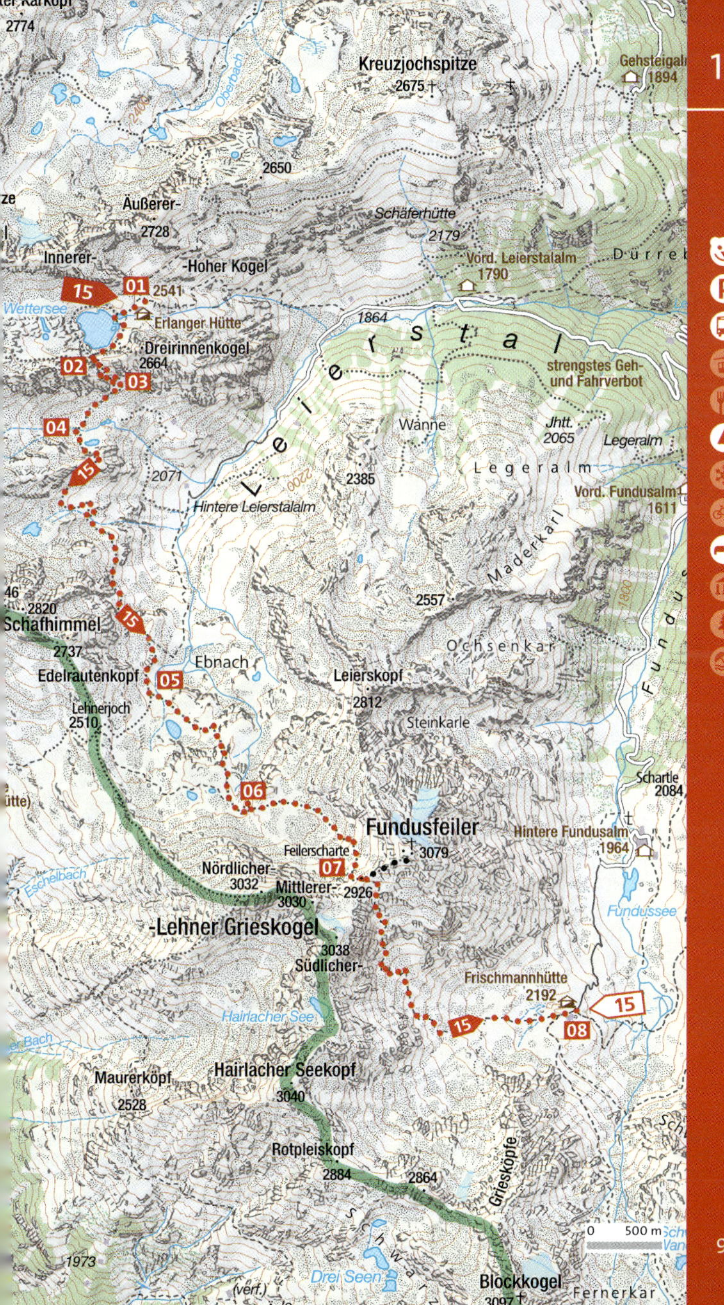

Kreuzjochspitze
2675
Gehsteigalm
1894
2650
Äußerer-
2728
Innerer-
-Hoher Kogel
Schäferhütte
2179
Vord. Leierstalalm
1790
15
01
2541
Wettersee
Erlanger Hütte
Dreirinnenkogel
2664
1864
Leierstal
strengstes Geh- und Fahrverbot
02
03
04
Wanne
Jhtt.
2065
Legeralm
2071
2385
Hintere Leierstalalm
Legeralm
Vord. Fundusalm
1611
Maderkarl
2820
Schafhimmel
2557
2737
Ochsenkar
Edelrautenkopf
05
Ebnach
Leierskopf
2812
Lehnerjoch
2510
Steinkarle
06
Schartle
2084
Fundusfeiler
Hintere Fundusalm
1964
Feilerscharte
3079
Nördlicher-
3032
07
Mittlerer-
3030
2926
Eschelbach
Fundussee
-Lehner Grieskogel
3038
Südlicher-
Frischmannhütte
2192
15
Hairlacher See
08
Hairlacher Seekopf
Maurerköpf
2528
3040
Rotpleiskopf
2884
2864
Grieskögel
0 500 m
1973
Drei Seen
Blockkogel
3097
Fernerkar

Alpenrose

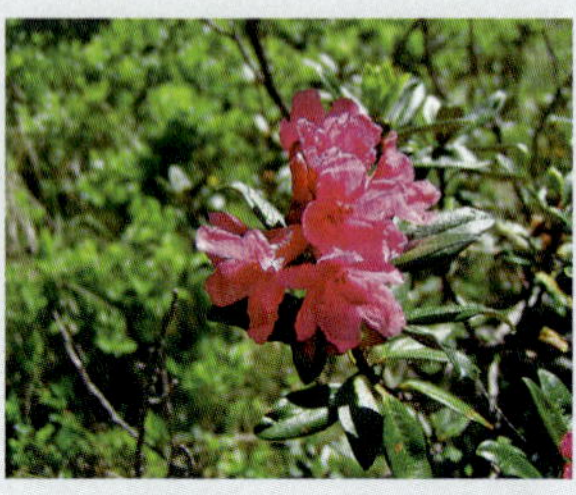

Die Alpenrose kommt in den Zentralalpen im Waldgrenzbereich sehr häufig als Unterwuchs in lichten Nadelwäldern von Zirbe und Lärche vor. Die max. 1,20 m hohen charakteristischen Pflanzen bezaubern den Besucher von Mitte Juni bis Anfang Juli mit ihrer leuchtend roten Blütenpracht.

Die Vorfahren der Alpenrose stammen aus den feuchten Gebirgswäldern des Himalayas, deshalb ist sie sowohl licht- als auch wärmebedürftig. Für ihr Gedeihen sind Dauer und Höhe der Schneedecke besonders entscheidend, denn dieser immergrüne Strauch reagiert sehr empfindlich auf Austrocknung. Zweige, die im Winter aus der Schneedecke hervorschauen, vertrocknen, da sie aus dem gefrorenen Boden kein Wasser erhalten.

siert noch eine weitere **Abzweigung zum Lehnerjoch** 06 und zieht dann endgültig einen Schutthang hinauf zur **Feilerscharte** 07. Von der Scharte geht es in rund 20 Minuten über einen Blockgrat in leichter Kletterei hinauf zum Funduspfeiler **(schwarz).**

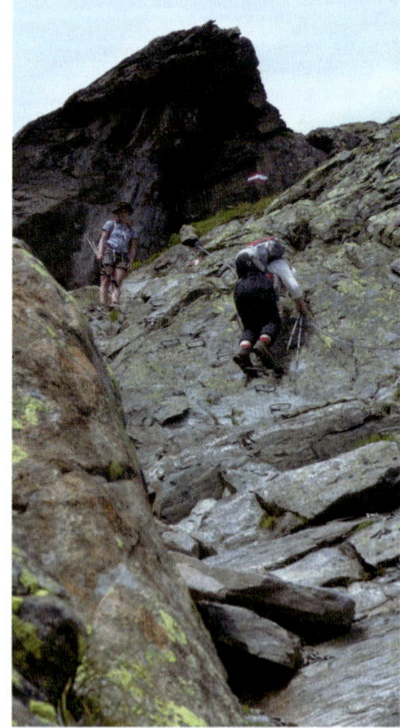

Der gut versicherte Abstiegsweg durch die Schluchtrinne.

Nun kommt der schwierigste Teil der Wanderung, denn es geht ziemlich steil über grobes Blockwerk und Schutt (evtl. auch Altschneefelder) talwärts, kritische Stellen sind jedoch versichert.

Später folgt eine weitere schwierige Stelle, eine Schluchtrinne, durch die man gut gesichert (Klammern und Seile) absteigt. Nach der Rinne geht es – die Osthänge des Lehner Grießkogels querend – in einigen Kehren ins Funduskar hinunter, dann zunehmend einfacher ins Weidegebiet rund um die **Frischmannhütte** 08.

KÖFLER WAALWEG

Durch Bergsturzgelände zu einer mittelalterlichen Bewässerungsanlage

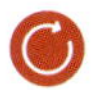 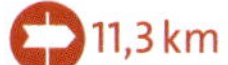 11,3 km  5:30 h 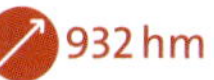 932 hm  932 hm  43

START | Gebührenpflichtiger Wanderparkplatz in Köfels, 1378 m [GPS: UTM Zone 32 x: 645.432 m y: 5.220.217 m]
CHARAKTER | Abwechslungsreiche Wanderung auf Waldwegen, dem Waalweg und Wirtschaftswegen. Leichte Blockkletterei auf dem Schartle.

Nicht nur landschaftlich ist diese Wanderung sehr abwechslungsreich, sie vermittelt auch einen Einblick in die Kulturgeschichte von Köfels und in die Landschaftsgeschichte des Ötztals, verläuft doch der Weg im Auf- und Abstieg über den Köfler Bergsturz, der das Aussehen der unteren Talstufe des Ötztals ganz wesentlich geprägt hat.

▶ Vom ausgeschilderten, am Ortsrand liegenden **Wanderparkplatz** 01 führt der gut markierte Wanderweg vorbei an einem Gasthof und den oberen Häusern des Weilers über eine Forststraße zu den Wiesenhängen oberhalb des Dorfes. Hier kann man wahlweise in direkter Falllinie die Wiese hochlaufen (der gelbe Wegweiser oben dient zur Orientierung)

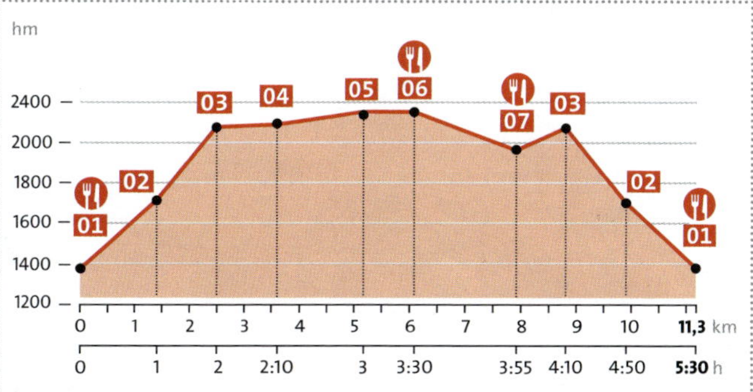

01 Wanderparkplatz Köfels, 1378 m; 02 Bank, 1701 m; 03 Schartle, 2084 m; 04 Beginn des Köfler Waalwegs, 2102 m; 05 Bach/Brücke, 2178 m; 06 Frischmannhütte, 2192 m; 07 Hintere Fundusalm, 1964 m

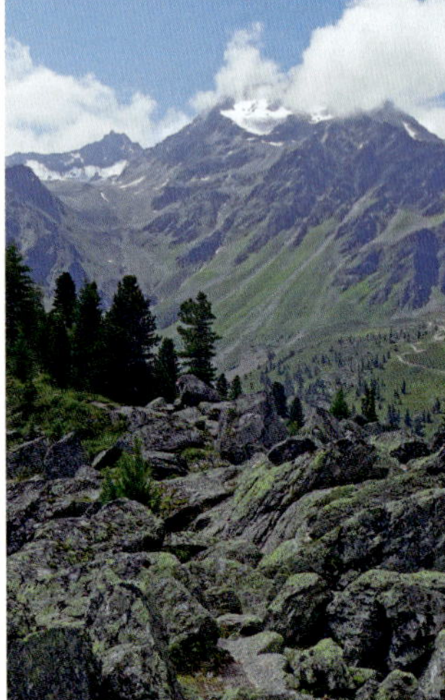

Blick vom Schartle ins Fundustal.

oder dem etwas längeren Forstweg folgen. Oberhalb der Wiese führt der Steig nun in den schönen Bergwald und in unzähligen kleinen, zum Teil auch steilen Kehren im Wald hinauf zum Schartle.

Ungefähr auf halber Strecke lädt eine **Bank** 02 zu einer Pause mit Blick auf Stuibenfall, Niederthai und das Horlachtal ein.

Wie bei allen Scharten ist man auch hier neugierig, was einen jenseits erwartet. Beim **Schartle** 03, linker Hand flankiert von einer steilen Felswand, sind es grobe Steinblöcke, über die man kurzweilig zum Waalweg balancieren muss. Zum ersten Mal kommt auch die Frischmannhütte ins Blickfeld, eingerahmt vom Blockkogel (links), den Gipfeln des Lehner Grieskogels und des Fundusfeilers.

Ein Wegweiser markiert den **Beginn** des rekonstruierten **Köfler Waalwegs** 04, der rund 2 km in Richtung Süden höhenparallel in den Talschluss des Fundustals führt. Abwechslungsreich ist der Weg, mal wird das Wasser in einer Steinfassung, im Bereich von Blockfeldern zum Teil auf Stelzen in sorgsam ausgehöhlten Baum-

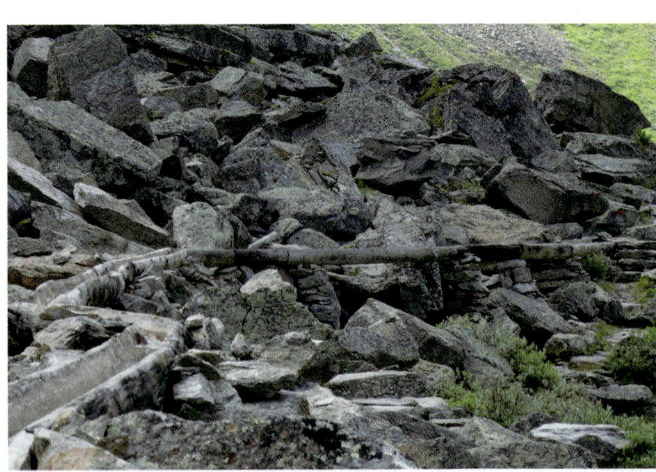

Die restaurierte Wasserrinne des Waalweges.

stämmen geführt, mal plätschert das Wasser natürlich neben dem Weg. Im Sonnenlicht glitzert das Wasser, bunte Wiesenblumen sorgen für Farbklekse, Bänke laden zur Rast ein. Der rekonstruierte Waal ist aber nicht nur kulturhistorisch interessant, sondern auch ein Panorama- und Genussweg, da er bis zur Frischmannhütte höhenparallel verläuft. So kann man das obere Fundustal mit seinen Weideböden, den Schmelzwasserbächen des Ploderferners, dem Fundussee und der Fundusalm unbeschwert genießen. Die Frischmannhütte scheint sehr nah, doch der Weg zieht sich dann doch länger hin als erwartet. Über den **Bach** 05, der Abfluss des Ploderferners, wird normalerweise jährlich eine neue Holzbrücke gebaut. Von der Aussichtsterrasse der **Frischmannhütte** 06 wird die

Köfler Jochwaal

Mitte des 15. Jh. bauten die Bewohner von Köfels in rund 2100 m Höhe im oberen Fundustal den Jochwaal. Dafür leiteten sie das Gletscherwasser des Ploderferners über das Sattele hinunter zu den Wiesen und Weiden von Köfels. Bis 1860 war der Waal in Betrieb, dann wurde er aufgelassen. 2005 entschloss man sich zur Rekonstruktion des Wasserwegs. Der Waal ist einer der höchstgelegenen und ältesten in Tirol.

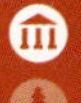

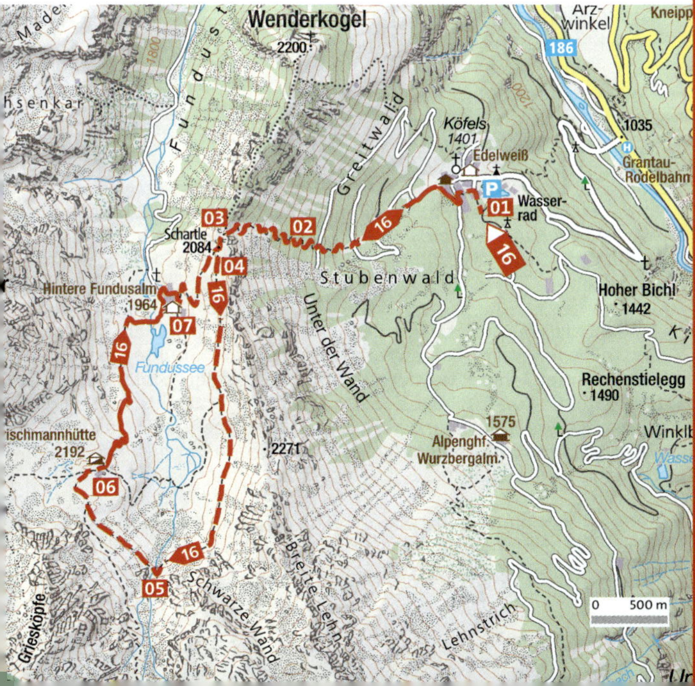

Köfler Bergsturz

Vor rund 8000 bis 10.000 Jahren ereignete sich im Ötztal ein Bergsturz, bei dem sich das Material auf einer Gleitfläche von rund 10 km^2 Richtung Tal in Bewegung setzte. Der Köfler Bergsturz gilt als größte Massenbewegung im Kristallin-Gestein – rund 3,2 km^3 stürzten damals mit großer Geschwindigkeit zu Tal. Die Materialmenge war so gewaltig, dass sie z. T. durch die Wucht des Aufpralls auf den Gegenhang und die hohe Reibungshitze zu sandigem Gestein zermahlen wurde, der andere Teil sich mit ungebremster Geschwindigkeit ins gegenüberliegende Horlachtal ergoss.

Durch diesen Bergsturz wurde die Topografie des Ötztals gravierend verändert: Zunächst wurde das gesamte obere Ötztal abgeriegelt und die Ötztaler Ache aufgestaut, die sich danach durch die Bergsturzmassen ein neues Bett graben musste und die heutige Mauracher Schlucht schuf. Durch die Sedimentablagerungen im 7 km langen „Stausee" südlich des Bergsturzes entstand das heutige Längenfelder Becken. Durch das Material, das sich ins Horlachtal ergoss, wurde zudem der Lauf des Horlachbachs verlegt, der sich einen neuen Weg suchen musste und sich heute als Stuibenfall ins Umhauser Talbecken ergießt. Heiß diskutiert ist auch der Fund des sogenannten Köfelsit, eines bimssteinartigen Gesteins, das nach heutigem wissenschaftlichem Kenntnisstand durch die enorme Reibungshitze von 1700 Grad entstand.

Weitere Entstehungstheorien zur Auslösung des Bergsturzes sind aktuell wieder in Diskussion.

Länge des Waalwegs erst so richtig deutlich – sehr eindrucksvoll, was die Bergbauern Mitte des 15. Jh. mit einfachsten Mitteln angelegt haben!

Für den Rückweg folgt man der Almstraße in wenigen Kehren zum Bach hinunter, kehrt entweder auf der **Hinteren Fundusalm** 07 ein oder steigt direkt auf markiertem Weg zwischen Almrosen hindurch zum **Schartle** 03 hinauf.

Hier hat man nun die Wahl, entweder auf dem bekannten Aufstiegsweg nach **Köfels** 01 abzusteigen oder noch den Schlenker über den Wenderkogel zu machen.

Alternativer Abstiegsweg über den Wenderkogel, 2200 m

Vom **Schartle** 03 führt ein markierter Weg über den Grat zum Wenderkogel (1 Std.). Er ist ein schöner Aussichtsberg mit herrlichem Blick hinunter ins Ötztal, hinüber zu den Gipfeln um Niederthai oder Richtung Südwesten über das Fundustal auf die Kulisse rund um die Frischmannhütte.

Für den Rückweg folgt man kurz dem Aufstiegsweg und wandert dann durch den Greitwald hinunter nach Köfels zum **Wanderparkplatz** 01 (1 Std.).

VIER-SEEN-WANDERUNG

Abwechslungsreiche Bergtour für Kneippgänger

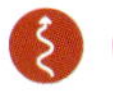  10 km  5:40 h  854 hm 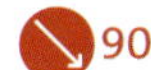 900 hm  43

START | Leckalm, 1962 m
[GPS: UTM Zone 32 x: 646.423 m y: 5.216.356 m]
CHARAKTER | Eine lange, aber sehr abwechslungsreiche Wanderung auf guten Bergwegen durch das hintere Innerbergtal und das Hauertal. Einige wenige Stellen sind versichert.

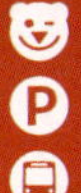
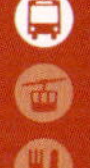
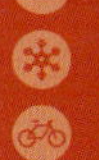

Die Leckalm liegt 700 Höhenmeter über dem Längenfelder Ortsteil Lehn. Wer sich den zweistündigen Aufstieg sparen will (was zu empfehlen ist), fährt mit dem Hüttentaxi Richtung Stabelealm und bittet darum, schon bei der Leckalm aussteigen zu dürfen. Vier Bergseen von ganz unterschiedlicher Größe und Charakter liegen am Weg. In heißen Sommern kann man im kleinen, flachen Unteren Spitzigsee sogar einmal eintauchen. Ansonsten empfehlen sich alle Seen für eine gesundheitsfördernde Kneipprunde.

▶ Von der **Leckalm** 01 führt der Weg stetig ansteigend über die Bergwiesen auf einen grünen Kamm hinauf zum glasklaren **Plattachsee** 02. Von diesem zieht ein neu angelegter Steig hinauf zur Felder Scharte, von der aus der

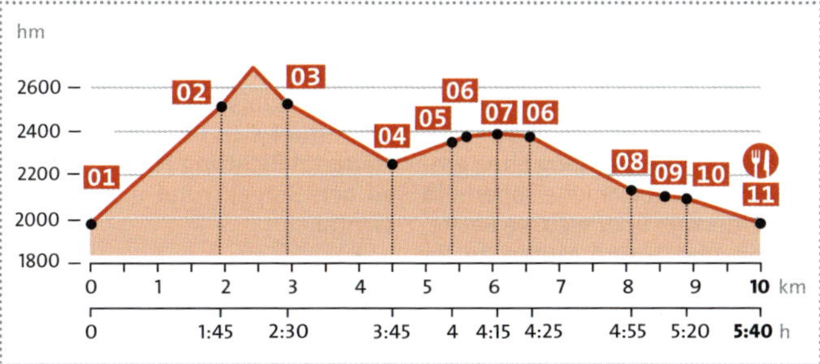

01 Leckalm, 1962 m; 02 Plattachsee, 2514 m; 03 Weißer See, 2546 m; 04 Bach, 2241 m; 05 Spitzigsee, 2359 m; 06 Weggabelung/Abzweig Innerbergalm/Kamm, 2375 m; 07 Hauerseehütte, 2383 m; 08 Abzweig nach Längenfeld, 2124 m; 09 Weg zur Innerbergalm, 2106 m; 10 Wöckelwarte, 2098 m; 11 Innerbergalm, 1982 m

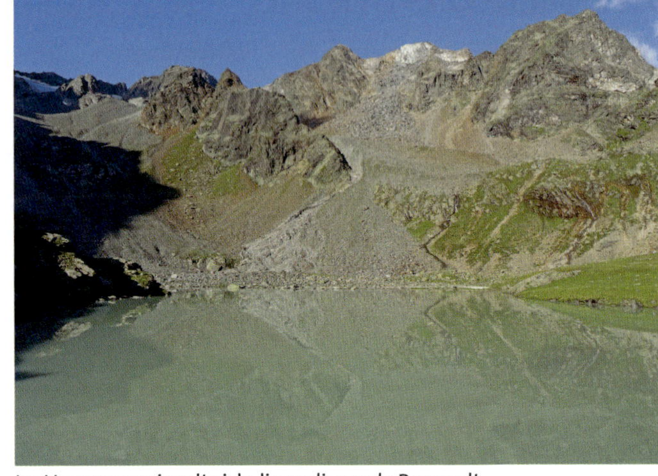

Im Hauersee spiegelt sich die umliegende Bergwelt.

weitere Weg und alle drei noch ausstehenden Seen zu überblicken sind. Über steile Grashänge geht es hinunter zum **Weißen See** 03, der seinen Namen seiner milchiggrünen Farbe verdankt. Gespeist wird er aus dem Schmelzwasser der höher liegenden Gletscher.

Nach verdienter Rast geht es über Bergwiesen steil hinunter in eine Mulde; der wasserfallartig zu Tal stürzende Ausfluss des Sees wird über eine Brücke gequert. Nun geht es am Hang entlang ohne große Höhenunterschiede oberhalb des Felderkars über weitere Bäche, Runsen und kleine Muren zu einem größeren **Bach** 04 unterhalb des Dristenkars. Der Gegenanstieg führt eine Felsstufe hinauf, hinter der sich der malerische kleine, glasklare **Spitzigsee** 05 verbirgt. An seinem Ufer steht eine kleine Holzhütte. Nun ist es nicht mehr weit bis zur **Weggabelung** 06, zu der wir nach dem Besuch des Hauersees wieder zurückkehren.

Zunächst aber geht es über einen schönen Weg mit vielen Steinplatten zum Hauersee und zu der an seinem Nordufer erbauten **Hauerseehütte** 07. Der Hauersee wird vom Schmelzwasser des Hauerferners gespeist und weist wie der Weiße See eine milchige Farbe auf. Er ist der größte der vier Seen. Eingerahmt wird er von einem Kamm, der sich vom Hauerkogel bis zum Felderkogel zieht, im Südwesten ragt der Luibiskogel auf. Nach Norden öffnet sich der Blick über das Hauertal Richtung Niederthai und zu den Bergen rund um das Horlachtal.

Von der Hauerseehütte wandert man zunächst zur bekannten **Weggabelung** 06 zurück und kann sich nun auf eine Genusswanderung entlang eines grünen Kamms bis vor zum Rauhen Oppen freuen. Die 2098 m hohe Kuppe wird von der Wöckelwarte, einer sechseckigen Holzhütte, gekrönt. Der Kamm (Hohe Eggen) trennt das Innerberg- vom Hauertal. Kontinuierlich abfallend hat man ausreichend Zeit, die grandiose Gebirgskulisse zu bewundern. Auf halbem Weg zweigt nach **rechts** 08 der Weg durch das Hauertal nach Längenfeld ab. Kurz vor der Wöckelwarte passieren wir nochmals eine **Abzweigung** 09, diesmal zur Innerbergalm. Der Ausblick von der **Wöckelwarte** 10 ins Ötztal ist eindrucksvoll. Durch Zirbenwald geht es nun in zwei Kehren hinunter ins Weidegebiet rund um die **Innerbergalm** 11. Dort kann man beim Warten auf das Hüttentaxi ins Tal gemütlich einkehren.

Abstieg nach Lehn

Wer ins Tal wandern will, folgt der Fahrstraße bis zur Stabelealm (einer weiteren netten Einkehrmöglichkeit) und wandert von dort durch den Wald auf einem steilen Steig ins Tal zum Parkplatz am Lehner Wasserfall (1.30–2 Std.).

Hauerseehütte

Eine erste Hütte wurde 1929 im Kar des Hauerferners eröffnet, sie war eine wichtige Unterkunft entlang des Geigenkamm-Weges. Im Frühjahr 1947 wurde sie durch eine Lawine komplett zerstört. 1964 eröffnete man in den freigelegten Kellerräumen eine kleine Notunterkunft, 1969 die Selbstversorgerhütte. Sie hat einen Schlafraum und einen Aufenthaltsraum, in dem die Hüttengäste kochen können. Ehrenamtliche Hüttenwarte sorgen für ausreichend abgekochtes Wasser.

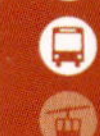

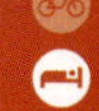
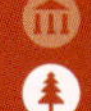
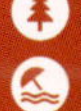

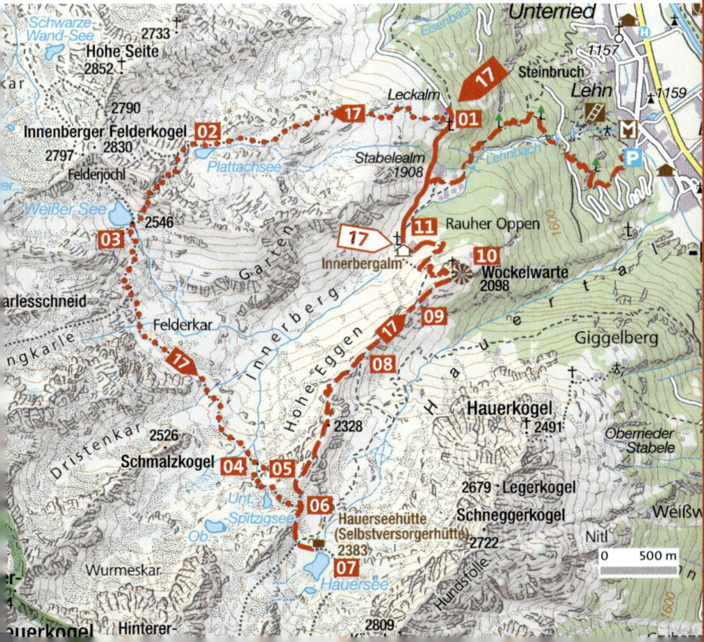

BRAND UND BURGSTEIN

Zwei Sonnenbalkone über Längenfeld

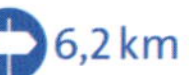

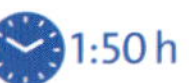

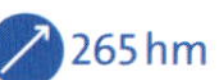

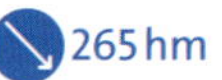

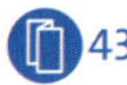

START | Bushaltestelle bei der Kirche, Oberlängenfeld, 1181 m [GPS: UTM Zone 32 x: 649.644 m y: 5.215.032 m]
CHARAKTER | Einfache Familienwanderung mit schönen Einkehrmöglichkeiten und einer aufregenden Hängebrücke.

Wer kennt sie nicht, diese Hochfläche oberhalb einer markanten Steilwand und südlich von Oberlängenfeld? Oben liegt der Weiler Burgstein mit rund 115 Einwohnern, einigen Hotels und Gastronomiebetrieben und herrlichem Blick auf die gegenüberliegende Talseite und ins Längenfelder Becken.

Der Besuch der Brandalm, der Gang über die spektakuläre Hängebrücke, eine hölzerne „Hollywoodschaukel" und ein spannender Talweg machen diese Tour zu einem schönen Familienausflug.

Von der **Bushaltestelle bei der Kirche** 01 wandert man zur Brücke und hält sich noch diesseits des Baches nach rechts, bis wiederum rechts am **Wegweiser** 02 die Fahrstraße nach Brand abzweigt. Nun geht es durch ein Wäldchen in Kehren hinauf zu den Wiesen rings um die **Brandalm** 03. Hier kann man einkehren, der kleinen Kapelle einen Besuch abstatten und die tolle Aussicht genießen. Für Kinder gibt es diverse Tiere zum Streicheln sowie Spielgerät.

Vorbei an den Stallgebäuden verläuft der Weg in den Wald hinein

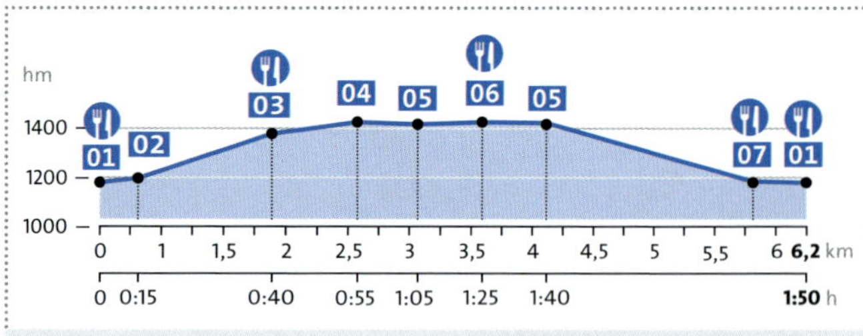

01 Oberlängenfeld, Bushaltestelle Kirche, 1181 m; 02 Wegweiser, 1195 m; 03 Brandalm, 1385 m; 04 Hängebrücke, 1427 m, 05 Weggabelung, 1413 m; 06 Kapelle in Burgstein, 1420 m; 07 Oberlängenfeld, Hauptstraße, 1181 m

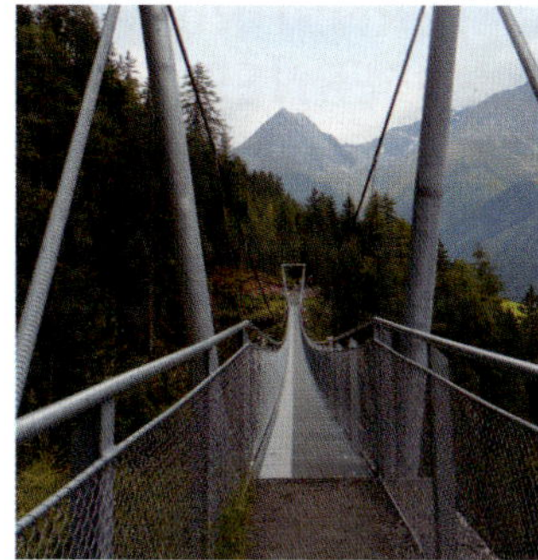

und auf nun schmaleren Waldwegen zur Hängebrücke. Unterwegs hat man einen überraschenden Blick aus der Vogelperspektive auf den Aqua Dome. Dort, wo die Hänge ausgewaschen sind, wurden Holzbrücken errichtet. Schließlich erreicht man die Mauerrinne, die seit 2013 von einer spektakulären **Hängebrücke** 04 überspannt wird. Sie ist 84 m lang und schwebt 220 m über dem Talboden. Am Waldrand laden eine „Hollywoodschaukel" aus Holz zu einer kleinen Pause ein – mit schönem Blick auf Burgstein. Dessen Häuser liegen inmitten einer weitläufigen Hochfläche, die rund 1 km breit ist und nach Westen hin rund 200 m steil zum Talboden abfällt.

An der **Weggabelung** 05 (Abzweig nach Längenfeld) nach links in den Ort abbiegen und durch diesen hindurch bis zu einer kleinen **Kapelle** 06 spazieren. Hier könnte man noch den kleinen Rundweg Burgstein anschließen (er mündet bei der Hollywoodschaukel wieder auf den Hinweg ein) oder geht zwischen den Häusern hindurch zurück zur **Weggabelung** 05.

Der Abstieg nach Längenfeld auf der alten Zufahrtsstraße nach Burgstein ist spannend, wandert man doch unterhalb der Hängebrücke entlang, dann durch einen Tunnel und schließlich noch an einer 60 m langen Kette mit unzähligen Schlössern (von Stammgästen angebracht) vorbei zur **Hauptstraße** 07. Auf dieser rechts zurück nach Oberlängenfeld zur **Bushaltestelle** 01.

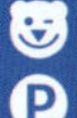
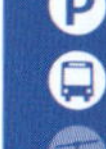

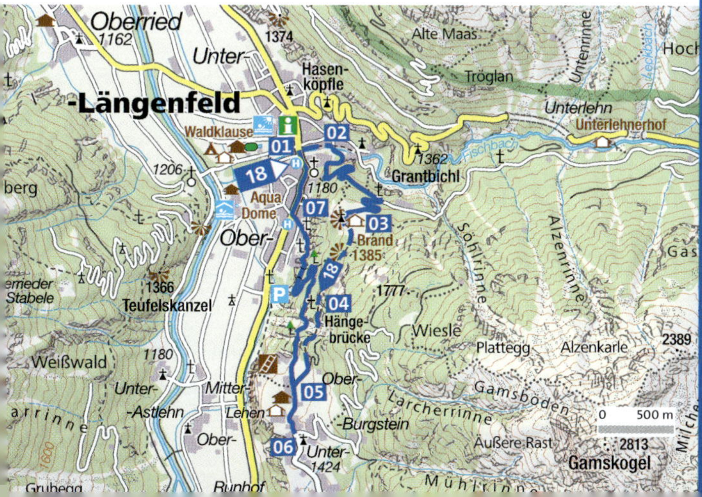

WINNEBACHSEEHÜTTE, ERNST-RIEML-SPITZE UND BACHFALLENFERNER

Eine gemütliche Hütte und ein toller Gletscherblick

 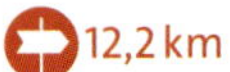 12,2 km 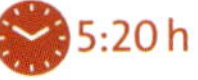 5:20 h 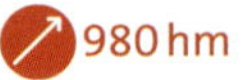 980 hm 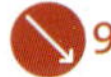 980 hm 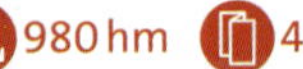 43

START | Wanderparkplatz Gries im Sulztal, 1600 m
[GPS: UTM Zone 32 x: 653.902 m y: 5.214.885 m]
CHARAKTER | Einfacher Hüttenaufstieg mit zwei möglichen Gipfelzielen: der Ernst-Rieml-Spitze (leicht) und dem Gänsekragen (schwer, leichte Kletterei, Trittsicherheit und Schwindelfreiheit erforderlich).

Die vor kurzem um einen sehr schönen Aufenthaltsraum erweiterte Winnebachseehütte ist ein lohnender Tagesausflug von Gries aus. Durch ein schönes Hochtal geht es hinauf zur Hütte am flachen Winnebachsee. Je nach Lust und Kondition kann man von der Hütte wahlweise noch 200 Höhenmeter hinauf zum Bachfallenferner mit seiner interessanten Pyramide wandern oder den Aufstieg zum Gänsekragen in Angriff nehmen.

▶ Beim **Parkplatz Gries** 01 wendet man sich Richtung Dorf und biegt dann rechts auf die Fahrstra-

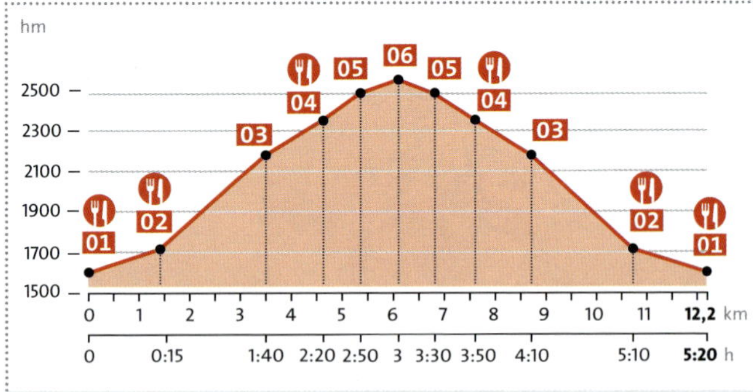

01 Wanderparkplatz Gries, 1600 m; 02 Gasthof Winnebach, 1716 m; 03 Winnebachalpe, 2178 m; 04 Winnebachseehütte, 2362 m; 05 Ernst-Rieml-Spitze, 2492 m; 06 Aussichtspunkt Bachfallenferner, 2562 m

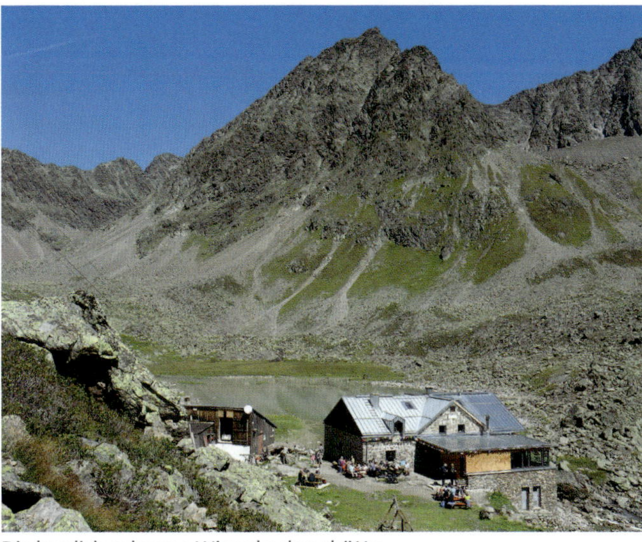

Die herrlich gelegene Winnebachseehütte.

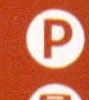
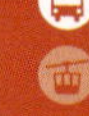
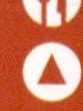

ße ab, die steil hinauf zum **Gasthof Winnebach** 02 zieht. Nach dem Gasthof folgt man zunächst einem breiten Fußweg, biegt dann aber nach wenigen Minuten links in den Wald ein. Der Waldpfad führt nun stetig ansteigend oberhalb des Winnebachs am linken Talhang entlang. Mit dem Erreichen eines ausgedehnten Latschenfeldes öffnet sich der Blick ins obere Winnebachtal. Über Schutthänge wird die **Winnebachalpe** 03 (Holzhäuschen) erreicht. Rechts kommt nun auch der Wasserfall „Bachfalle" in den Blick. Vorbei an Ninas Bankl („noch 15 Min. zur Hütte") geht es eine letzte Felsstufe hinauf.

Die **Winnebachseehütte** 04 wurde 2015 grundlegend umgebaut und bietet nun dort, wo einst eine Terrasse stand, einen verglasten Aufenthaltsraum mit fantastischem Blick auf die Bachfalle. Nach einer Rast auf der Sonnenterrasse folgt man der Beschilderung zur Ernst-Rieml-Spitze, der Weg beginnt hinter der Hütte und führt am Winnebachsee vorbei. Ohne große Anstrengung ist nach 30 Minuten die **Ernst-Rieml-Spitze** 05 mit Gipfelkreuz erreicht.

Wer Lust und Zeit hat, sollte noch eine weitere halbe Stunde weiter zu einem **Aussichtspunkt** 06 unweit des **Bachfallenferners** wandern. Hier kann man gemütlich auf einem der großen Felsen Rast machen.

Auf dem Aufstiegsweg zurück zur **Winnebachseehütte** 04 und weiter auf dem Hinweg zurück zum **Wanderparkplatz** 01 in Gries.

Gänsekragen, 2914 m (schwer)
Rund 1.30 bis 2 Std. wandert man hinauf zum lohnenswerten Gipfel des Gänsekragens. Zunächst am Mast der Materialseilbahn vorbei

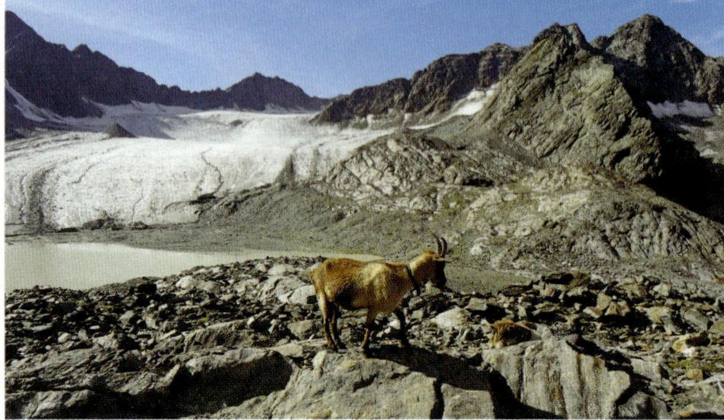

Das Tagesziel – ein herrlicher Aussichtspunkt beim Bachfallenferner.

nur mäßig ansteigend über Bergwiesen den Hang entlang Richtung Westen bis zu einer Geländeschulter. Nach rund einer Stunde beginnt der eigentliche Aufstieg durch die Südflanke, in vielen Kehren zieht sich der gut markierte Pfad durch Schrofengelände (z. T. mit kleinen Kletterpassagen) steil bergauf. Achtung vor den Schafen, die möglicherweise weiter oben grasen und Steine lostreten können! Der Pfad zieht durch felsdurchsetztes Gelände am Gipfel vorbei in eine schluchtartige Rinne. Nun rechts haltend in leichter Kraxelei (max. I) ungesichert und z. T. über leicht ausgesetzte Bänder und Felsstufen und zuletzt große Felsplatten hinauf zum Gipfelkreuz mit Bank. Der Schlussanstieg auf den Gänsekragen mit leichter Kletterei ist luftig und verlangt Trittsicherheit und Schwindelfreiheit. Der Panoramablick auf Stubaier und Ötztaler Alpen ist grandios.

Tiroler Pyramidenbauer

Unübersehbar steht eine kleine schwarze Pyramide auf der linken Seite des Bachfallenferners. Statt ägyptischer Pyramidenbauer war hier allerdings ausschließlich die Natur Baumeisterin. Zu Zeiten, als der Gletscher noch eine deutlich größere Mächtigkeit hatte, muss sich hier eine größere Menge Steine in einer Vertiefung des Gletschers gesammelt haben. Mit dem Abschmelzen wurde der Steinhaufen freigelegt und die Steine fielen der Schwerkraft folgend runter und bildeten diese formvollendete Pyramide.

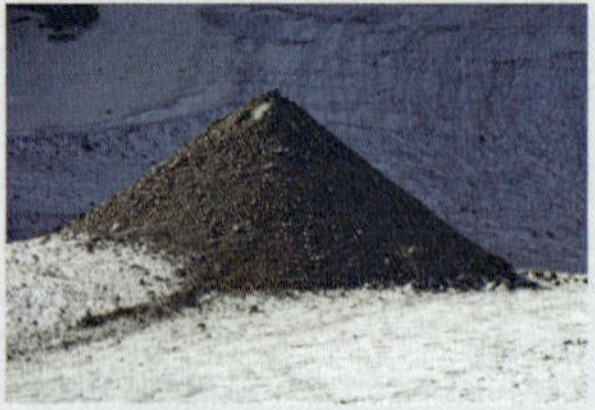

Steinadler – der König der Lüfte

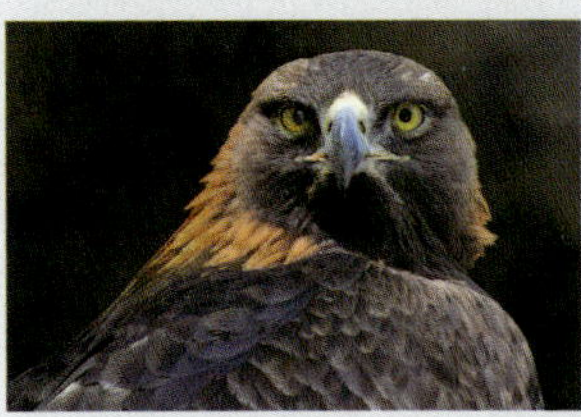

Auch die seltenen Steinadler brüten im Ötztal. Der Steinadler braucht für die Jagd auf Beutetiere wie Murmeltier oder Schneehase offene bis halboffene Landschaften. In Felswänden errichtet er seinen Horst, um ungestört brüten zu können. Diese Landschaftsformen findet er im Ötztal sehr zahlreich. Zu erkennen ist der Greifvogel im Flug vor allem an seinen langen, relativ schmalen Flügeln, die sich am Flügelansatz verengen. Seine Handschwingen hält er beim Gleiten in der Luft weit gespreizt, seine Flügel winkelt er V-förmig ab. Der Steinadler erreicht bei der Jagd Fluggeschwindigkeiten von bis zu 125 km/h. Zudem können Adler perfekt sehen. Das Auge des Steinadlers kann bis zu 150 Bilder/sec. auflösen (Mensch etwa 20 bis 25 Bilder/sec). Bewegungen eines Murmeltieres werden auf eine Distanz von bis zu 3 km scharf wahrgenommen. Wie der Steinbock war auch der Steinadler in den Alpen durch Bejagung fast verschwunden. Erst 1952 stellte man den Greifvogel unter Schutz. Obwohl sich sein Bestand seither wieder erholt hat, gilt der Steinadler noch als potenziell gefährdet.

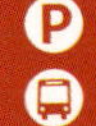

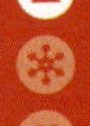
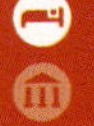

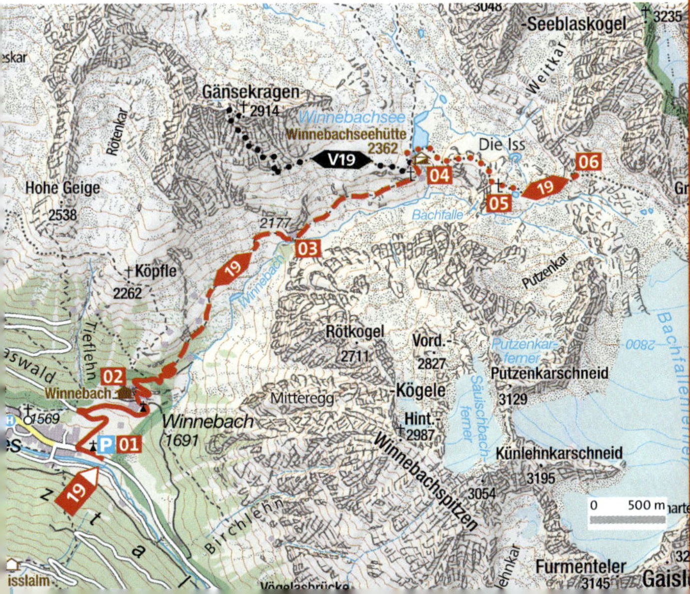

20

ÜBER DAS ZWIESELBACHJOCH ZUR SCHWEINFURTER HÜTTE

Der Guben-Schweinfurter-Weg durch das Zwieselbachtal

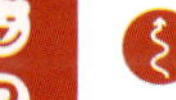 10,3 km  4:35 h 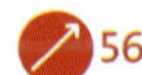 560 hm 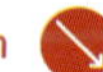 835 hm  43

START | Wanderparkplatz Gries, 1600 m
[GPS: UTM Zone 32 x: 653.902 m y: 5.214.885 m]
CHARAKTER | Ein unschwieriger Hüttenübergang durch eine wilde, einsame Hochgebirgslandschaft und mit herrlichem Panoramablick vom Zwieselbachjoch.

Der Verbindungsweg zwischen Winnebachseehütte und Schweinfurter Hütte ist eine Etappe des Adlerwegs und führt über das Zwieselbachjoch ins urtümliche Zwieselbachtal, dem man talwärts bis zur Hütte folgt.

▶ Von der schönen **Winnebachseehütte** 01 folgen wir der Beschilderung und wandert am See vorbei Richtung Norden. Schon bald ist die **Abzweigung zum Westfalenhaus** 02 erreicht, die man ignoriert. Nun beginnt der rund zweistündige Aufstieg über Weideland durch das Winnebachkar hinauf zum Joch. Linker Hand erheben sich die nach Norden steil abbrechenden Wände des Gänsekra-

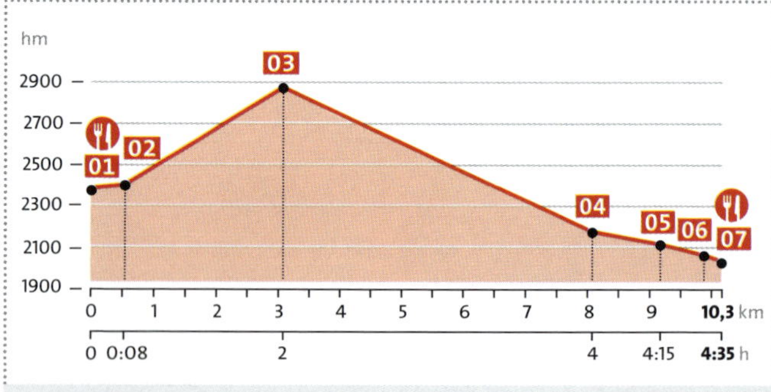

01 Winnebachseehütte, 2362 m; 02 Abzweig zum Westfalenhaus, 2400 m; 03 Zwieselbachjoch, 2868 m; 04 Wegweiser „Putzach“ (Abzweig zum Gleirschjöchl), 2160 m; 05 Abzweig Zwieselbach-Obersöm, 2110 m; 06 Zwieselbacher Sennhütte, 2060 m; 07 Schweinfurter Hütte, 2034 m

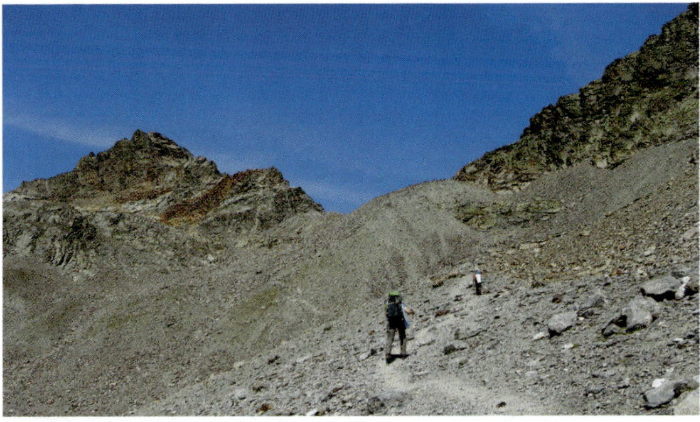

Der Weg hinauf zum Zwieselbachjoch.

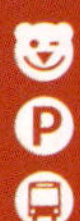

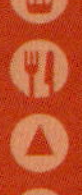

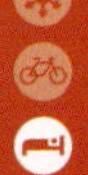

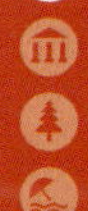

gens, unterhalb liegen die wulstigen Falten eines Blockgletschers. Auf Höhe des Blockgletschers zieht der Weg kurzzeitig nach Osten auf einen breiten Rücken hinauf, um sich dann wieder nach Norden Richtung Zwieselbachjoch zu wenden. In der Ferne ist das Joch schon gut rechts des Breiten Grieskogels auszumachen. Zum Schluss geht es nochmals etwas steiler über Schutthänge hinauf zum **Zwieselbachjoch** 03. Der Blick hinüber zum Breiten Grieskogel und seinem kleinen Ferner ist beeindruckend. Hinter dem Kamm des Gänsekragens fällt der Blick auf die Wildspitze, im Südosten ist der Bachfallenferner und der Gaislehnkogel auszumachen.

Nun beginnt der Abstieg ins Zwieselbachtal, vorbei an den kümmerlichen Resten des Zwieselbachferners. Zunächst nur moderat fallend, verläuft der Weg an der linken Talseite entlang über Schotter- und Schutthänge. Eindrucksvoll ist das lange, flache Gletschervorfeld. Hervorragend markiert geht es weiter über Blockfelder hinunter zum Wegkreuz „Gräser“ auf 2500 m. Der Weg fällt ab zu einer Senke (Am Hochgriesser) und erreicht den Zwieselbach. Nach der Querung des Baches verläuft der Weg nun auf der rechten Seite des Tals weiter talwärts zu den Weideböden der Zwieselbacher Sennhütte.

Auf der Höhe des **Wegweisers „Putzach“** 04 ist das vordere, nun deutlich grünere Zwieselbachtal erreicht. Hier zweigt nach rechts ein Pfad über das Gleirschjöchl zur Pforzheimer Hütte ab. Wunder-

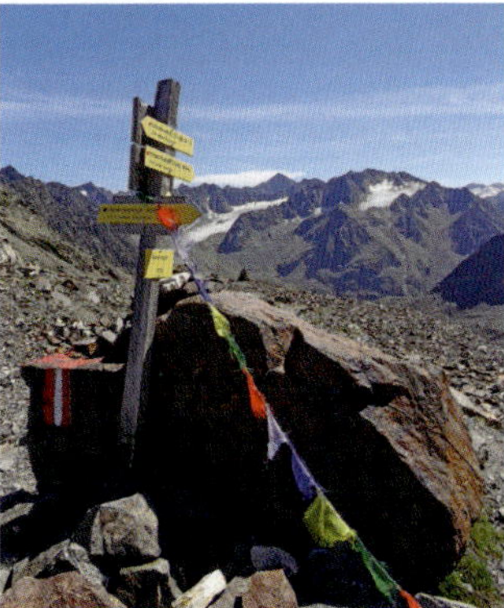

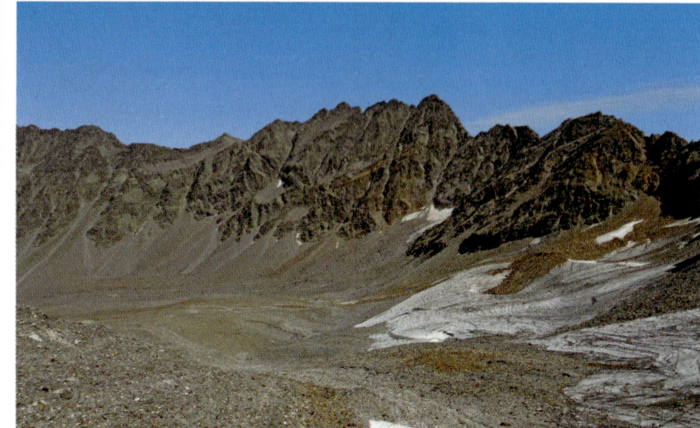

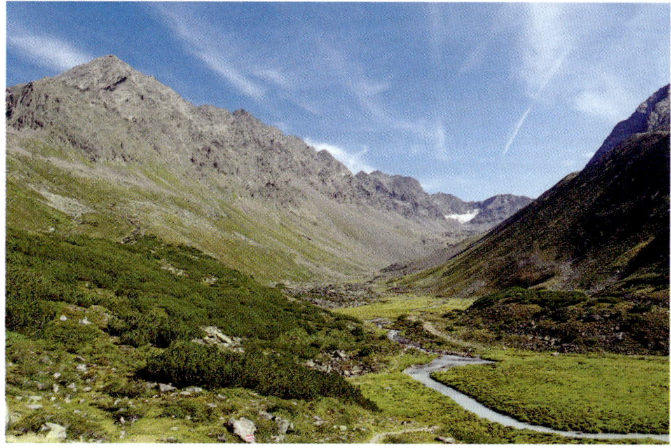

Die zwei Seiten des Zwieselbachtals: oben das ausgedehnte Gletschervorfeld, unten die Feuchtwiesen unweit der Sennhütte.

schön ist der Talboden mit seinen Feuchtwiesen entlang des Bachs und den sich die Hänge hochziehenden Latschenfeldern. Über Wiesen und einen Karrenweg erreicht man kurz darauf einen zweiten **Abzweig** **05** zum Westfalenhaus, „Zwieselbach-Obersöm“.

Vorbei an einem weiteren Wegweiser („Brunnen – Stabl“, 2060 m) sind gleich darauf die **Zwieselbacher Sennhütte** **06**, nach weiteren 10 Minuten die **Schweinfurter Hütte** **07** erreicht.

Wer nicht auf der Hütte übernachten will, wandert von dort in 1.30 Stunden nach Niederthai. Es gibt Taxi- und Busverbindungen nach Umhausen mit Anschlussmöglichkeiten nach Längenfeld und Gries.

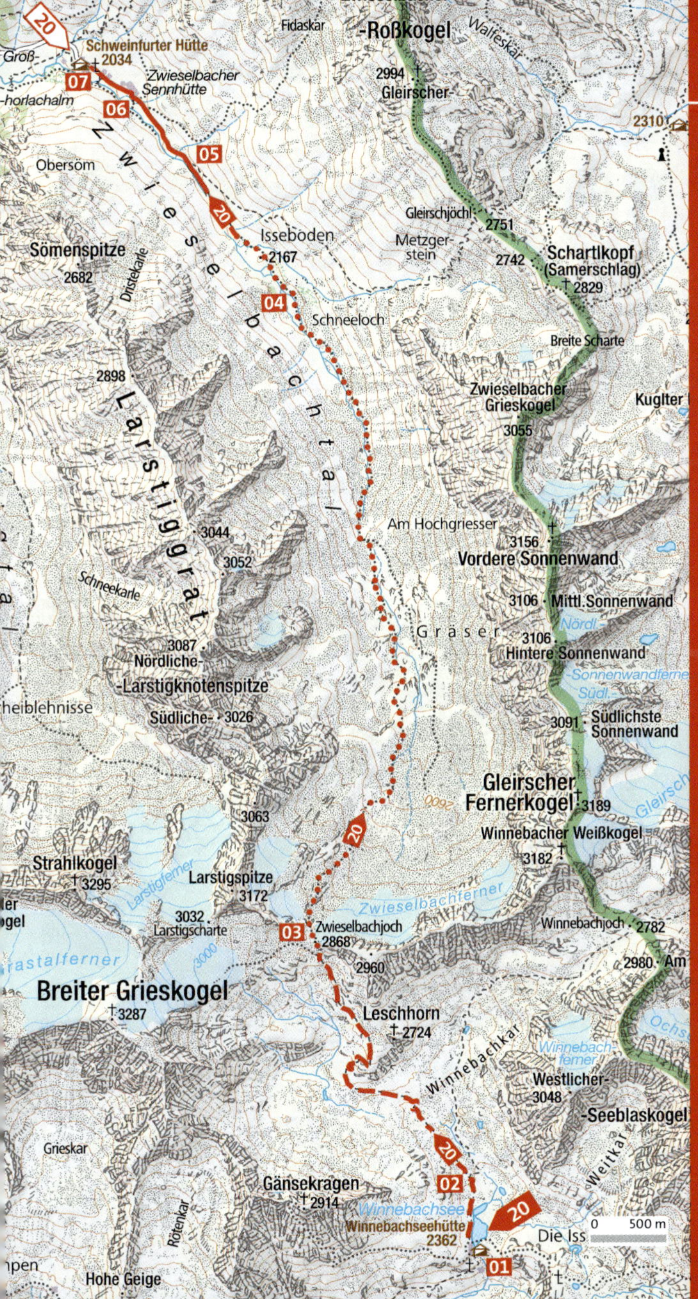
20
Schweinfurter Hütte
2034
07
Zwieselbacher Sennhütte
06
05
Obersöm
Roßkogel
Gleirscher-
2994
Fidaskar
Walfeskar
2310
Zwieselbachtal
20
Isseboden
2167
04
Schneeloch
Gleirschjöchl
2751
Metzger-stein
2742
Schartlkopf (Samerschlag)
2829
Breite Scharte
Sömenspitze
2682
Dristekarle
2898
Larstiggrat
Zwieselbacher Grieskogel
3055
Kuglter
Am Hochgriesser
3044
3052
3156
Vordere Sonnenwand
Schneekarle
3106
Mittl. Sonnenwand
Gräser
3106
Hintere Sonnenwand
3087
Nördliche-
-Larstigknotenspitze
Südliche-
3026
Sonnenwandferner
3091
Südlichste Sonnenwand
Gleirscher Fernerkogel
3189
3063
20
Winnebacher Weißkogel
3182
Strahlkogel
3295
Larstigferner
Larstigspitze
3172
Zwieselbachferner
3032
Larstigscharte
03
Zwieselbachjoch
2868
Winnebachjoch
2782
2960
2980
Breiter Grieskogel
3287
Leschhorn
2724
Winnebachkar
Winnebachferner
Westlicher-
3048
-Seeblaskogel
Grieskar
20
02
Gänsekragen
2914
Winnebachsee
Winnebachseehütte
2362
20
Die Iss
0
500 m
01
Rötenkar
Hohe Geige
Weitkar

21

AMBERGER HÜTTE • 2135 m

Gemütliche Hütte und ein geheimnisvoller Schwefelsee

  12,4 km  3:40 h 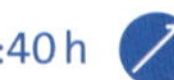 540 hm  540 hm  43 

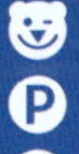
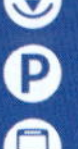
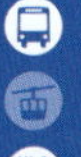
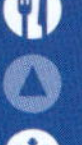

START | Wanderparkplatz Gries, 1600 m
[GPS: UTM Zone 32 x: 653.902 m y: 5.214.885 m]
CHARAKTER | Einfache Wanderung auf Fahrweg durch das Sulztal.

Ein gemütlicher Hüttenzustieg, der auch für Familien mit Kindern interessant ist, da die Hütte einen Spielplatz für Kinder und einen Schwefelsee bietet. Wer früh genug unterwegs ist und noch genug Energie hat, kann von der Hütte aus noch zum sich immer weiter zurückziehenden Sulztalferner wandern.

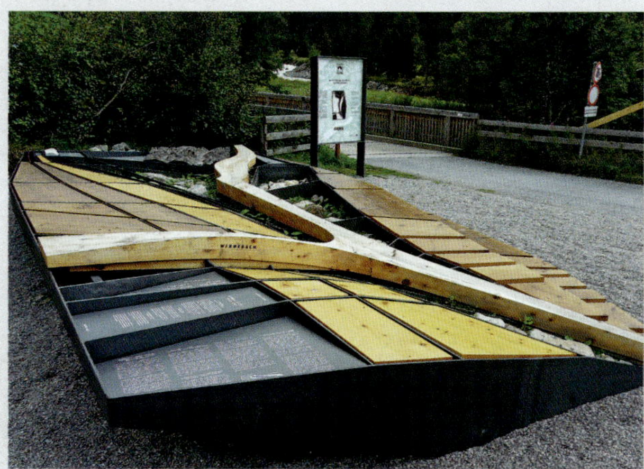

Naturpark-Infopunkt Gries

Vor dem Start der Wanderung sollte man sich noch ein paar Minuten Zeit nehmen für den Infopunkt des Naturparks Ötztal, der am südlichen Ende des Besucherparkplatzes errichtet wurde. Schwerpunktthema hier ist das „Wilde Wasser" – die Kraft der Bergbäche am Beispiel von Winnebach und Fischbach.

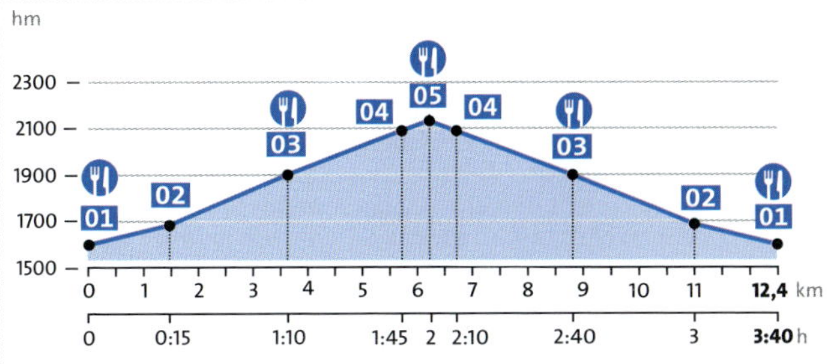

01 Parkplatz Gries, 1600 m; 02 Vögelasbrücke, 1674 m; 03 Vordere Sulztalalm, 1898 m; 04 Hintere Sulztalalm, 2084 m; 05 Amberger Hütte, 2135 m

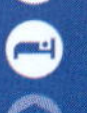

Ausgangspunkt der Wanderung ist der am Ortsende von Gries gelegene **Parkplatz** 01, an dessen Südende sich der Infopunkt des Naturparks Ötztal zum Thema „Wilde Wasser“ befindet.

Ein breiter Fahrweg führt vom Parkplatz durch die Bergwiesen links vom Fischbach ins Sulztal hinein. Nach der Überquerung der **Vögelasbrücke** 02 taucht man in den Bergwald ein. Wer nicht auf dem Fahrweg laufen will, kann ein Stück der Straße durch einen kleinen Pfad abkürzen, dann geht es allerdings weiter auf dem Fahrweg zu den Sulztalalmen. Nun heißt es in mehreren Kehren eine Felsstufe zu überwinden, die ins malerische hintere Sulztal führt. Nach nochmaligem Queren des Fischbachs ist die **Jausenstation Vordere Sulztalalm** 03 erreicht, die am linken Talrand inmitten saftiggrüner Almwiesen errichtet wurde.

Das Hochtal wird von den steilen Nordabstürzen des Schrankogels

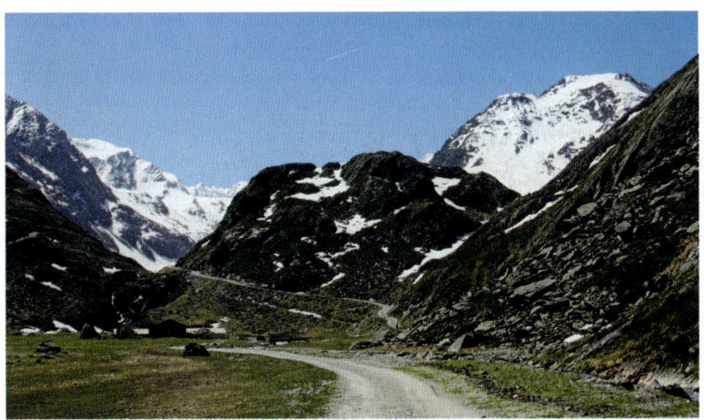
Die Vordere Sulztalalm.

Schwefelsee, 2132 m

Unterhalb der Hütte liegt ein ca. 30 m langer Schwefelsee, der Temperaturen von bis zu 18 Grad erreichen kann und im Winter nie ganz zufriert. Er liegt an einer tektonischen Störungslinie, die sich bis nach Längenfeld zieht und entlang derer mehrere Schwefelquellen liegen. Der Schwefelsee wird sowohl unterirdisch als auch von einer Quelle wenige Meter oberhalb des Sees gespeist, eine weitere befindet sich bei der Sulztalalm. Der See selbst ist nur 1,5 m tief und damit ideal für Kinder zum Spielen. Die wohltuende und therapeutische Wirkung der Ötztaler Schwefelquellen wurde schon im 19. Jh. nachgewiesen und begründet eine lange Badetradition.

dominiert, der den Wanderer auch auf dem weiteren Weg begleitet.

Der Fahrweg erreicht nach Umrunden einer Engstelle die am Bach zwischen Sulzkogel und Schrankogel liegende **Hintere Sulztalalm** 04. Hier wird ein letztes Mal der Bach überquert. Eine Rechtskurve führt um die kleine Felswand des Sulzbichls herum und man schaut zum ersten Mal auf die **Amberger Hütte** 05, die 1881 auf einer kleinen Anhöhe errichtet wurde.

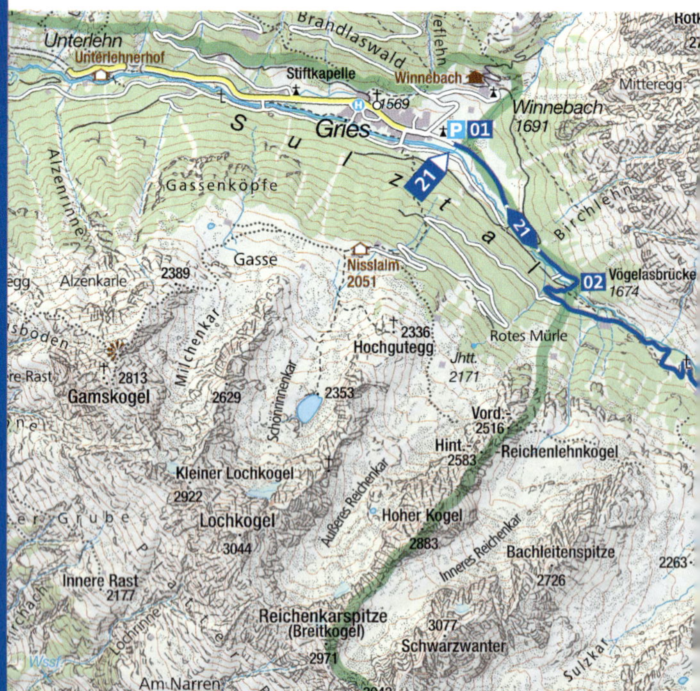

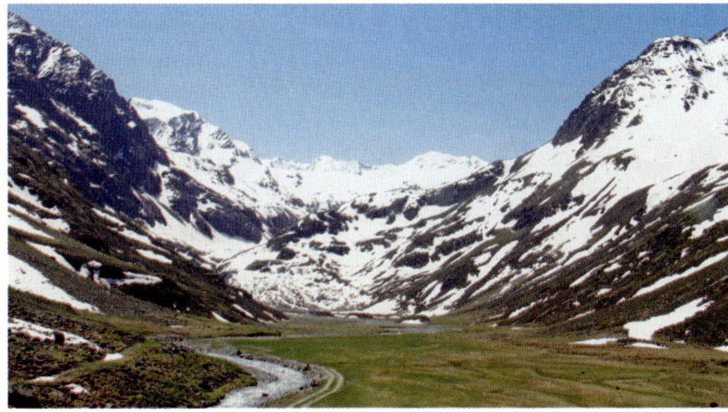

Der flache Talboden der Sulze im Frühsommer.

Von ihrer Terrasse überblickt man den flachen grünen Talboden, durch den sich die Sulze zieht. Von der Amberger Hütte aus lässt sich der Vordere Sulzkogel (2796 m) besteigen (1.30–2 Std.). Ein zweites mögliches Ziel ist der Sulztalferner, zu dem man durch die Sulze auf einem markierten Pfad wandert (1.30 Std., 500 Hm).

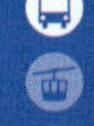

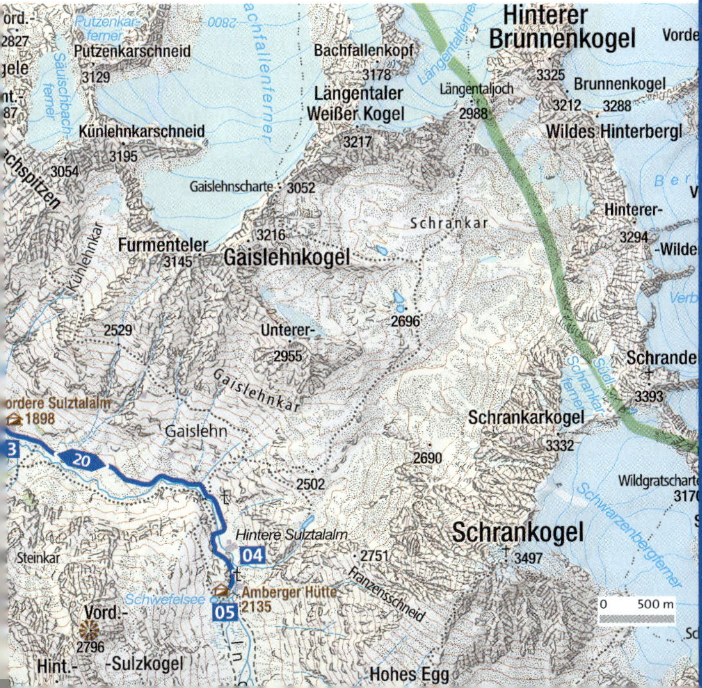

HAHLKOGELHAUS • 2042 m

Auf dem Aussichtsbalkon über Huben

  10,3 km 4:30 h 860 hm 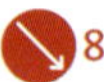 860 hm 43

START | Parkplatz beim Funpark in Längenfeld-Huben, 1195 m [GPS: UTM Zone 32 x: 649.185 m y: 5.211.682 m]
CHARAKTER | Zum Teil sehr steiler Aufstieg auf Wald- und Bergpfad (teilweise versichert), Trittsicherheit erforderlich. Einfacher ist der Abstiegsweg auf der Forststraße, der gegebenenfalls auch als Aufstiegsroute gewählt werden kann.

Zwei Steige führen hinauf zum Hahlkogelhaus auf einem Aussichtsbalkon oberhalb von Huben. Der hier beschriebene Aufstiegsweg eignet sich nur für gut Trainierte, da er über weite Strecken sehr steil fast schon in der Falllinie bergauf führt. Wem das zu anstrengend ist, steigt auf dem beschriebenen Abstiegsweg auf.

▶ Vom **Wanderparkplatz beim Funpark** 01 wandert man zunächst taleinwärts zu den ersten Häusern von Huben bis zu den roten **Wegweisern zur Feuersteinhütte** 02. Schon nach wenigen Metern verlässt man den Fahrweg und folgt dem breiten Sagenweg, der von mehreren, aus rostigem Blech geformten Kunstwerken gesäumt wird. Im Winter wandert man auf diesem Weg zur Feuersteinhütte hinauf, daher finden sich rechts und links des Weges Lampen. Zwischendurch wird eine **Hängebrücke** 03 gequert, dann folgt eine gerodete Waldschneise

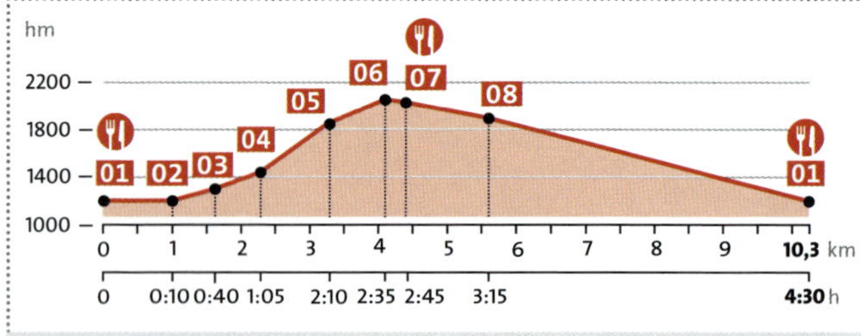

01 Wanderparkplatz am Funpark, 1195 m; 02 Wegweiser zur Feuersteinhütte, 1199 m; 03 Hängebrücke, 1296 m; 04 Steig zum Hahlkogelhaus, 1422 m; 05 Almhütten, 1844 m; 06 Privathütte, 2060 m; 07 Hahlkogelhaus, 2042 m; 08 Weggabelung, Abzweig zur Polltalalm, 1985 m

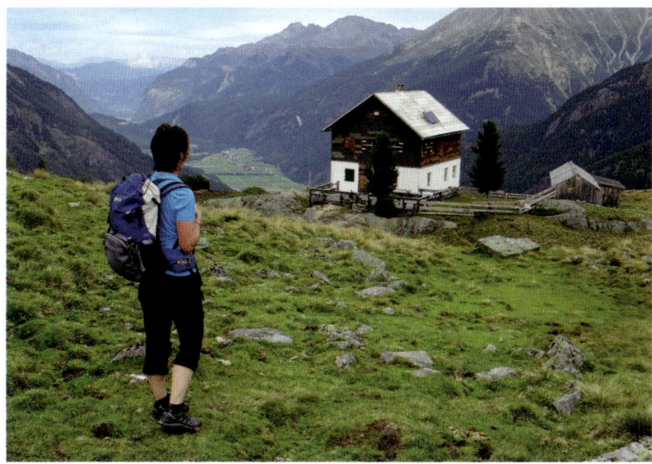

Blick über das Hahlkogelhaus ins vordere Ötztal.

mit sechs Pferden mit kopflosen Reitern. Ab einer großen Weggabelung folgt man dem **Steig** 04 zum Hahlkogelhaus und Hahlkogel. In den folgenden eineinhalb Stunden geht es steil auf einem teilweise sehr schmalen Bergweg („Weg der Sprüche") aufwärts. Immer wie-

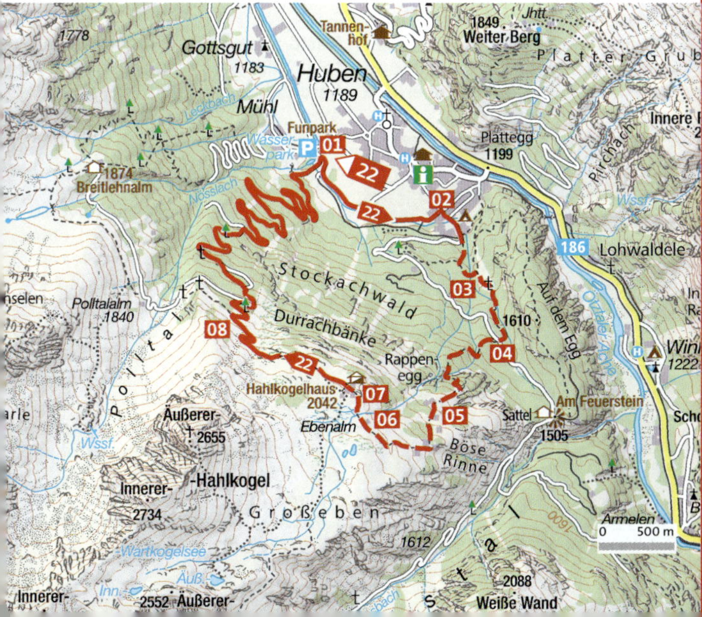

Äußerer Hahlkogel, 2655 m

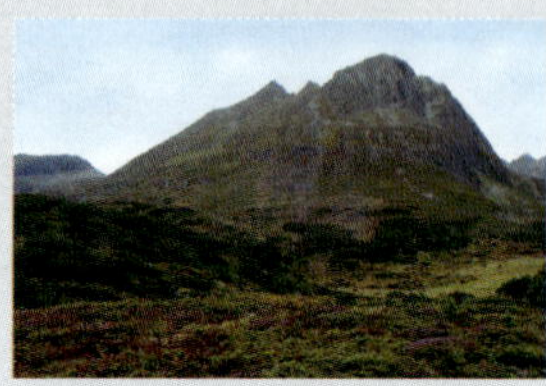

Wanderer mit guter Kondition, die früh am Hahlkogelhaus sind, können noch den Äußeren Hahlkogel besteigen. Für den mittelschweren Gipfel sollte man 2 Stunden für den Aufstieg und 1.30 Stunden für den Abstieg einplanen.

der hängen unterwegs Tafeln mit Sprüchen an den Bäumen, die zum Nachdenken anregen sollen. Zwischendurch finden sich durch Holzzäune und Drahtseile versicherte Passagen und tolle Ausblicke in den Talboden von Längenfeld und das Bergsturzgelände oberhalb des Sägewerks auf der anderen Talseite. Schließlich erreicht man eine schöne Aussichtskanzel mit Sitzbank und fantastischem Blick talauswärts. Sehr eindrucksvoll ist die steile Burgsteinwand. Nun ist der steilste Abschnitt des Aufstiegs geschafft und es geht deutlich moderater zwischen Lärchen hindurch zu ein paar offenen Bergwiesen und weiteren **Almhütten** 05.

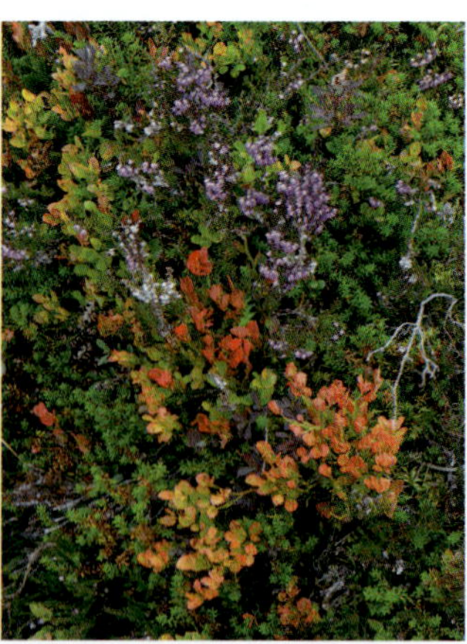

Bald ist oberhalb der Baumgrenze die Hochfläche der Ebenalm erreicht. Mit ihrem niedrigen Bewuchs aus Almrosen, Moosbeeren (Heidelbeeren), Preiselbeeren und Erika erinnert sie fast schon an eine arktische Tundrenlandschaft und leuchtet zum Herbst hin in wunderbaren Farben. Auf einem Hügel ist eine kleine **Privathütte** 06 zu sehen. Durch ein Weidetor geht es mit Blick auf den Hahlkogel weiter über von Gletschern geformten Buckeln zum **Hahlkogelhaus** 07.

Nach ausgiebiger Rundumschau folgt man für den Abstieg der Beschilderung Richtung Polltalalm, feuchte Wegabschnitte lassen sich dank eines kleinen Bohlenwegs trockenen Fußes bewältigen. Der Weg führt in einer langen aussichtsreichen Traverse Richtung Norden, bis er auf eine Fahrstraße trifft. An der **Weggabelung** 08 – von hier aus sind es noch 25 Minuten zur Polltalalm – folgt man rechts dem Fahrweg talwärts und hat nun die Möglichkeit, auf diesem nach Huben zu wandern oder immer wieder einzelne Kehren auf einem durchgängig markierten Steig abzukürzen. Achtung! Hier sind auch viele Mountainbiker unterwegs! Der Fahrweg führt direkt zum **Wanderparkplatz am Funpark** 01.

HOCHSTUBAIHÜTTE • 3174 m

Über die Himmelsleiter auf den Hohen Nebelkogel

 12,5 km  6:40 h 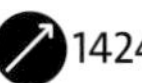 1424 hm 1424 hm 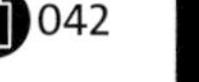 042

START | Bushaltestelle beim Gasthaus Fiegl (Fiegl's Hütte), 1956 m [GPS: UTM Zone 32 x: 657.010 m y: 5.202.774 m]
CHARAKTER | Hochalpine Wege, die Trittsicherheit und Schwindelfreiheit voraussetzen. Auf der Aufstiegsroute im oberen Kar Blockschutt, teilweise auch Altschneefelder. Der Weg über die luftige „Himmelsleiter" ist gut gesichert. Der Abstiegsweg über den Laubkarsee führt durch blockreiches Gelände, ist aber leichter. Kurze Kraxelei zum Hohen Nebelkogel.

Eine Hütte mit einigen Superlativen! Die Hochstubaihütte ist nicht nur die höchstgelegene DAV-Schutzhütte in den Stubaier Alpen, sondern auch die dritthöchstgelegene Schutzhütte in Österreich – spektakulär auf der Wildkarspitze inmitten mehrerer Dreitausender errichtet. Dank des Wanderbusses zum Gasthaus Fiegl kann die Höhendifferenz zwischen dem Talboden von Sölden und der Hütte (1800 Höhenmeter) um knapp 600 m reduziert werden. Berühmt ist die Hütte für ihre stimmungsvollen Sonnenuntergänge und die berühmte „Himmelsleiter", eine kunstvoll

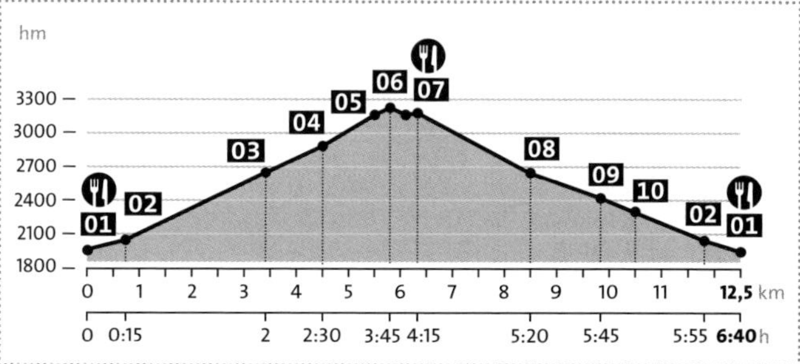

01 Bushaltestelle (Gasthaus Fiegl), 1956 m; **02** Weggabelung, Abzweig zum Seekarsee, 2050 m; **03** Seekarsee, 2655 m; **04** Notunterstand, 2874 m; **05** Gratkante, 3160 m, **06** Hoher Nebelkogel, 3211 m; **07** Hochstubaihütte, 3174 m; **08** Laubkarsee, 2680 m; **09** Abzweig zum Söldenkogel, 2420 m; **10** Abzweig ins Windachtal, 1750 m

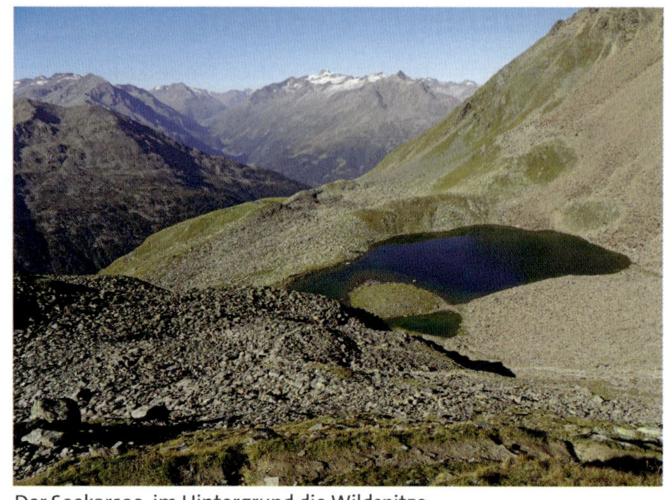
Der Seekarsee, im Hintergrund die Wildspitze.

geschichtete Treppe hinauf zum Grat. Während der Aufstieg über die Südseite von Hohem Nebelkogel und Warenkarseitenspitze erfolgt, wird für den Abstieg der Weg über die Nordhänge der Wildkarspitze und des Hohen Nebelkogels ins Laubkar gewählt.

▶ Nach einer halbstündigen Schaukelei im Wanderbus hinauf zur **Bushaltestelle** **01** unweit des Gasthauses beginnt der angenehme Aufstieg zur Hütte. Zunächst zieht der Weg nach Nordwesten, biegt dann aber an einer **Weggabelung** **02** nach Nordosten Richtung Seekarsee und Hochstubaihütte ab. Auf einem durchgehend gut markierten Weg gewinnt man über Bergwiesen stetig an Höhe, passiert die Abzweigung zur Hildesheimer Hütte und erreicht schließlich das untere Seekar mit dem gleichnamigen See. Dank unzähliger Kehren empfindet man die 700 Höhenmeter dorthin als wesentlich angenehmer als man zunächst vermuten würde: Gut die Hälfte der Höhenmeter sind geschafft, wenn man schließlich am stillen **Seekarsee** **03** steht.

Ein gut ausgebauter Weg – teilweise mit kunstvoll gelegten Platten – führt in weiteren Kehren nun etwas steiler ansteigend auf eine nächste Geländestufe mit einem **Notunterstand** **04**. Nun ist man im oberen Seekar (unten leuchtet ein zweiter See) und steigt in vielen kleinen Kehren ohne Schwierigkeit über einen Schutthang recht steil geradewegs nach oben, immer wieder auf kunstvoll gelegten Plattenwegen.

Kurz unterhalb der Kante zieht der Steig nach links hinüber zur berühmten „Himmelsleiter". Bei dieser handelt es sich um eine etwas ausgesetzte, schön geschichtete Treppe, die keinerlei Probleme bereitet, wenn man schwindelfrei ist. Sie ist zudem mit Drahtseil

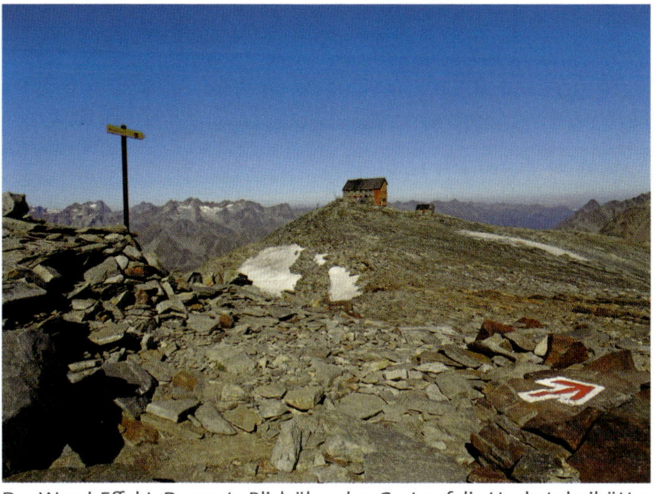

Der Wow!-Effekt: Der erste Blick über den Grat auf die Hochstubaihütte.

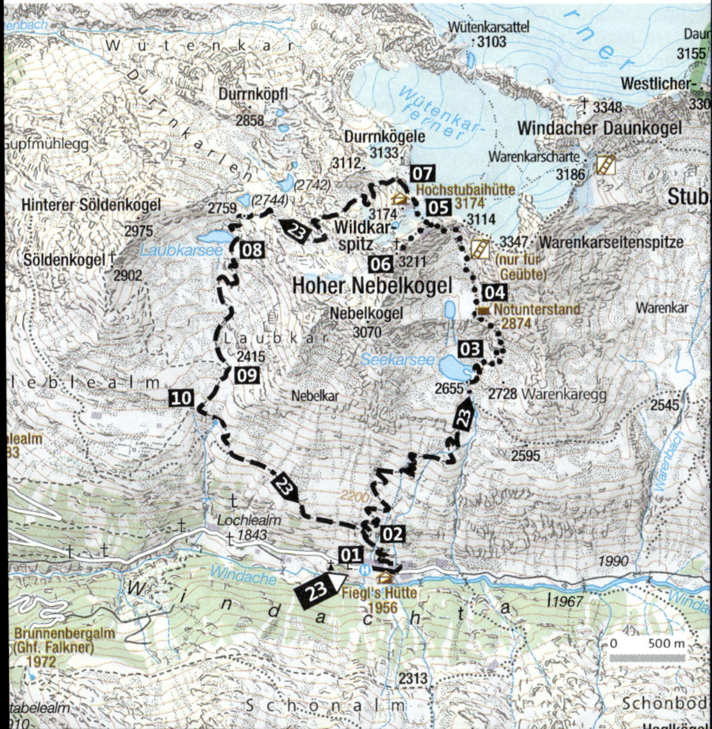

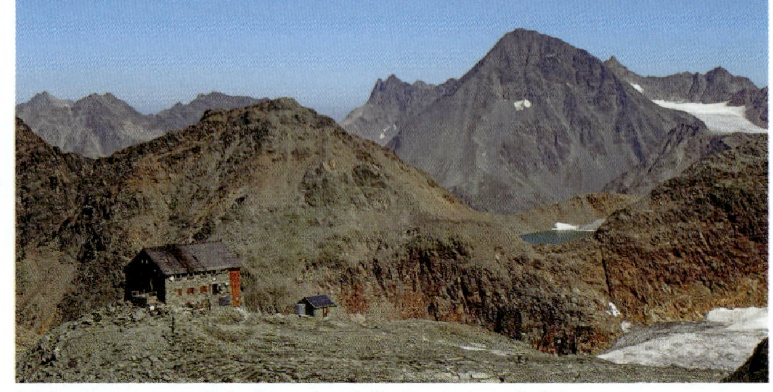

Blick vom Hohen Nebelkogel auf die Hochstubaihütte.

versichert. Und dann ist die **Gratkante 05** erreicht und der Blick fällt ein erstes Mal auf die spektakulär gelegene Schutzhütte.

Doch vor der Einkehr lockt noch linker Hand ein kleiner Gipfel, zu dem man gleich hinter der Gratkante beim Wegweiser abzweigt. Auf einem Kamm geht es in leichter Blockkletterei ohne größere Schwierigkeiten zum **Hohen Nebelkogel 06**, den nicht nur ein Kreuz, sondern auch eine imposante Steinpyramide und ein nicht minder großes Steinherz zieren. Bei guter Fernsicht schaut man vom Zuckerhütl über die Dolomiten zum Alpenhauptkamm, zu Ortler und Königsspitze und über den ganzen Geigenkamm.

Wieder zurück auf dem Hauptweg geht es kurz hinab in eine Senke und dann die letzten Meter hinauf zur **Hochstubaihütte 07**. Es lohnt sich einen Blick in die „gute Stube" zu werfen, in der doch tatsächlich ein (bespielbares) Klavier steht, das sich der Hüttenwirt mit dem Helikopter hochfliegen ließ.

Für den Abstieg wählen wir eine andere Route, die kurzfristig nach Norden Richtung Durrnkögele (3133 m) führt, dann aber im Sattel zwischen Wildkarspitze und Durrnkögele nach Südwesten abbiegt und über Platten und Blockfelder hinunter zu einer Steinpyramide leitet. Etwas oberhalb eines Sees in den Durrnkarlen verläuft der Weg zu einer Geländekante, unterhalb derer der schön gelegene **Laubkarsee 08** lockt. Er ist schnell erreicht und wird auf seiner Ostseite umgangen.

Nun beginnt der angenehmere Teil der Abstiegsroute hinunter ins Laubkar, vorbei an der **Abzweigung zum Söldenkogel 09**. Kurze Zeit später steht man an einer weiteren Weggabelung. Geradeaus würde es zur Kleblealm gehen, nach links zweigt der **Weg ins Windachtal 10** ab.

Auf einem herrlichen Höhenweg, der gemütlich abfallend über die Bergwiesen verläuft, wandert man mit Blick ins Windachtal und hinüber zum Brunnenkogelhaus hinunter zur Windachalm. Die Runde schließt sich am **Abzweig zum Seekarsee 02**. Kurz darauf erreichen wir das Gasthaus Fiegl und die **Bushaltestelle 01**.

VON DER HILDESHEIMER HÜTTE ZUR SIEGERLANDHÜTTE • 2710 m

Eindrucksvolle Hüttentour im hinteren Windachtal

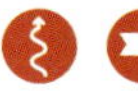
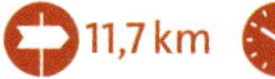

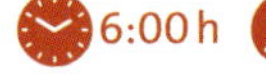

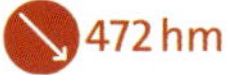

START | Bushaltestelle beim Gasthaus Fiegl (Fiegl's Hütte), 1956 m [GPS: UTM Zone 32 x: 657.010 m y: 5.202.774 m]
CHARAKTER | Gut ausgebaute und markierte Bergpfade zur Hildesheimer Hütte. Zum Gamsplatzl hinauf sind einige Passagen seilversichert, möglicherweise Altschneefelder, Trittsicherheit erforderlich.

Das schöne Windachtal ist das beste Beispiel dafür, dass es auch in Sölden noch unberührte Berglandschaften gibt. So wird das Tal von den Touristikern auch als „die stille Seite Söldens" beworben und entführt in die hochalpine Bergwelt der Stubaier Alpen. Beide Hütte liegen sehr schön: die Hildesheimer Hütte zwischen bekannten Gipfeln wie Zuckerhütl, Schussgrubenkogel, Schaufelspitze, Stubaier Wildspitz, Wildem Pfaff und Pfaffenschneide, die Siegerlandhütte mit einem fantastischen Blick durch das gesamte Windachtal hinüber zum Geigenkamm.

▶ Von der **Bushaltestelle** 01 unweit vom Gasthaus Fiegl folgt man der Beschilderung und wandert links des Baches auf einem breiten

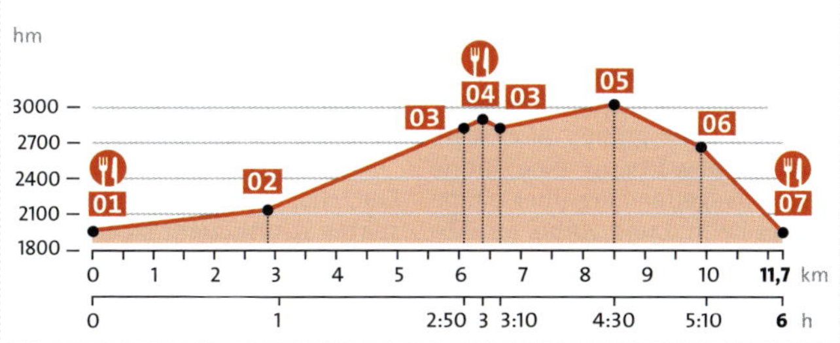

01 Bushaltestelle (Gasthaus Fiegl), 1956 m; 02 Aschenbrennerweg, 2122 m; 03 Abzweig Gamsplatzl, 2811 m; 04 Hildesheimer Hütte, 2899 m; 05 Gamsplatzl, 3018 m; 06 Abzweig Triebenkarsee, 2690 m; 07 Siegerlandhütte, 2710 m

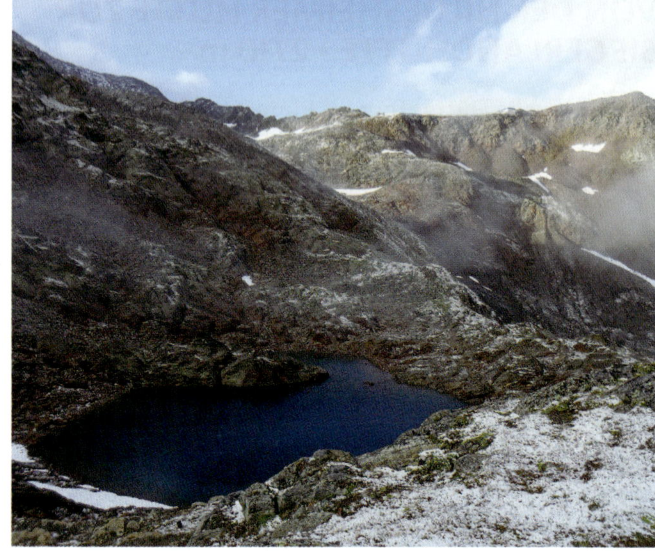

Mitte August: der kleine Bergsee hinter der Hildesheimer Hütte.

Karrenweg zunächst mäßig steil taleinwärts. An der Weggabelung mit einem schmiedeeisernen Wegweiser wechseln wir nach links auf den **Aschenbrennerweg** 02, der nun in lang gezogenen Kehren entlang der Flanke des Schussgrubenkogels hinauf zur Hütte leitet. Nach etwa 400 Höhenmetern kommt diese erstmals in Sicht, ist aber alsbald wieder von einem Kamm verdeckt. Vom Kamm führt der Weg über grobes Blockwerk moderat abwärts in eine Rinne und im Gegenanstieg über einige steilere Kehren und vorbei am **Abzweig** 03 zum Gamsplatzl hinauf zur **Hildesheimer Hütte** 04, die 1896 an einem kleinen See erbaut wurde.

Von der Hütte geht es zurück zum **Abzweig** 03 und nun in Kehren hinunter ins Pfaffenkar zum Gaiskarbach, dann zunächst nur moderat ansteigend einen langen Rücken entlang und zum Schluss über grobes Blockwerk (kurze Passage gesichert) steiler hinauf zum **Gamsplatzl** 05. Die Scharte liegt zwischen dem pyramidenförmigen Gaiskogel und der Pfaffenschneide. Bei guten Wetterbedingungen hat man von hier aus einen grandiosen Fernblick, nicht nur auf das Zuckerhütl, sondern auch auf einige der bekanntesten Ötztaler Gipfel und zur Siegerlandhütte.

Zunächst weiter über Blockwerk, später Schutt, zieht sich der Weg nun steil den Nordosthang des Gaiskogels hinunter ins Triebenkar mit dem Triebenkarsee unterhalb des Triebenkarlasferners. Über eine Geländekante fällt der Pfad zum Talboden ab. Der Triebenkarsee wird östlich umgangen, kann aber ab der **Abzweigung** 06 mit einem kleinen Umweg be-

Die Gämse

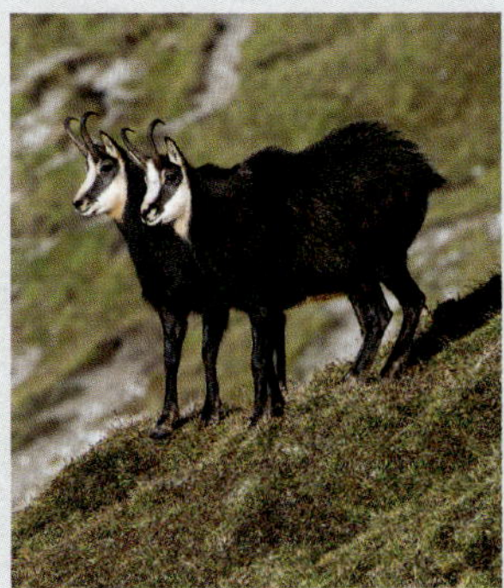

Die Gämse ist ein echter Allrounder – sie kommt jahreszeitabhängig von tieferen Lagen bis ins Hochgebirge vor. In der warmen Jahreszeit trifft man sie im Ötztal in offenem, felsigem Gelände bis weit hinauf über die Waldgrenze an. Im Winter ziehen sie sich in die Wälder der tieferen Lagen zurück, wo sie mehr Nahrung und besseren Schutz vor Lawinen finden. Gämsen ernähren sich vor allem von Kräutern, Gräsern, Knospen und Pilzen. Der Kopf der Gämse ist hell gefärbt. Auffällig ist der auf jeder Gesichtshälfte vom Ohr bis zum Mundwinkel ziehende dunkle Streifen. Beide Geschlechter sind Hornträger. Diese werden im Gegensatz zu den Geweihen der Rothirsche nicht abgeworfen. Sie wachsen jedes Jahr in der Zeit von April bis November weiter und bilden Ringe, welche Aufschluss über das Alter des Tieres geben. Durch Absenken der Körpertemperatur und Herzfrequenz sparen die Tiere Energie. Störungen durch Wintersportler können zu einem Energieproblem werden, weshalb Rückzugsgebiete zu respektieren und zu meiden sind.

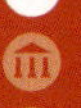

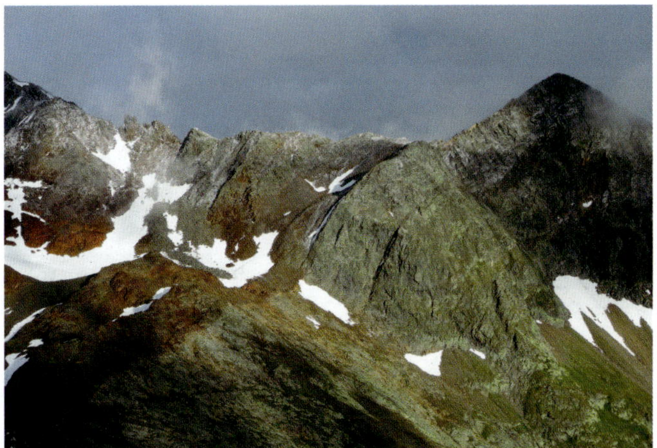

Blick Richtung Gamsplatzl. Der Weg zieht am vorderen Buckel links vorbei zur Scharte, die links vom pyramidenförmigen Gaiskogel liegt.

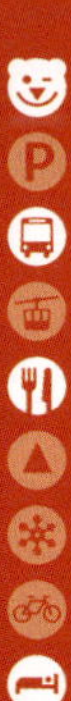

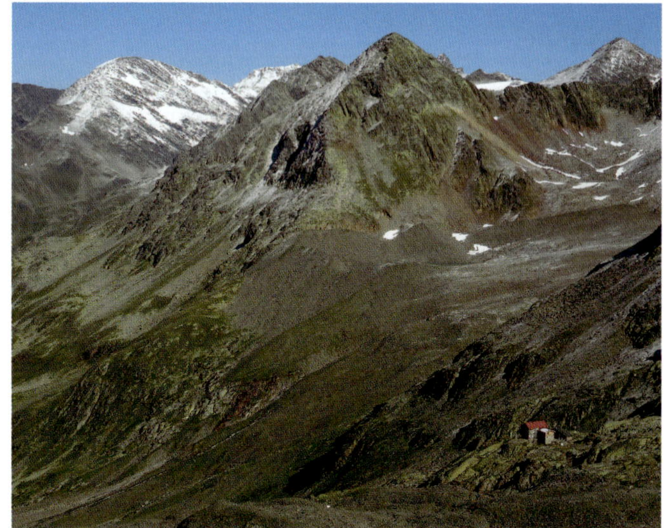

Von der Windachscharte überblickt man den gesamten Weg vom Gamsplatzl hinunter ins Triebenkar und weiter zur Siegerlandhütte.

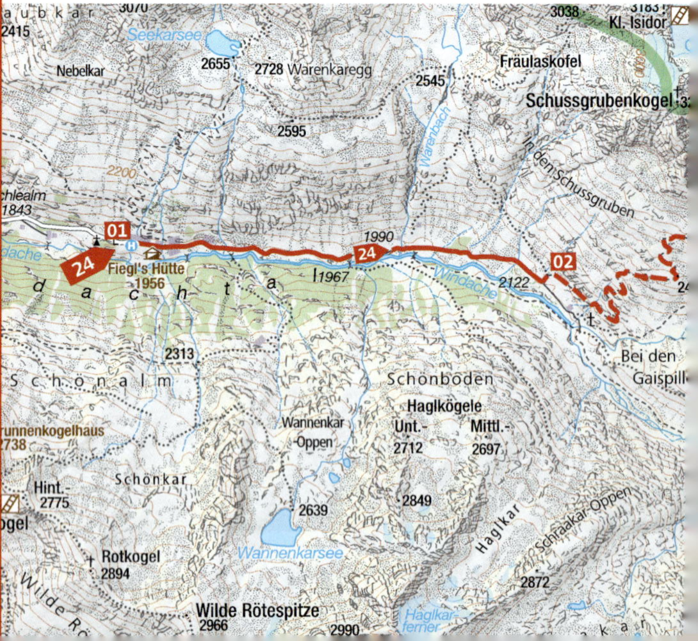

Söldens stille Seite

Der DAV hat gemeinsam mit den Sektionen Dresden, Hildesheim und Siegerland eine attraktive Hüttentour von Sölden durch das Windachtal nach Südtirol und wieder zurück ins Windachtal bzw. nach Sölden zusammengestellt und im Folder „Söldens stille Seite" veröffentlicht. Ein Großteil der Etappen werden hier im Buch vorgestellt, allerdings im Uhrzeigersinn gelaufen.
Die einzelnen Etappen, so wie sie der DAV vorschlägt: Gasthaus Fiegl – Brunnenkogelhaus – Gasthof Hochfirst – Schutzhütte Schneeberg – Siegerlandhütte – Hildesheimer Hütte – Hochstubaihütte – Gasthaus Fiegl (6 Tage).
www.dav-siegerland.de
www.dav-hildesheim.de
www.alpenverein-dresden.de

sucht werden. Nun geht es über den flachen Karboden, wobei zwei Gletscherbäche gequert werden müssen, dann hinüber zu den steilen Schutthängen der Scheiblehnwand. Entlang der West-, später der Südwestwand wandert man ohne große Höhenunterschiede und muss nur zum Schluss nochmals einige Höhenmeter hinauf zum Tagesziel, der **Siegerlandhütte** 07, aufsteigen.

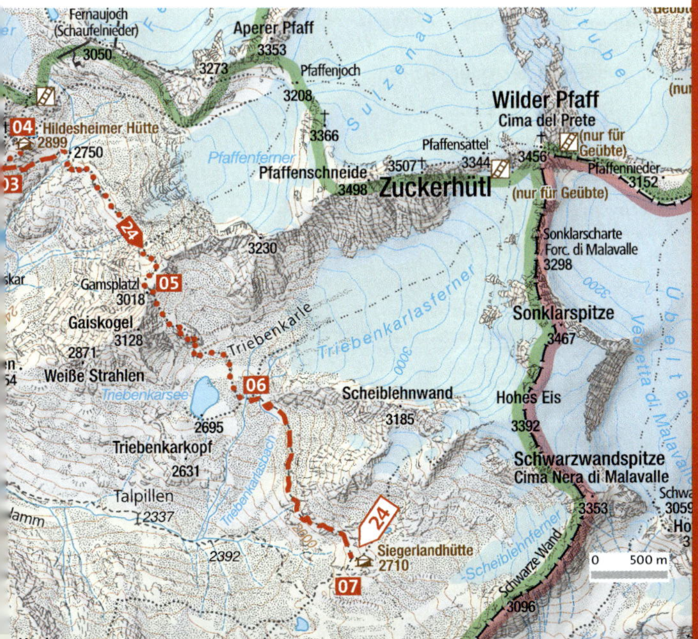

HOFMANNSPITZE • 3113 m

Vom Windachtal ins Timmelstal

 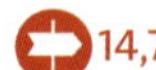    

14,7 km | 7:10 h | 705 hm | 1637 hm | 042

START | Siegerlandhütte, 2710 m
[GPS: UTM Zone 32 x: 663.452 m y: 5.200.826 m]
CHARAKTER | Eine lange Tour, die mit der einfachen Besteigung der kleinen Hofmannspitze einen herrlichen Blick in die Gletscherwelt um Schwarzwandspitze, Wilder Pfaff, Wilder Freiger und Roter Grat bietet. Für den unschweren Aufstieg über die Firnfelder sollte man Grödel mitnehmen.

Die Hofmannspitze am Übergang vom Ridnauntal zum Passeiertal kennen nicht viele. Am Gipfel angekommen, liegen Übeltal- und Ebenferner, die Gletscher des Wilden Freiger und der Sonklarspitze, zu Füßen der Wanderer. Meist ziehen Seilschaften von der Scharte zur Müllerhütte oder kommen von dort. Und nach Süden hin fasziniert der Blick über den blauen Großen Timmler Schwarzsee hinweg auf die Südtiroler Bergwelt.

Die Wanderung beginnt an der **Siegerlandhütte** 01, Markierungen leiten hinauf zur **Windachscharte** 02, dabei müssen even-

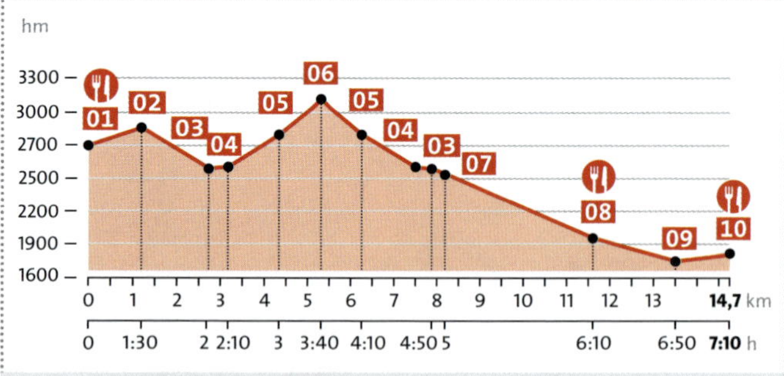

01 Siegerlandhütte, 2710 m; 02 Windachscharte, 2844 m; 03 Abzweig zur Müllerhütte, 2578 m; 04 Kleiner See, 2605 m; 05 Firnfelder, 2810 m; 06 Hofmannspitze, 3113 m; 07 Großer Timmler Schwarzsee/Abzweig Timmelsjoch, 2520 m; 08 Timmelsalm, 2000 m; 09 Bushaltestelle an der Brücke/Timmelsjochstraße, 1758 m; 10 Gasthof Hochfirst, 1815 m

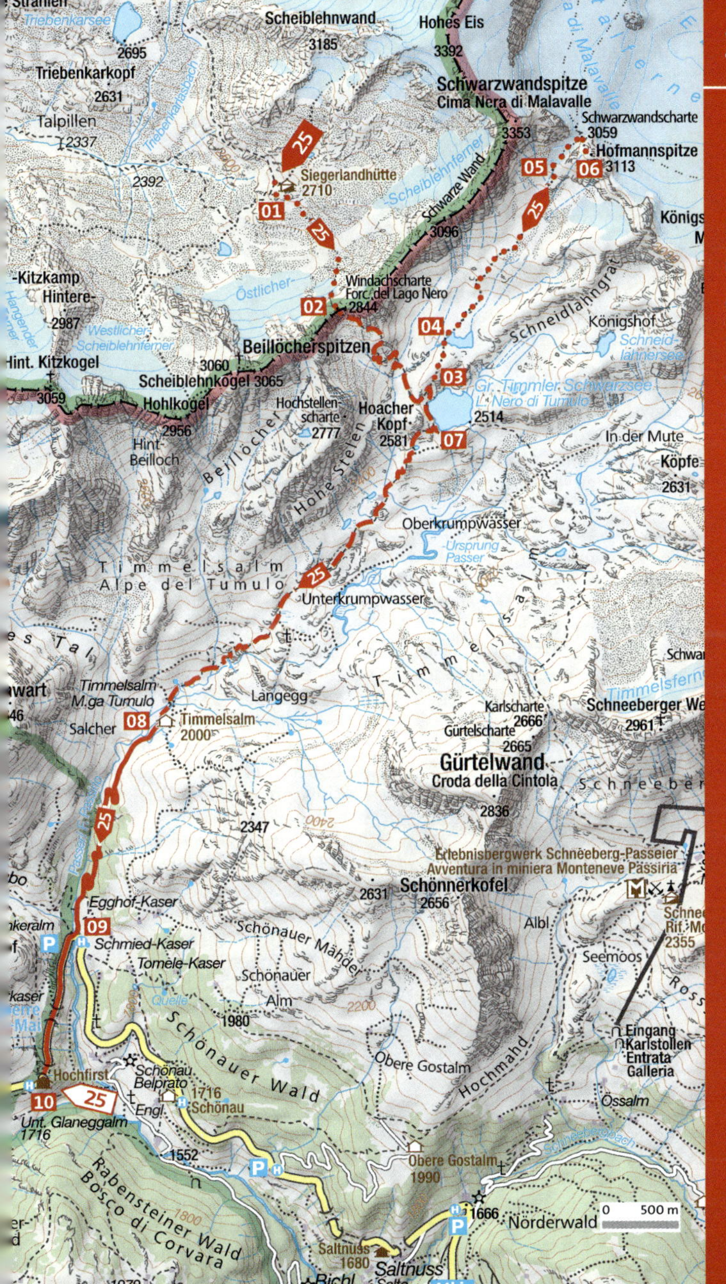

Scheiblehnwand
Hohes Eis
Schwarzwandspitze
Cima Nera di Malavalle
Schwarzwandscharte
Hofmannspitze
Siegerlandhütte
Triebenkarkopf
Talpillen
Windachscharte
Forc. del Lago Nero
Beillöcherspitzen
Scheiblehnkogel
Hohlkogel
Hint. Kitzkogel
Hochstellenscharte
Hoacher Kopf
Gr. Timmler Schwarzsee
L. Nero di Tumulo
Schneidlahngrat
Königshof
Oberkrumpwasser
Unterkrumpwasser
Timmelsalm
Alpe del Tumulo
Timmelsalm
M.ga Tumulo
Langegg
Karlscharte
Gürtelscharte
Gürtelwand
Croda della Cintola
Schneeberger Weiße
Erlebnisbergwerk Schneeberg-Passeier
Avventura in miniera Monteneve Passiria
Schönnerkofel
Egghof-Kaser
Schmied-Kaser
Tomele-Kaser
Schönauer Mähder
Schönauer Alm
Schönauer Wald
Obere Gostalm
Hochmahd
Eingang Karlstollen
Entrata Galleria
Hochfirst
Unt. Glaneggalm
Schönau
Rabensteiner Wald
Bosco di Corvara
Saltnuss
Salto
Bichl
Norderwald
0 500 m

tuell auch kleine Schneefelder gequert werden. Von der Scharte geht es in Kehren bergab, allerdings biegt man noch oberhalb des Sees beim **Abzweig** 03 Richtung Müllerhütte ab. Der Weg verläuft unterhalb eines Grats, der von der Windachscharte zur Schwarzwandspitze zieht, in eine Hochebene hinauf. Vorbei an einem **kleinen See** 04 führt der Pfad nun über Moränengelände zum Schuttkar unterhalb der Schwarzwandscharte. Hier muss auch im Hochsommer noch mit **Firnfeldern** 05 gerechnet werden, die gequert werden müssen, aber nicht sehr steil sind. Sind keine Markierungen zu erkennen, orientiert man sich zur Scharte hin. Oben auf der 3059 m hohen Schwarzwandscharte genießt man einen ersten Blick auf die Gletscherwelt unterhalb des Hohen Freigers. Zur **Hofmannspitze** 06 führt ein breiter Grat rechts hinauf. Der Berg ist das Revier der Steinböcke, die man mit etwas Glück vielleicht zu sehen bekommt.

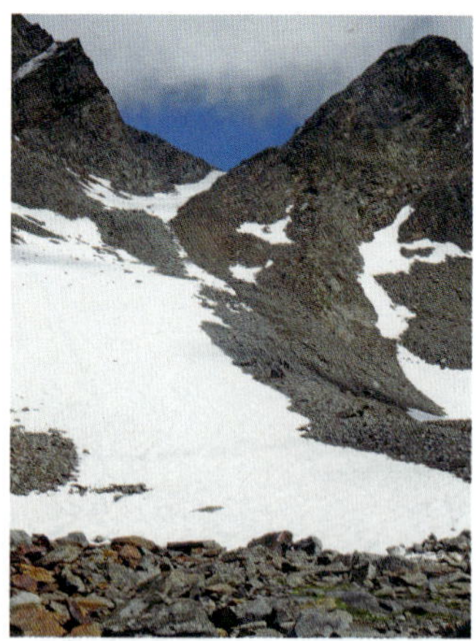

Der Aufstiegsweg zur Hofmannspitze (rechts) über ein Firnfeld.

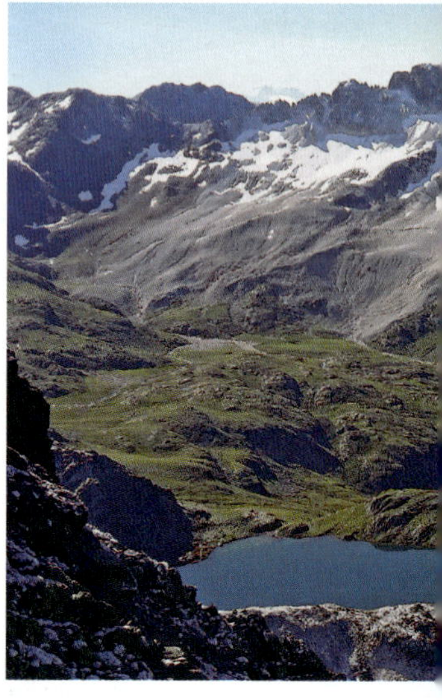

Zurück geht es auf gleichem Weg bis zur **Abzweigung** 03 und nun hinunter zum **Großen Timmler Schwarzsee** 07. Der wunderschön gelegene tiefblaue Bergsee hat eine fast fünfeckige Form, ist etwa 250 m breit und mit 32 m einer der tiefsten Bergseen Südtirols.

Der Wanderweg, zum Teil fast schon ein Plattenweg, führt zunächst über eine Steilstufe hinunter zu den Weideböden der Timmelsalm mit schönem Blick auf die mäandrierenden Bäche der Moorgebiete Unterkrumpwasser und Oberkrumpwasser. Noch ein ganzes Stück oberhalb der Timmelsalm führt der Weg von der Hochfläche des Unterkrumpwassers links an der Schlucht der Passer vorbei, die sich hier tief in den Hang eingeschnitten hat. In Kehren wird eine weitere Talstufe hinunter zu den flachen Böden rund um die **Timmelsalm** 08 überwunden. Die

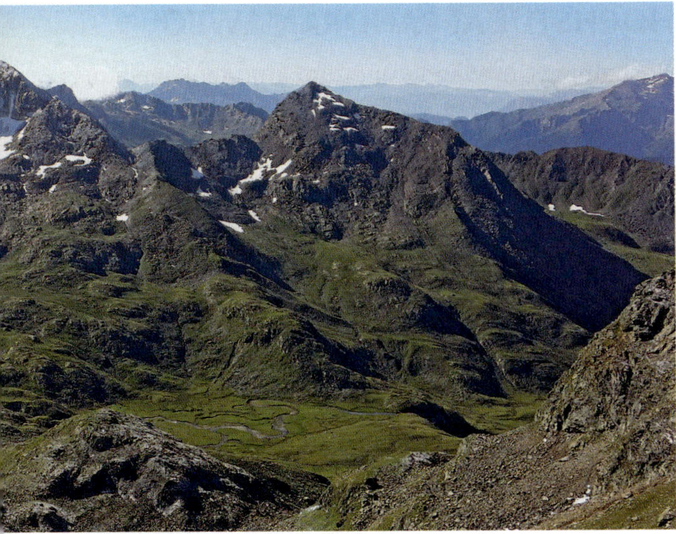

Blick von der Hofmannspitze auf den Großen Timmler Schwarzsee.

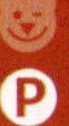

Timmelsalm bietet sich zur Einkehr an. Auf der Fahrstraße wandern wir hinunter zur Timmelsjochstraße, zur **Bushaltestelle an der Brücke** 09 über die Passer. Hier hat man die Möglichkeit, mit dem Linienbus über Hochgurgl nach Sölden zu fahren. Das Tagesziel ist aber der **Gasthof Hochfirst** 10, zu dem man leider entlang der Timmelsjochstraße und durch einen Tunnel laufen muss.

Mit Schneeschuhen unterwegs – das Alpenschneehuhn

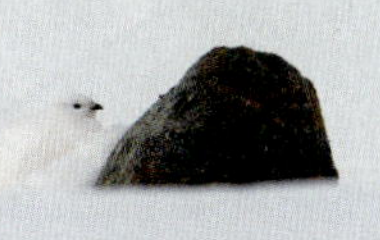

In den Ötztaler Alpen sind mehr als 10 % des gesamten österreichischen Brutbestandes zu finden. Das Alpenschneehuhn gehört zu den Raufußhühnern und lebt das ganze Jahr oberhalb der Waldgrenze. Alpine Rasen, Zwergstrauchheiden und Schuttfelder zählen zu ihrem beliebten Lebensraum. Im Winter sind Schneehühner durch ihre weißen Federn optimal getarnt. Einzig Federn am Schwanz und beim Männchen zudem ein Streifen vom Schnabel bis hinter die Augen bleiben schwarz. Ab Mitte April beginnt dann die Balz, bei der vor allem die rot gefärbten Hautlappen über dem Auge der Hähne hervorstechen. Die Beine sind bis zu den Zehen hinab befiedert. Dadurch können sie auf weichem Schnee laufen, ohne stark einzusinken.

HOCHSTUBAI-PANORAMAWEG

Hochalpine Gratwanderung zum Brunnenkogelhaus

 12,2 km  7:00 h 740 hm  1310 hm 042

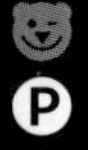
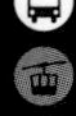

START | Nordwestecke des Parkplatzes am Timmelsjoch, 2476 m [GPS: UTM Zone 32 x: 659.641 m y: 5.196.780 m]
CHARAKTER | Der Aufstieg zum Wannenkarsattel ist steil, kritische Stellen am Grat sind mit Eisenketten gesichert. Für die Begehung sind Schwindelfreiheit und Trittsicherheit erforderlich.

Das Brunnenkogelhaus steht exponiert auf dem nördlichsten Gipfel des Brunnenkogelgrats. Der Weg vom Pass ist weit und die Kammwanderung nur Wanderern mit alpiner Erfahrung und Trittsicherheit zu empfehlen. Die Tour sollte zudem nur bei sicherem Wetter unternommen werden, es gibt unterwegs keinen Notausstieg.

▶ Wer am Gasthaus Hochfirst startet, läuft zusätzlich 4,8 km bis zum Timmelsjoch und sollte dafür zwei Stunden einkalkulieren.

Am Ende des **Parkplatzes** 01 findet sich der Einstieg beim Freiluftmuseum mit zwei Riesenstühlen (der eine steht in Österreich, der andere in Italien). Der Weg zieht

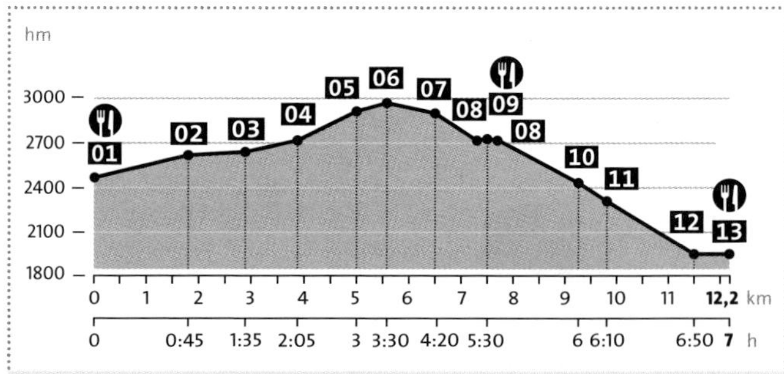

01 Parkplatz am Timmelsjoch/Passmuseum, 2476 m; 02 Wietenkar, 2616 m; 03 Rötenkar, 2635 m; 04 Wannenkar, 2731 m; 05 Wannenkarsattel, 2916 m; 06 Wilde Rötespitze, 2966 m; 07 Rotkogel, 2894 m; 08 Senke/Abzweig ins Tal, 2710 m; 09 Brunnenkogelhaus, 2738 m; 10 Abzweig zum Wannenkarsee, 2444 m; 11 Weggabelung, 2313 m; 12 Brücke über die Windache, 1946 m; 13 Bushaltestelle (Gasthaus Fiegl), 1956 m

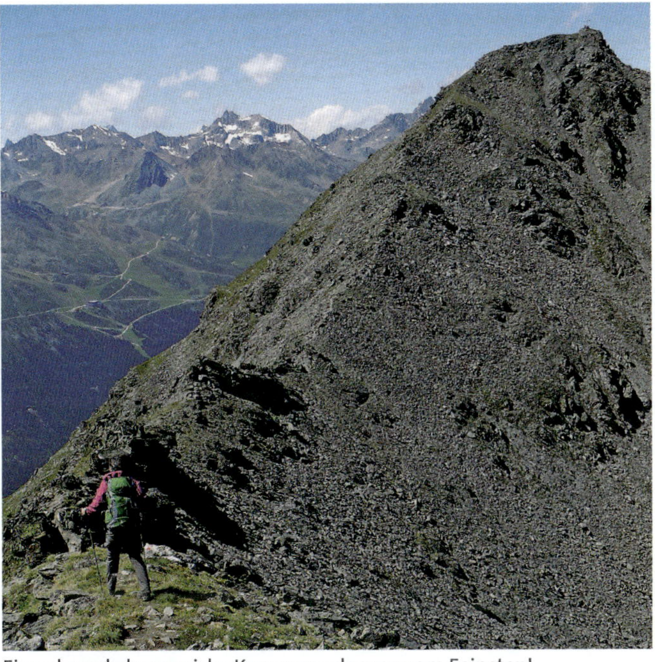

Eine abwechslungsreiche Kammwanderung vom Feinsten!

zunächst Richtung Norden, durchquert dann das **Wietenkar 02**, anschließend das **Rötenkar 03** und erreicht schließlich das untere **Wannenkar 04**. Nun wird es anstrengend, denn es beginnt der steile Anstieg auf den Grat. Dafür auf der Ostseite des Wannenkogels in vielen Kehren hinauf zum **Wannenkarsattel 05**.

Für die Mühe des Aufstiegs entschädigt der eindrucksvolle Tiefblick auf den türkisfarbenen Wannenkarsee. Nun wandert man entlang des Grats zur **Wilden Rötespitze 06**, dem höchsten Punkt der Tour. Nach wohlverdienter Pause verliert man beim Abstieg in den Sattel zwischen Wilder Rötespitze und Rotkogel einige Höhenmeter, bevor es im Gegenanstieg über Blockwerk und zum Teil versichert hinauf zu dem von einem Holzkreuz gekrönten **Rotkogel 07** geht.

Der Weg verläuft etwas unterhalb des Gipfels rechts an diesem vorbei. Schwierige Passagen durch einen Kamin sind durch eine Kette gesichert. Versichert geht es auch zum Hinteren Brunnenkogel hinauf. Der abschließende Teil der Kammwanderung zum Vorderen Brunnenkogel ist leicht. Kurz in eine **Senke 08** hinunter und dann die letzten Meter zum **Brunnenkogelhaus 09** hinauf. Es lohnt sich unbedingt, auf der 2007 komplett neu erbauten Hütte zu übernachten und auf einen schönen Sonnenaufgang zu hoffen.

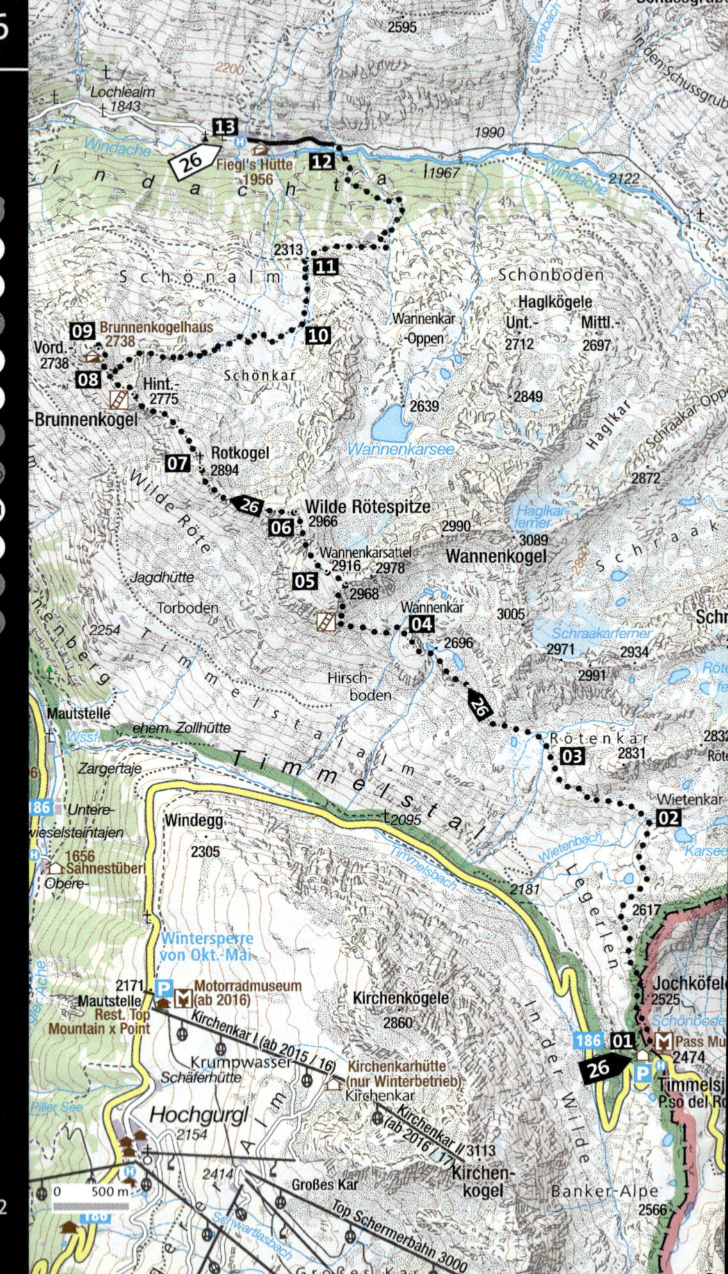
Fiegl's Hütte 1956
Brunnenkogelhaus 2738
Brunnenkogel
Rotkogel 2894
Wilde Rötespitze 2966
Wannenkarsattel 2916
Wannenkarsee
Wannenkogel
Schönalm
Schönkar
Schönboden
Haglkögele
Timmelstal
Timmelsalm
Hochgurgl 2154
Wintersperre von Okt.-Mai
Motorradmuseum (ab 2016)
Rest. Top Mountain x Point
Kirchenkarhütte (nur Winterbetrieb)
Kirchenkögele 2860
Jochköfele 2525
Sahnestüberl
Mautstelle
Schäferhütte
Kirchenkar I (ab 2015 / 16)
Kirchenkar II (ab 2016 / 17) 3113
Top Schermerbahn 3000
Banker-Alpe
0 500 m

Schneefink – Kind des Hochgebirges

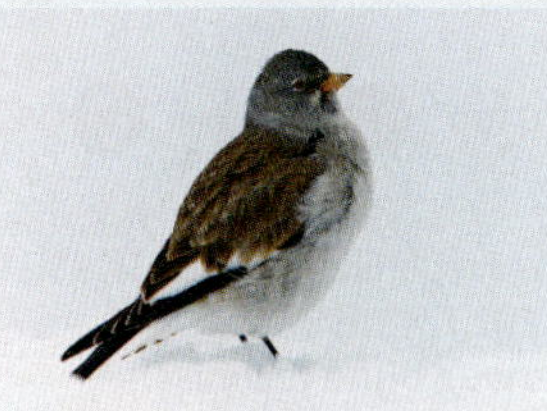

Wer im Ötztaler Hochgebirge als aufmerksamer Beobachter unterwegs ist, wird immer wieder diesen typischen Vogel bis in Höhen von über 3.200 antreffen. Der Lebensraum des Schneefinks umfasst steinig-karges Gelände mit alpinen Rasen und Schutthalden. Der Schneefink ist ein wenig größer als der Spatz, sein Schnabel ist im Vergleich schlanker und spitzer. Auffallend ist, dass die Flügel des Schneefinks so lang sind, dass sie bis über die Schwanzmitte hinausragen. Diese langen Schwingen befähigen ihn zu einem wendigen Flug. Im Winter spart der Vogel seine Kräfte und singt nicht oder nur leise. Das restliche Jahr über ist das Gezwitscher aber nicht zu überhören. Die Anzahl der Schneefinken in Europa wird als stabil beschrieben. Daher gilt der Schneefink als nicht gefährdet.

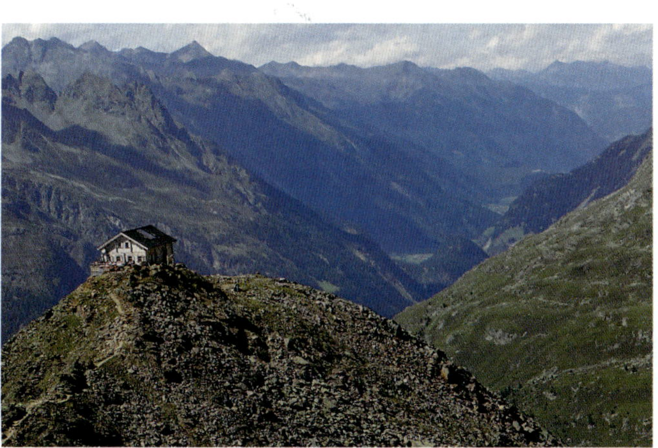

Das spektakulär gelegene Brunnenkogelhaus.

Der Weg ins Windachtal führt auf bekanntem Weg zurück in die Senke. Dort der Beschilderung folgend links auf der Nordostseite des Brunnenkogels über Blockwerk absteigen. Vorbei am **Abzweig** **10** zum Wannenkarsee geht es weiter talwärts zu einer weiteren **Weggabelung** **11**. Nun durch einen geschützten Bergwald zur **Brücke über die Windache** **12** hinunterwandern. Vom Fahrweg ist es nicht mehr weit zum Gasthaus Fiegl, kurz dahinter wartet der Wanderbus an der **Bushaltestelle** **13** auf Fahrgäste.

WANNENKARSEE • 2430 m

Durch ein Naturwaldreservat zu einem einsamen Bergsee

 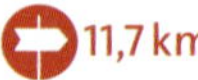 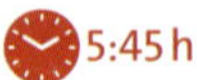  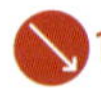 

11,7 km | 5:45 h | 690 hm | 1280 hm | 042

START | Bushaltestelle beim Gasthaus Fiegl (Fiegl's Hütte), 1950 m [GPS: UTM Zone 32 x: 657.010 m y: 5.202.774 m]
CHARAKTER | Gut markierter Wanderweg ohne technische Schwierigkeiten. Besonders schön ist die Wanderung im Herbst, wenn sich die Berghänge herbstlich verfärbt haben.

Ein unter Schutz stehender Bergwald, ein Karsee mit eindrucksvoller Kulisse, ein Höhenweg und zwei einladende Almen garantieren einen abwechslungsreichen Bergtag. Besonders schön ist es hier im Herbst, wenn sich die Hänge in leuchtendes Rot verfärben.

▶ Von der **Bushaltestelle** 01 geht es zunächst etwa 700 m taleinwärts zur **Brücke** 02, die wir überqueren. Rund eine Stunde steigen wir nun durch den Bergwald auf und sollten mit achtsamen Augen durch diesen ökologisch wertvollen Baumbestand wandern. Schließlich lichtet sich der Wald und vorbei an vereinzelten Zirben und Lärchen erreichen wir die Baumgrenze. Der Weg führt ein kurzes Stück wieder am Hang talauswärts bis zu einer **Weggabelung** 03. Wir sind nun

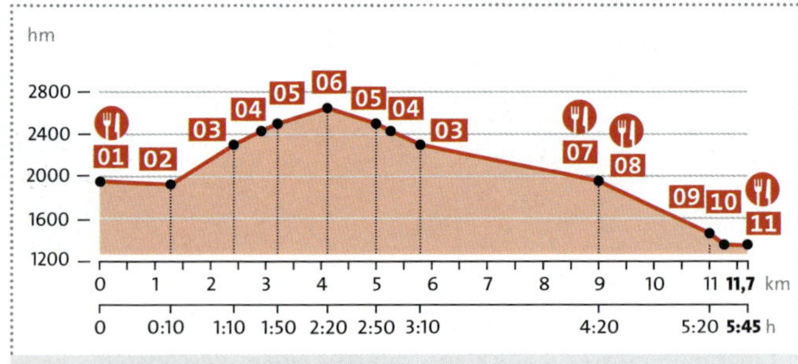

01 Bushaltestelle (Gasthaus Fiegl), 1950 m; 02 Brücke, 1946 m; 03 Weggabelung, 2313 m; 04 Wggabelung, Weg zum Wannenkarsee, 2430 m; 05 Grat, 2505 m; 06 Wannenkarsee, 2639 m; 07 Brunnenbergalm, 1973 m; 08 Stabelealm, 1910 m; 09 Moosalmstraße/Waalweg, 1448 m; 10 Achbrücke, 1367 m, 11 Parkplatz Gaislachkogelbahn, 1361 m

Naturwaldreservat Windachtal

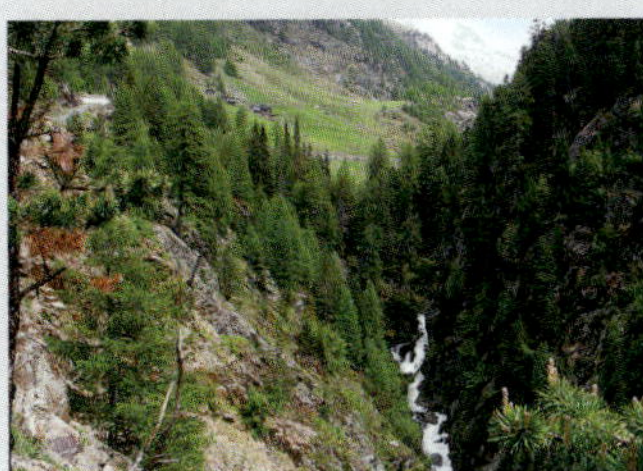

Naturwaldreservate sind ausgesuchte Waldflächen, in denen die natürliche Entwicklung des Ökosystems Wald ohne Beeinflussung des Menschen beobachtet wird. Sie sind forstwirtschaftlich außer Nutzung gestellt, sprich die Holzernte, Totholzaufarbeitung und die künstliche Einbringung von Waldbäumen ist per Vertrag untersagt, Jagd ist aber möglich. Das Naturwaldreservat im Windachtal wurde 1998 in das Naturwaldreservateprogramm des Bundes aufgenommen, umfasst ca. 135 ha und liegt zwischen 1800 und 2200 m Seehöhe. Es herrscht ein Silikat-Lärchen-Zirbenwald mit bis zu 300 Jahre alten Bäumen vor. Die Bestände erfüllen durch ihren stufigen Aufbau, ihre Ungleichaltrigkeit bzw. die vorhandene Rottenstruktur hervorragend die Schutzfunktion.

im Schönkar und schauen auf das Brunnenkogelhaus. Am Bach entlang geht es über Wiesen hoch zu einer weiteren **Weggabelung** **04**, an der wir nach links Richtung Wannenkarsee abbiegen. Über Geröll steigen wir auf einem fast schon gepflasterten Weg zum vor

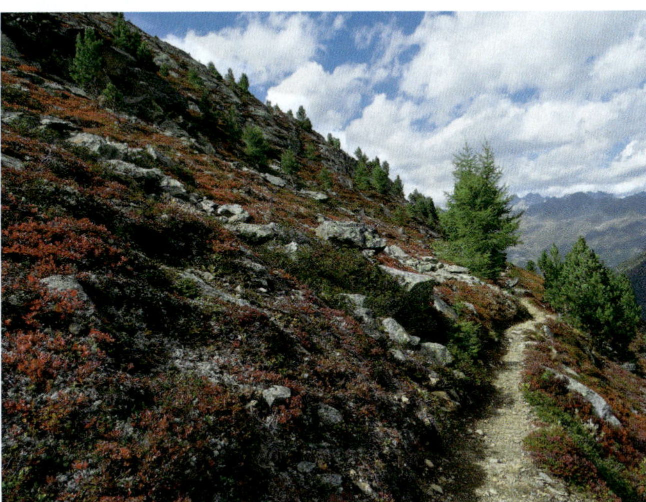

Herbstwanderung zur Brunnenbergalm.

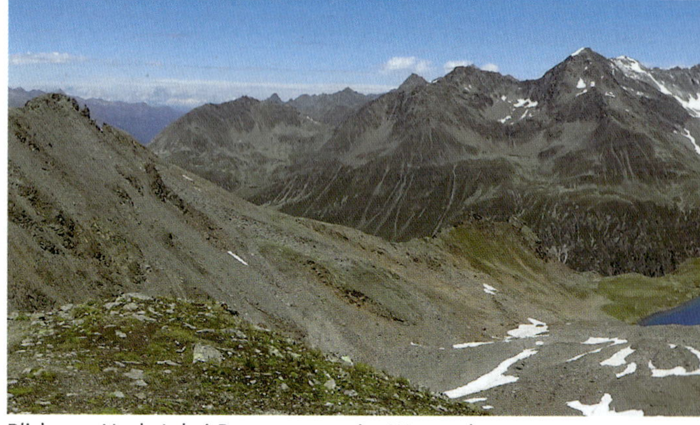

Blick vom Hochstubai-Panoramaweg ins Wannenkar.

uns liegenden flachen Rücken auf – der Ausläufer eines Grats, der sich von der Wilden Rötespitze nach Norden ins Windachtal zieht und das Schönkar vom Wannenkar trennt. Oben am **Grat** 05 angekommen, sieht man im Süden die Geländestufe (Karschwelle), hinter der sich der Wannenkarsee verbirgt. Der Weg zieht nun ins Wannenkar hinein und verläuft weiter ansteigend einen Geröllhang entlang. Nach einem kurzen steileren Anstieg ist das obere grasbewachsene Wannenkar erreicht.

Der Wegweiser weist nach rechts, über die Wiesen zieht eine Pfadspur zum **Wannenkarsee** 06. Der herrlich gelegene Bergsee schimmert je nach Witterung in den verschiedensten Farben – das Farbspektrum reicht von kristallblau bis smaragdgrün.

Zurück geht es zunächst auf gleichem Weg bis zur **Weggabelung** 03. Hier biegen wir nun nach links Richtung Brunnenbergalm ab und wandern oberhalb der Waldgrenze durch das untere Schönkar leicht abfallend aus dem Windachtal hinaus, bis man schließlich ins Tal auf Sölden schauen kann.

Nun tauchen wir in einen Zirben-Lärchen-Wald ein und steigen in zahlreichen Kehren relativ zügig hinunter zur **Brunnenbergalm**

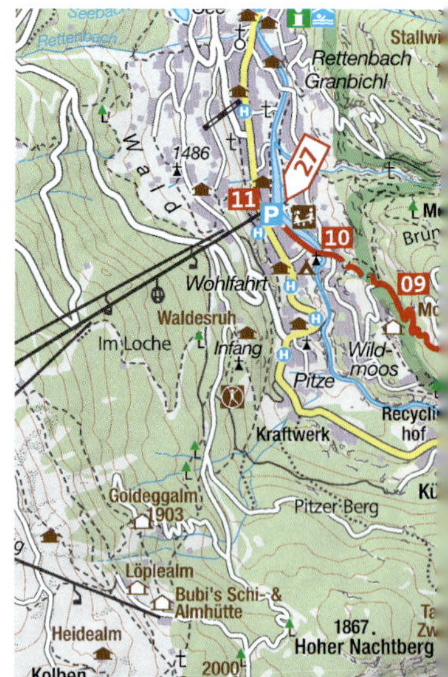

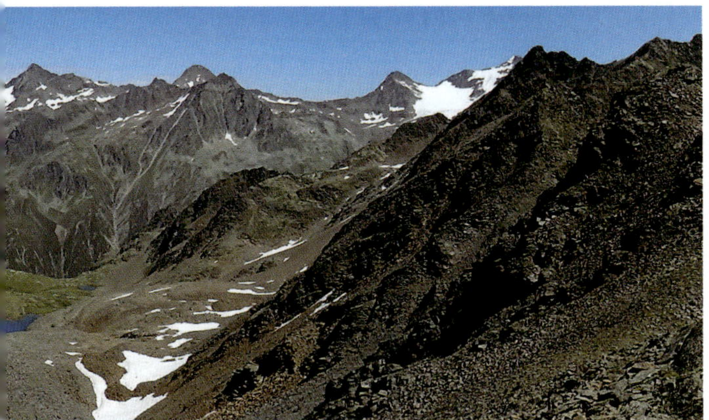

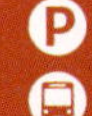

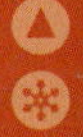
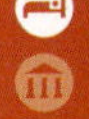

(Falkner's Gasthaus) **07**. Von hier folgen wir dem bezeichneten Steig zur **Stabelealm** **08** und wandern weiter talwärts nach Sölden. Dabei wird die Fahrstraße mehrmals gequert, am Schluss folgen wir ihr bis zur **Moosalmstraße** **09** unweit der Moosalm (Beginn des Waalwegs). Unterhalb einer Grillstelle führt ein beschilderter Weg hinunter nach Sölden, kurz durch Wald und dann entlang von Wiesen zu den ersten Häusern von Sölden (Plattestraße).

Hier wenden wir uns nach rechts, laufen zur **Achbrücke** **10** und weiter an der Ache entlang zum **Parkplatz der Gaislachkogelbahn** **11**.

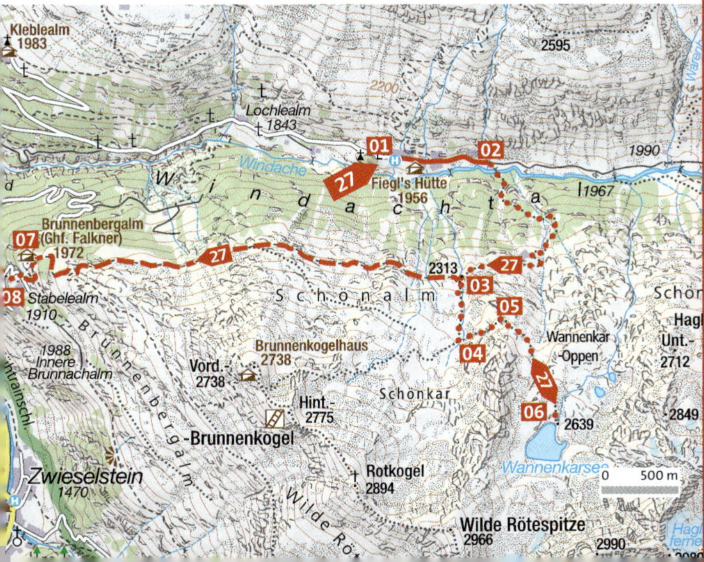

KÜHTRAINSCHLUCHT

Eindrucksvolles Naturschauspiel

 3,1 km 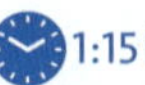 1:15 h 70 hm 155 hm 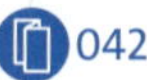 042

START | Bushaltestelle „Gasthof Neue Post" in Zwieselstein (Parkplatz) [GPS: UTM Zone 32 x: 654.308 m y: 5.200.442 m]
CHARAKTER | Einfache Wanderung über Bergweg, Wiesenweg und Fahrstraßen. Ein spannender Ausflug auch für Kinder, die im ersten Teil bis ans Ufer der Ache kommen.

Diese leichte Tour führt durch eine spektakuläre Schlucht, an der viele Wanderer bzw. Skifahrer auf ihrem Weg von Sölden nach Obergurgl meist ahnungslos vorbeifahren. Da sie nicht lang ist, lässt sie sich gut mit der Wanderung von Obergurgl zur Lenzenalm und weiter nach Zwieselstein verbinden.

▶ Von der **Bushaltestelle „Gasthof Neue Post"** 01 in Zwieselstein folgen wir den Wegweisern vor dem Gasthof und wandern auf der Kühtrainstraße talauswärts Richtung Sölden. Die Straße geht in einen Wanderweg über, der östlich der Ache in das sich zunehmend verengende Tal hineinführt. In der Schlucht kämpft sich die Ache durch mächtige Steinblöcke, die von den steilen Hängen rechts des Weges herausgebrochen sind. Auch der Weg schlängelt sich durch mächtige Blöcke, die z. T. zimmer-, wenn nicht gar haushoch sind.

Der Weg zieht dann vom Wasser weg den Hang hinauf und führt in eindrucksvolles Felssturzgelände – mit freiem Blick Richtung Sölden und hinunter in die Schlucht. Zur Sicherheit sind hier am **höchsten Punkt** 02 der Tour Steinschlagnetze angebracht. Holzzäune sichern die Talseite, angesichts der fantas-

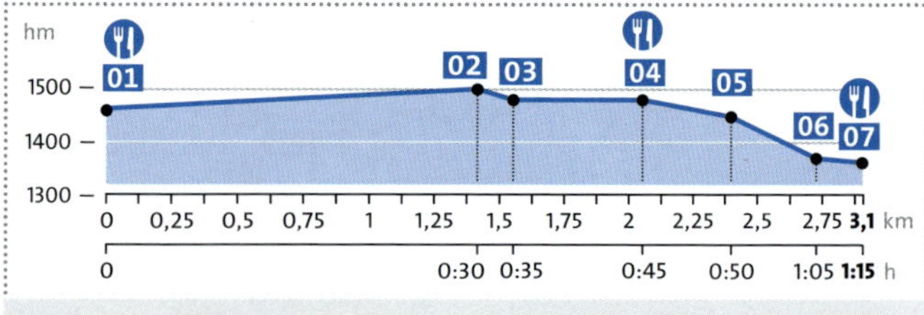

01 Bushaltestelle „Gasthof Neue Post", 1457 m; 02 Höchster Punkt, 1497 m; 03 Moosstraße/Häuser, 1480 m; 04 Moosalm, 1480 m; 05 Kehre, 1448 m; 06 Brücke, 1367 m; 07 Parkplatz Gaislachkogelbahn, 1361 m

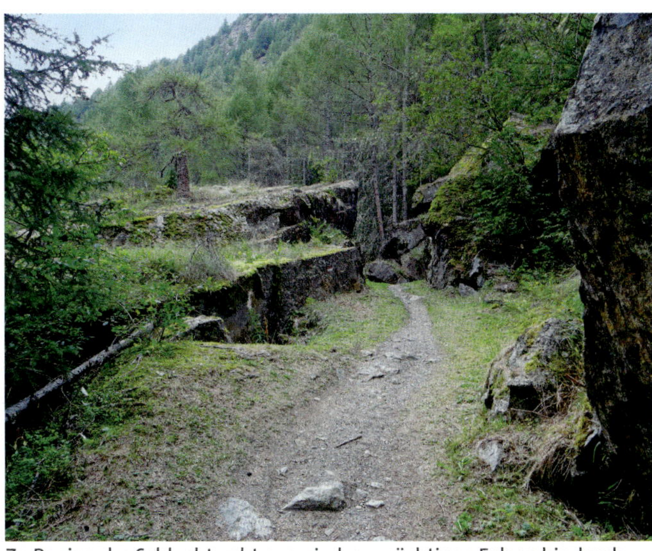

Zu Beginn der Schlucht geht es zwischen mächtigen Felsen hindurch.

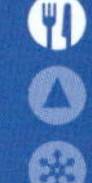

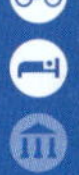

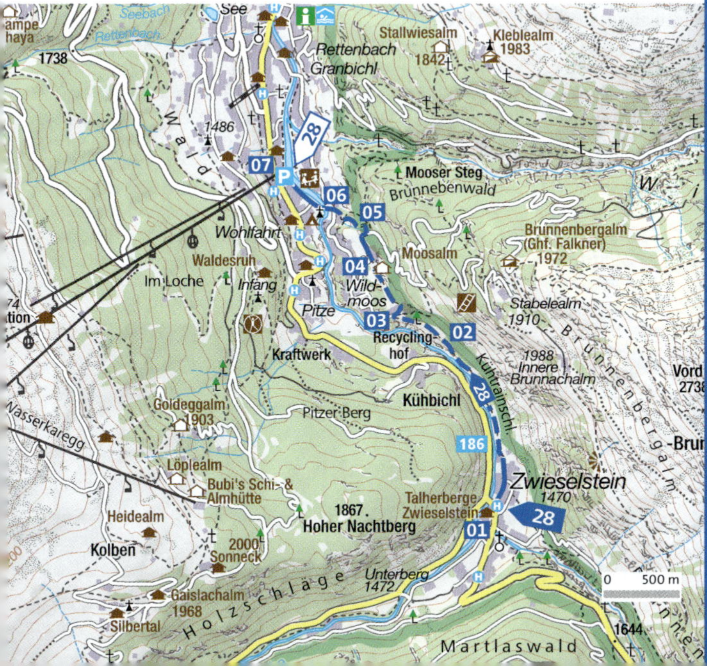

tischen Tief- und Weitblicke könnte es ewig so weitergehen...

Leider ist der Schluchtweg schon bald zu Ende, ein paar Treppenstufen führen hinauf zu einer Bank und in die **Moosstraße** 03 zu den ersten Häusern von Sölden. Wir folgen den Wegweisern zur Moosalm und wandern am Buswendeplatz vorbei hinaus auf die Wiesen und in einer Mulde Richtung Norden zur idyllisch gelegenen **Moosalm** 04 (mit schönem Blick nach Hochsölden). Ab der Moosalm folgen wir kurz der Zufahrtsstraße zur Stabelealm, biegen aber in der **Kehre** 05 nach links ab und folgen dem Wegweiser nach Sölden. Der Weg mündet in die Plattestraße, der wir bergab zur **Brücke** 06 über die Ache folgen. Gleich darauf sind der **Parkplatz** und die **Bushaltestelle** 07 an der Gaislachkogelbahn erreicht. Von dort fährt der Bus zurück nach **Zwieselstein** 01.

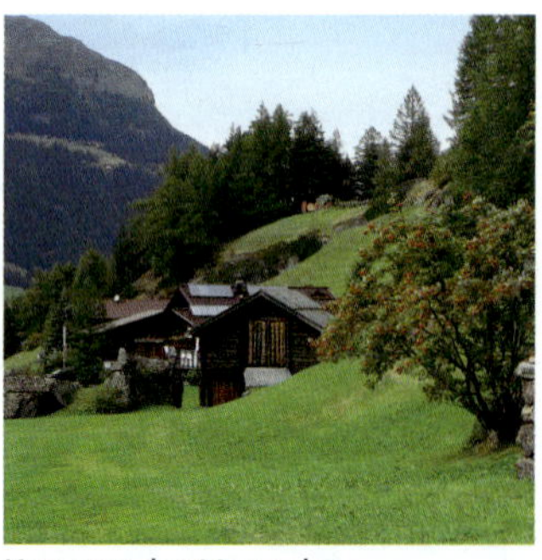

Kurz vor der Moosalm.

Naturpark Infopoint Sölden

Lebensraum Windachtal
Entlang der Ötztaler Ache – zwischen Gaislachkoglbahn und Freizeit Arena – liegt die **Erlebnismeile Sölden**. Einer der fünf Teile widmet sich der „stillen Seite Söldens“, dem Lebensraum Windachtal. Seine noch ursprünglichen wilden Wälder und schroffen Felswände bieten Stoff für Erzählungen. Scannen Sie den QR-Code ein, um den Geschichten zu lauschen oder um Wandertipps für das Windachtal zu bekommen. Die Rufe ausgewählter Vögel ertönen an Hörstationen und interaktive Elemente vertiefen Wissenswertes zum Windachtal.
Standort: Von der Talstation Gaislachkoglbahn über die Brücke, 10 Gehminuten talauswärts entlang der Ötztaler Ache.
Jederzeit frei zugänglich, kein Eintritt.
www.naturpark-oetztal.at/infopoint-soelden

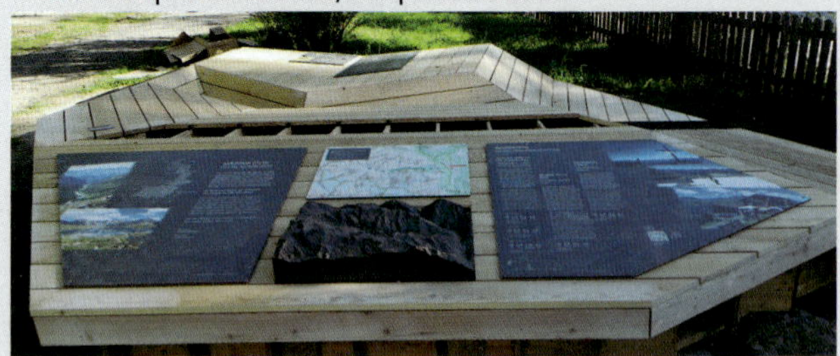

DR.-BACHMANN-WEG

Über Almen zum Peerler See

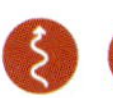 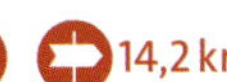 14,2 km 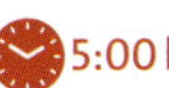 5:00 h 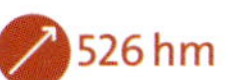 526 hm  1250 hm 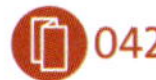 042

START | Bushaltestelle Hochsölden oder Parkplatz, 2084 m [GPS: UTM Zone 32 x: 650.767m y: 5.204.586 m]
CHARAKTER | Eine aussichtsreiche Wanderung auf Bergwegen, Wiesenwegen und Fahrstraßen. Ab Granstein kann man auch mit dem Bus nach Sölden zurückfahren.

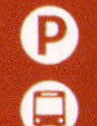

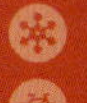
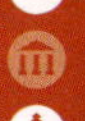

Der nach dem Arzt und Extrembergsteiger Dr. Manfred Bachmann benannte Höhenweg führt aus dem Skigebiet Hochsölden unterhalb der Hänge von Grieskogel, Griesplatte und Kreuzkogel talauswärts ins Gransteiner Almgebiet und zu einem kleinen Bergsee unterhalb des Schartlaskogels.

▶ Nach Hochsölden fährt man entweder mit dem Bus oder nimmt die Giggijochbahn. Von der Bergstation führt ein Wanderweg in etwa 30 Minuten steil hinunter in das im Sommer weitgehend verwaiste Skidorf.

In **Hochsölden** 01 beginnt der ausgeschilderte Wanderweg bei den obersten Häusern des Skidorfs (Hotel Edelweiß) und führt aussichtsreich am Hang entlang in zunehmend felsigeres Gelände. Be-

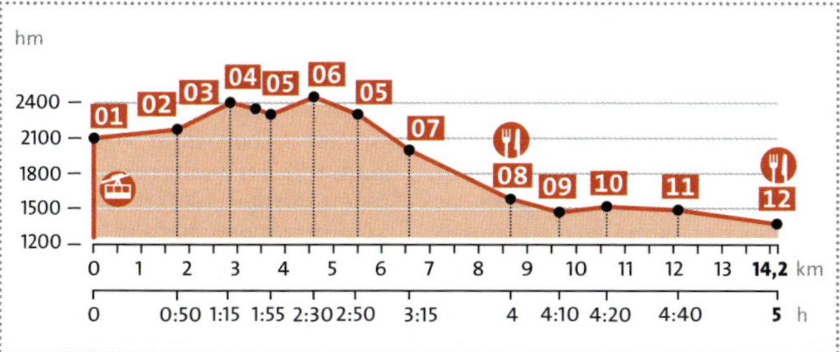

01 Hochsölden, 2084 m; 02 Abzweig zur Leiterbergalm, 2177 m; 03 Unter dem Kreuzkogel, 2405 m; 04 Karseeblan, 2363 m; 05 Abzweig Hochwald, 2328 m; 06 Peerler See, 2466 m; 07 Gransteiner Alm, 1988 m; 08 Jausenstation Hochwald, 1580 m; 09 Granstein, 1469 m; 10 Abzweig nach Sölden, 1513 m; 11 Sonnleithenweg, 1494 m; 12 Bushaltestelle „Tankstelle Hof", 1369 m

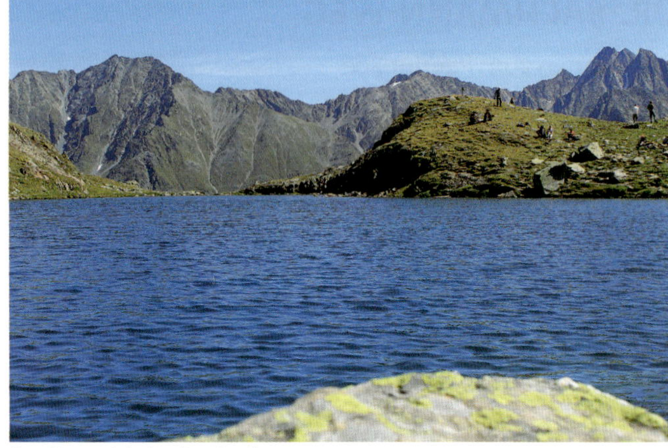

Das Tagesziel, der Peerler See.

vor sich bei einem Weidezaun die Wegrichtung ändert, sollte man nochmals ausgiebig den schönen Blick auf die Talstufe von Sölden und hinüber zum Söldenkogel genießen. Nach dem Weidezaun wandern wir – vorbei am Abzweig zur **Leiterbergalm** 02 – nun stärker ansteigend eine Geländestufe hinauf auf einen Rücken, der sich vom Kreuzkogel herunterzieht.

Der Weg führt nun unter den **Hängen des Kreuzkogels** 03 über Blockfelder und fällt dann ab zu zwei kleinen Seen unterhalb des Marblkars, der größere ist der **Karseeblan** 04. Weiter geht es auf gleicher Höhe bis zu einem **Abzweig zur Jausenstation Hochwald** 05. Den ignorieren wir vorerst und bleiben auf dem oberen Steig und wandern in einer halben Stunde nochmals leicht ansteigend um einen Rücken herum zum **Peerler See** 06 (auch Bergler See genannt), der eindrucksvoll in einem Hochkar liegt. Von dort geht es zurück zum **Abzweig zur Jausenstation Hochwald** 05.

Der Abstiegsweg führt nördlich des tief eingeschnittenen Geiersbaches über die Weiden der Gransteiner Bergalm steil bergab, vorbei an den hübschen Almhütten der **Gransteiner Alm** 07. Im Hochwald geht es in Kehren weiterhin einigermaßen steil bergab zu einer Forststraße und auf dieser in weiteren Kehren hinunter zur **Jausenstation Hochwald** 08.

Auf der Fahrstraße und den Geiersbach querend ist in kurzer Zeit der Weiler **Granstein** 09 erreicht. Dort ist neben dem Haus „Mei Hoamatl“ der weitere Weg nach Sölden ausgeschildert. An einer weiteren Weggabelung ignorieren wir einen Wegweiser nach „Sölden Gehörde“ und folgen stattdessen den Wegweisern zur Leiterbergalm, zur Edelweißhütte und nach Leite.

Nach einer Kehre zweigt nach links der **Weg nach Sölden** 10 ab. Diesem folgen wir durch den Wald und gelangen so zu den ersten Häusern des Söldener Ortsteils

Der Bergmolch – ein cooler Typ

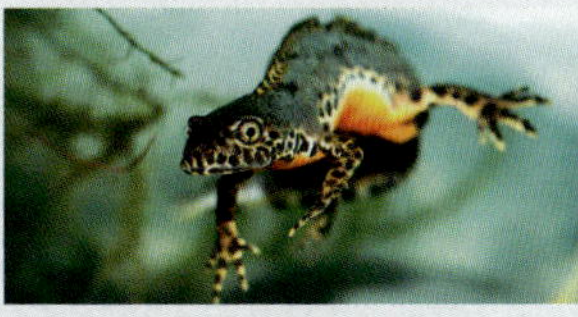

Den Bergmolch finden wir im Ötztal in Höhen von bis zu 2400 m. Er braucht Feuchtwiesen sowie Wälder und Waldränder, die von Gewässern nicht weit entfernt liegen. Das Männchen fällt vor allem durch seine bunte Färbung auf. Am Rücken hat es eine aufgestellte, schwarzgelb gebänderte Hautleiste, die sich vor allem in der Fortpflanzungszeit deutlich von einem blauen Streifen an der Flanke des Tieres abhebt. Charakteristisch ist die orangerote Bauchunterseite mit schwarzen Flecken am Rand bei beiden Geschlechtern. Bergmolche jagen im Wasser nach Insekten und deren Larven, Kleinkrebsen, Amphibienlaich und Kaulquappen. In höheren Lagen pflanzen sich Bergmolche oft nur jedes zweite Jahr fort, um Energie zu sparen.

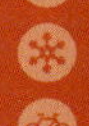
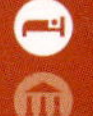

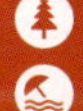

Leite. Von dort über den **Sonnleithenweg** **11**, unter dem Giggijochlift hindurch, dann nach links schwenkend in die Panoramastraße, über den Rettenbach und weiter hinunter zur Hauptstraße. Dort befindet sich die **Bushaltestelle „Tankstelle Hof“** **12**.

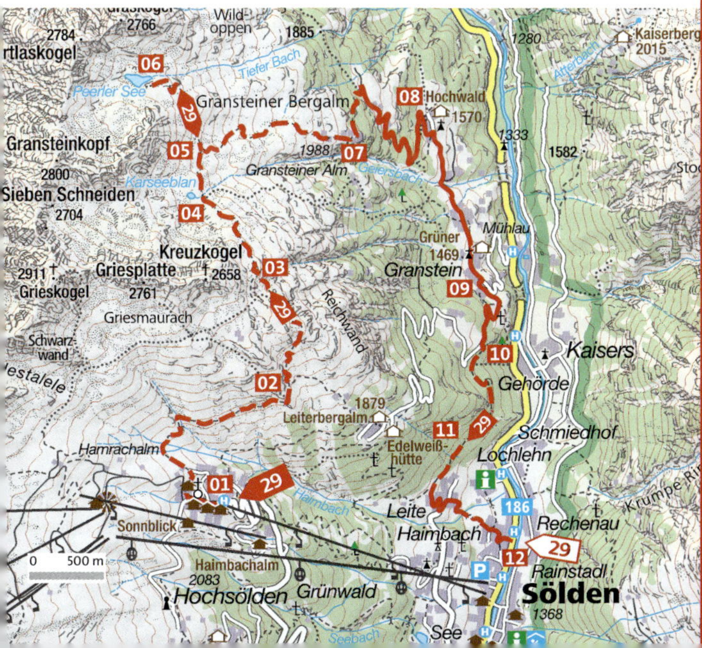

30

RETTENBACHALM – ZWIESELSTEIN

Aussichtsreiche Almwanderung

 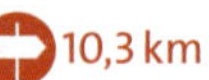 10,3 km  3:00 h 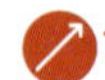 700 hm  25 hm 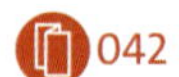 042

START | Bushaltestelle „Rettenbachalm“ des Gletscherbusses, 2145 m [GPS: UTM Zone 32 x: 649.720 m y: 5.202.581 m]
CHARAKTER | Einfache Wanderung auf gut markierten Wanderwegen mit vielen Einkehrmöglichkeiten.

Die gemütliche Almwanderung führt entlang des Osthangs des Gaislachkogels durch das Skigebiet von Sölden. Der Weg begeistert mit seinen grandiosen Ausblicken auf die gegenüberliegende Talseite und ins Tal hinunter. An Tagen mit guter Fernsicht glänzen im Osten die vergletscherten Gipfel der Stubaier Alpen. Die familienfreundliche Wanderung bietet unterwegs zahlreiche Einkehrmöglichkeiten. Wer mit Kindern unterwegs ist, kann von der Gaislachalm mit dem Wanderbus zurück nach Sölden fahren.

▶ Der Gletscherbus aus Sölden bringt uns vom Zentrum in Sölden in wenigen Minuten hinauf zur Rettenbachalm, die **Bushaltestelle** 01 liegt nur wenige Meter unterhalb der Alm. Von dort aus halten wir uns talwärts und können nach wenigen Metern rechts den Rettenbach queren und befinden uns nun auf einem Wanderweg, auf dem auch die E5-Wanderer von der Braunschweiger Hütte kommend unterwegs sind. Rund 500 m nach der Rettenbachalm verläuft der Wanderweg kurzfristig neben der Gletscherstraße, verlässt diese

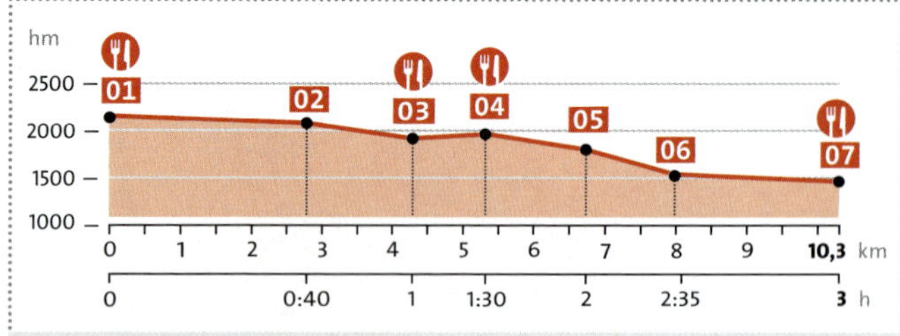

01 Bushaltestelle „Rettenbachalm“, 2148 m; 02 Skipisten unterhalb der Mittelstation der Gaislachbahn, 2070 m; 03 Löplealm, 1912 m; 04 Gaislachalm, 1968 m; 05 Gaislach, 1780 m; 06 Venter Landstraße, 1526 m; 07 Zwieselstein, Bushaltestelle „Gasthof Neue Post“, 1470 m

aber sofort wieder und biegt nach rechts ab. Die Wegweiser an der darauffolgenden Abzweigung zeigen die Gehzeiten zu den verschiedenen Almen an, wir orientieren uns für die nächsten 1¼ Stunden Richtung Gaislachalm.

Wir wandern nun kurzzeitig Richtung Osten, bis der Wanderweg eine markante Wendung nach rechts nimmt und nun landschaftlich sehr schön durch einen Zirbenwald führt – hier lohnt sich ein Blick auf die lesenswerte Infotafel zur diesem Thema. Kurz darauf verführen Holzliegen zu einer ersten Pause – mit traumhaftem Panorama auf die gegenüberliegende Talseite ins Windachtal hinein. Wir queren eine Fahrstraße, halten uns rechts und biegen den Wegweisern folgend gleich wieder nach links ab und kommen so zu einer Holzbrücke. Es folgt noch eine weitere Fahrstraße (die zu den Skistationen führt; DSB Gratl, 2130 m). Wir queren auch diese und folgen dem gelben Schild „Weg nur für Wanderer". Warum das Schild dort steht, wird kurz danach klar: Wir erreichen die **Skipisten** 02 unterhalb der Mittelstation der Gaislachbahn – hier wurden verschiedene Single Trails für Mountainbiker ausgewiesen.

Wir folgen der Skipiste bergab, bis von dieser bald darauf nach rechts ein Wiesenpfad abzweigt („Gaislach Alm"). Nun folgt ein sehr schöner Abstieg durch einen lichten, bei Sonnenschein angenehm schattigen Bergwald. Im Wald folgen wir den Wegweisern zur Löplealm und zum Gasthof Sonneck. Wir stoßen auf eine Fahrstraße und folgen dieser für einige Meter nach rechts, bis kurz darauf wieder ein Weg nach links zur Löplealm und zur Gaislachalm abzweigt.

Kurz darauf erreichen wir die **Löplealm** 03 mit schöner Aus-

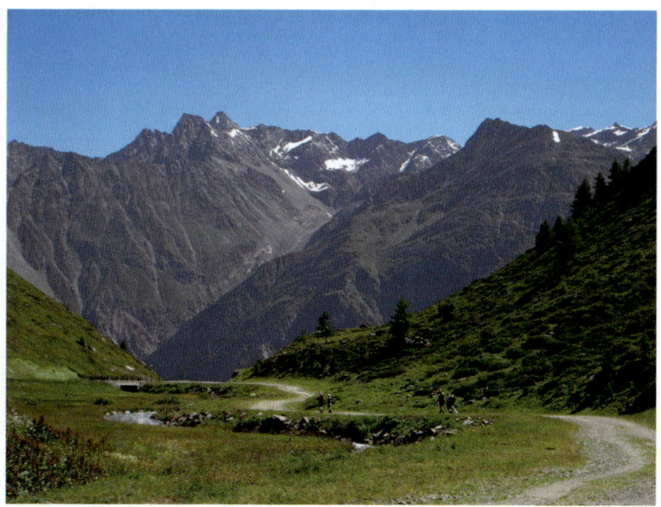

Traumhafter Blick gleich unterhalb der Rettenbachalm.

sichtsterrasse. Die Alm ist eine der ältesten Almhütten in den Ötztaler Alpen. Hier werden alle, die ein Streichinstrument spielen, begeistert vom Holz-Kontrabass in XL-Format sein. Die Alm liegt am Söldener Themenweg „Almzeit“ mit 20 unterhaltsamen Erlebnis-Stationen.

Wer noch nicht einkehren möchte, wandert oberhalb des Gebäudes an diesem vorbei und zweigt gleich hinter der Terrasse von der Zufahrtstraße nach rechts auf einen kleinen Pfad ab, der kurzfristig etwas ansteigt. Wir wandern unter den Kabeln der Heidebahn hindurch, genießen den schönen Blick hinunter in den Talboden von Sölden und hinüber zum Timmelsjoch und erreichen schließlich die Skipisten oberhalb des Gasthofes Sonneck.

Wir queren ein letztes Mal für heute eine Skipiste und gehen rechts durch das Gatter und befin-

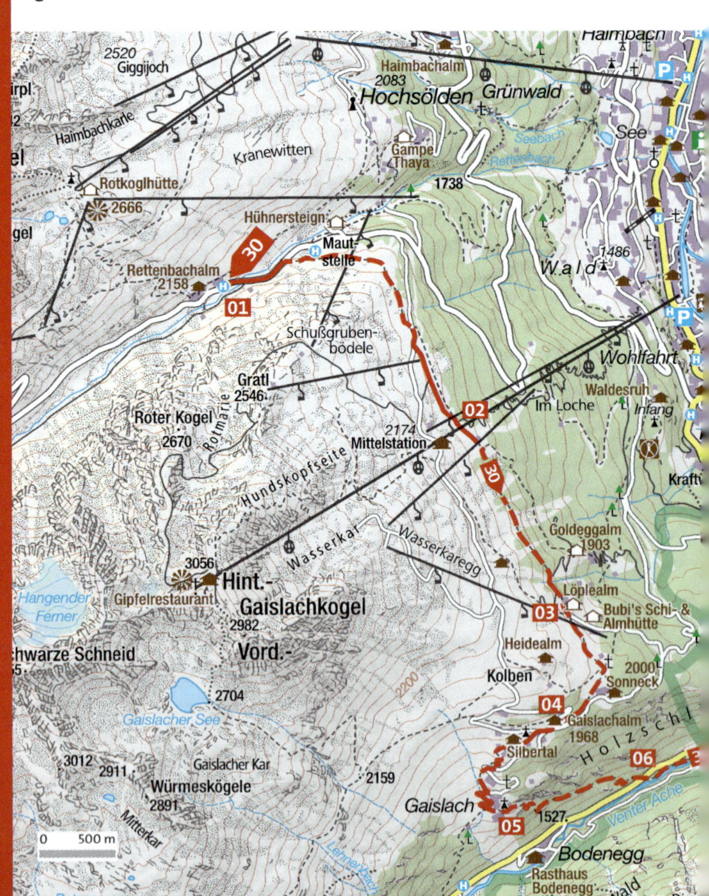

den uns nun auf den Wiesen oberhalb des Gasthofes Sonneck. Wer dort nicht einkehren will, folgt den Hinweisschildern zur Gaislachalm bzw. dem Ötztaler Mineralienmuseum. Der Wanderweg führt über die Bergwiesen, zwischen einigen malerischen Heustadeln hindurch und kurz durch Wald. Wenige Minuten später ist die **Gaislachalm** 04 erreicht.

Von der Terrasse des Gasthofes schauen wir nun in das Venter Tal, das im Talschluss von der eindrucksvollen Talleitspitze überragt wird. Links des Bergs zweigt der Weg durch das Niedertal zur Similaunhütte ab.

Wir queren den Parkplatz und kommen zu einem großen gelben Hinweisschild, das E5-Wanderern den Weg nach Zwieselstein weist – laut Schild noch 1½ Stunden dorthin. Beim Schild halten wir uns links, nehmen aber nicht den Fahrweg hoch zum Hotel Silbertal, sondern wandern unterhalb des Hotels an diesem vorbei und auf einem Wirtschaftsweg zu einigen Holzstadeln. Ein Pfeil weist auf eine Abkürzung hinunter zur Fahrstraße nach Gaislach, der wir talwärts durch die Bergwiesen folgen. Schließlich laufen wir eine letzte Kehre auf der Straße aus und kommen so zu den wenigen Häusern und der kleinen Kirche des Weilers **Gaislach** 05.

Rechts von der Kirche zweigt ein Pfad hinunter in die steilen Bergwiesen ab und taucht gleich darauf in den Bergwald ein. Steil geht es nun eine halbe Stunde bergab zur **Venter Straße** 06. Wir halten uns dort links, queren die Fahrstraße und stoßen gleich darauf auf einen parallel zur Straße verlaufenden Kiesweg, dem wir nun entlang der Venter Ache flussabwärts zu einer Holzbrücke folgen. Diese überqueren wir und wandern noch rund 10 Minuten am anderen Ufer entlang, vorbei am Sportplatz zum Hotel Brückenwirt. Dort halten wir uns links, gehen nochmals über eine Brücke und kommen so zur **Bushaltestelle „Gasthof Neue Post“** 07 am Ortseingang von Zwieselstein. Von hier aus fahren regelmäßig Linienbusse nach Sölden.

31

DURCHS STILLE TIMMELSTAL

Unterwegs auf dem Ötztaler Urweg zum Timmelsjoch

  7,4 km  3:30 h  1000 hm 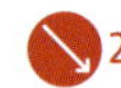 20 hm 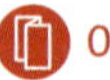 042

START | Bushaltestelle „Gasthof Neue Post“ in Zwieselstein (Parkplatz) [GPS: UTM Zone 32 x: 654.308 m y: 5.200.442 m]
CHARAKTER | Einfache Wanderung auf gut markierten Wanderwegen, kurzer Wegabschnitt entlang der Passstraße.

Von Zwieselstein im hinteren Ötztal führt diese Etappe auf dem Ötztaler Urweg in das Ötztaler Timmelstal und hinauf zum Timmelsjoch (2491 m). Der Pass markiert auch die Grenze zwischen Nord- und Südtirol, von dort zieht sich das Passeirer Timmelstal Richtung Osten. An die Grenze und die Zeit vor dem Bau der Timmelsjoch-Passstraße erinnern das alte Zollhäuschen im Ötzaler Timmelstal und das kleine Museum „Der Schmuggler“ an der Passstraße.

▶ Von der **Bushaltestelle „Gasthof Neue Post“** 01 in Zwieselstein laufen wir in Fahrtrichtung Obergurgl auf der Gurgler Straße, bis rechts der Hochstattweg abzweigt (gelbe Wegweiser zum Timmelsjoch). Auf diesem laufen wir links des Baches bergauf und bleiben weiter auf dem Weg, wenn er in

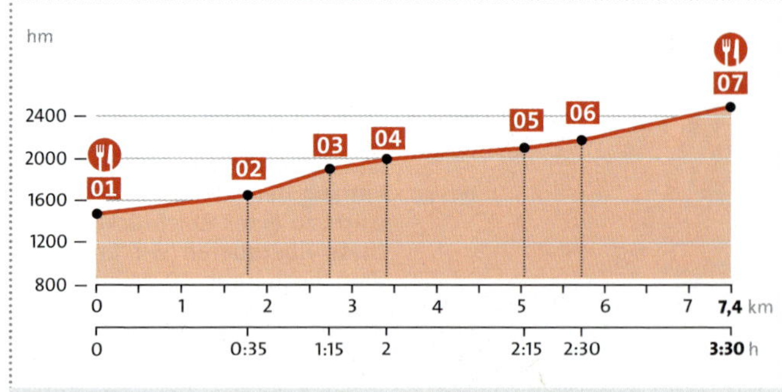

01 Zwieselstein, Bushaltestelle „Gasthof Neue Post“, 1470 m;
02 Abzweig zum Sahnestüberl, 1665 m; 03 Ehemalige Zollhütte, 1898 m;
04 Brücke über den Timmelsbach, 1980 m; 05 Passstraße, 2112 m;
06 Pfad zum Timmelsjoch, 2180 m; 07 Timmelsjoch, 2474 m

einen Wirtschaftsweg übergeht. Wir passieren ein Gatter und steigen nun auf dem Wirtschaftsweg im Wald bergan und erreichen schließlich eine Lichtung mit Bank und Handymasten. Auf dieser Passage ist leider die Nähe zur Straße nach Obergurgl auf der anderen Talseite unüberhörbar.

Kurz darauf erreichen wir eine **Weggabelung** 02, an der nach rechts der Wanderweg zum Sahnestüberl abzweigt. Wir halten uns hier aber links und folgen dem Wegweiser Richtung Timmelsjoch. Mit zunehmender Höhe weitet sich der Blick und wir können bei guter Fernsicht auf die vergletscherten Gipfel des Hauptkamms am Ende des Gurgler Tals schauen.

Wir queren einen kleinen Bach und haben wenig später zurückblickend einen schönen Blick auf Hochsölden, die Mittelstation der Gaislachbahn und den Osthang des Gaislachkogels.

Wir überwinden eine erste Talstufe und stehen auf einer Wiese mit weitem Blick nach Nordwesten. Links befindet sich die **ehemalige Zollhütte** 03. Eindrucksvoll sind die Blicke in die Schlucht des Timmelsbachs, der sich hier tief eingeschnitten hat. Wir sind nun im Timmelstal und wandern auf der Nordseite des Tals zu einer einfachen **Brücke** 04 über den Timmelsbach. Wir queren den Bach, wandern kurz bachabwärts und halten uns an der folgenden Weggabelung links und wandern unterhalb der Timmelsjochstraße bachaufwärts. Wir wechseln nochmals ans andere Ufer und erreichen schließlich die **Passstraße** 05 auf Höhe des Museums „Schmuggler“.

Wir queren die Passstraße und wandern auf der rechten Seite unmittelbar neben der Passstraße weiter taleinwärts bis zu einem gelben Wegweiser, der auf einen **Pfad zum Timmelsjoch** 06 links der Passstraße weist.

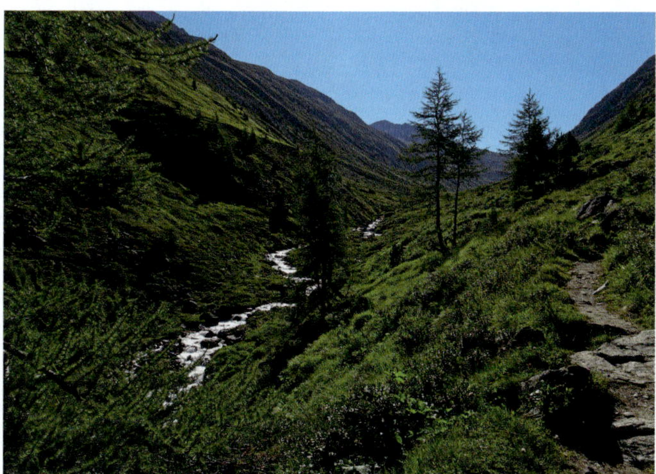

Unterwegs im einsamen Timmelstal.

Auf diesem steigen wir nun deutlich steiler hinauf zur Passhöhe und kommen zu zwei überdimensional großen Stühlen, die die Grenze zwischen Österreich und Italien markieren und Teil eines kleinen Freiluftmuseums sind. An einem Gebäude vorbei erreichen wir schließlich den Parkplatz am **Timmelsjoch** 07 mit Raststätte und kleinem Museum zum Bau der Timmelsjochstraße. Regelmäßig fahren Busse von der Passhöhe nach Obergurgl (25 Min.). Dort steigt man um in den Linienbus, der nach Zwieselstein fährt.

Passeirer Timmelstal

Eine lohnenswerte Fortsetzung der Wanderung ist der Abstieg durch das Passeirer Timmelstal zur Bushaltestelle „Timmelsbrücke". Vom Pass geht es steil hinunter zum alten Zollhaus (2309 m) und weiter durch das ganze Tal hinunter zur Timmelsjochstraße (1757 m). Der Bus fährt in 45 Minuten zurück nach Obergurgl. Gehzeit: 1:30 h, 725 Hm

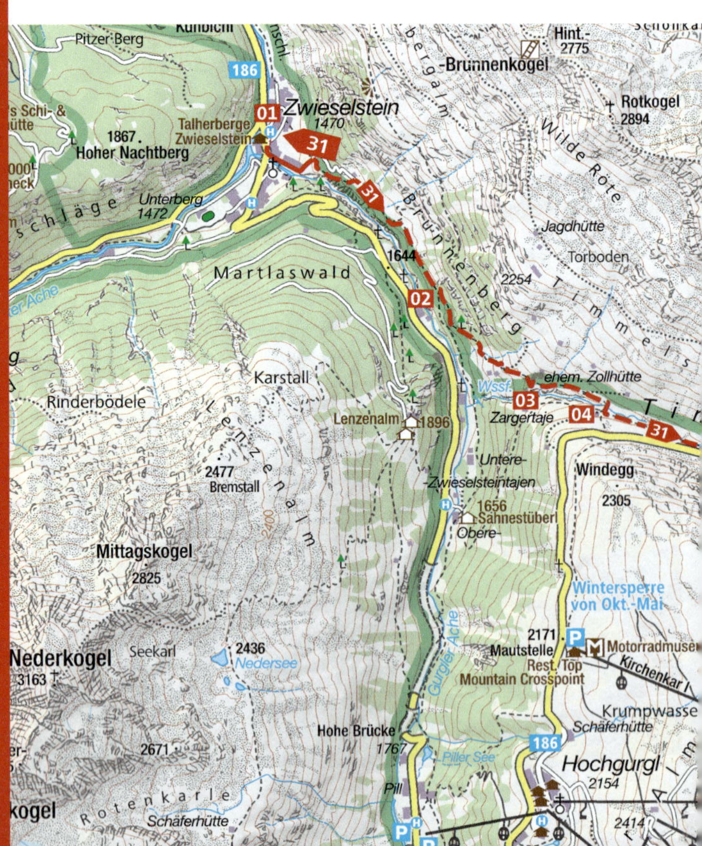

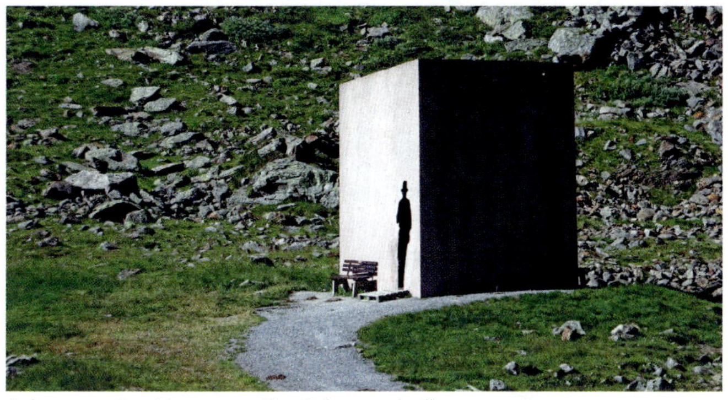

Sehenswertes Museum: „Der Schmuggler“.

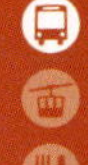

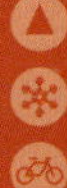

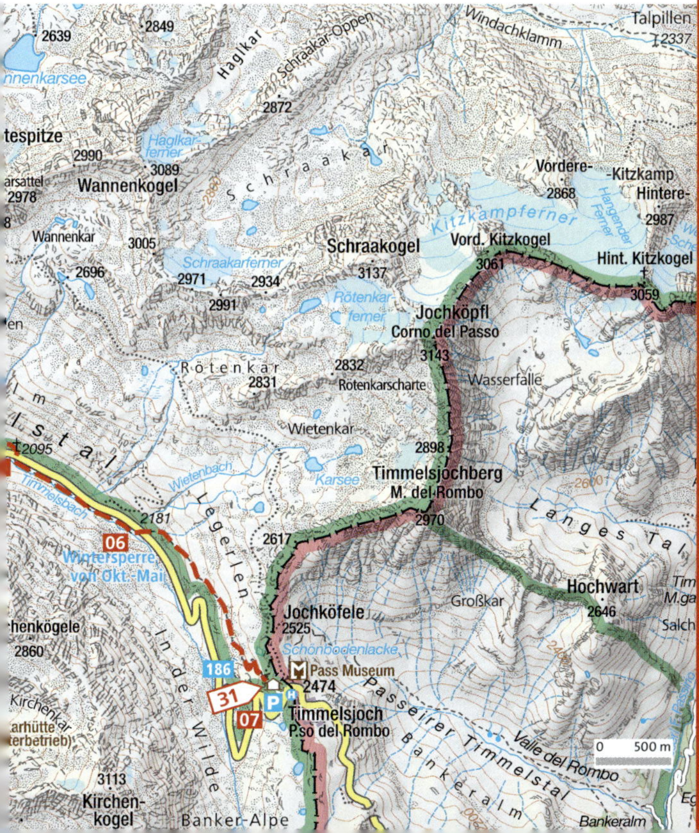

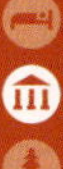

PANORAMAWEG NACH VENT

Vom Tiefenbachferner ins Bergsteigerdorf

 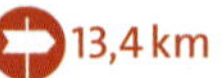 13,4 km  4:40 h  190 hm  1093 hm 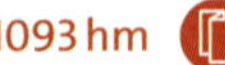  042

START | Bushaltestelle Tiefenbachferner (Parkplatz) [GPS: UTM Zone 32 x: 648.106 m y: 5.198.478 m]
CHARAKTER | Aussichtsreicher hochalpiner Bergweg ohne technische Schwierigkeiten, kurze seilversicherte Passagen.

Die Wanderung ist eine Etappe des Adlerwegs, auch eine Variante des E5 verläuft von der Braunschweiger Hütte kommend über den Panoramaweg nach Vent und führt dann weiter nach Meran. 1100 m bergab hört sich unangenehm an, der Weg verliert aber bis oberhalb von Vent nur rund 300 m an Höhe, erst zum Schluss kommt der eigentliche Abstieg und den kann man dank des Sesselliftes sogar noch um 470 m verkürzen.

Der Linienbus bringt den Wanderer bequem von Sölden hinauf ins Skigebiet von Rettenbach- und Tiefenbachferner. Am großen **Parkplatz** 01 vor der Tiefenbachbahn endet die Busfahrt. Vom Gletscher ist im Sommer nur ein kläglicher Rest zu sehen.

Die Wanderung beginnt am rechten hinteren Ende des Parkplatzes, kurz geht es einen Schotterweg hinauf, dann folgt man dem nach links abzweigenden Panoramaweg. Der Weg führt nun zunächst an den schütter bewachsenen Hängen des Seiter Kars entlang, dann über den Mutboden zum **Weißkar (Weisseskar)** 02 mit einem kleinen See. Von hier schaut

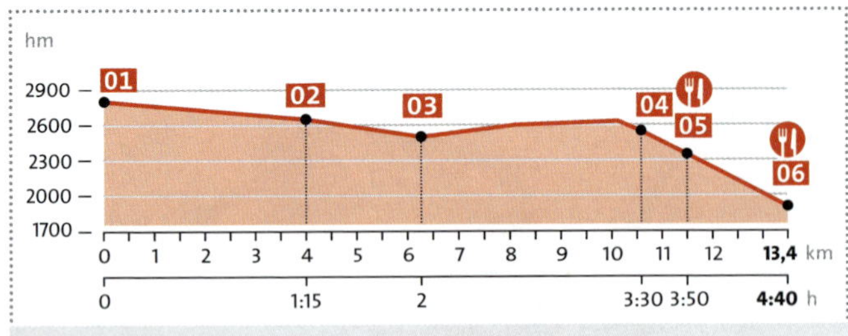

01 Parkplatz Tiefenbachferner, 2807 m; 02 Weißkar (Weisseskar), 2656 m; 03 Sonnberg-Höhenweg, 2494 m; 04 Zustiegsweg zur Breslauer Hütte, 2540 m; 05 Bergstation Stablein, 2364 m; 06 Bushaltestelle Vent, 1894 m

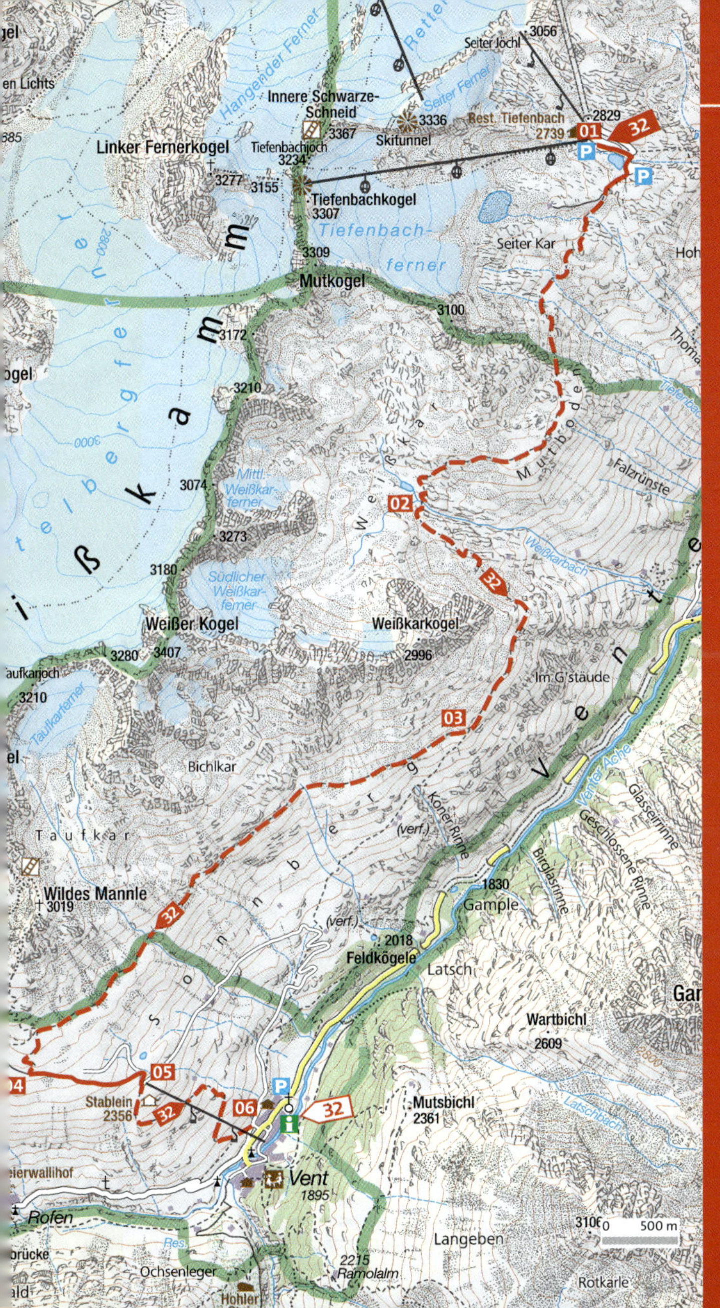
Linker Fernerkogel
Innere Schwarze-Schneid
3367
Tiefenbachjoch 3234
3277
3155
Tiefenbachkogel 3307
Skitunnel
3336
Rest. Tiefenbach 2739
2829
Seiter Jöchl
3056
Seiter Ferner
Hangender Ferner
Tiefenbach-ferner
Seiter Kar
3309
Mutkogel
3100
3172
3210
3074
Mittl. Weißkar-ferner
3273
3180
Südlicher Weißkar-ferner
Weißer Kogel
3280
3407
Weißkarkogel
2996
Weißkar
Mutboden
Falzrünste
Weißkarbach
Im G'städe
Taufkarjoch
3210
Taufkarferner
Bichlkar
Taufkar
Wildes Mannle
3019
Sonnberg
Koner Rinne
(verf.)
Venter Ache
Glasseirinne
Geschlossene Rinne
Birglasrinne
1830
Gample
2018
Feldkögele
Latsch
Wartbichl
2609
Latschbach
Stablein
2356
Mutsbichl
2361
Vent
1895
Rofen
Ochsenleger
2215
Ramolalm
Langeben
Rotkarle
3106
0
500 m
Hohler
01
02
03
04
05
06
32
Tiefenbach

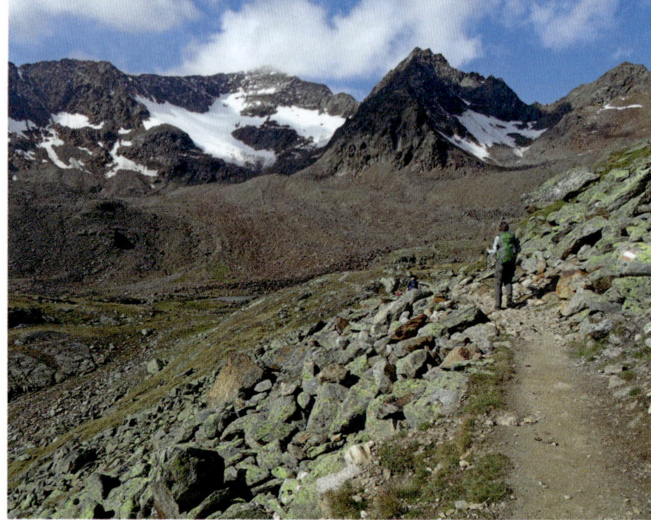

Auf dem Weg ins Weißkar.

man hoch zum Weißen Kogel und den kümmerlichen Resten seines Ferners. Der kleine See bietet sich für eine erste Pause mit schöner Aussicht an.

Über zum Teil kunstvoll geschichtete Wegpassagen und das eine oder andere Blockfeld verliert man weiter an Höhe und kommt zu einer markanten Ecke. Hier wechselt die Richtung und wir wandern nun nach Südwesten direkt auf Vent zu. Die Wegebauer haben einen breiten Weg in die relativ steilen Hänge geschlagen, auf denen man sicher laufen kann. Die Aussicht bleibt grandios – egal, ob man hinüber zum Ramolkamm schaut oder hinein ins Venter Tal, wo sich über dem Dorf die markante Talleitspitze erhebt, die das Rofental vom Niedertal trennt.

Schließlich erreicht man eine Weggabelung, an der man nach Vent (3.30 Std.) absteigen könnte. Schöner ist es jedoch, an den Panoramaweg noch den **Sonnberg-Höhenweg** 03 anzuhängen, der nun nochmals um 200 m ansteigt und entlang des Sonnbergs ins Mini-Skigebiet von Vent und weiter zum **Zustiegsweg der Breslauer Hütte** 04 führt. Auf dem Weg hinunter zur **Bergstation Stablein** 05. Hier hat man die Möglichkeit, mit dem Sessellift ins Tal zu fahren.

Wer zu Fuß absteigen will, geht rechts zum Panoramarestaurant und folgt der Beschilderung talwärts. Der Weg führt in zwei lang gezogenen Kehren zum Teil auf der Sesselifttrasse und vorbei an der Lawinenverbauung zur Dorfstraße und zur **Bushaltestelle** 06 in Vent.

Rückfahrt nach Sölden

Es empfiehlt sich, sich vorab über die Abfahrtszeiten des Busses nach Sölden zu informieren.

MUTSBICHL (MUTSBÜHEL) • 2361 m

Auf dem Aussichtsbalkon über Vent

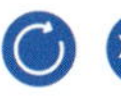  5,5 km 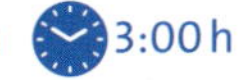 3:00 h 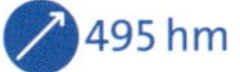 495 hm 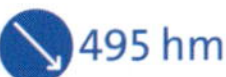 495 hm 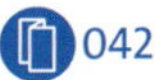 042

START | Bushaltestelle Vent oder Parkplatz bei der Talstation des Sesselliftes, 1902 m [GPS: UTM Zone 32 x: 645.951 m y: 5.191.392 m]
CHARAKTER | Schöne Familienwanderung auf Waldwegen und markierten Bergpfaden.

Die kurze und einfache, aber durch ihre grandiose Aussicht sehr lohnende Wanderung führt durch einen märchenhaften Zirbenwald hinauf zum wohl schönsten Aussichtspunkt des Bergsteigerortes mit Blick auf gleich drei berühmte Gipfel am Alpenhauptkamm: Similaun, Weißkugel und Wildspitze. Durch die relativ wenigen Höhenmeter eignet sich der Aussichtspunkt Mutsbichl (Mutsbühel) geradezu ideal zum Einlaufen. Auch Kindern wir es unterwegs niemals langweilig. Ein Muss für diese Tour ist ein Tag mit guter Fernsicht!

▶ In **Vent** gibt es zwei große gebührenpflichtige Wanderparkplätze, der eine liegt gleich an der Ortseinfahrt auf der rechten Seite, der zweite beim Sessellift Wildspitze. Von diesem **Parkplatz** 01 wandern wir an der kleinen Kapelle vorbei über die Venter Ache und folgen dem Fahrweg zum Haus Reinstadler. Hier halten wir uns links, folgen dem gekiesten Fahrweg durch ein Gatter und sehen vor uns schon die gelben Wegweiser.

An der **Weggabelung** 02 biegen wir nicht nach rechts in den Wald ab (hier endet unser Abstiegsweg), sondern halten uns auf dem Fahrweg geradeaus („Rund um Vent" und „Mutsbühel") und genießen den schönen Blick auf Vent. An der

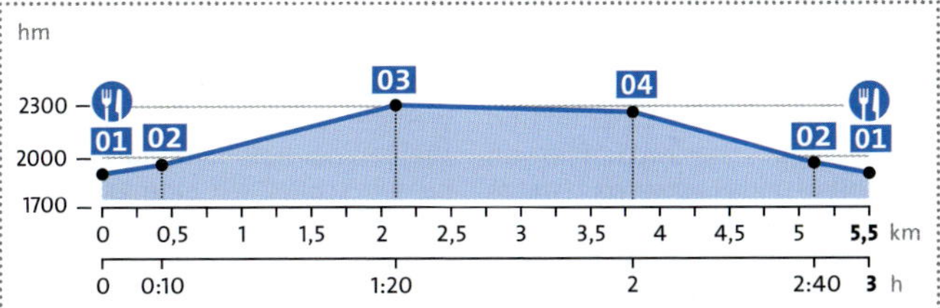

01 Wanderparkplatz beim Sessellift, 1902 m; 02 Weggabelung, 1950 m; 03 Hütte am Mutsbichl, 2318 m; 04 Weggabelung zum Ramoljoch, 2260 m

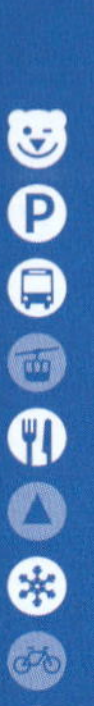

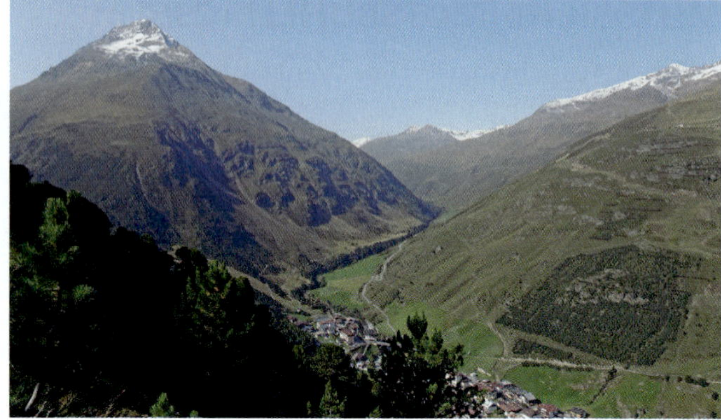

Blick über Vent ins Rofental, links die Talleitspitze.

folgenden Weggabelung folgen wir dem Weg hinauf zum Mutsbichl und steigen gleichmäßig ansteigend durch einen märchenhaften Bergwald hinauf. Viele Bäume sind komplett mit silbriggrauen Flechten überzogen, was dem Wald einen ganz eigenen Charakter gibt – ganz abgesehen davon, dass die Flechten ein Anzeiger für sehr reine Luft sind. Der Waldweg ist teilweise stark verwurzelt und führt in einen schönen Zirbenwald. Links von uns erhebt sich eine steile Wand, die wir immer noch nach Nordosten wandernd umgehen. Wir erreichen die Baumgrenze und laufen nun zwischen Almrausch und Blaubeeren hindurch weiter bergan.

Der Blick wird immer freier und wir können nun weit ins Rofental und zu den vergletscherten Gipfeln von Wildspitze und Hochvernagtspitze schauen. Der Weg zieht zwischen einzelnen Zirben hindurch hinauf zu den Bergwiesen. Nun flacher aufsteigend erreichen wir schließlich eine Weggabelung. Hier halten wir uns zunächst links und kommen zu einer **Hütte** 03 mit Bank, die unterhalb des Mutsbichl zur Rast einlädt. Grandios ist der Panoramablick durch das Venter Tal auf die Bergwelt der Ötztaler und Stubaier Gipfel. Richtung Westen erhebt sich vor uns die Wildspitze, mit 3774 m Tirols höchster Gipfel. Über dem sichtbaren Ende des Rofentals blitzt die Weißkugel (3739 m) hervor.

Zurück an der Weggabelung folgen wir nun dem Schilder zur Ramolalm und genießen den freien Blick auf die pyramidenförmige Talleitspitze (3406 m), die das Rofental vom Nedertal trennt, sowie zum Similaun und seinen Gletschern am Talschluss des Nedertals. Für rund 45 Minuten können wir das grandiose Bergpanorama genießen, denn wir laufen mehr oder weniger höhenparallel über die Weiden der Rofenalm nach Süden, bis wir schließlich eine **Weggabelung** 04 erreichen. Hier mündet von links der Wanderweg 02 vom Ramolhaus (4 Std.) und Ramoljoch ein.

Auf diesem Weg steigen wir nun ab und sehen vor uns schon die

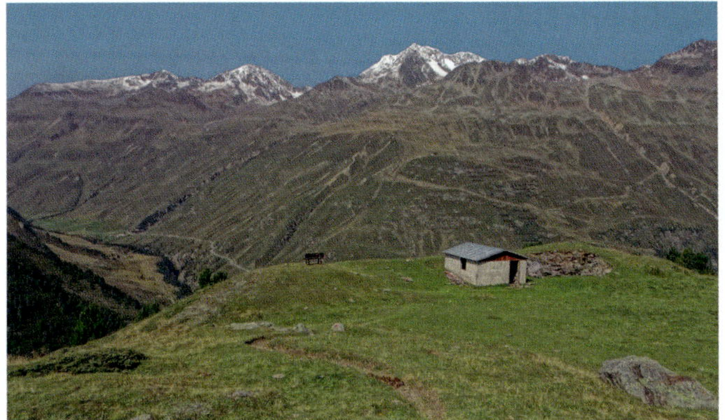

Blick über die unbewirtschaftete Rofenalm zur Wildspitze.

Rofenalm (2215 m). Hinter ihr der Kamm mit Wildspitze, Hochvernagtspitze, Fluchtkogel und Kesselwandspitze, den Rofenhöfen und der Bergstation Stablein.

Der herrliche, gemütlich abfallende Weg führt nun wieder in den Zirbenwald hinein, an mächtigen, alleinstehenden Zirben vorbei. Am Weg laden Bänke zur Rast ein. Unter uns rauscht der Niedertalbach Richtung Vent. Wir erreichen eine Lichtung inmitten des Zirbenwalds und müssen nur die letzten 100 Meter relativ steil zur bekannten **Weggabelung** 02 vom Hinweg absteigen.

Gleich gegenüber führt ein Trampelpfad am Holzzaun entlang zum Gasthof Obervent, wo wir einkehren können. Von dort geht es bergab zur Brücke und an der kleinen Kirche (mit Ausstellung) vorbei zurück zum **Parkplatz** 01 in **Vent**.

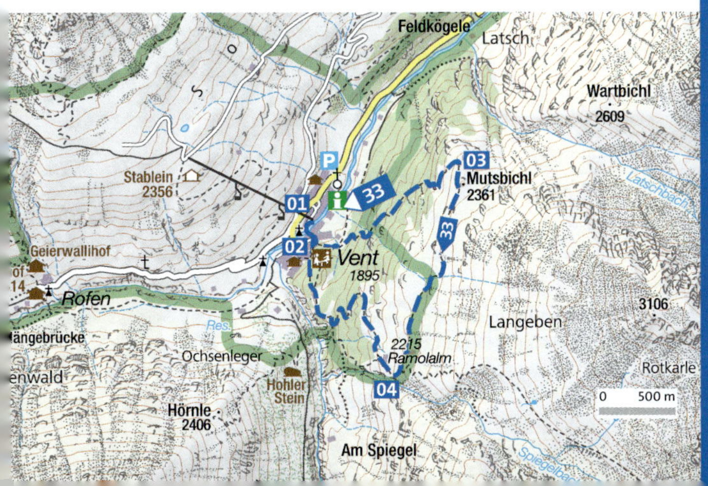

ROFENHÖFE

Über die Hängebrücke zu einer hochalpinen Freiluftgalerie

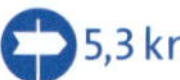

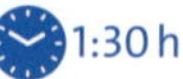

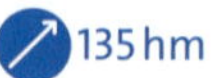

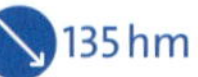

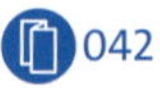

START | Bushaltestelle Vent oder Parkplatz am Ortseingang, 1905 m [GPS: UTM Zone 32 x: 646.075 m y: 5.191.687 m]
CHARAKTER | Kleine Wanderung auf Teerstraße und Wanderweg.

Das Bergsteigerdorf Vent ist seit dem 11. Jh. dauerhaft besiedelt. Die Höfe im Rofental sind das Ziel unserer abwechslungsreichen Wanderung. Der Rückweg führt über eine Hängebrücke, die die eindrucksvolle Rofenschlucht quert.

Für den Kunstweg Barteb'ne sollte sich jeder so viel Zeit nehmen, wie er möchte. Kunst und Natur gehen hier eine faszinierende Symbiose ein. Schön ist zudem der Blick hinunter nach Vent und ins vordere Venter Tal. Zum Abschluss empfiehlt sich der Besuch der Naturpark-Außenstelle im Widum unweit der Kirche.

Vom **Parkplatz** 01 am Ortseingang wandern wir auf der Hauptstraße ins Dorf und können je nach Lust und Laune einen Blick in die hübsche Dorfkirche St. Jakobus werfen, die in ihrem heutigen barocken Stil 1862 geweiht wurde.

Von der Dorfstraße zweigt die **Rofenstraße** 02 ab, der wir nun ins Rofental folgen. Auf dem halbstündigen Spaziergang zu den Höfen bleibt genügend Zeit, in die imposante Schlucht der Rofenache zu schauen und die einzigartige Lage der Rofenhöfe auf sich wirken zu lassen. Dann ist auch schon der **Gasthof Geierwallihof** 03 rechts

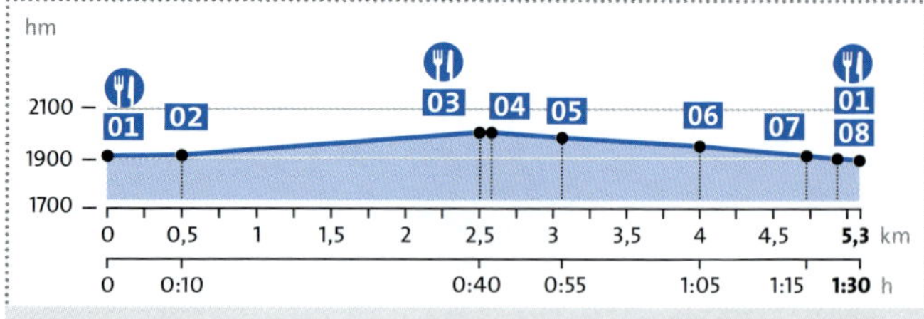

01 Parkplatz, 1905 m; 02 Rofenstraße, 1908 m; 03 Gasthof Geierwallihof, 2020 m; 04 Hängebrücke, 1992 m; 05 Altes Kreuz der Wildspitze, 1992 m; 06 Rekonstruiertes prähistorisches Jägerlager, 1950 m; 07 Brücke, 1918 m; 08 Talstation des Sesselliftes, 1902 m

der Straße erreicht und wenige Schritte weiter das Gasthaus Rofenhof auf der linken Seite. Über den Parkplatz geht es hinunter zur Ache, über die seit 1967 eine **Hängebrücke** 04 führt. Diese ersetzte einen einfachen Steg.

Nun wandern wir über die Bartebene, eine leicht nach Vent hin abfallende Ebene, die von struppigem Gras (in der Ötztaler Mundart Bart genannt) und vereinzelt stehenden Zirben bewachsen ist. Ein breiter Kiesweg mit vielen Bänken zum Ausruhen und Staunen führt von der Hängebrücke nach Vent. Eine der eindrucksvollsten Stationen am Weg ist das **alte Kreuz der Wildspitze** 05, das man 1933 auf dem 3774 m hohen Gipfel aufgestellt und 2010 durch ein neues ersetzt hat. Das alte Kreuz wird nun im Tal mit Blick zum alten Standort weiterhin in Ehren gehalten. Auf dem weiteren Weg bergab lädt eine einzigartige Freiluftgalerie zum Staunen ein. Die insgesamt 14 Kunstwerke entstanden zwischen 2007 und 2013 im Rahmen des Bildhauersymposiums ARTeVENT. Verwendung fanden zumeist Materialien aus der Region.

Genau im Zwickel zwischen Rofen- und Niedertal fanden Archäologen Spuren eines **prähistorischen Jägerlagers** 06, rund 10 km von der Ötzi-Fundstelle am Tisenjoch entfernt. Man vermutet aufgrund von Werkzeugfunden, dass die steinzeitlichen Jäger von hier aus im Sommer Richtung Alpenhauptkamm gezogen sind. Ein weiteres Lager, der Hohle Stein, liegt knapp 1 km entfernt.

Zurück nach Vent geht es über die **Brücke** 07 und den Niedertalbach. Vorbei an den Wohnhäusern zum Hotel Alt Vent Tyrol. Noch vor der Straßenbrücke biegt man nach rechts in einen kleinen Weg hinunter zum Wasser ab. Gleich

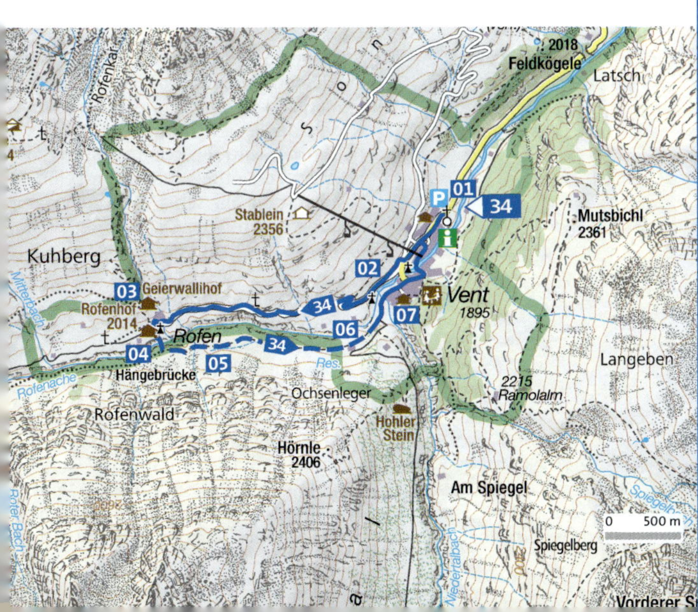

Rofenhöfe

Über 2000 m hoch liegen die Rofenhöfe, die etwa seit dem 13. Jh. besiedelt sind und seit Mitte des 14. Jh. eigene Rechte wie das Steuer-, Jagd-, Fischereirecht und eine eigene Gerichtsbarkeit hatten. Bekannt sind die Bewohner für ihre Haflingerzucht und namhafte Bergsteiger. So bestieg Leander Klotz 1848 als erster die Wildspitze, ausgebildet von „Gletscherpfarrer" Franz Senn.

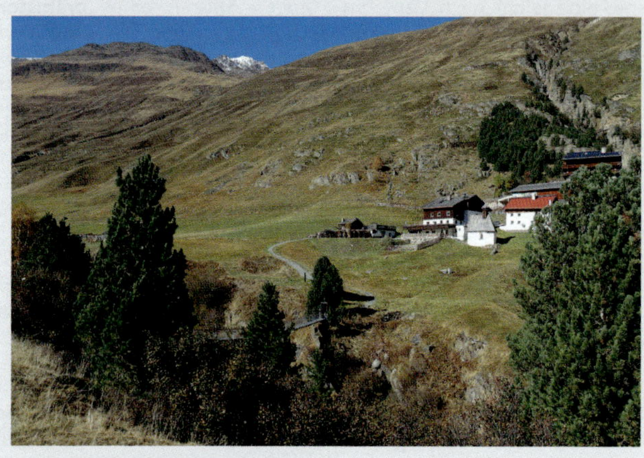

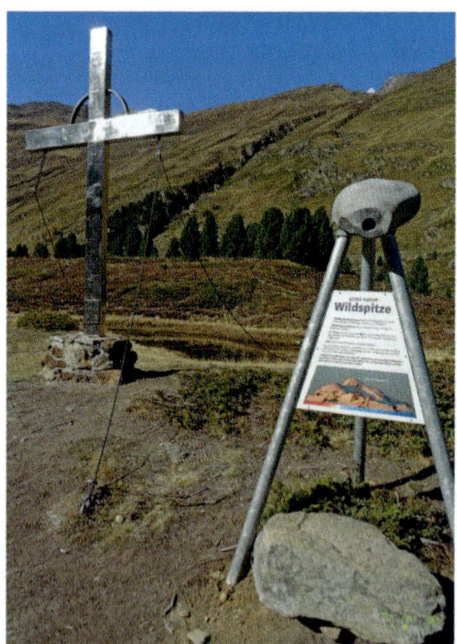

Das alte Kreuz der Wildspitze und ein hölzernes Fernrohr.

hinter der Brücke steht auf einer kleinen Erhebung die sogenannte Bergsteigerkapelle, die einstige Totenkapelle des Dorfes. Saniert wird sie nun für Kulturveranstaltungen genutzt. Vorbei an der **Sessellifttalstation** 08 schlängelt sich der Weg hoch zur Dorfstraße; von dort zurück zum **Parkplatz** 01.

Naturpark-Infopunkt Vent

Im Widum befindet sich eine Außenstelle des Naturparks Ötztal. Die Holzskulptur vor dem Gebäude nimmt Bezug auf den Hohlen Stein, eine steinzeitliche Lagerstelle oberhalb von Vent. Schwerpunktthema der Ausstellung ist der alpine Lebensraum rund um Vent, außerdem die Transhumanz und die Entwicklung des Tourismus.

HOCHJOCH HOSPIZ • 2413 m

Auf dem Cyprian-Granbichler-Weg

 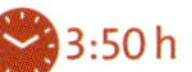 12,4 km 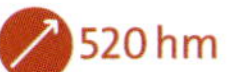 3:50 h 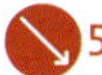 520 hm 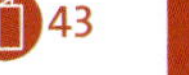 520 hm 43

START | Gebührenpflichtiger Parkplatz des Gasthofs Rofenhof (2011 m) oder die Wanderparkplätze in Vent
[GPS: UTM Zone 32 x: 644.203 m y: 5.100.900 m]
CHARAKTER | An sich einfache Wanderung, einige Passagen sind seilversichert, der Weg aber sehr breit und die Seilversicherung wegtechnisch eigentlich nicht nötig. Wer in Vent startet, ist in jede Richtung ungefähr 30 Minuten länger unterwegs.

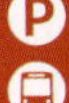

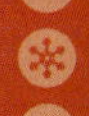

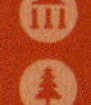
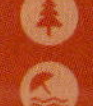

Die Wanderung führt zunächst über die Weiden des vorderen Rofentals und dann oberhalb der eindrucksvollen Schlucht zum Hochjoch Hospiz, einer wichtigen Schutzhütte der DAV-Sektion Berlin im Talschluss des Rofentals.

Wir starten am **Parkplatz** beim **Gasthof Rofenhof** 01 und folgen dem Fahrweg taleinwärts, zunächst durch Wiesen, auf der Kühe und Pferde weiden. Rechts stürzt das Wasser des Mitterbachs als kleiner Wasserfall ins Tal. Vorbei an einer Weggabelung, an der Weg 920 hinauf zur Vernagthütte führt, erreichen wir kurz darauf die **Materialseilbahn** 02 der Vernagthütte. Hier endet der Fahrweg und geht über in einen breiten Wanderweg.

Das Tal wird nun merklich enger. Wir erreichen ein Gatter, durchqueren dieses und steigen in ein markantes Kerbtälchen ab, um so

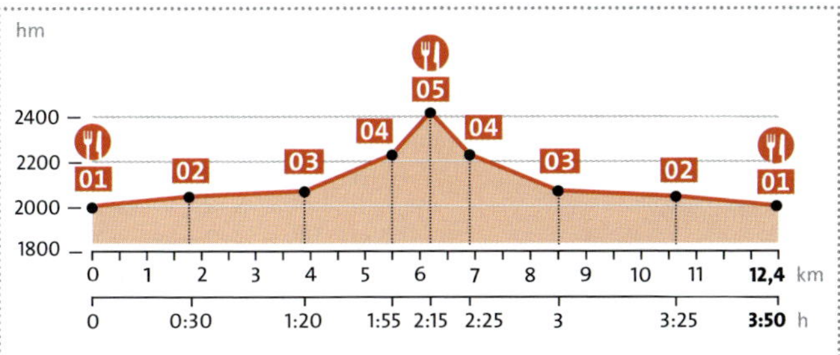

01 Parkplatz am Gasthof Rofenhof, 2014 m, 02 Materialseilbahn, 2088 m, 03 Holzbrücke über Vernagtbach, 2141 m, 04 Abzweig zur Rofenbergalm, 2276 m; 05 Hochjoch Hospiz, 2412 m

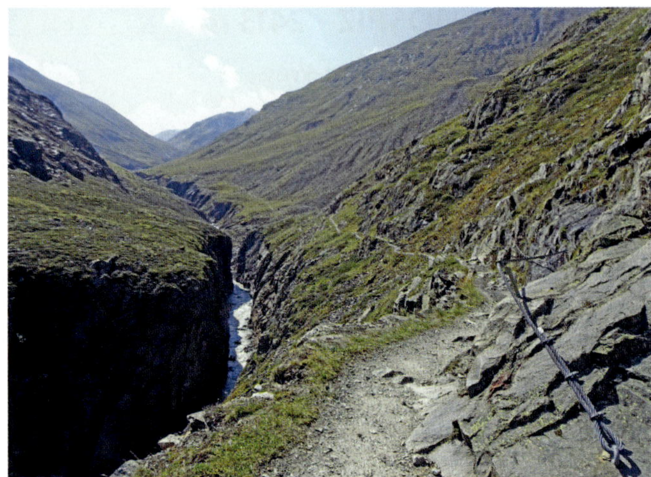

Die Seilsicherung (rechts) auf dem breiten Weg ist technisch nicht unbedingt nötig. Die Rofenache hat sich hier tief eingeschnitten.

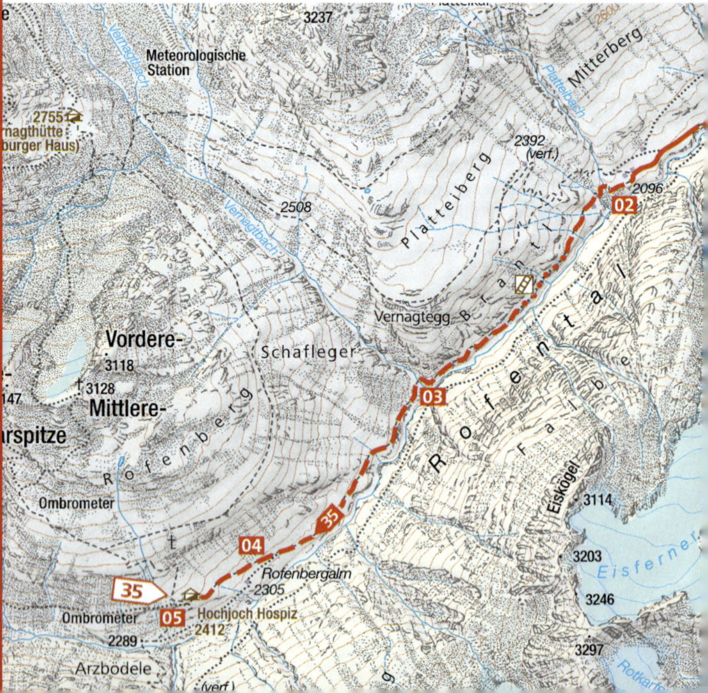

den Platteibach queren zu können. Nun befinden wir uns unter den steilen Wänden des Platteibergs an der schmalsten Stelle des Rofentals, in dem sich die Rofenache tief und spektakulär eingeschnitten hat. Der Weg führt in leichtem Auf und Ab auf gut ausgebautem Weg entlang der Wand, mehr aus psychologisch denn wegtechnisch zwingend notwendigen Gründen sind immer wieder einzelne Passagen mit Seilen gesichert, sodass all jene, die nicht ganz schwindelfrei sind, entlang der Seile diesen Wegabschnitt gut meistern können.

Der Weg führt schließlich leicht bergab zu einer massiven **Holzbrücke** 03 über den breiten Vernagtbach, über uns rechter Hand das Vernagtegg. Wir queren den Bach und steigen nun auf einem Wiesenweg etwas stärker ansteigend Richtung Talende und sehen dann vor uns – noch deutlich höher – das Hochjoch Hospiz und 100 Höhenmeter darunter die Gebäude der Rofenbergalm (2305 m). Vorbei am **Abzweig zur Rofenbergalm** 04 steigen wir die letzten Meter hinauf zum **Hochjoch Hospiz** 05.

Wer nicht auf gleichem Weg zurückgehen will, kann zum Deloretteweg aufsteigen (siehe Tour 37), von dort zur Vernagthütte (ca. 2 Std., 450 Hm bergauf, 100 Hm bergab) wandern und nach der Brücke über den Vernagtbach talauswärts zum Vernagtegg und weiter zur **Materialseilbahn** 02 absteigen. Von dort auf dem Fahrweg zurück zu den Rofenhöfen (ab Vernagthütte ca. 2 Std., 750 Hm).

Von der Terrasse der Hütte lassen sich auf der anderen Talseite noch die Reste der ersten Schutzhütte erkennen, die 1870 auf Betreiben des Gletscherpfarrers Franz Senn auf der südlichen Seite des Rofentals auf 2450 m Höhe errichtet wurde. Lawinen zerstörten immer wieder das Dach, zusätzlich drückte der Hang auf die Steinmauern. So traf man die Entscheidung, ein neues Schutzhaus auf der deutlich sonnigeren und ungefährdeteren Seite am Rofenberg zu errichten. Gebaut wurde sie 1927 von der Berliner Sektion.

Von der Schutzhütte aus werden im Herbst die Schafe über die Schöne-Aussicht-Hütte zurück ins Schnalstal getrieben, wer dieses eindrucksvolle Schauspiel einmal persönlich erleben möchte, sollte beim TVB das Datum erfragen.

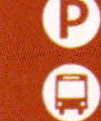

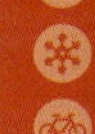

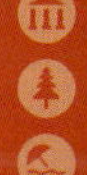

WILDES MANNLE • 3019 m

Der Wildspitze zum Greifen nah

 9,6 km 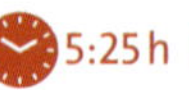 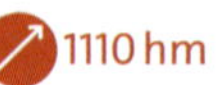 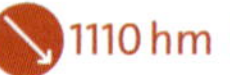 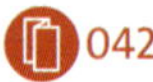

START | Bushaltestelle Vent oder Parkplatz bei der Talstation des Sesselliftes, 1902 m [GPS: UTM Zone 32 x: 645.951 m y: 5.191.392 m]
CHARAKTER | Gut markierter Normalweg mit wenigen versicherten Stellen, Blockkletterei im Gipfelbereich. Der Rofenkarsteig erfordert bis zur Moräne Trittsicherheit und Schwindelfreiheit.

Das Wilde Mannle ist ein leichter Dreitausender mit grandiosem Panoramablick.

▶ Vom **Parkplatz** neben **der Talstation** 01 folgen wir der Beschilderung zur Breslauer Hütte. Der Weg umgeht in einer großen Linkskehre die Lawinenverbauungen über dem Dorf, stößt dann auf die Skipiste und folgt ihr zur **Bergstation Stablein** 02. Weiter Richtung Hütte bis zum **Wegweiser „Wildes Mannle“** 03. Über Bergwiesen zieht der Pfad vorbei am **Abzweig des Sonnberg-Höhenwegs** 04 zum Holzhäuschen des Schleppliftes. Über einen breiten, grasbewachsenen Südrücken hinauf zu einer weiteren **Weggabelung** 05 am Fuß des Gipfelaufbaus. Hier hat man die Wahl zwischen Rofenkarsteig und Normalweg. Wir entscheiden uns für den Normalweg, der nach Norden über Blockwerk in leichter Kraxelei zum Gipfel zieht. Einige Felspassagen sind seilversichert.

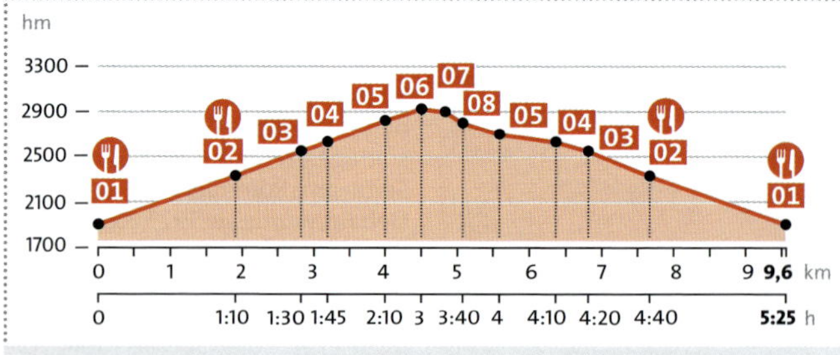

01 Parkplatz Talstation, 1902 m; 02 Bergstation Stablein, 2364 m; 03 Wegweiser „Wildes Mannle“, 2548 m; 04 Abzweig Sonnberg-Höhenweg, 2629 m; 05 Weggabelung, 2800 m; 06 Gipfelkreuz, 3019 m; 07 Rofenkarsteig, 3001 m; 08 Abzweigung zur Breslauer Hütte, 2890 m

Gletscherhahnenfuß

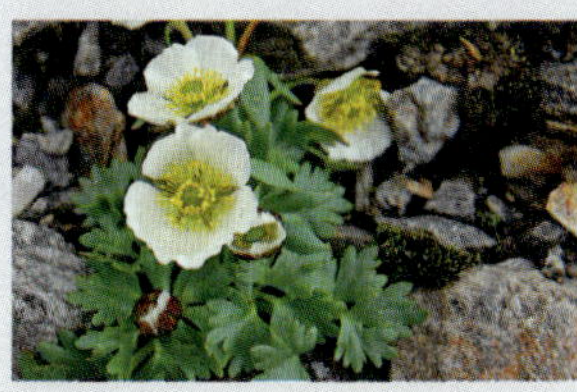

Der Gletscherhahnenfuß gehört zu den kälteresistentesten Pflanzen, die es im Ötztal gibt. Er gedeiht bis in die höchsten Gipfelbereiche und ist damit die am höchsten steigende Blütenpflanze der gesamten Alpen. Die bis zu 20 cm hoch wachsende Pflanze benötigt oft zwei bis drei Sommer, um die ersten Blüten auszubilden. Anfangs sind die Blüten weiß, später rötlich. Der Gletscherhahnenfuß ist eine echte Pionierpflanze. Obwohl er während der nur rund dreimonatigen sommerlichen Wachstumsperiode starken Frösten ausgesetzt ist, besitzen seine Blätter keine besonderen Anpassungen an Kältestress. In Nordtirol steht der Gletscherhahnenfuß unter Naturschutz und darf daher nicht gepflückt werden. Seine Bestände sind durch eine voranschreitende Klimaerwärmung gefährdet.

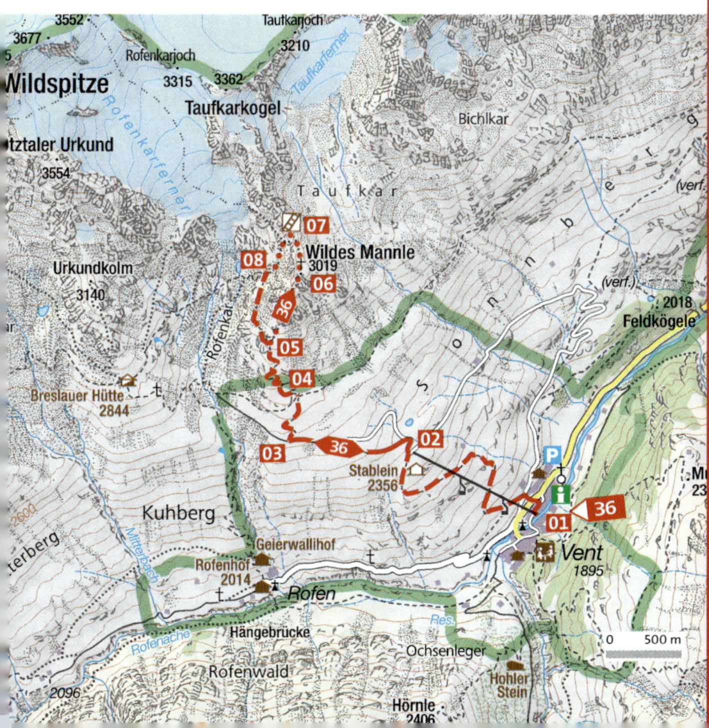

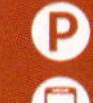

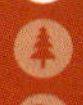

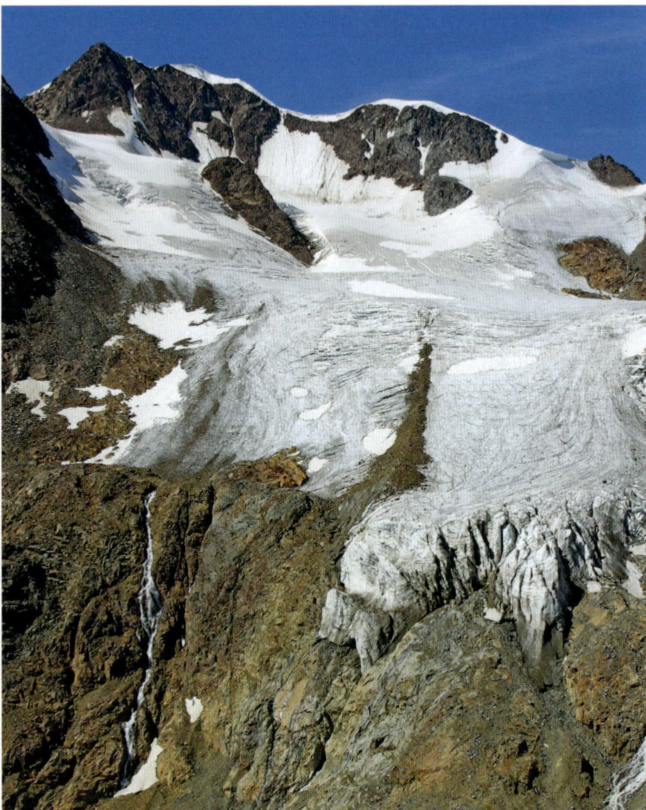

Blick vom Gipfel zur Wildspitze und auf den Rofenkarferner.

Wir erreichen den Gipfelgrat und folgen diesem zum etwas nach hinten versetzten Hauptgipfel mit **Gipfelkreuz** 06.

Nun weiter auf dem Kamm, der hinauf zum Taufkarkogel zieht, mit eindrucksvollem Blick auf Rofenkarferner und Wildspitze. Dann zweigt links der **Rofenkarsteig** 07 ins Rofenkar ab. Er führt zunächst durch die Felsflanke, die Schlüsselstelle ist eine halboffene Rinne, die mit Seilen versichert ist. Anschließend wird abfallend ein Schutthang nach Norden gequert, der in die ausgeprägte Seitenmoräne des Rofenkarferners von 1850 einmündet. Auf der Moräne wandern wir bis zu ihrem Ende und stehen erneut an einer **Abzweigung** 08. Hier mündet der Zustiegsweg von der Hütte ein. Wir bleiben jedoch auf der Höhe und wandern um den Berg herum zurück zur **Weggabelung** 05 und von dort auf bekanntem Weg talwärts zum **Parkplatz** in **Vent** 01.

VON DER BRESLAUER HÜTTE ZUM HOCHJOCH HOSPIZ

Auf dem Seuffertweg ins hintere Rofental

 22,3 km 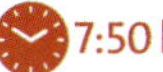 7:50 h 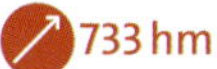 733 hm 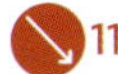 1189 hm 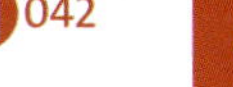 042

START | Sessellift Wildspitze, Bergstation Stablein, 2364 m [GPS: UTM Zone 32 x: 645.126 m y: 5.191.800 m]
CHARAKTER | Der Seuffertweg ist ein gut ausgebauter, markierter Höhenweg, der ohne große Höhenunterschiede bis oberhalb des Hochjoch Hospizes verläuft. Der Weg zurück nach Vent über der Rofenschlucht ist sehr kurzweilig und teilweise gesichert.

Der Höhenweg bietet an schönen Tagen einen grandiosen Blick auf die Ötztaler Gletscherwelt. Mit drei Übernachtungsmöglichkeiten ist er auf zwei Tage aufgeteilt auch gut für Kinder geeignet. Und auch Gipfelstürmer kommen nicht zu kurz, denn die Mittlere Guslarspitze ist vom Höhenweg in nur zwei Stunden erreichbar.

▶ Von der **Bergstation Stablein** 01 folgen wir dem Hauptwanderweg und ignorieren unterwegs eine Abzweigung zur Breslauer Hütte (sie führt über das Wilde Mannle!). Nach der Brücke über den Rofenkarbach geht es im Schlussanstieg nochmals zünftig in einigen Serpentinen bergauf. Die Sonnenterrasse der **Breslauer**

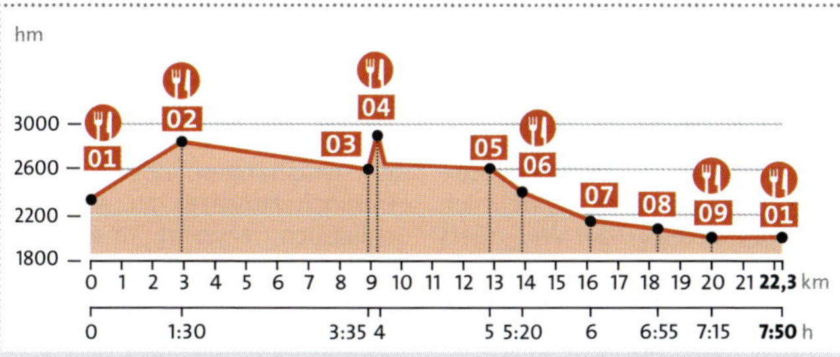

01 Bergstation Stablein, 2364 m, 02 Breslauer Hütte, 2844 m, 03 Brücke über den Vernagtbach, 2600 m, 04 Vernagthütte, 2755 m, 05 Deloretteweg, Abstieg zum Hochjoch Hospiz, 2623 m, 06 Hochjoch Hospiz, 2412 m, 07 Brücke über den Vernagtbach, 2141 m, 08 Materialseilbahn, 2088 m, 09 Rofenhöfe, 2014 m, 10 Parkplatz Talstation, 1902 m

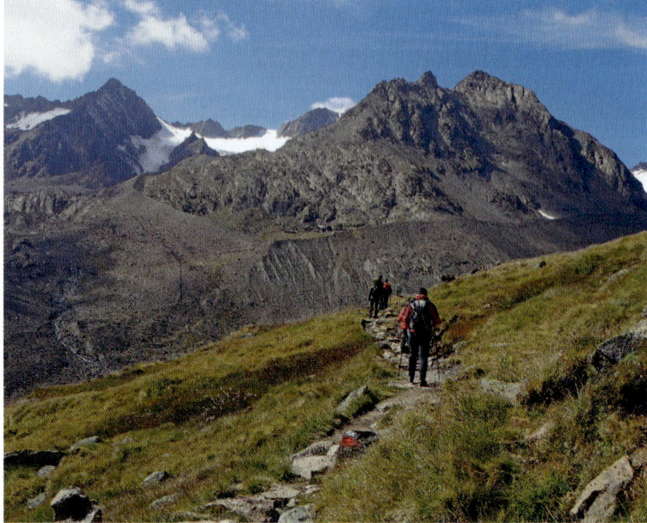

Herrlicher Höhenweg zwischen Vernagthütte und Hochjoch Hospiz.

Hütte 02 bietet eine grandiose Aussicht auf die Gletscher und die Gipfel des Kreuzkamms auf der anderen Talseite.

Hinter der Breslauer Hütte beginnt der Seuffertweg, der ohne große Höhenunterschiede ins weite Mitterkar leitet. Das wird komplett ausgelaufen, unterwegs müssen mehrere Bäche gequert werden. Über Wiesenhänge, teilweise auch über Schutt und Geröll (mit einer seilversicherten Stelle) geht es ins nächste, deutlich kleinere Platteikar, der Weg quert dabei Mitterbach und Platteibach und steigt dann auf einen Höhenrücken an. Bei einer Lacke folgt ein markanter Richtungswechsel. Nun ist auch erstmals die Vernagthütte über dem tiefen Einschnitt des Vernagtbaches zu sehen. Durch Blockschuttgelände fällt der Pfad zum Vernagtbach ab. Rechts der **Brücke** 03, die die Querung des Gletscherbachs erleichtert, ist eine meteorologische Messstation installiert. Nach der Brücke geht es nochmals rund 160 m hinauf zur **Vernagthütte** 04.

Nach der Einkehr heißt es zunächst wieder einige Höhenmeter abzusteigen und dann aus dem Vernagttal über Schutthänge in einem weiten Rechtsbogen um die Flanke der Guslarspitzen herum in leichtem Auf und Ab zu den Grashängen oberhalb des Hochjoch Hospizes zu wandern. Schließlich erreicht man den **Deloretteweg** 05, der zum Kesselwandferner führt. Für uns bedeutet das nun, 200 Höhenmeter steil über die Wiesen hinunter zum **Hochjoch Hospiz** 06 abzusteigen.

Beim Abstieg vom Deloretteweg zur Hütte sind auf der anderen Talseite (oberhalb der Brücke) die Ruinen der alten Hütte erkennbar.

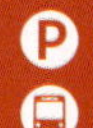

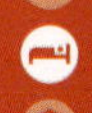

Die Schaftriebe – Transhumanz

Jedes Jahr gegen Mitte Juni spielt sich im hinteren Ötztal ein besonderes Spektakel ab. Südtiroler Bauern aus dem Vinschgau treiben ihre Schafe (ca. 4000 Tiere) über die hochalpinen Jöcher zu den saftigen Hochweiden des Rofen- und Niedertales auf. Über den Sommer genießen die Tiere die grenzenlose Freiheit in den Bergen, bis sie dann gegen Mitte September wieder zurück ins Schnals- und Passeiertal getrieben werden. Wohl seit Jahrtausenden vollziehen die Hirten mit ihren Tieren diese jahreszeitliche, saisonale Wanderung. Wissenschaftlich wird dies als „Transhumanz“ (lat. trans – hinüber, humus – Erdboden, Gegend) bezeichnet. Früher wurden Schafe hauptsächlich wegen der begehrten Wolle gezüchtet. Heute stehen die Fleischgewinnung und Zucht im Vordergrund der Interessen der Schafbauern. Der Schaftrieb, die Wanderung, die Verbindung über die Jöcher, spiegelt sich auch in der bis heute engen und uralten Beziehung der Schnalstaler und Ötztaler Bevölkerung wider.

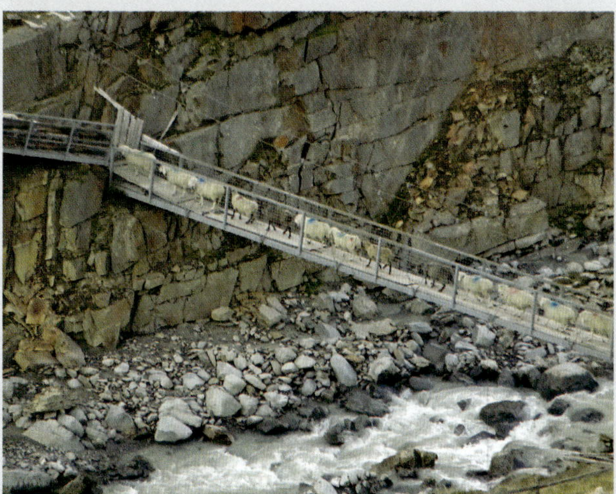

Der neuralgische Punkt im Rofental: Über 1000 Schafe müssen nacheinander über die Brücke unterhalb des Hochjoch Hospitzes.

Auch der alte Hüttenweg ist auf der anderen Seite der Rofenache noch zu sehen. Diese 1869 bis 1872 erbaute Hütte lag an einem Lawinenhang und wurde so oft beschädigt, dass man sie schließlich aufgab und am Fuß der Guslarspitzen 1927 eine neue Hütte errichtete.

Für den **Rückweg nach Vent** nehmen wir den Cyprian-Granbichler-Weg (Nr. 902), der auf der linken

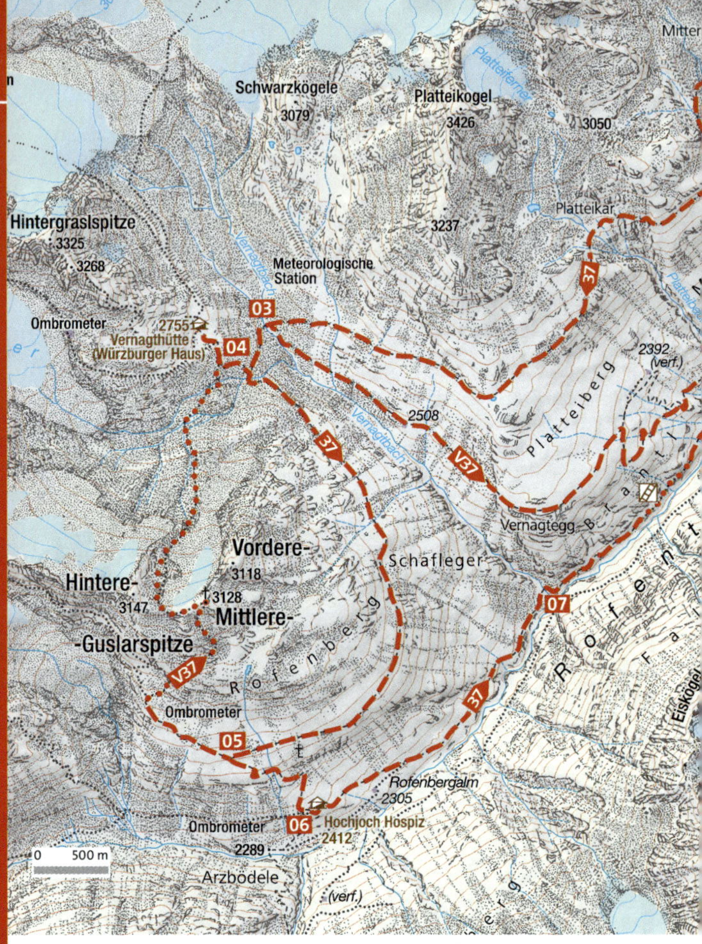

Seite der Rofenache bzw. ihrer Schlucht leicht abfallend durch die Wiesenhänge talauswärts bis zur **Brücke über den Vernagtbach** 07 leitet – immer mit eindrucksvollem Blick in die Schlucht. Entlang steiler und deutlich weniger grüner Hänge geht es anschließend im schmalen Tal hoch über der Schlucht talauswärts. Wo notwendig, ist der Weg mit Seilen versichert. Der Weg mündet schließlich bei der **Materialseilbahn** 08 in den von der Vernagthütte herunterführenden Weg ein und verläuft als Fahrweg über die Wiesen des Rofentals zu den **Rofenhöfen** 09.

Über die Hängebrücke und die Bartebene geht es zurück nach Vent zum **Parkplatz neben der Talstation** 10.

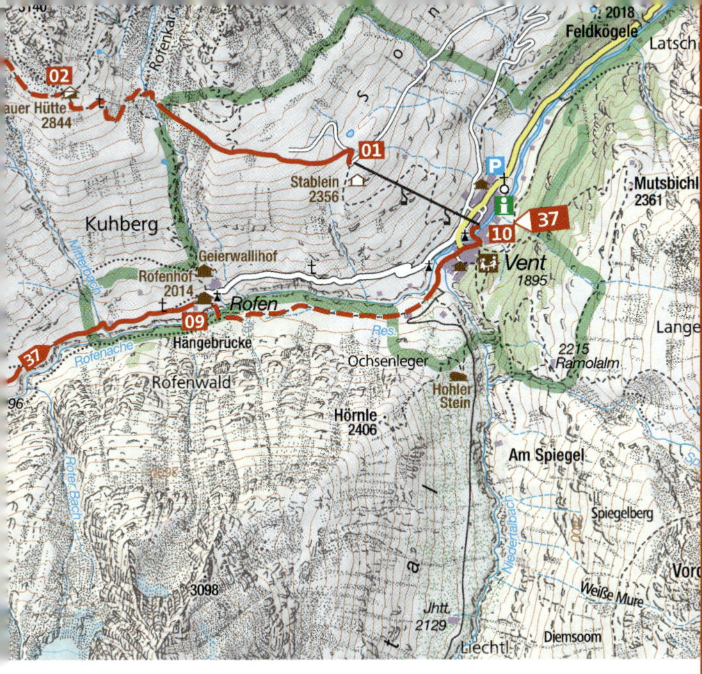

Bartgeier

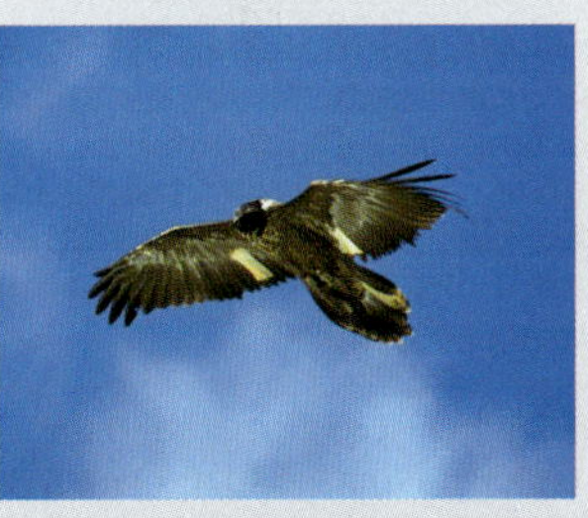

Majestätisch gleiten sie minutenlang entlang der Berghänge ohne einen einzigen Flügelschlag und nützen instinktiv jeden noch so kleinen Hauch an Thermik, immer neugierig und Ausschau haltend nach möglichem Fressen. Bartgeier sind mit bis zu 2,80 m Flügelspannweite die größten Vögel im Naturpark Ötztal. Ihre Lebensweise fasziniert – so sind sie z. B. reine Aasfresser und ernähren sich von ca. 80 % Knochen bzw. legen Strecken von bis zu 600 km/Tag zurück. Anfang des 20 Jh. wurden die Tiere in den Alpen völlig ausgerottet. In den 1970er-Jahren wurde ein erfolgreiches Wiederansiedlungsprojekt gestartet, sodass wir diesen beeindruckenden Vogel nun immer wieder im Ötztal begrüßen können. Also – Fernglas mitnehmen und Augen auf!

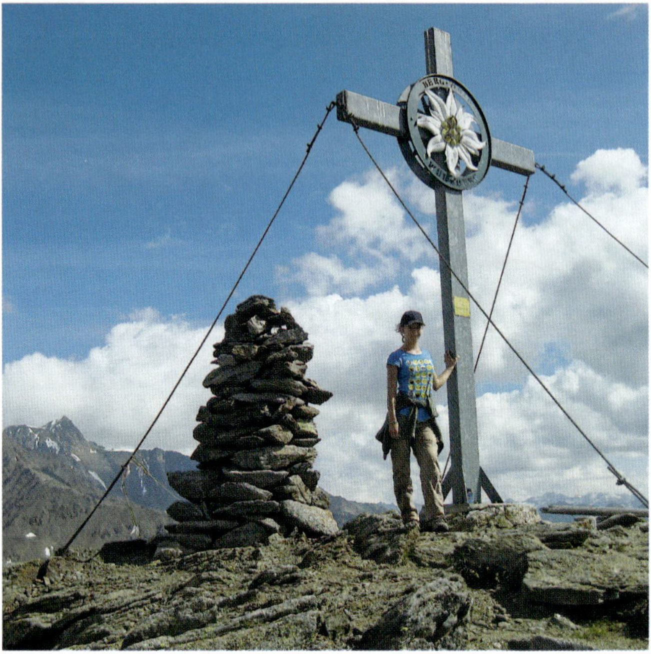

Auf dem Gipfel der Mittleren Guslarspitze.

Mittlere Guslarspitze, 3128 m

Vom **Hochjoch Hospiz** 06 folgt man der Beschilderung „Mittlere Guslarspitze – Deloretteweg" und wandert hoch zum **Delorette-weg** 06. Dieser zieht zunächst nach links um den Bergrücken herum.

An der nächsten Weggabelung verlassen wir ihn jedoch und zweigen nach Norden ab. Im Schlussanstieg geht es über Blockwerk in Serpentinen auf den Verbindungsgrat zwischen Hinterer und Mittlerer Guslarspitze nach rechts hinauf zum Gipfelkreuz (ca. 2 Std.). Von dort hat man einen grandiosen Blick auf Finailspitze, Weißkugel, Fluchtkogel und Wildspitze.

Für den Abstieg zunächst zurück auf den Verbindungsgrat und auf diesem weiter Richtung Hintere Guslarspitze. Noch vor dieser zweigt nach rechts ein markierter Pfad durch einen mit Geröll und Schutt durchsetzten Steilhang ab und leitet hinunter zu den Bächen des Guslarferners und erreicht noch unterhalb der Vernagthütte den Hüttenzustiegsweg.

Zurück zur **Brücke** 03 über den Vernagtbach und auf der anderen Talseite immer leicht abfallend zum Vernagtegg und dann an den Hängen entlang talauswärts zur **Materialseilbahn** 08. Von dort auf einem Fahrweg über die **Rofenhöfe** 09 zurück nach Vent zum **Parkplatz an der Talstation** 10 (2 Std.).

SIMILAUNHÜTTE • 3019 m

Über die Martin-Busch-Hütte zum Similaunferner

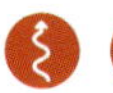  25,6 km 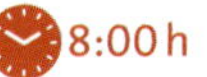 8:00 h 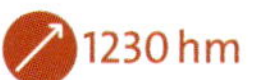 1230 hm 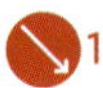 1230 hm 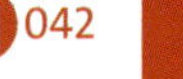 042

START | Bushaltestelle Vent (Hotel Post) oder Parkplatz bei der Talstation des Sesselliftes Wildspitze, 1902 m [GPS: UTM Zone 32 x: 645.951 m y: 5.191.392 m]
CHARAKTER | Langer Hüttenaufstieg über eine Fahrstraße bis zur Martin-Busch-Hütte, dann gut markierte Bergwege. Wer noch zur Ötzi-Fundstelle auf dem Tisenjoch weiterwandern will, sollte eine Übernachtung in einer der beiden Hütten einplanen.

Die Similaunhütte am Alpenhauptkamm unterhalb des Similaun ist wie die auf halber Strecke gelegene Martin-Busch-Hütte eine viel frequentierte Schutzhütte, da sie am westlichen Zweig des Fernwanderwegs E5 liegt. Die Similaunhütte wurde durch den Fund der steinzeitlichen Mumie „Ötzi" am westlich davon gelegenen Tisenjoch international bekannt. Noch zu Beginn der Wanderung empfiehlt sich der Abstecher zum „Hohlen Stein", einer steinzeitlichen Lagerstätte, die den Jägern damals auf dem Weg zum Hauptkamm als Unterschlupf diente.

▶ Vom **Parkplatz** 01 neben der Talstation des Wildspitz-Sesselliftes folgen wir den Beschilderungen vorbei am Hotel Alt Vent zur

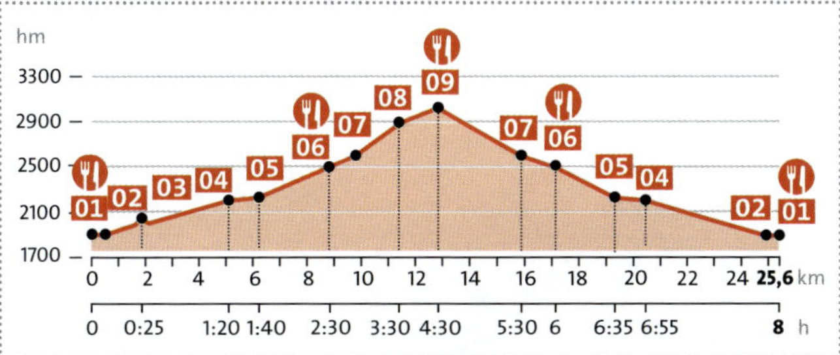

01 Parkplatz neben Talstation des Sesselliftes Wildspitze, 1902 m; 02 Brücke, 1911 m; 03 Hohler Stein, 2037 m; 04 Abzweig zum Ramolhaus, 2181 m; 05 Schäferhütte, 2230 m; 06 Martin-Busch-Hütte, 2501 m; 07 Weggabelung (Similaunhütte über „Beim Bild"), 2609 m; 08 Wegpunkt „Beim Bild", 2899 m; 09 Similaunhütte, 3019 m

Brücke 02 über den Niedertalbach und wandern auf dem Fahrweg in einer lang gezogenen Spitzkehre (es gibt auch eine Abkürzung) zum Eingang des Niedertals. Nach der ersten Spitzkehre kommen wir an einer Skulptur vorbei, die Teil des Kunstweges ist. Wenig später zweigt nach rechts der Pfad zum **Hohlen Stein** 03 ab.

Wieder zurück auf dem Hauptweg geht es nun kontinuierlich auf dem Jeepweg der Martin-Busch-Hütte bergan. Etwa auf halber Strecke zweigt links der **Weg zum Ramolhaus** 04 ab, weitere 20 Minuten später erreicht man eine hübsche, aus Steinen erbaute **Schäferhütte** 05. Der Weg führt gemütlich ansteigend am Hang entlang, erst zum Schluss wird es nochmals deutlich steiler. An der **Martin-Busch-Hütte** 06 endet auch der Fahrweg, auf dem immer mal wieder Jeeps fahren, die Gepäck hinauf zur Hütte transportieren.

Von der Hütte zieht ein Steig in das rechts vom markanten Marzellkamm liegende Tal hinein. Früher stieg man über den Kamm hinauf zum Similaun, seit einigen Jahren ist dies wegen akuter Bergsturzgefahr nicht mehr möglich. An einer **Weggabelung** 07 halten wir uns rechts und folgen der Beschilderung „Similaunhütte über Beim Bild". Der schöne Steig mit angenehmer Steigung zieht die rechte Bergflanke hinauf zu einer Seitenmoräne des Niederjochferners und erreicht schließlich den **Wegpunkt „Beim Bild"** 08. (Vom Tisenjoch absteigend stößt man hier wieder auf den Hauptweg).

Weiterhin gut markiert und an einer Stelle versichert zieht der Steig auf der Seitenmoräne hinauf zur Hütte. Kurz vor dieser mündet von links der Abstiegsweg ein. Möglicherweise über Firn erreicht man schließlich das Niederjoch und bald darauf die **Similaunhütte** 09.

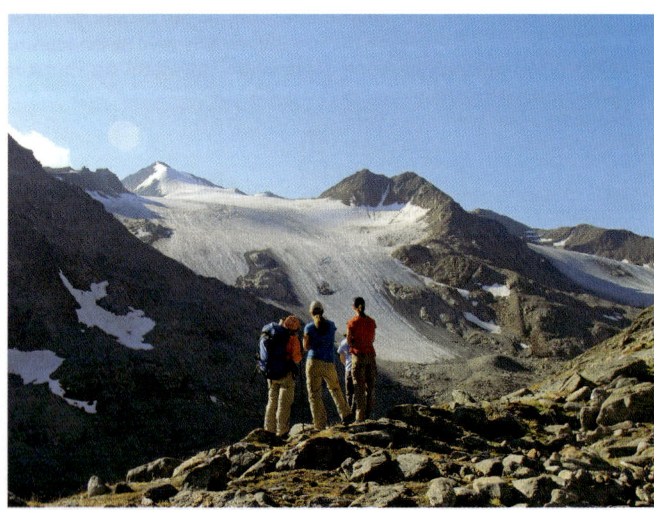

Eindrucksvoller Blick zum Similaun und Marzellferner.

Hohler Stein – steinzeitliches Jägerlager

Versteckt inmitten der Latschenfelder liegt ein großer Felsblock, der an seiner Südseite eine schützende Höhle bildet und deshalb auch als „Hohler Stein" bezeichnet wird. Laut Forschungen der Universität Innsbruck lagerten an dieser Stelle steinzeitliche Jäger zwischen dem 8. und 4. Jahrtausend v. Chr. Sie errichteten an diesem geschützten Platz im Hochgebirge Feuerstellen, verwerteten ihre Jagdbeute und stellten Klingen und Pfeilspitzen aus Feuerstein her. Die Fundstelle des „Ötzi" ist gerade einmal 12 km entfernt und so kann es durchaus sein, das auch der „Ötzi" bei einem seiner Streifzüge durch das vorgeschichtliche Ötztal hier einmal ein geschütztes Nachtlager fand.

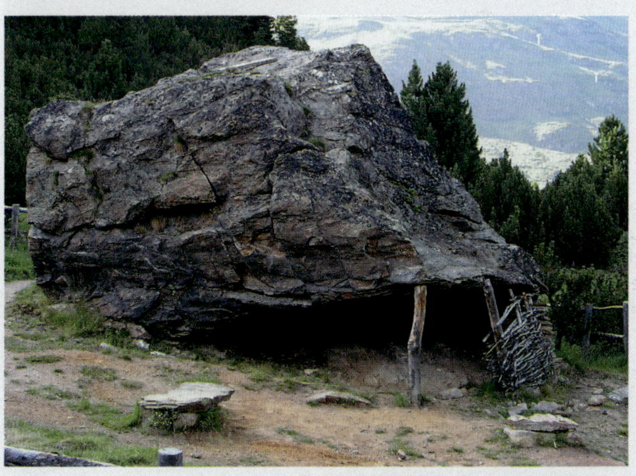

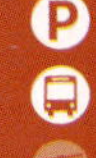

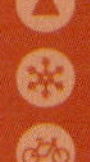

Für den Rückweg wählen wir einen anderen Weg, der ohne Beschilderung, aber ausgepflockt und eisfrei nach kurzer Zeit rechts hinunter zum Ferner abzweigt und als erdiger Pfad zwischen Eisresten hindurch und an Lacken vorbei hinunter zum Niederjochbach und an diesem entlang zur **Martin-Busch-Hütte** 06 führt. Von dort auf dem Fahrweg zurück nach **Vent** 01.

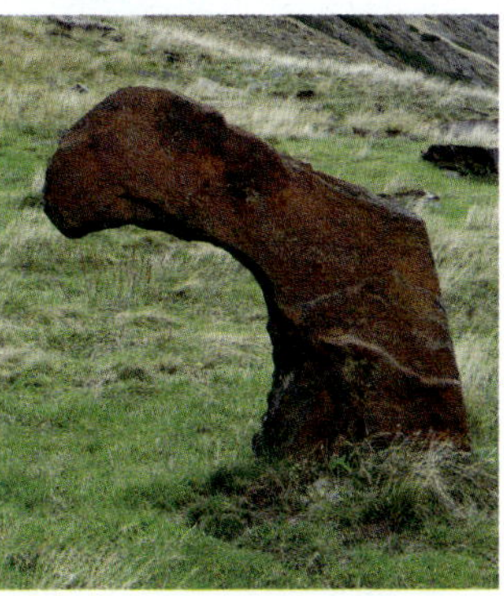

Die Natur als Künstlerin – ein steinerner Schafskopf.

Ötzi-Fundstelle am Tisenjoch, 3208 m

Im September 1991 machte ein deutsches Ehepaar einen sensationellen Fund nahe dem 3210 m hohen Tisenjoch – eine mumifizierte Leiche, bei der schnell deutlich wurde, das es sich um eine steinzeitliche Gletschermumie handelte, die bald nur noch „Ötzi" genannt wurde. Das Todesdatum wurde auf eine Zeit zwischen 3359 und 3105 v. Chr. datiert, die Mumie ist also um die 5250 Jahre alt. Der steinzeitliche Jäger kam vermutlich aus dem heutigen Schnalstal.

Zur Fundstelle – gekennzeichnet durch eine Steinpyramide – führt von der Similaunhütte ein teilweise versicherter Steig über einen Grat. Die Mumie wird im Südtiroler Archäologiemuseum in Bozen gezeigt. www.iceman.it

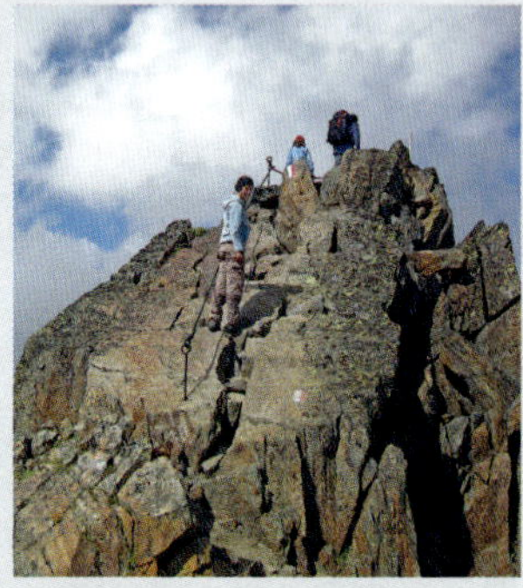

Aufstieg zum Tisenjoch.

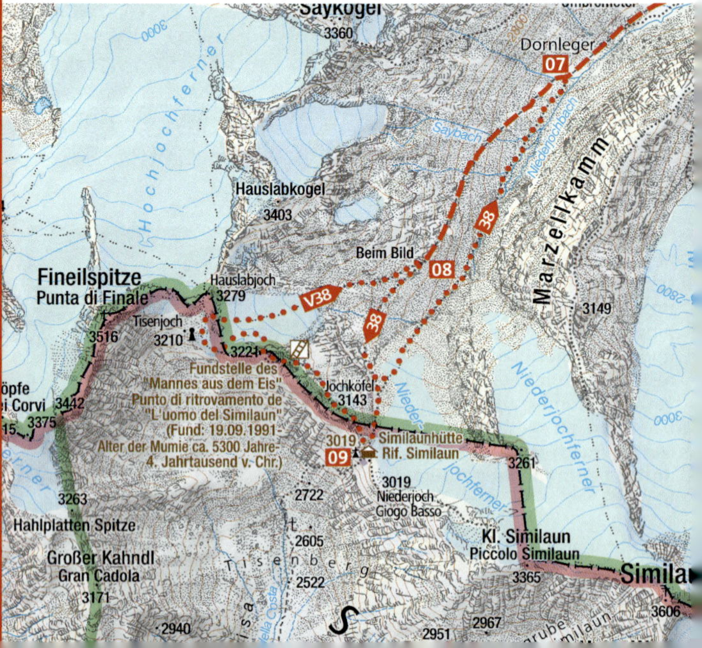

Saykogel
3360
Dornleger
07
Saybach
Niederjochbach
Hochjochferner
Hauslabkogel
3403
Beim Bild
08
38
Marzellkamm
Fineilspitze
Punta di Finale
Hauslabjoch
3279
V38
3149
Tisenjoch
3210
3516
3221
Fundstelle des "Mannes aus dem Eis"
Punto di ritrovamento de "L'uomo del Similaun"
(Fund: 19.09.1991 – Alter der Mumie ca. 5300 Jahre – 4. Jahrtausend v. Chr.)
Jochköfel
3143
Niederjochferner
3442
3375
3019
09
Similaunhütte
Rif. Similaun
3261
3263
2722
3019
Niederjoch
Giogo Basso
Hahlplatten Spitze
2605
Kl. Similaun
Piccolo Similaun
Großer Kahndl
Gran Cadola
3171
Tisenberg
2522
3365
3606
2940
2951
2967

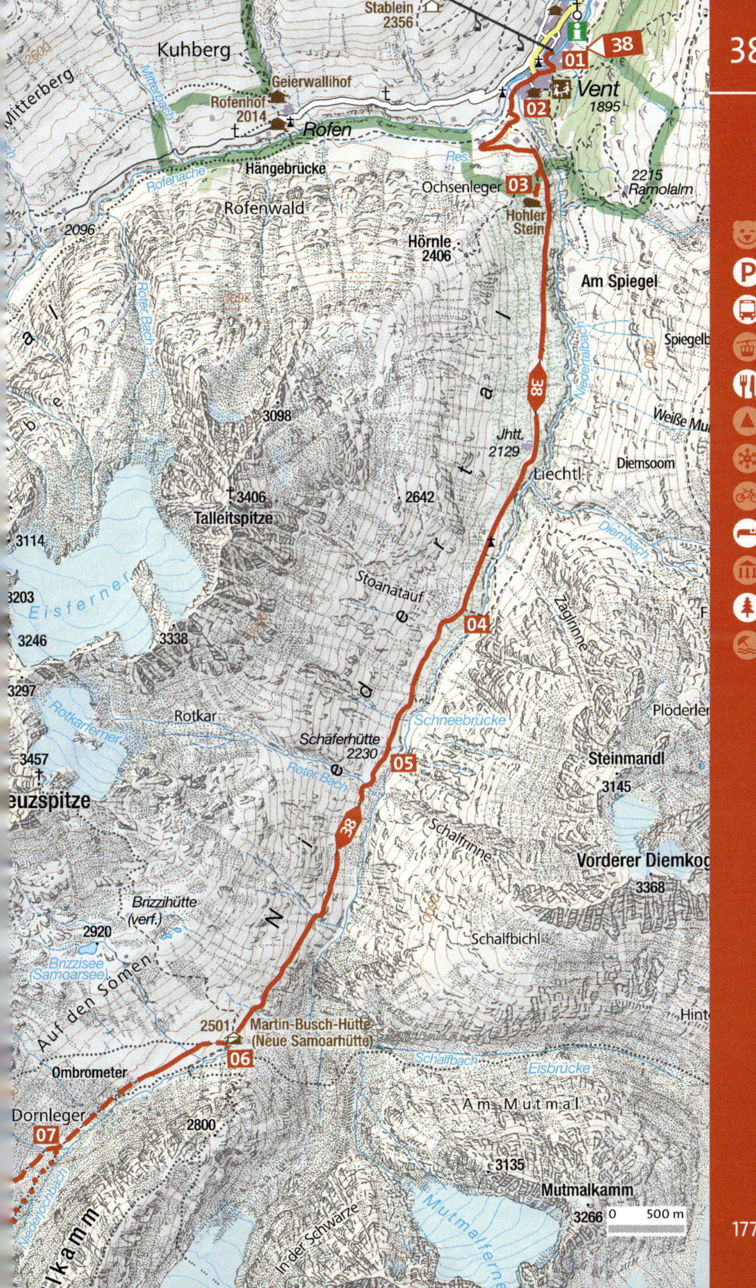
Stablein
2356
Kuhberg
Mitterberg
Geierwallihof
Rofenhof
2014
Rofen
Vent
1895
Hängebrücke
Rofenache
Ochsenleger
2215
Ramolalm
Rofenwald
Hohler
Stein
2096
Hörnle
2406
Am Spiegel
Roter Bach
Niedertalbach
Jhtt.
2129
Liechtl
Diemsoom
3098
3406
Talleitspitze
2642
3114
Diembach
Stoanatauf
Eisferner
3203
3246
3338
Zagrinne
3297
Rotkar
Schneebrücke
Rotkarferner
Ploderler
Schäferhütte
2230
Steinmandl
3457
3145
Roter Bach
Schalfrinne
Vorderer Diemkog
3368
Niedertal
Brizzihütte
(verf.)
2920
Schalfbichl
Brizzisee
(Samoarsee)
Auf den Somen
2501
Martin-Busch-Hütte
(Neue Samoarhütte)
Ombrometer
Schalfbach
Eisbrücke
Dornleger
Am Mutmal
2800
3135
Mutmalkamm
3266
0 500 m
In der Schwärze
Mutmalferner
Niederjochbach

RAMOLHAUS • 3005 m

Hoch über dem Gurgler Ferner

 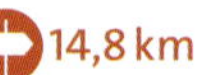 14,8 km 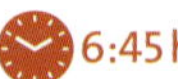 6:45 h 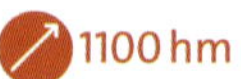 1100 hm  1100 hm 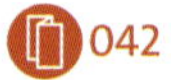 042

START | Bushaltestelle bei der Kirche in Obergurgl, 1907 m [GPS: UTM Zone 32 x: 645.951 m y: 5.191.392 m]
CHARAKTER | Anstrengender Aufstieg über den gut ausgebauten und markierten Ramolweg, im Schlussanstieg steiler und felsiger.

Das Ramolhaus zählt mit seiner exponierten Lage oberhalb des Gurgler Ferners sicher zu den spektakulärsten Schutzhütten der Ostalpen. Die 1881 erbaute Hütte der Sektion Hamburg wird heute in vierter Generation von der Familie Scheiber bewirtschaftet. Der Aufstieg ist zugegebenermaßen anstrengend, aber ein lohnendes Tagesziel. Von der Hüttenterrasse blickt man auf sage und schreibe 22 Gletscher. Noch schöner ist es allerdings, oben zu übernachten und einen traumhaften Sonnenaufgang zu erleben.

▶ Von der **Bushaltestelle** 01 folgt man der Beschilderung und lässt sich über den Ramolweg hinunter zur **Brücke** 02 über die Gurgler Ache leiten. Nun in einigen Kehren steiler eine Geländestufe hinauf zum **Aussichtspunkt „Beil"** 03 mit herrlichem Blick auf Obergurgl. Über die steilen Wiesen an weidenden Schafen und Haflingern und dem ein oder anderen neugierigen Murmeltier vorbei wandern wir – immer gleichmäßig ansteigend und den einen oder anderen Gletscherbach querend – hinauf zur aufgelassenen Schäfer-

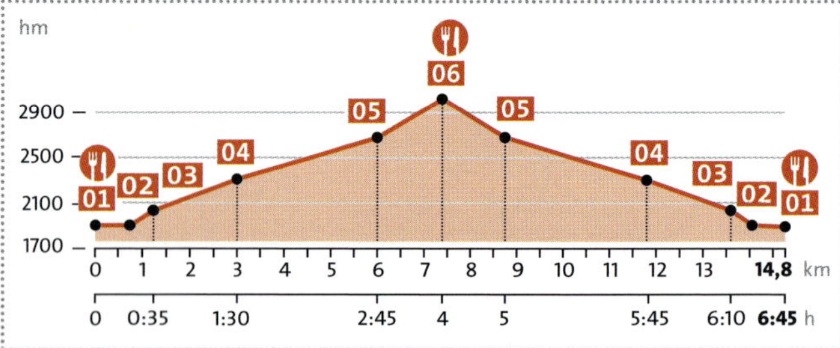

01 Obergurgl, Bushaltestelle, 1907 m; 02 Brücke über Ache, 1907 m; 03 Aussichtspunkt „Beil", 2028 m; 04 Küppelealm, 2303 m; 05 Abzweig zu Piccard-Hängebrücke, 2686 m; 06 Ramolhaus, 3005 m

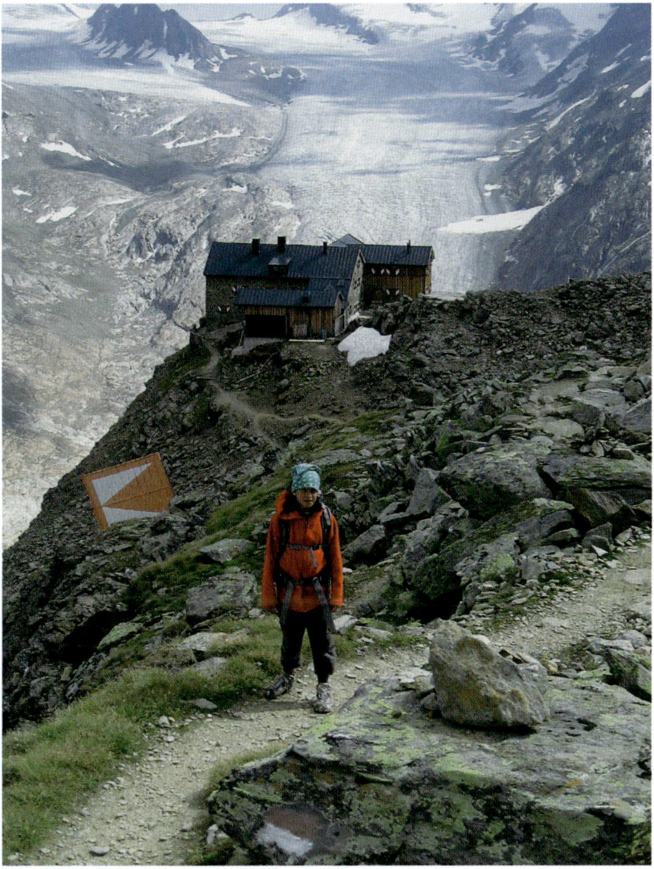

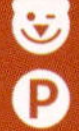

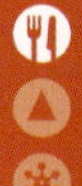

Herrlicher Blick über das Ramolhaus auf den Gurgler Ferner.

hütte der **Küppelealm** 04. Von hier genießt man einen tollen Blick ins Rotmoostal und zu den in der Sonne gleißenden Fernern. Hinter den Herrenbächen ist auch erstmals die Hütte zu sehen.

Mit Blick auf die Nordostflanke des Schalfkogels, die imposanten Gipfel von Seelenkögel, Eiskögele und Hochwilde führt der Bergweg immer weiter geradeaus ins Tal hinein und die Südosthänge des Ramolkogels querend zu einem ersten **Abzweig** 05 **zur Piccard-Hängebrücke** und den Nachbarhütten Langtalereckhütte und Hochwildehaus. Mit Blick auf die hoch oben thronende Hütte zieht der Weg anschließend in einem Rechtsbogen zunächst an der Hütte vorbei. Nun deutlich steiler geht es in Kehren zum **Ramolhaus** 06 hinauf.

Neuer Lebensraum entsteht – das Gletschervorfeld

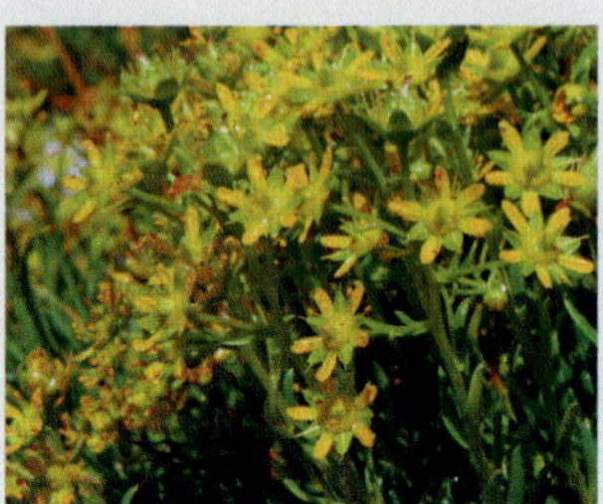

Durch den Rückgang der Gletscher werden neue Flächen besiedelt – die Gletschervorfelder. Auf den ersten Blick wirken sie zwar völlig leblos, auf den zweiten tut sich da schon einiges. Nach 5 bis 10 Jahren werden die Gletschervorfelder von ganz speziellen Tier- und Pflanzenarten besiedelt und als Lebensraum genutzt. Eine dieser „Pionier"-Pflanzen ist zum Beispiel der Fetthennen-Steinbrech (im Bild).

Gletscher und Gletschervorfelder werden im Naturpark Ötztal seit über 100 Jahren durch naturkundliche Forscher der alpinen Forschungsstelle Obergurgl, einer Außenstelle der Universität Innsbruck, untersucht. Diese besonderen Flächen sind als geschützter Lebensraum gegen Belastungen besonders empfindlich.

Zurück entweder auf dem Hinweg oder alternativ weiter nach Vent.

Variante Abstieg nach Vent:
Sehr reizvoll ist der Abstieg nach Vent, der zunächst Richtung Ramolkogel und Norden führt und vor dem Ramolferner nach Westen abbiegt. Über einen seilversicherten Steig klettert man etwas ausgesetzt durch Felsgelände hinauf zum **Ramoljoch** (3189 m), das imposant zwischen Ramolkogel und Hinteren Spiegelkogel liegt. Nun geht es rechts vom Spiegelferner durch Geröllhänge abwärts zur **Ramolalm** (2215 m) und weiter hinunter nach Vent (1895 m). Insgesamt sollte man für diesen abwechslungsreichen Weg etwa 4 Stunden veranschlagen. Mit dem Bus kann man anschließend via Zwieselstein zurück nach Obergurgl fahren.

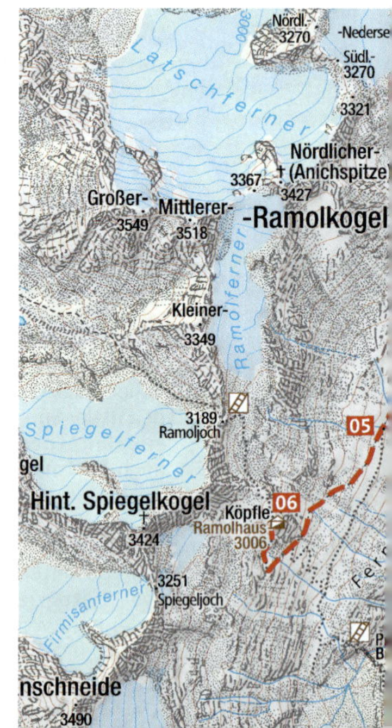

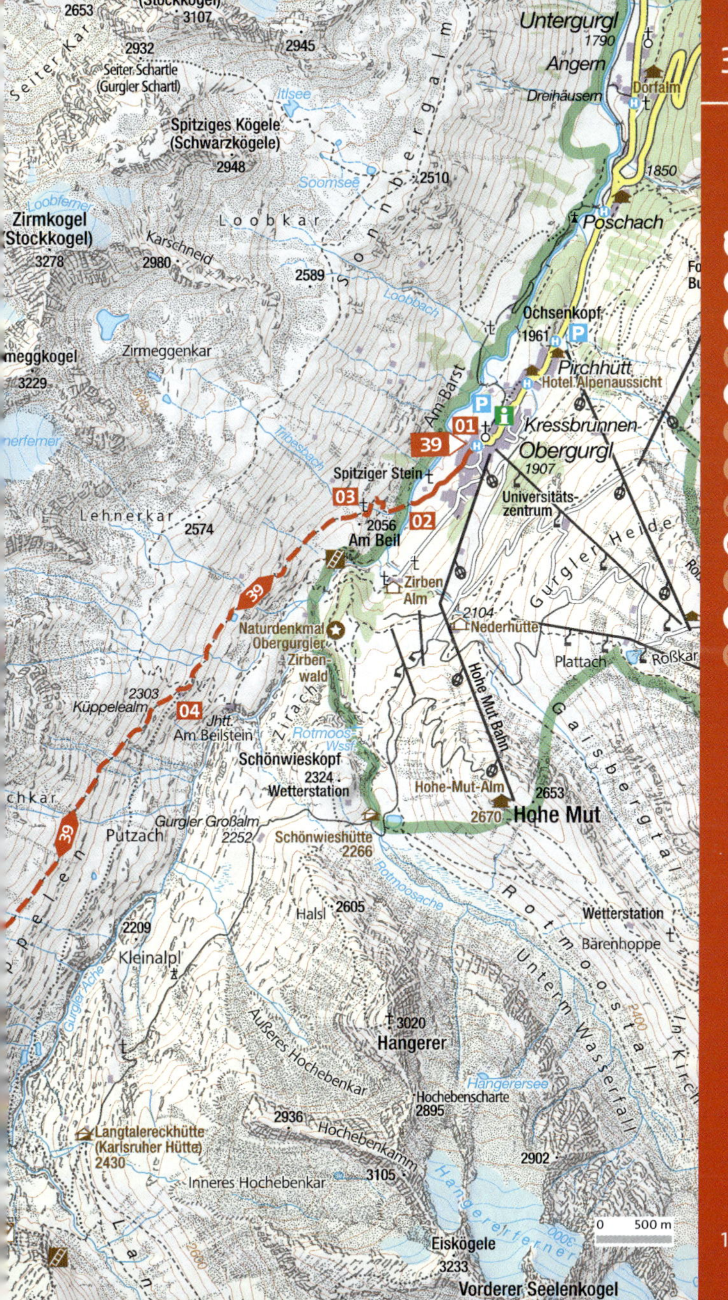
Untergurgl
1790
Angern
Dreihäusem
Dorfalm
1850
Poschach
Ochsenkopf
1961
Pirchhütt
Hotel Alpenaussicht
Kressbrunnen
Obergurgl
1907
Universitäts-
zentrum
Gurgler Heide
Am Barst
Spitziger Stein
2056
Am Beil
Zirben
Alm
2104
Nederhütte
Plattach
Roßkar
Naturdenkmal
Obergurgler
Zirben-
wald
Zirach
Rotmoos-
Wssf.
Hohe Mut Bahn
Hohe-Mut-Alm
2653
2670
Hohe Mut
Gaisbergtal
Schönwieskopf
2324
Wetterstation
Schönwieshütte
2266
Rotmoosache
Rotmoostal
Wetterstation
Bärenhoppe
Unterm Wasserfall
Halsl
2605
3020
Hangerer
Hangerersee
Hochebenscharte
2895
2902
Äußeres Hochebenkar
2936
Hochebenkamm
3105
Hangererferner
Eiskögele
3233
Vorderer Seelenkogel
Inneres Hochebenkar
Langtalereckhütte
(Karlsruher Hütte)
2430
Kleinalpl
2209
Gurgler Ache
Putzach
Gurgler Großalm
2252
2303
Küppelealm
Jhtt.
Am Beilstein
Lehnerkar
2574
Tribesbach
Zirmeggenkar
3229
Zirmkogel
(Stockkogel)
3278
Karschneid
2980
Loobkar
2589
Loobbach
Sonnbergalm
2510
Soomsee
Spitziges Kögele
(Schwarzkögele)
2948
Seiter Schartle
(Gurgler Schartl)
2932
Itlsee
2945
(Stockkogel)
3107
2653
Seiter Kar
Loobferner
01
02
03
04
39
0 500 m

Piccard-Hängebrücke

Wo einst der Gletscher floss...

 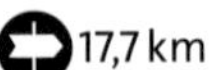 17,7 km  6:40 h  862 hm 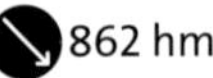 862 hm 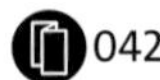 042

START | Bushaltestelle bei der Kirche in Obergurgl, 1907 m [GPS: UTM Zone 32 x: 645.951 m y: 5.191.392 m]
CHARAKTER | Auf gut markierten Wanderwegen in eine hochalpine Bergwelt. Der Abstieg zur Hängebrücke ist seilversichert, dank vieler Trittbügel aber leicht zu gehen. Sehr steil und z. T. ebenfalls versichert ist der Steig ins Langental.

Wer in einem Abstand von mehreren Jahren den Gurgler Ferner besucht, erlebt persönlich, wie stark der Gletscherschwund in den Alpen vorangeschritten ist. Immer weiter hat sich der Gletscher zurückgezogen, war er vor 30 Jahren noch von der Langtalereckhütte aus zu sehen, befindet sich seine Zunge nun sicher 2 km weiter südlich. Für die Wegwarte wurde es immer schwieriger, den Verbindungsweg zwischen dem Ramolhaus und den beiden auf der Südseite gelegenen Hütten Hochwildehaus und Langtalereckhütte begehbar zu halten. Hochwasser zerstörte jährlich die provisorische Holzbrücke, Steinschlag gefährdete den Weg auf der Ramolhüttenseite. Der Gletscherbach hat sich inzwischen so tief in den Fels gegraben, dass man sich für eine langfristige Lösung entschied. Seit 2016 überspannt nun eine spektakuläre Hängebrücke in 82 m Höhe den Gletscherbach.

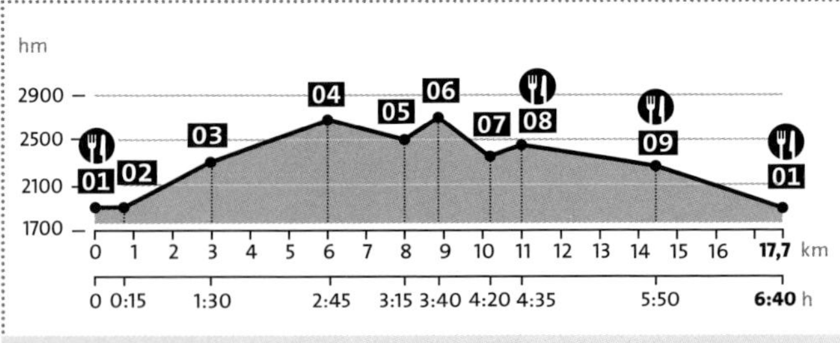

01 Obergurgl, Bushaltestelle, 1907 m; **02** Brücke über Ache, 1907 m; **03** Küppelealm, 2303 m; **04** Abzweig Weg 36, 2686 m; **05** Hängebrücke, 2490 m; **06** Abzweig zum Hochwildehaus, 2693 m; **07** Stahlbrücke im Langental, 2360 m; **08** Langtalereckhütte, 2450 m; **09** Schönwieshütte, 2266 m

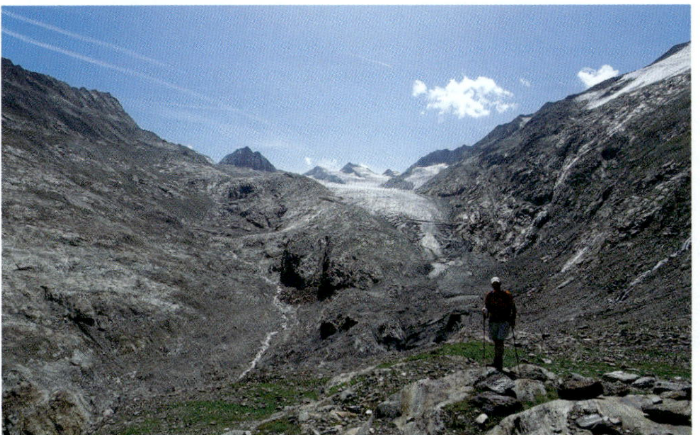

Weit hat sich der Ferner zurückgezogen... ein schöner Platz für eine Pause.

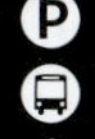

▶ Wir starten an der **Bushaltestelle 01** in Obergurgl und laufen links von der Pfarrkirche auf dem Piccardweg (Wegweiser „Ramolhaus") aus dem Ort hinaus, queren auf einer **Brücke 02** die Gurgler Ache und steigen in Serpentinen hinauf zum Spitzigen Stein. Der Ramolweg (Nr. 37, 902, 02) führt entlang der Hochmähder immer wieder Bäche querend in rund 1:30 Stunden zur **Küppelealm 03**. Von hier aus genießt man einen schönen Blick auf das gegenüberliegende Rotmoostal.

Immer Richtung Gurgler Ferner blickend steigt der Bergpfad nun unter den Südwänden des Ramolkogels wieder etwas steiler an. Wir queren nochmals einige Bäche und sehen noch sehr hoch über uns das Ramolhaus auf einem Geländerücken. An einer **Weggabelung 04** verlassen wir den geradeaus führenden Ramolweg und zweigen nach links auf den Wanderweg 36 Richtung Piccard-Brücke ab.

Der Weg zur Hängebrücke zieht nun über die steilen Bergwiesen talwärts, über uns immer gut sichtbar das Ramolhaus. Wir passieren eine Weggabelung, an der rechts nochmals ein Weg zur Hütte abzweigt. Der Pfad fällt weiter Richtung Süden ab. Wir kommen zu einem weiteren Wegweiser. Der Blick auf den Gletscher und das Gletschervorfeld ist beeindruckend und lädt zu einer Pause ein.

Wir folgen nun dem Weg hinunter zur Brücke, vorbei an schön marmoriertem Gletscherschliff und können schon bald – noch aus großer Höhe – auf die Hängebrücke und den Gegenanstieg auf der gegenüberliegenden Talseite schauen. Der Tiefblick hinunter zur Ache ist eindrucksvoll. Glatte, plattige Felsen lassen sich dank Trittstiften, Trittbügeln, Gittern und Seil problemlos bewältigen, alles ist hervorragend gesichert.

Die massiv gebaute **Hängebrücke 05** betreten wir über ein paar Stufen und laufen dann über die sacht schwingende Brücke auf die andere Seite. Der Blick hinunter ist atemberaubend, vor allem dann,

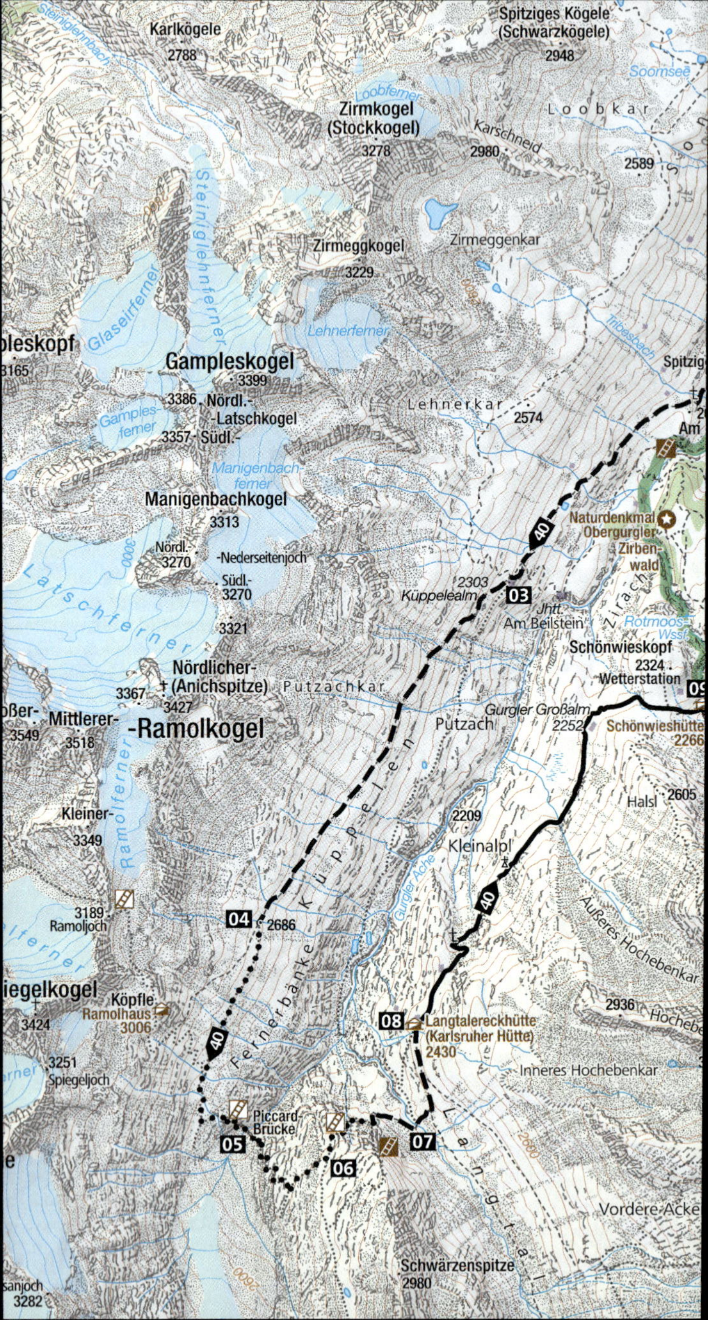

Karlkögele 2788
Spitziges Kögele (Schwarzkögele) 2948
Soomsee
Loobkar
Loobferner
Zirmkogel (Stockkogel) 3278
Karschneid 2980
2589
Steinigleh nferner
Zirmeggkogel 3229
Zirmeggenkar
Glaseirferner
Lehnerferner
Tribesbach
Gampleskogel 3399
3386 Nördl.-
3357 Südl.- -Latschkogel
Gamplesferner
Lehnerkar 2574
Manigenbachferner
Manigenbachkogel 3313
Nördl.- 3270
-Nederseitenjoch
Südl.- 3270
Naturdenkmal Obergurgler Zirbenwald
2303 Küppelealm
03
Jhtt. Am Beilstein
Rotmoos-Wssf.
Latschferner
3321
Schönwieskopf 2324
Wetterstation
Nördlicher- (Anichspitze) 3427
3367
Putzachkar
Mittlerer- 3518
-Ramolkogel
Gurgler Großalm 2252
Schönwieshütte 2266
Putzach
Ramolferner
Küppelen
Halsl 2605
2209
Kleiner- 3349
Kleinalpl
Gurgler Ache
3189 Ramoljoch
04
2686
Fernerbänke
Äußeres Hochebenkar
Köpfle
Ramolhaus 3006
3424
2936
08
Langtalereckhütte (Karlsruher Hütte) 2430
3251 Spiegeljoch
Inneres Hochebenkar
Piccard-Brücke
05
06
07
Langtal
Vordere Acke
Schwärzenspitze 2980
3282

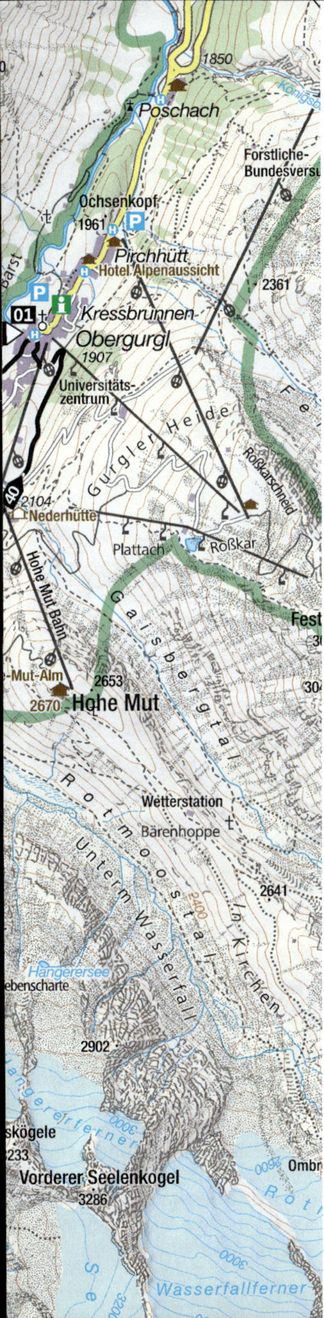

wenn man sich vergegenwärtigt, dass hier bis vor 30 Jahren noch das Eis geflossen ist. Die neue Brücke auf 2465 m Seehöhe überspannt die Schlucht in 100 m Höhe auf einer Länge von 142 m.

Auf der Ostseite steigen wir auf gut markiertem Weg und teilweise wieder gesichert bergauf – die in vielen Rot-braun-Ockerfarben schimmernden Felsen bieten unglaublich schöne Fotomotive. Der Weg zieht im oberen Drittel nicht mehr ganz so steil talauswärts Richtung Nordosten und trifft an einer **Weggabelung 06** auf den Zustiegsweg zum Hochwildehaus, das aufgrund massiver statischer Probleme durch den Rückzug des Permafrostes auf unbekannte Zeit geschlossen ist.

Wir halten uns am Wegweiser links und umrunden zunächst die Ausläufer der Schwärzenspitze. Noch scheinbar weit weg blicken wir auf die Langtalereckhütte (Karlsruher Hütte) auf der ande-

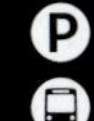
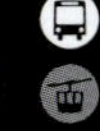
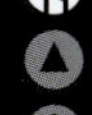
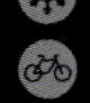

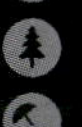

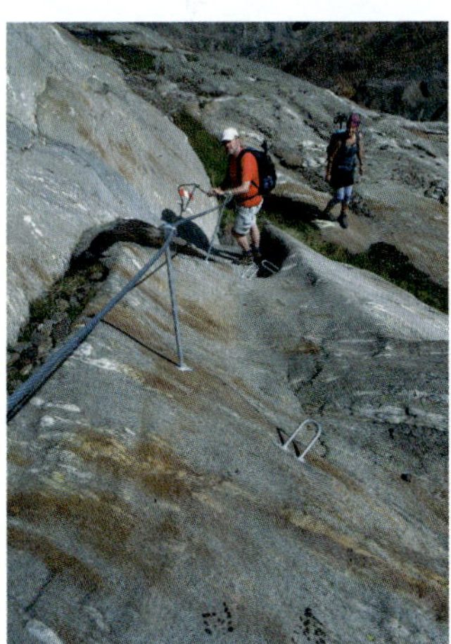

Gut versicherter Abstieg zur Brücke.

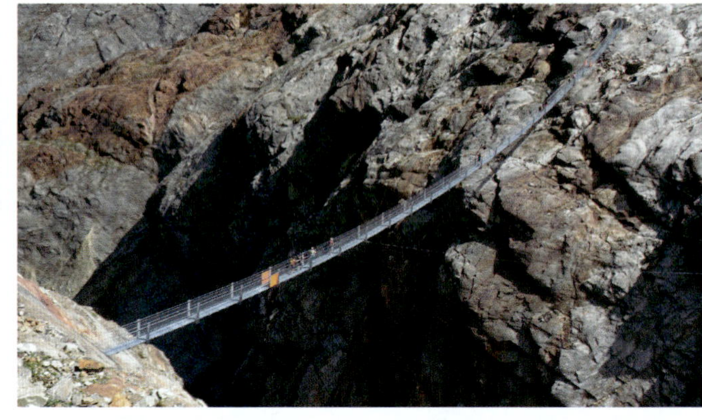

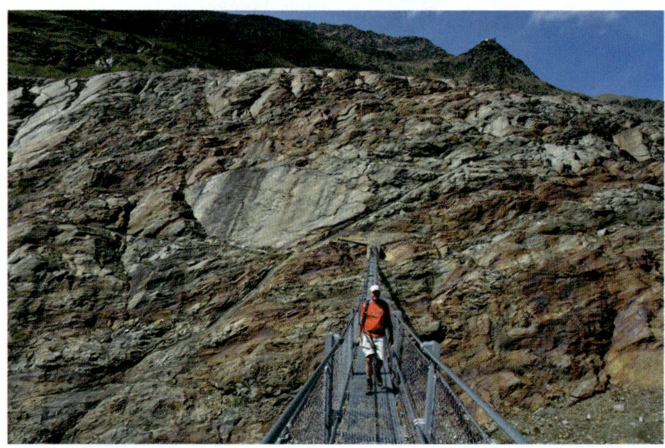

Oben: Blick auf die Hängebrücke.
Unten: Eine kleine Mutprobe... im Hintergrund rechts das Ramolhaus.

ren Talseite des Langentals und sehen auch einen Teil unseres weiteren Wegs. In vielen Kehren (z.T. versichert) quert der Steig nun einen steilen Hang hinunter ins Langental. Den Gletscherbach, der vom Langentalferner (zur Gletscherzunge rund 1 Std. Gehzeit) herunterfließt, queren wir auf einer **Stahlbrücke 07**. Der Weg führt am Hang entlang hinauf zur **Langtalereckhütte 08**, wo wir gemütlich einkehren können. Zurück nach Vent folgen wir der breiten Hüttenzufahrt, die uns – immer mit Blick talauswärts auf die Stubaier Gipfel – an einem Zollhäuschen, einer Kapelle und einer Almhütte zur neu gebauten **Schönwieshütte 09** führt. Nach der Brücke kann man wahlweise durch den Zirbenwald (1 Std. in den Ort) oder auf dem Fahrweg nach **Obergurgl 01** wandern.

LENZENALM • 1896 m

Panoramaalm über dem Gurgler Tal

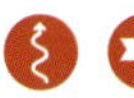  8 km  2:45 h 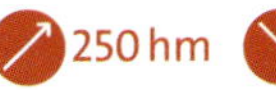 250 hm 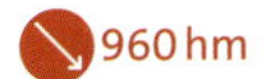 960 hm  042

START | Hochgurgl, Bushaltestelle „Crosspoint“, 2085 m [GPS: UTM Zone 32 x: 656.327 m y: 5.197.132 m]
CHARAKTER | Abwechslungsreiche Wanderung auf Wander- und Fahrwegen. Besonders schön im Herbst nach den ersten Frösten (Lärchenverfärbung).

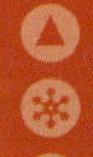

In den letzten Jahren wurde der Bereich unterhalb der Lenzenalm und unweit der Almhütte Sahnestüberl im Bereich der sogenannten Leckgalerie mehrfach durch Muren und Felsstürze heimgesucht. Die beliebte Wanderung von Obergurgl entlang der Gurgler Ache zum Piller See und weiter zum Sahnestüberl ist daher nicht mehr möglich, eine neue Trassenführung aber geplant. Deshalb startet die Wanderung hinauf zur Lenzenalm nun alternativ in Hochgurgl.

Die kurzweilige Tour führt von der Timmelsjoch Hochalpenstraße zum Eingang des Timmelstals, wo sie auf den Ötztaler Urweg trifft. Statt nach Zwieselstein geht es jedoch steil bergab zu der an der Gurgler Ache gelegenen Almhütte Sahnestüberl. Durch einen herrlichen, mit Lärchen bestandenen Bergwald wandern wir anschließend hinauf zur Lenzenalm, die auf einem Aussichtsbalkon hoch über dem Eingang des Gurgler Tals thront. Weit reicht von dort der

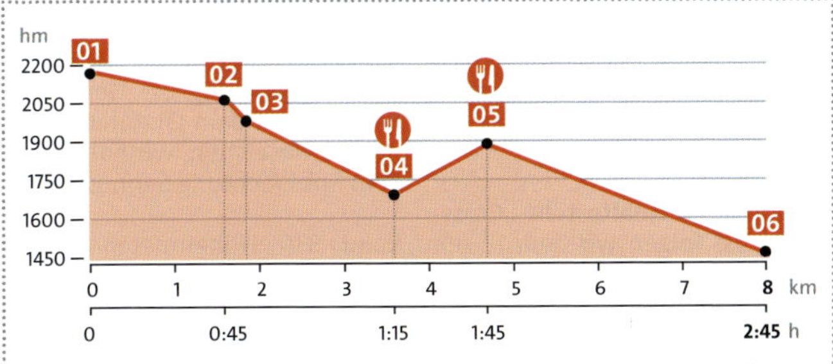

01 Hochgurgl, Bushaltestelle „Crosspoint“, 2165 m; 02 Passtraße, 2085 m; 03 Weggabelung, 1985 m; 04 Sahnestüberl, 1650 m; 05 Lenzenalm, 1896 m; 06 Bushaltestelle in Zwieselstein, 1470 m

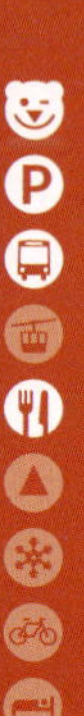

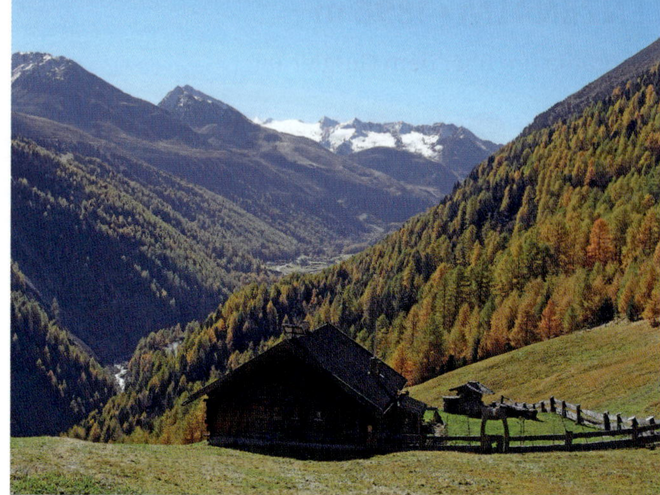

Ein traumhafter Herbsttag auf der Lenzenalm.

Blick zu den weiß leuchtenden Gurgler Gletschern.

Der Bus bringt uns wahlweise von Sölden oder Zwieselstein hinauf zur Mautstation. Hier bietet sich vom „Steg“, der ersten von insgesamt 6 Stationen der sogenannten „Timmelsjoch Erfahrung“, ein herrlicher Blick zu den Gletschern am Talschluss und in Gegenrichtung zu den Gipfeln oberhalb von Sölden. Motorrad-Enthusiasten sei der Besuch des neu errichteten Museums „Motorcycle Experience World“ empfohlen.

▶ Von der **Bushaltestelle „Crosspoint“** 01 folgen wir dem linken Randstreifen der Passstraße für wenige Meter Richtung Passhöhe und queren nach dem Heli-Landeplatz vorsichtig die Passstraße. Hier beginnt der markierte und beschilderte Wanderweg, der nach einem kurzen Anstieg weitgehend höhenparallel aussichtsreich oberhalb der Straße verläuft. Gegenüber auf der anderen Talseite liegt die von Bergwiesen eingerahmte Lenzenalm inmitten des Bergwalds. In einer Rechtskurve umrunden wir das 2305 m hohe Windegg (Windeck) und blicken nun auf die gegenüber liegenden Gipfel des Timmelstals. An der folgenden Weggabelung halten wir uns links hinunter zur **Passstraße** 02, queren diese und folgen dem Pfad abwärts zu einer weiteren **Weggabelung** 03. Geradeaus ginge es auf dem Ötztaler Urweg nach Zwieselstein, wir halten uns aber links Richtung Sahnestüberl.

Rund 330 Höhenmeter steigen wir – nun wieder taleinwärts laufend – in einem Linksbogen durch den Bergwald steil bergab. Nach einer Spitzkehre ist die urige Almhütte **Sahnestüberl** 04 oberhalb des Gebirgsbaches erreicht, sie bietet eine erste Einkehrmöglichkeit. Die Zufahrtstraße der Alm quert die Gurgler Ache und bringt uns hinauf zur Bushaltestelle „Sahnestüberl". An der Bundesstraße halten wir uns für wenige Meter links (Richtung Obergurgl) und biegen an einer Parkbucht rechts ab.

Ein markierter steiler Wanderweg leitet uns zunächst durch den Bergwald, dann über die aussichtsreichen Bergwiesen zur **Lenzenalm** 05, die auf einer Bergschulter unterhalb des Mittagskogels errichtet wurde. Nachdem man die gute Küche und den herrlichen Weitblick auf die Gletscher und die Bergwelt rund um Unter-, Ober- und Hochgurgl genossen hat, erfolgt der Abstieg über die Fahrstraße und den ausgeschilderten Fußweg nach Zwieselstein.

Die Fahrstraße verläuft durch den Wald geradewegs nach Norden, ein Teil der Straße kann abgekürzt werden. Kurz hat man einen Blick in die enge Schlucht der Ache, dann sind die ersten Häuser am Südrand von Zwieselstein erreicht und man wandert hinunter zur **Bushaltestelle** beim Gasthof Neue Post **in Zwieselstein** 06.

Wer die Wanderung verlängern will, wandert weiter talauswärts durch die Kühtrainschlucht nach Sölden (siehe Tour 28, S. 138).

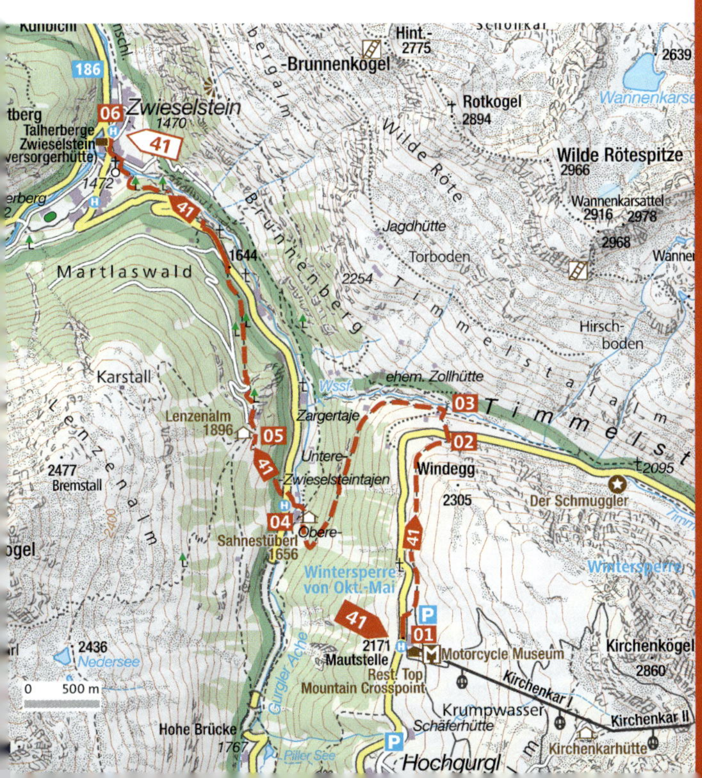

GURGLER SEENPLATTE

Einsame Bergseen und ein archäologischer Wanderweg

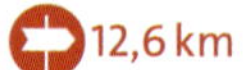

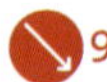

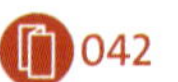

START | Bushaltestelle bei der Kirche in Obergurgl, 1907 m [GPS: UTM Zone 32 x: 645.951 m y: 5.191.392 m]
CHARAKTER | Gut markierte Wanderwege in eine einsame Berglandschaft mit schönem Blick auf die andere Talseite.

Die Wanderung führt in die unerschlossene Bergwelt auf der Westseite des Tals zu ein paar aussichtsreich gelegenen Bergseen unterhalb des Grieskogels und des Zirmkogels. Ziel ist der Itlsee, man könnte aber auch noch in knapp 1 Stunde hinauf zur Gurgler Scharte (2932 m) wandern und einen Blick auf die Wildspitze werfen.

▶ Von der **Bushaltestelle** 01 am Kirchplatz folgen wir der Beschilderung zur Seenplatte und wandern über den Seenplattenweg hinunter zur Ache, überqueren diese auf einer **Brücke** 02 und steigen am anderen Ufer wieder leicht empor, bis linker Hand beim **Wegweiser** 03 der Wanderweg 38 zur Seenplatte abzweigt. Zunächst zieht der Pfad über die mit Wacholder, Alpenrosen und Heidekraut bestandenen Hänge nach Nordwesten hinauf, dann in mehreren kleineren Kehren fast schon in der Falllinie hinauf zu einem weiteren **Wegweiser** 04.

Wir befinden uns nun auf einer deutlich flacheren Hochterrasse, einer sogenannten Trogschulter, wie sie typisch für ein glazial geprägtes Trogtal wie das Gurgler Tal

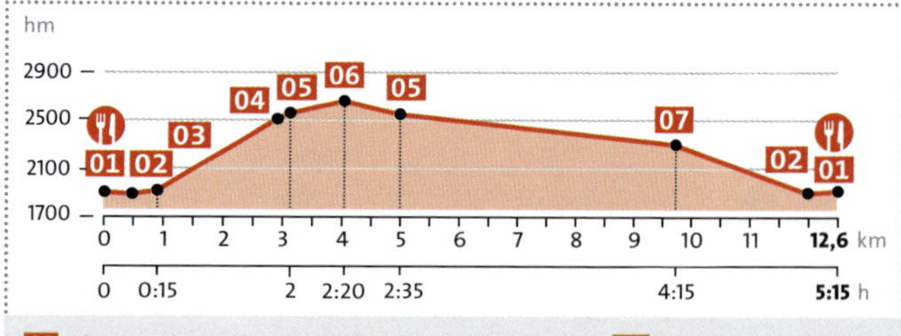

01 Obergurgl, Bushaltestelle am Kirchplatz, 1907 m; 02 Achbrücke, 1888 m; 03 Wegweiser/Abzweig zur Gurgler Seenplatte, 1910 m; 04 Wegweiser, 2510 m; 05 Soomsee, 2555 m; 06 Itlsee, 2680 m; 07 Ramolweg, 2303 m; 08 Brücke, 1907 m

Weißer Punkt in karger Landschaft – das Wollgras

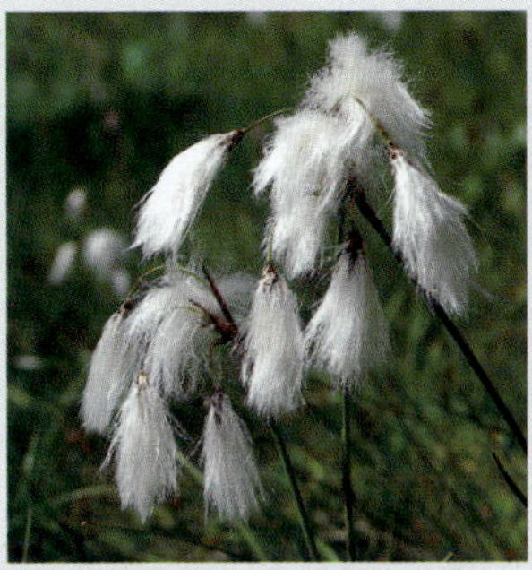

Die für das menschliche Auge so attraktiven Wollgräser besiedeln feuchte und moorige Standorte bis hinauf in die höchsten Lagen der Ötztaler Alpen. Auf der von vielen Bächen und vernässten Stellen durchzogenen Seenplatte hoch über Obergurgl finden wir diese faszinierenden und auffälligen Pflanzen immer wieder. Die typischen langen Blütenhüllfäden der Früchte bilden den bezeichnenden weißen bis orangefarbenen Wollschopf der Wollgräser. Diese Früchte können mit Hilfe dieser Hüllfäden bis zu 10 km weit durch Wind verfrachtet werden.

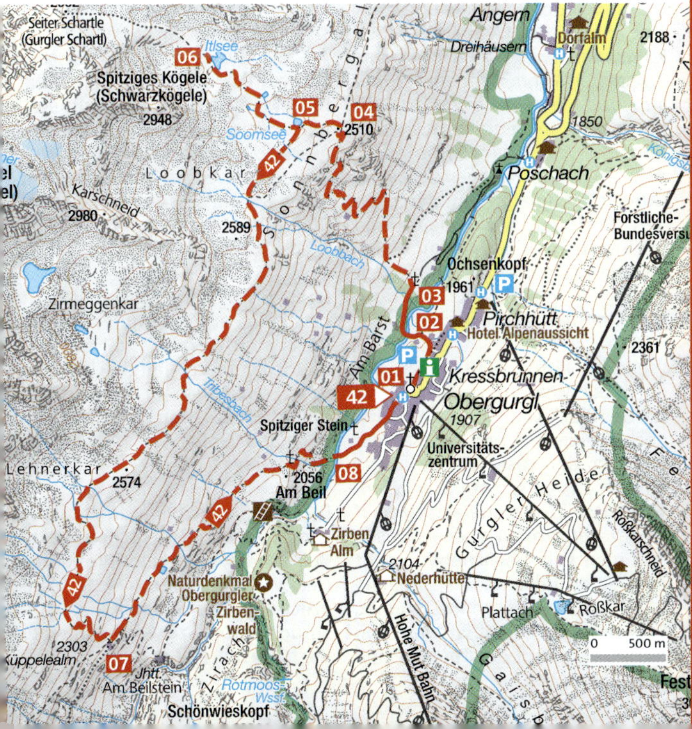

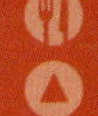
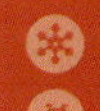

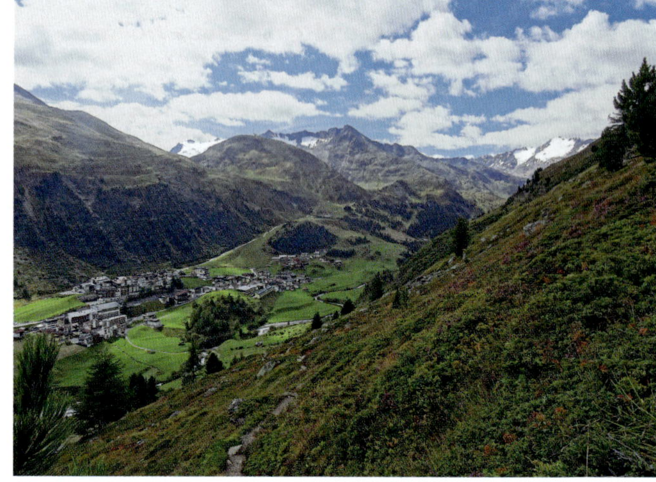

Blick auf Obergurgl vom Gurgler-Seenplatte-Weg aus.

ist. Unweit der Weggabelung steht eine Stele des Archäologischen Rundwanderwegs, nach rechts zweigt der Wanderweg zur Lenzenalm und dem Nedersee ab. Wir folgen nun in deutlich flacherem Gelände Weg 39 zum **Soomsee** 05, dem am tiefsten gelegenen See der Gurgler Seenplatte, und genießen den herrlichen Blick talaus- und taleinwärts und zur gegenüberliegenden Talseite. Je nach Jahreszeit ist der See gefüllt oder nur noch eine kümmerliche Lacke.

Weiterhin auf Weg 39 steuern wir nun über Wiesenböden und zwischen Blockwerk hindurch den höchstgelegenen und größten der Seen an, den **Itlsee** 06. Ein Blickfang ist das an seinem Ufer wachsende Wollgras. Den Rastplatz auf einem der großen flachen Felsen teilt man sich möglicherweise mit dem einen oder anderen neugierigen Schaf. Zurück am schönen **Soomsee** 05 wenden wir uns nach rechts, verlassen das Loobkar und wandern noch lange auf besagter Trogschulter in leichtem Auf und Ab taleinwärts auf die Gletscher zu. Eindrucksvoll ist der weite Blick hinein ins Rotmoostal, auf die steilen Wände der Schlucht und den geschützten Zirbenwald. Am Weg liegt eine weitere von insgesamt sechs Stelen des Archäologischen Rundwanderwegs zum Thema Einfriedung (Hage).

Nach etwa einer Stunde ist das Lehnerkar erreicht, nun fällt der Weg steil zum Ramolweg ab, quert mehrere Bergbäche und führt schließlich in Serpentinen hinunter zu den Schafweiden der Küppelealm, wo wir auf den **Ramolweg** 07 treffen.

Diesem folgen wir nun talwärts zum schönen Aussichtspunkt „Am Beil" und steigen über die felsige Geländestufe hinunter zur **Achbrücke** 08. Der Ramolweg leitet zurück ins Dorf zur Kirche und der **Bushaltestelle** 01.

KÖNIGSJOCH • 2825 m

Auf alten Schmugglerwegen nach Südtirol

 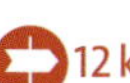 12 km 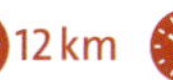 4:30 h 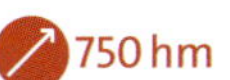 750 hm 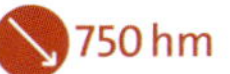 750 hm  042

START | Parkplatz in Hochgurgl neben dem Hotel Riml Sports, 2150 m [GPS: UTM Zone 32 x: 656.190 m y: 5.196.314 m]
CHARAKTER | Gut markierte, familienfreundliche Wanderwege in ein einsames Hochtal mit schönem Blick vom Joch nach Südtirol.

Wie auch beim Urweg zum Timmelsjoch, handelt es sich auch hier um einen alten Schmugglerpfad, woran das alte Zollhaus unterhalb des Jochs erinnert. Der Tourismusverband Ötztal veranstaltet im Sommer eine „Schmuggler-Wanderung" über das Joch ins Seebertal zu einer Hochalm auf Südtiroler Seite.

▶ Von der Timmelsjochstraße zweigt die Hochgurgler Straße ab, auf der wir nach einer Haarnadelkurve einen **Parkplatz** 01 am Nordende der Hotelsiedlung erreichen. Hier stoßen wir auch auf einen ersten Wegweiser zum Königsjoch. Hierfür folgen wir zunächst dem Höhenweg nach Obergurgl. Vorbei an den Hotels von Hochgurgl, wo in der schneefreien Zeit immer rege gebaut wird, folgen wir einer breiten Fahrstraße, bis diese kurz nach einem Lifthäuschen in einen **Wiesenpfad** 02 übergeht. Wir wandern weitgehend höhenparallel mit Blick auf die schneebedeckten Gipfel des Alpenhauptkamms und die Gletscherreste des Ramolkamms nach Südwesten.

Dann ändert sich die Gehrichtung und der Wanderweg zieht nach

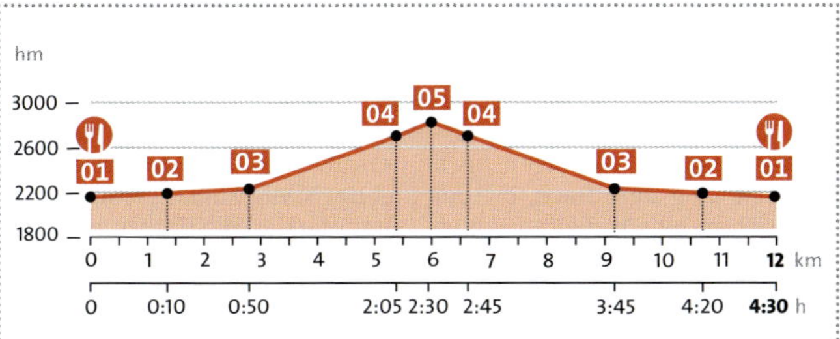

01 Hochgurgl, Parkplatz, 2150 m; 02 Wiesenpfad, 2185 m; 03 Brücke über Königsbach, 2236 m; 04 Altes Zollhaus, 2686 m; 05 Königsjoch, 2825 m

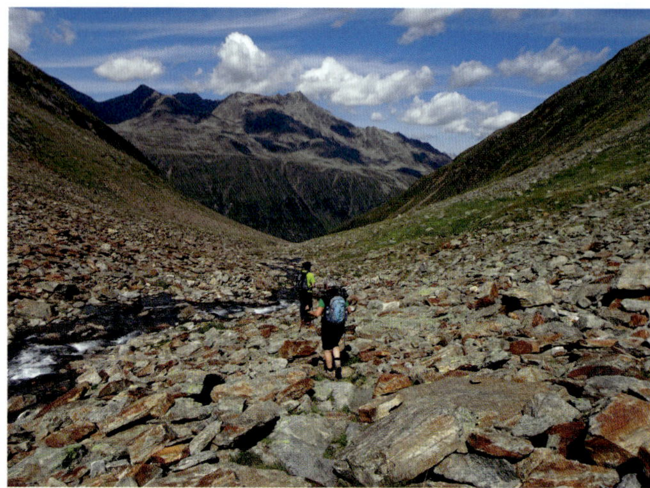

Abstieg durch das Königstal – Blick auf die Westseite des Gurgler Tals.

der Querung der Lifttrasse des Vorderen Wurmkoglliftes in einem weiten Linksbogen in das Königstal hinein. Der Weg fällt ab zu einer **Brücke** 03 über den Königsbach und steigt an zu einer Weggabelung. Rechts ginge es weiter auf dem Höhenweg nach Obergurgl, wir halten uns nun aber links Richtung Königsjoch (Weg 22).

Zunächst steigen wir auf der orografisch linken Seite (westlichen Talseite) am Bach entlang aufwärts, queren ihn aber alsbald und bleiben nun für den weiteren Weg auf der östlichen Talseite. Schon bald ist in der Ferne das Zollhäuschen erkennbar. Wir folgen noch eine Zeit lang dem Bach, bis der Weg sich in einem weiten Bogen von diesem entfernt. Wir passieren eine Weggabelung, an der nach links ein Aufstiegsweg zum Wurmkogel abzweigt.

Die Vegetation wird weniger, der Weg führt durch zunehmend felsigeres Gelände eine Geländestufe hinauf zum **alten Zollhaus** 04 unterhalb des Königsjochs. Schon hier genießen wir einen fantastischen Blick auf die Nordseite des Gurgler Tals und weiter rechts auf Hochsölden und die Gipfel des Geigenkamms. Wir folgen dem rot-weiß markierten Weg durch die „Toten Böden“. Im Schlussanstieg geht es nochmals etwas steiler hinauf zum **Königsjoch** 05, wo wir bei guter Fernsicht mit einem herrlichen Blick auf die Dolomiten belohnt werden.

Wir befinden uns auf einem Grat zwischen der Hinteren Schwenzerspitze (2870 m) und dem Gipfel des Königskogels (3050 m), der Grat markiert die Grenze zwischen Nordtirol und Südtirol. Hinter dem Königskogel liegt das Ferwalltal. An seinem Ende befindet sich mit dem Aperen Ferwalljoch der zweite eisfreie Übergang nach Italien.

Zurück auf dem Aufstiegsweg.

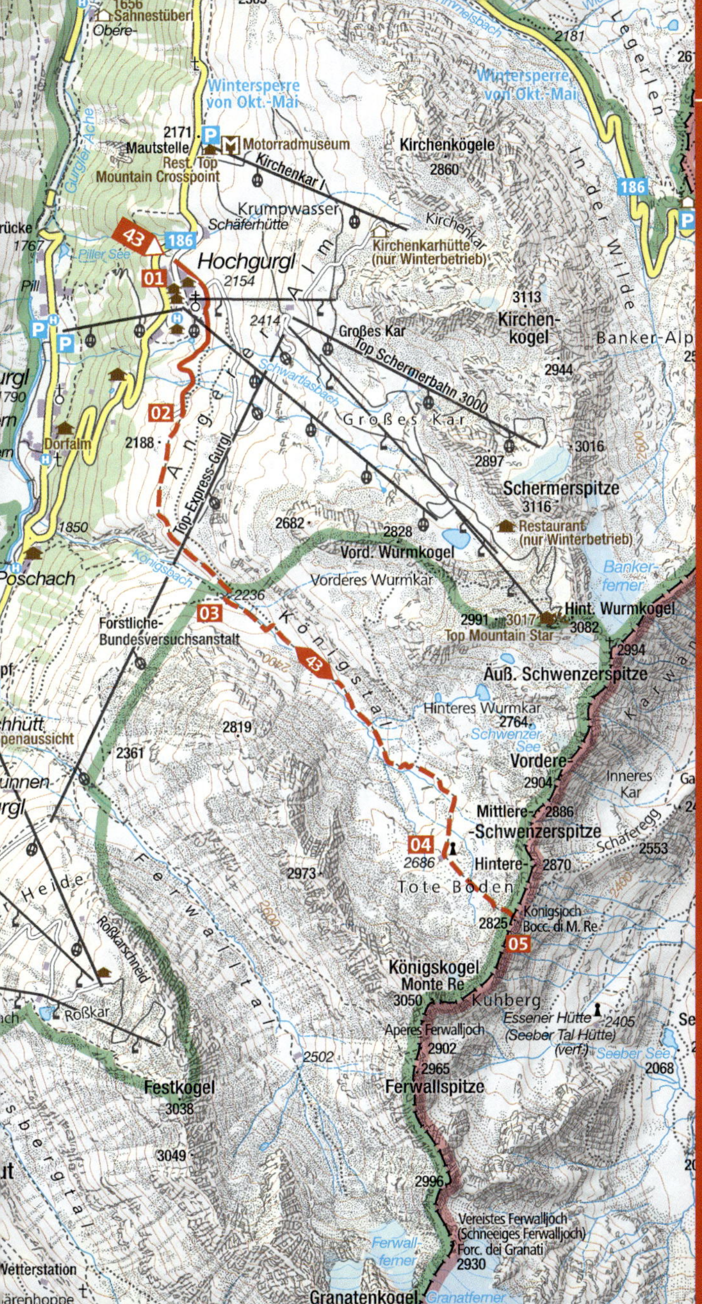
Hochgurgl
2154
Motorradmuseum
Mautstelle
Rest. Top Mountain Crosspoint
Kirchenkögele
2860
Kirchenkar I
Krumpwasser
Schäferhütte
Kirchenkarhütte (nur Winterbetrieb)
Wintersperre von Okt.-Mai
Kirchenkogel
3113
Großes Kar
Top Schermerbahn 3000
Schermerspitze
3116
Restaurant (nur Winterbetrieb)
Vord. Wurmkogel
2828
Vorderes Wurmkar
Hint. Wurmkogel
3082
Top Mountain Star
Äuß. Schwenzerspitze
Hinteres Wurmkar
Schwenzer See
Vordere-
Mittlere-
-Schwenzerspitze
Hintere-
Tote Böden
Königsjoch
Bocc. di M. Re
2825
Königskogel
Monte Re
3050
Kuhberg
Essener Hütte (Seeber Tal Hütte) (verf.)
2405
Seeber See
Aperes Ferwalljoch
2902
Ferwallspitze
Vereistes Ferwalljoch (Schneeiges Ferwalljoch)
Forc. dei Granati
2930
Granatenkogel
Ferwallferner
Festkogel
3038
Ferwalltal
Königstal
Angerer Alm
Top-Express-Gurgl
Forstliche-Bundesversuchsanstalt
Poschach
Dorfalm
2188
Piller See
1767
Banker-Alp
Bankerferner
Inneres Kar
Schäferegg
In der Wilde
Legerlen
Roßkarschneid
Roßkar
Heide
Gurgler Ache
2236
2682
2819
2973
2686
2361
2502
3049
2996
Sahnestüberl
1656
Obere-
2171
Vetterstation
1850
01
02
03
04
05
186

ROTMOOSTAL

Durchs Gaisbergtal und über die Hohe Mut zum Rotmoosferner

   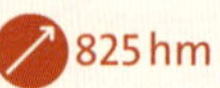  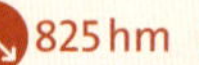 

START | Bushaltestelle bei der Kirche in Obergurgl, 1907 m [GPS: UTM Zone 32 x: 645.951 m y: 5.191.392 m]
CHARAKTER | Auf gut markierten Bergpfaden zum Talschluss unterhalb des Ferners. Eine unterhaltsame Wanderung ohne technische Schwierigkeiten für die Familie – mit etwas Glück findet man rote Granaten und sieht Murmeltiere.

Eine abwechslungsreiche Wanderung für Familien ist die Runde über das Gaisbergtal auf den Rücken der Hohen Mut und weiter zum Rotmoosferner. Hier kommt man nicht nur dem Gletscher sehr nahe, sondern findet auch interessante Steine, Spielmöglichkeiten an der Rotmoosache und im Sommer eine Herde Haflinger mit Fohlen unweit der neu errichteten Schönwieshütte. Und auch das eine oder andere Murmeltier lässt sich meist sehen.

▶ Von der **Bushaltestelle** 01 bei der Kirche den Wegweisern taleinwärts folgen, am Hotel Edelweiss & Gurgl vorbei auf den Ramolweg wechseln, bis links der Gaisbergweg abzweigt. Nun auf der Fahrstraße den Schildern Richtung Gaisbergferner bis zur **Abzweigung ins Gaisbergtal** 02 folgen.

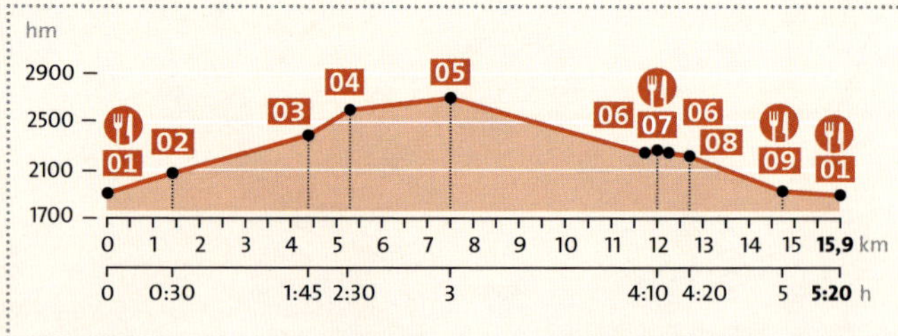

01 Obergurgl, Bushaltestelle bei der Kirche, 1907 m, 02 Abzweigung ins Gaisbergtal, 2062 m, 03 Weggabelung, 2372 m, 04 Sattel der Hohen Mut, 2596 m, 05 Stempelstelle, 2703 m, 06 Fahrstraße, 2258 m, 07 Schönwieshütte, 2266 m, 08 Wegweiser/Abzweig zum Zirbenwald, 2234 m, 09 Zirben-Alm, 1935 m

Hier links abbiegen und weiter auf der Fahrstraße, bis wir endgültig auf einen Bergpfad wechseln. Er leitet am rechten Hang entlang in das einsame Hochtal. Hier vergisst man schnell, dass man sich in der Nähe eines bekannten Skigebietes befindet. Herrlich ist der Blick zum Ferner und zur Liebener Spitze.

An einer **Weggabelung** 03 verlassen wir den Weg 26, der zum Gaisbergferner führt und steigen stattdessen auf dem rechten Weg in ein paar Kehren hinauf zum **Sattel der Hohen Mut** 04. Der lang gezogene Rücken trennt das Gaisbergtal vom Rotmoostal und bietet einen spektakulären Blick auf die in der Sonne gleißenden Gaisberg-, Rootmoos- und Wasserfallferner. Kurz verläuft der Weg noch auf dem breiten Rücken, dann verschwenkt er nach rechts und

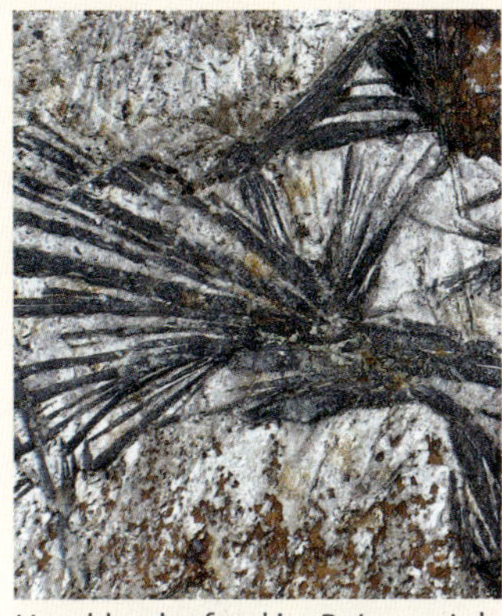

Hornblendenfund im Rotmoostal.

Naturpark Infopoint Hohe Mut

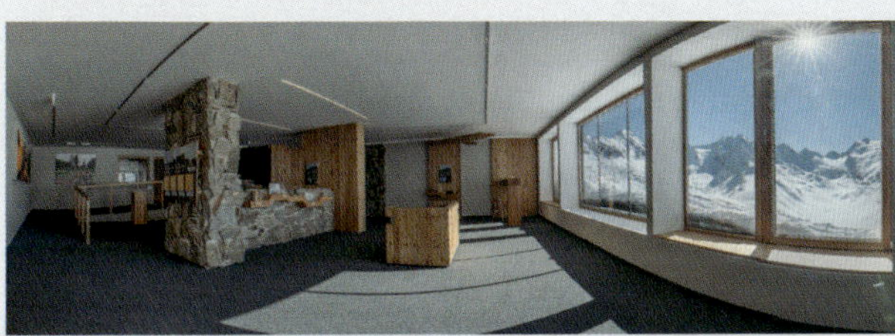

Gletscher, Hochgebirgsforschung & Klima

Auf 2.670 m im Souterrain der Hohen Mut Alm befindet sich diese 135 m² große, interaktive Naturpark-Ausstellung. Ein Blick genügt, um das hier omnipräsente Thema „Gletscher" zu spüren. Die visuellen Eindrücke werden in der Ausstellung geschickt mit Infos zur Gletscherforschung und der hochalpinen Tier- und Pflanzenwelt verknüpft. Exklusive Exponate, wie ein 3500 Jahre altes Steinbockhorn, erweitern das Spektrum und ein echter „Minigletscher" kühlt erhitzte Gemüter.

Wo: Parkhaus Festkoglbahn, 10 Gehminuten ins Zentrum von Obergurgl, Auffahrt Hohe Mut Bahn (Sekt. I+II)

Öffnungszeiten: 9–16 Uhr, variiert je nach Saison, kein Eintritt

Infos: Hohe Mut Alm: Tel. +43 (0)5256/6260

www.naturpark-oetztal.at/infopoint-obergurgl

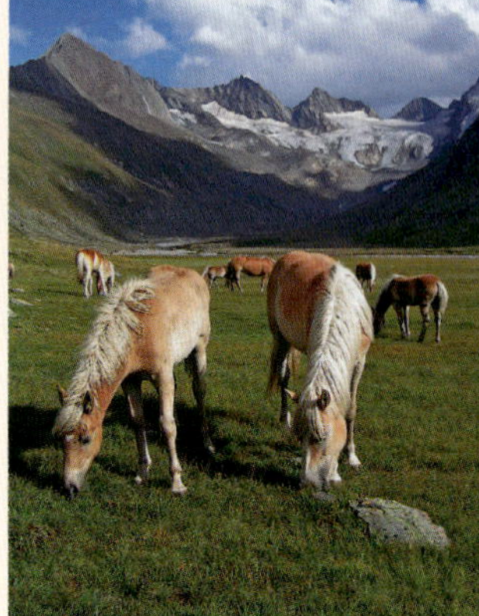
Haflinger weiden im Rotmoostal.

zieht über Schutt- und Geröllhänge ins hintere Rotmoostal. Der Weg steigt auf Höhe der Abzweigung ins Rotmoostal nochmals zur **Stempelstelle** 05 an. Dort ist der höchste Punkt erreicht und man sollte sich Zeit nehmen für die grandiose Gebirgs- und Gletscherkulisse.

Der Weg zieht über die Liebener Rippe hinunter zum Bach, der uns nun bis zur Schönwieshütte begleiten wird. Im grünen Talboden angekommen wandert man entlang des Rotmooses talauswärts. Das lang gezogene Moos ist 1,2 km lang und etwa 150 m breit und hat sich aus einem verlandeten See entwickelt.

Über den Sommer weiden hier Haflinger, die zum Herbst hin bei der Schönwieshütte anzutreffen sind. Da die Pferde aufgrund ihres Gewichtes und des Nährstoffeintrages das jahrtausendealte Rotmoos-Moor nachhaltig beeinträchtigen, sind die Tiere speziell direkt im Moorbereich aus Sicht der Schutzgebietsbetreuung gar nicht gern gesehen. Am Weg lassen sich außerdem sehr gut Murmeltiere beobachten.

Nach gut einer Stunde ist die **Fahrstraße** 06 zur Schönwieshütte erreicht. Von dort ist es nicht weit zur 2015 komplett neu errichteten

Die quirligen „Murmenten“

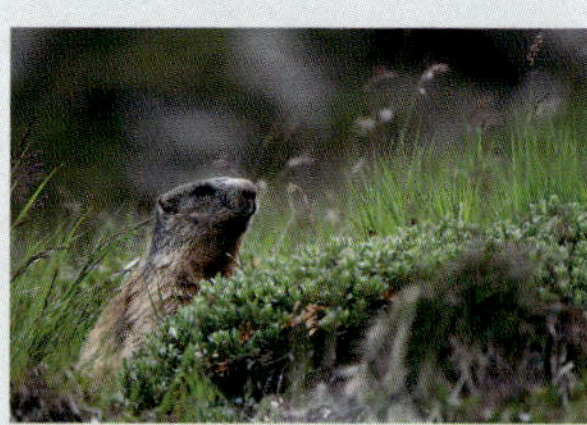

Im Rotmoostal sind sie allgegenwärtig und teils auch schon richtig zutraulich – die Rede ist von den quirligen Murmeltieren. Mit dem typisch schrillen, pfiffartigen Schrei warnen sie ihre Artgenossen vor drohender Gefahr. Murmeltiere leben gesellig in großen Familiengruppen und ernähren sich ausschließlich von Kräutern und Gräsern. Ab Ende September wird es dann wieder ruhig im Rotmoostal, denn da verziehen sich die Tiere in ihre Bauten zum alljährlichen Winterschlaf. In Tirol ist das Alpenmurmeltier geschützt. In Österreich gilt es als potenziell gefährdet. Obwohl es keine Beweise für die heilende Wirkung ihres Fettes gibt, wird es auch heute noch vom Menschen bejagt, vielfach aber auch nur wegen der Trophäe.

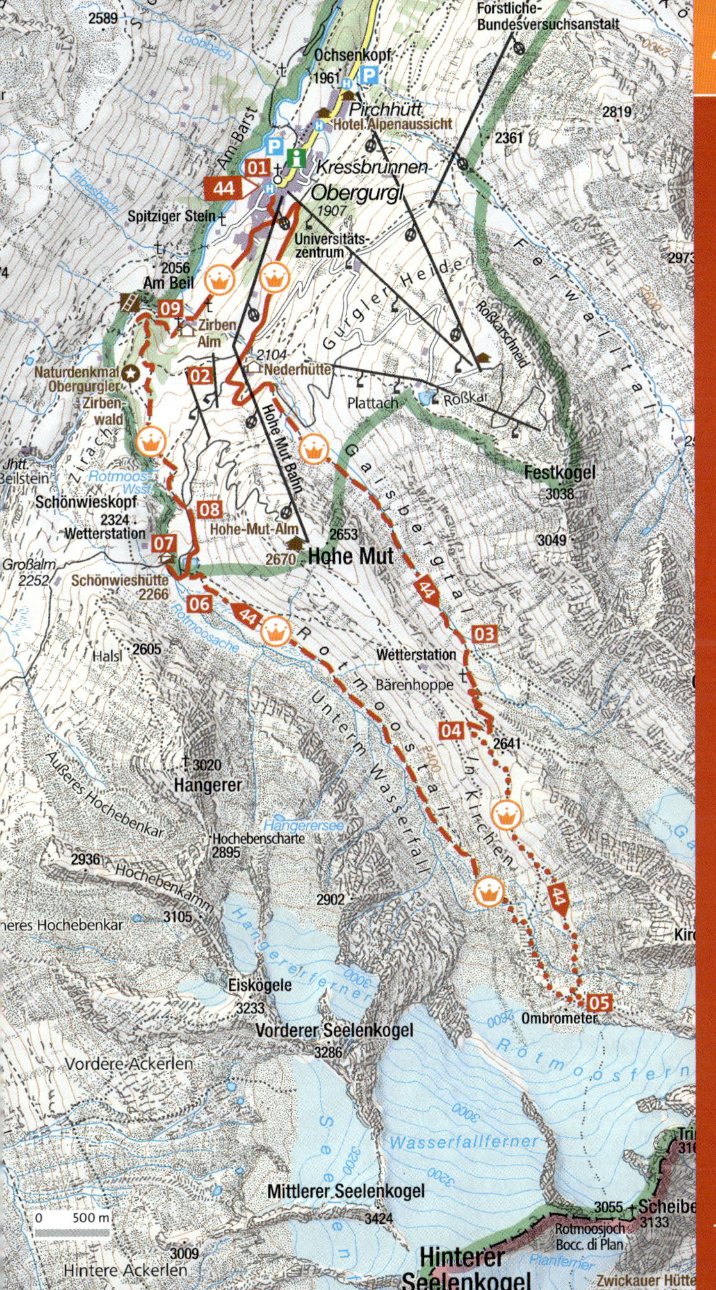

Ochsenkopf
1961
Pirchhütt
Hotel Alpenaussicht
Kressbrunnen
Obergurgl
1907
Universitätszentrum
Spitziger Stein
Am Beil
2056
Zirben Alm
Nederhütte
2104
Naturdenkmal Obergurgler Zirbenwald
Plattach
Roßkar
Festkogel
3038
Hohe Mut Bahn
Hohe-Mut-Alm
Hohe Mut
2670
2653
Schönwieskopf
2324
Wetterstation
Schönwieshütte
2266
Großalm
2252
Gaisbergtal
Rotmoostal
Wetterstation
Bärenhoppe
2641
Hangerer
3020
Hochebenscharte
2895
Außeres Hochebenkar
Hochebenkamm
3105
Hangerersee
Unterm Wasserfall
In Kirchen
Ombrometer
Eiskögele
3233
Vorderer Seelenkogel
3286
Rotmoosferner
Wasserfallferner
Mittlerer Seelenkogel
3424
Hinterer Seelenkogel
Rotmoosjoch
Bocc. di Plan
Zwickauer Hütte (Planfernerhütte)
Forstliche Bundesversuchsanstalt
2819
2361
Gurgler Heide
Ferwalltal
Roßkarschneid
Vordere Ackerlen
Hintere Ackerlen
3009
0 500 m

Obergurgler Zirbenwald und Zirbenweg

Zwischen 1950 und 2100 m erstreckt sich südwestlich von Obergurgl ein geschlossener Zirbenbestand von zum Teil 300 Jahre alten Bäumen. Bei der Talstation der Hohe Mut Bahn beginnt der 4,4 km lange ZIrbenweg (150 Hm, 2 Std. Gehzeit) mit vielen Informationen zum Thema Zirbe und den Bewohnern des Zirbenwaldes. Es gibt eine Broschüre zum Zirbenweg.

Die Zirbe (*Pinus cembra*) gehört botanisch zur Familie der Kiefern und ist in der Höhe häufig mit der Lärche, seltener nach unten mit der Fichte vergesellschaftet. Die Zirbe hält Fröste von bis zu -40 °C aus. Das Holz der Zirbe ist wegen seines lang anhaltenden Duftes ein beliebtes Möbelholz. Aus Restholz, Ästen, Zapfen wird beispielsweise im Pitztal Zirbenöl gewonnen.

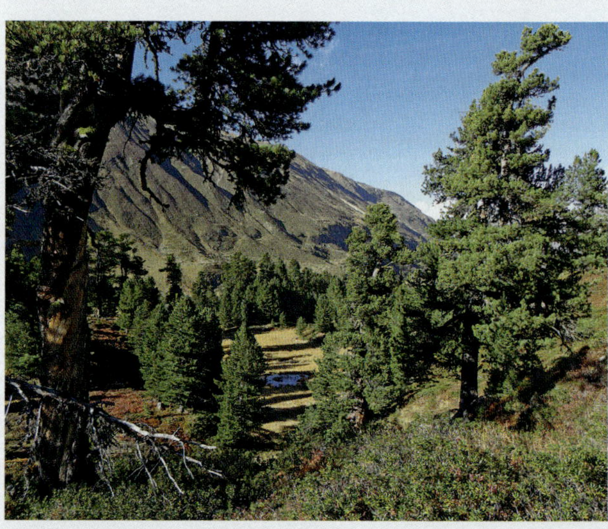

Schönwieshütte 07. Zurück nach Obergurgl hat man zwei Möglichkeiten. Entweder folgt man der Fahrstraße hinunter in den Ort oder – sehr viel schöner und empfehlenswerter – zweigt nach etwa zehn Minuten an einem **Wegweiser zum Zirbenwald** 08 nach links ab und wandert über die Hänge bergab und links zur Schlucht des Rotmoosbachs. Hier hat man einen schönen Blick auf den Rotmooswasserfall.

Durch den malerischen Zirbenwald weiter auf markierten Steigen hinunter Richtung Ache und über die **Zirben-Alm** 09 zurück in den Ort zur **Bushaltestelle** 01 im Ortszentrum.

HANGERER • 3020 m

Lohnenswerter Aussichtsgipfel über Obergurgl

 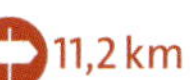 11,2 km 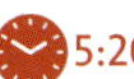 5:20 h 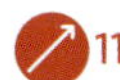 1100 hm  1100 hm 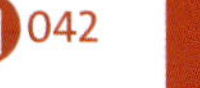 042

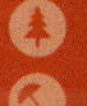

START | Bushaltestelle bei der Kirche in Obergurgl, 1907 m [GPS: UTM Zone 32 x: 645.951 m y: 5.191.392 m]
CHARAKTER | Fahrwege und ab der Schönwieshütte gut markierter, aber recht steiler Steig. Lohnender Dreitausender ohne ausgesetzte Stellen, der aber dennoch Trittsicherheit erfordert.

Der Hangerer, der durch seine markante pyramidenförmige Gestalt sofort ins Auge fällt, ist sicher nicht der spektakulärste Gipfel rund um Obergurgl, aber ein relativ einfacher Dreitausender mit einem fantastischen Panoramablick auf Obergurgl, den Ramol- und den Gurgler Kamm. Häufig wird man ihn ganz für sich allein haben.

▶ Von der **Bushaltestelle** 01 bei der Kirche folgen wir den Wegweisern zu den Hütten am Gurgler Ferner, biegen aber noch vor dem Universitätszentrum in die Gaisbergstraße ab und folgen ab der Kehre rechts dem Fahrweg hinauf zu den Hütten. Über den Gaisbergbach und vorbei an der Zwischenstation der Mutbahn geht es dann zwischenzeitlich steiler hinauf zum Eingang des Rotmoostals. Dort über die Brücke zur **Schönwieshütte** 02, die sich seit 2015 nach einem Neubau in modernem Stil präsentiert.

Kurz darauf zweigt links vom Fahrweg der Steig zum Hangerer ab, er führt zunächst über feuchtes Wiesengelände (Bretter sorgen für tro-

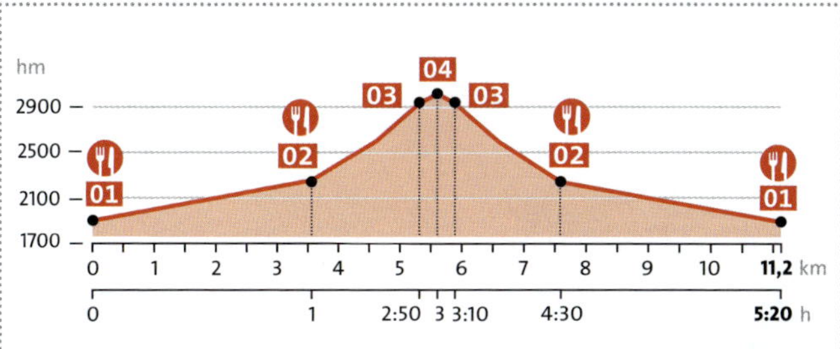

01 Obergurgl, Bushaltestelle bei der Kirche, 1907 m; 02 Schönwieshütte, 2266 m; 03 Westgrat, 2940 m; 04 Gipfelkreuz, 3020 m

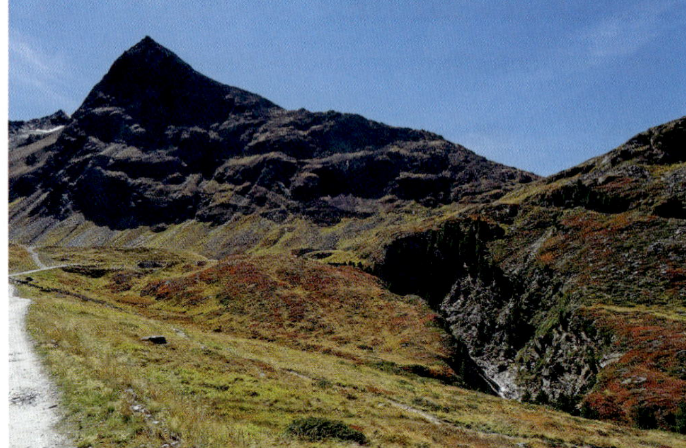

Der Hangerer fällt mit seiner markanten Form sofort ins Auge.

ckene Schuhe) und steigt dann den Nordrücken im steilen Zickzack hinauf zum zunächst noch grasigen Nordwestgrat des Hangerers. Den Höhenrücken aufwärts zieht sich ein wunderschöner Hochgebirgspfad zum Aussichtspunkt „Halsl“ auf 2605 m. Später beginnt der Weg nach rechts zu drehen und zieht diagonal steiler ansteigend durch die zerfallene Nordwestflanke hinauf zum **Westgrat** 03.

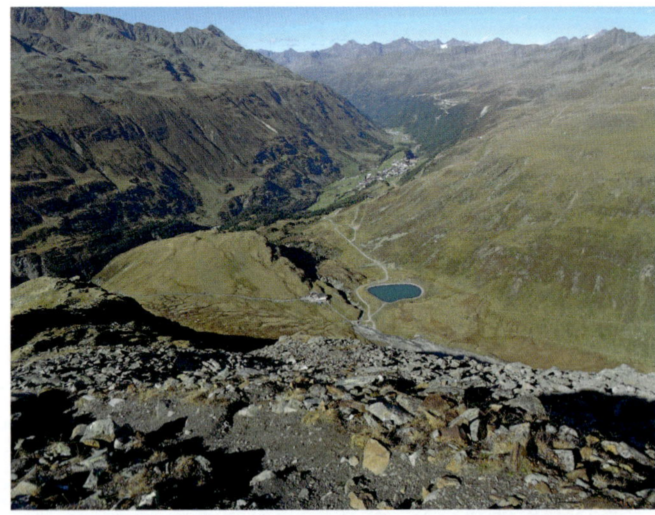

Blick vom Gipfel auf die Schönwieshütte, im Hintergrund Obergurgl.

Auf diesem über Blockschutt im Endspurt auf gutem Steig ohne ausgesetzte Stellen hinauf zum **Gipfelkreuz** 04.

Sehr eindrucksvoll ist dabei der Blick auf den Blockgletscher im Äußeren Hochebenkar und in die entgegengesetzte Richtung auf den lang gezogenen Rücken der Hohen Mut, der in den Nordgrat des Kirchenkogels übergeht.

Wieder zurück auf der Aufstiegsroute hinter der **Schönwieshütte** 02 kann man wahlweise auf dem Fahrweg absteigen oder – landschaftlich sehr viel schöner – durch den Zirbenwald zurück nach **Obergurgl** 01 wandern.

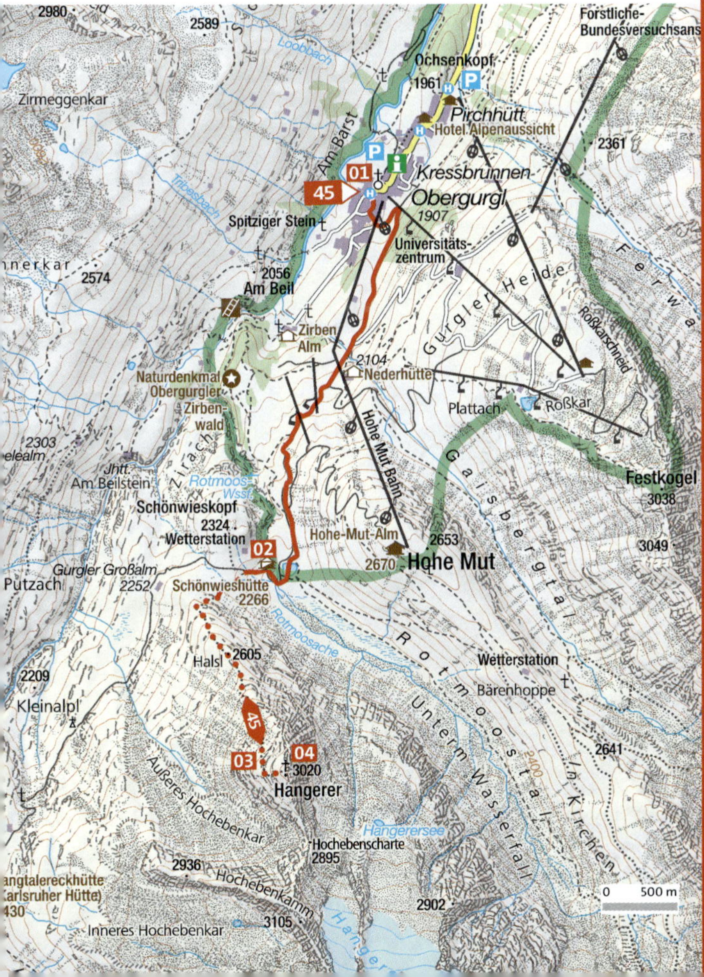

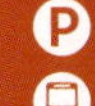

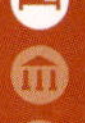

Fließender Riese – der Blockgletscher im Hochebenkar

Blockgletscher sind zungen-/lappenförmige Gemische aus Gesteinsblöcken und Eis (Permafrost). Durch das Fließen des Eises bewegt sich ein aktiver Blockgletscher pro Jahr bis zu mehrere Meter talwärts, wobei Höchstgeschwindigkeiten des Vorstoßens von bis zu 5 m pro Jahr beim Hochebenkar-Blockgletscher festgestellt wurden. Der 42 ha große zungenförmige Blockgletscher ist einer der größten seiner Art in Tirol. Er zieht sich von 2800 m hinunter auf 2360 m. An dem aktiven Blockgletscher werden seit 1938 Bewegungsmessungen durchgeführt, vom Westgrat des Hangerer hat man einen schönen Blick auf die wulstförmigen Strukturen.

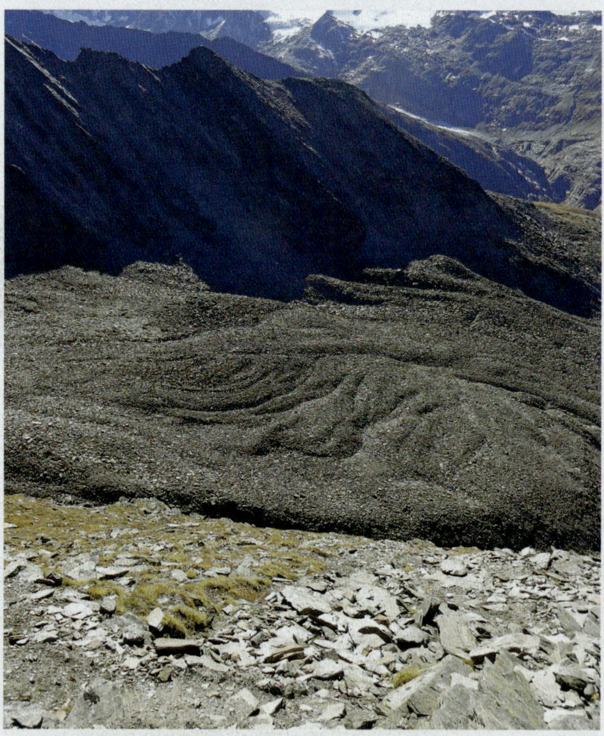

Der Blockgletscher im Hochebenkar.

Rechts: Die Gletscherwelt des Pitztals – der Taschachferner.

Das Pitztal

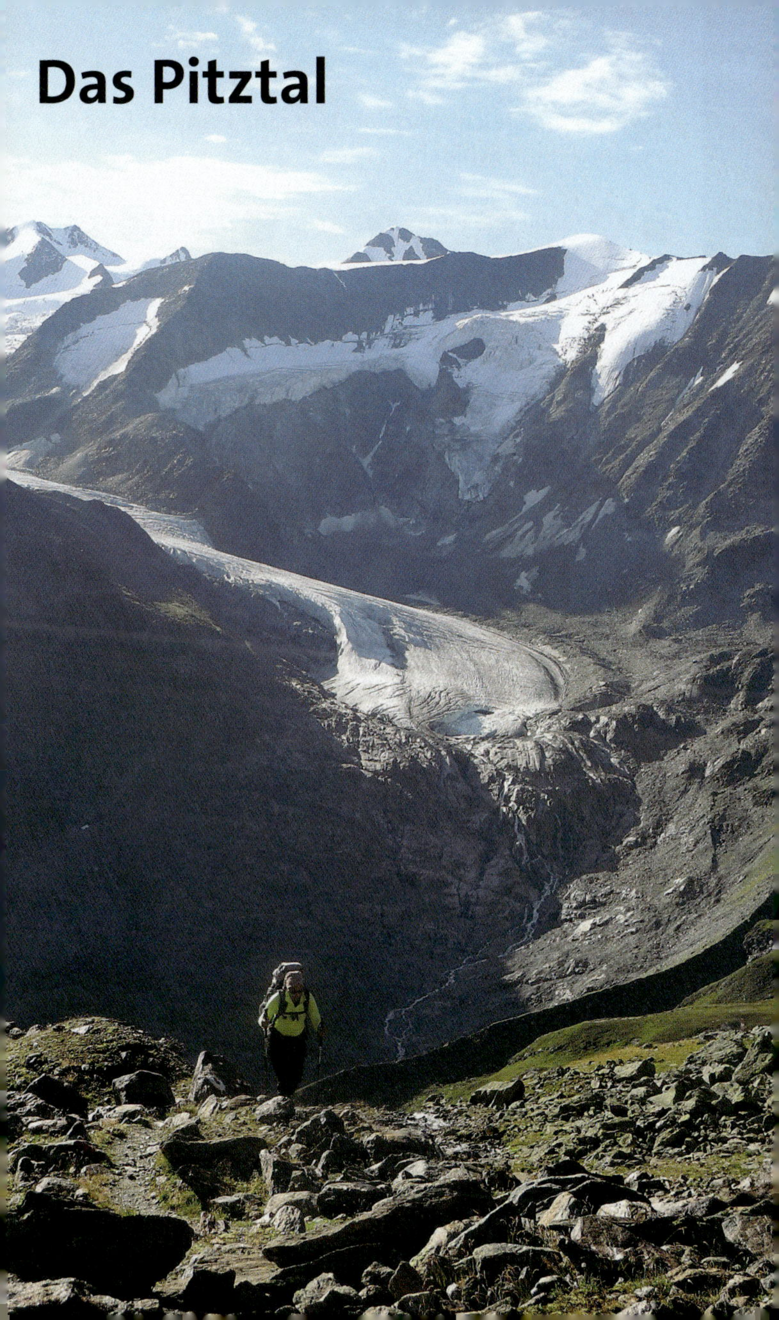

PITZEKLAMM

Abwechslungsreicher Achter über eine Hängebrücke und durch eine Schlucht

 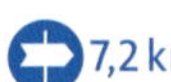 7,2 km  2:10 h 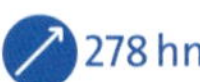 278 hm  278 hm 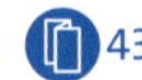 43

START | Parkplatz bei der Benni-Raich-Hängebrücke in der Straße „Arzl", 797 m [GPS: UTM Zone 32 x: 633.824 m y: 5.229.648 m]
CHARAKTER | Leichte, abwechslungsreiche Wanderung auf Fahr- und Wanderwegen mit zwei längeren und steilen Aufstiegen.

Arzl am Eingang des Pitztals ist für viele nur ein Durchfahrtsort, nicht wissend, dass hier ein kleines Naturjuwel, die Pitzeklamm, liegt. Diese Schlucht hat die Pitze gegraben, die am Ende der Klamm in den Inn einmündet. Doch die Runde, die sicher auch Kindern viel Spaß macht, hat noch mehr zu bieten: eine eindrucksvolle Hängebrücke und von der Fraktion Wald aus einen schönen Blick zum Tschirgant und ins Gurgltal.

▶ Die Wanderung beginnt beim **Parkplatz** 01 unweit der Hängebrücke, die ab der Hauptstraße ausgeschildert ist. Gleich zu Beginn überschreiten wir die 138 m lange **Hängebrücke** 02, die die Klamm in 96 m Höhe überspannt und einen ersten Blick in die Tiefe erlaubt. Sie wurde zu Ehren des Arzler Skifahrers Benny Raich nach ihm benannt. Über Wiesen geht es nach Wald, einen Ortsteil von Arzl.

Bei einem **Marterl** 03 halten wir uns links und wandern zu den ersten Häusern von Wald. Nun der Beschilderung zum Luis-Trenker-

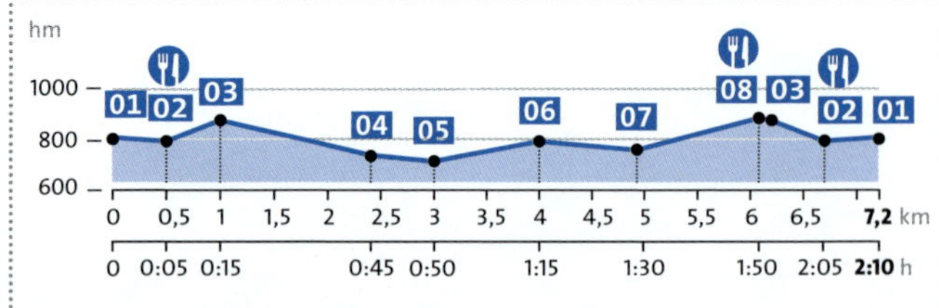

01 Parkplatz unweit der Hängebrücke, 797 m; 02 Hängebrücke, 786 m; 03 Marterl, 871 m; 04 Radweg Inn, 737 m; 05 Eingang der Klamm, 29 m; 06 Luis-Trenker-Steig, 792 m; 07 Fahrstraße, 758 m; 08 Bushaltestelle in Wald, 880 m

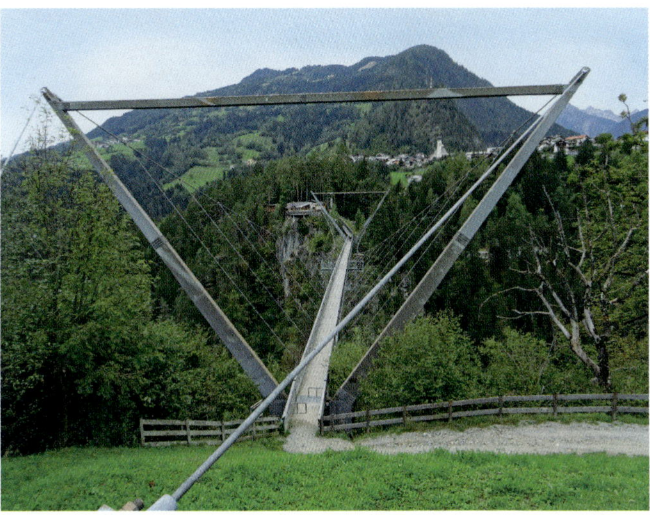

Die Benni-Raich-Hängebrücke, im Hintergrund Arzl.

Steig folgen, dabei kommen wir nach Ober- und Niederwaldried.

Dort, wo in Niederwaldried die Straße einen deutlichen Rechtsknick macht, beginnt ein Fußweg, der zunächst über Wiesen zur Geländekante, dann durch Gebüsch hinunter zum Inn leitet – ein Torbogen weist darauf hin, dass wir auf dem Walder Austeig unterwegs sind.

Auf Höhe des Inns stoßen wir auf einen **Radweg** 04 und die Bahnlinie und halten uns links, fallen leicht ab, bis wir auf die Brücke über die Pitze stoßen. Je nach Jahreszeit ist am Zusammenfluss ein deutlicher Farbunterschied zwischen der klaren Pitze und dem grünlich-weißen Inn zu sehen.

Am **Eingang der Klamm** 05 weist ein Schild darauf hin, dass die Schlucht Teil des Naturparks Kaunergrat ist. Eine Tafel informiert über die Besonderheiten der Arzler Pitzeklamm: Hier findet man kleinräumige Unterschiede im Gestein (Kalk bzw. Silikat), naturnahe Schlucht- und Hangmischwälder sowie Auwälder und Kalktuffquellen.

Auch in der Pitzeklamm kämpft man mit Hangrutschungen, weshalb ein Warnschild darauf hinweist, dass der Weg auf eigene Gefahr betreten wird.

Dort, wo der Weg sehr schmal oder nur noch ein Trampelpfad ist, sind einige Stellen seilversichert, teilweise führt der **Luis-Trenker-Steig** 06 auch etwas oberhalb des Wassers am Hang entlang oder wird über mit Geländer gesicherte Stege geführt. Vorbei an einer Kalktuffquelle (mit Infotafel) wandern wir durch die kühle Schlucht, bis wir fast unterhalb der Hängebrücke auf einen Wegweiser hinauf nach Arzl bzw. zum Parkplatz stoßen.

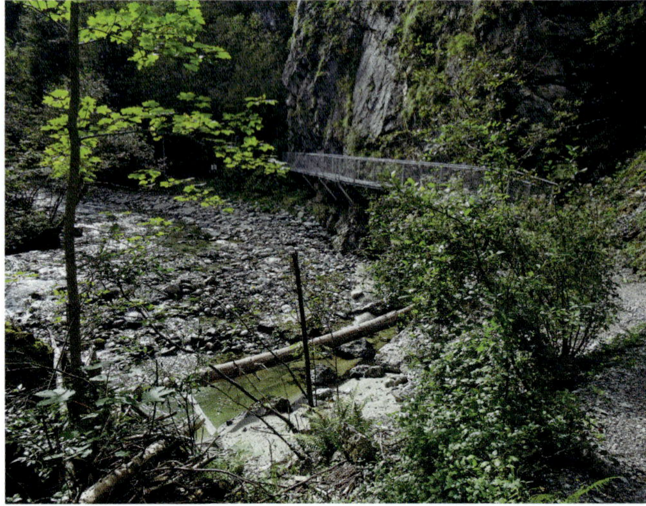
Spannende Einblicke in den Grund der Pitzeklamm.

Wir bleiben aber weiter in der Schlucht und kommen zu den Ruinen eines Kleinkraftwerks, mit dem ab 1912 insgesamt 65 Arzler Haushalte mit 220-V-Strom versorgt wurden, was damals nicht selbstverständlich war. Auch ein Sägewerk und eine Mühle konnten so betrieben werden. Ein schmaler Gang führt zwischen zwei Wänden hindurch, dann malerisch unter Felsen hindurch und schließlich auch noch durch einen Tunnel. Nochmals über einen Gittersteg führend endet der Steig schließlich an der **Fahrstraße nach Wald** **07**.

Ein angenehmer Weg an heißen Sommertagen!

Kurz folgen wir der Straße nach links, bis wiederum links die **alte Fahrstraße nach Wald** **07** abbiegt, die uns in einigen Kehren die Steilstufe hinauf auf die Terrasse führt, auf der der Arzler Ortsteil liegt. Der Weg stößt beim Ierzerhof auf die Hauptstraße, ihr folgen wir (nach links) bis zur **Bushaltestelle** **08** auf Höhe der Feuerwehr.

Nun links zurück zum **Materl** **03**, ein zweites Mal über die Hängebrücke **02** und weiter zum **Parkplatz** **01**.

Die Pitze (Pitzbach)

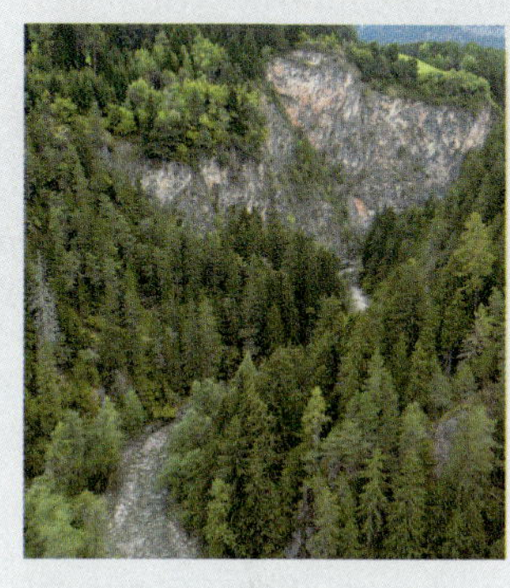

Der Nebenfluss des Inns ist insgesamt 40 km lang und hat seine Quellen am Mittelbergferner am Alpenhauptkamm. In seinem Einzugsgebiet liegen 46 Gletscher. Seit 1964 fließt aber nicht mehr der gesamte Abfluss in den Inn, da ein Teil im Oberlauf auf 1800 m über einen Stollen in den Gepatsch-Speichersee umgeleitet wird. Ein zweites Mal wird sie noch bei Wenns gefasst und das Wasser dem Kraftwerk Imst zugeführt.

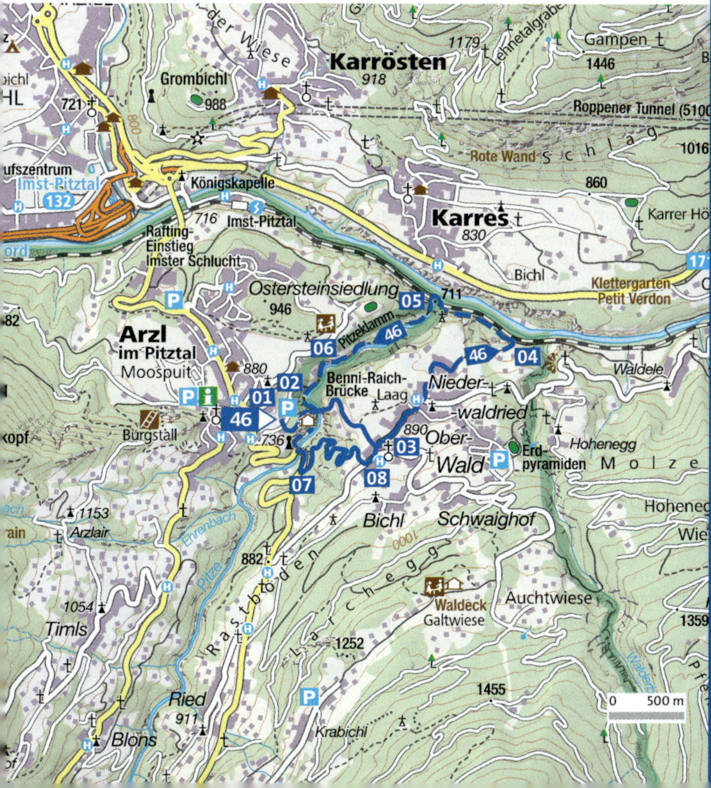

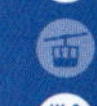
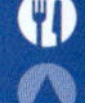

GLANDERSPITZE AM VENET • 2512 m

Kammwanderung über dem Tiroler Oberinntal

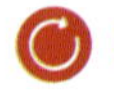  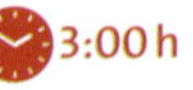 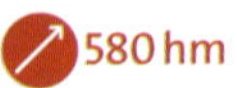 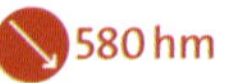 

8,9 km | 3:00 h | 580 hm | 580 hm | 43

START | Bergstation der Venetbahn oberhalb von Zams, 2212 m [GPS: UTM Zone 32 x: 623.286 m y: 5.222.727 m]
CHARAKTER | Familienfreundliche Wanderung auf dem Kamm des Venet; kurzer, steiler Abstieg zur Goglesalm.

Parallel zum Tiroler Oberinntal verläuft zwischen Landeck und Arzl ein markanter, waldfreier Höhenrücken, der im Osten und Südosten vom Pillertal, ansonsten vom Tiroler Oberinntal begrenzt wird. Durch seine Geologie hebt er sich markant von den Lechtaler Alpen im Norden sowie Geigenkamm im Osten und Kaunergrat im Süden ab. 30 km lang ist der Venet-Rundwanderweg, den man aufgrund seiner Länge in zwei Tagen wandern sollte. Wir machen es uns allerdings einfacher und fahren mit der Venetbahn von Zams im Oberinntal hinauf zur Bergstation am Krahberg und starten dort eine einfache, aber vom Panorama her ebenso grandiose Wanderung.

Nach Verlassen der **Bergstation** 01 auf dem Krahberg ist das Gipfelkreuz sowie der Verlauf des Aufstiegswegs schon gut zu sehen, sodass die Orientierung nicht schwer fällt. Wir halten uns links und wandern auf einem der vielen Pfade Richtung Gipfelkreuz, vorbei an der **Abzweigung** 02 zur Goglesalm. Weit über der Waldgrenze genießen wir den Blick Richtung Geigenkamm und nach Norden auf die Lechtaler Alpen, die zum Greifen nah erscheinen. Stetig zwischen den Bergwiesen ansteigend ist nach rund einer Stunde das Gipfelkreuz der **Glanderspitze** 03 erreicht.

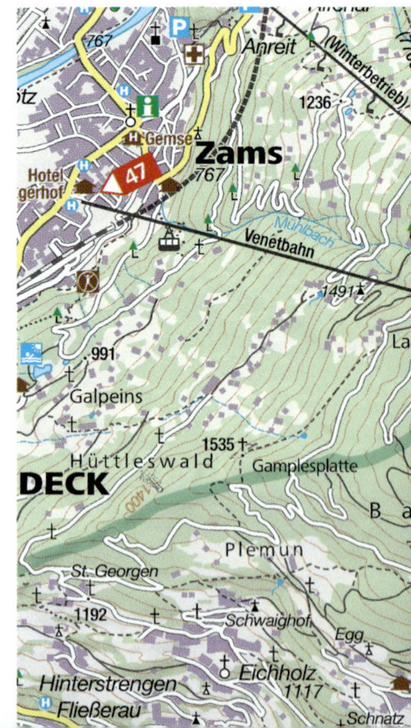

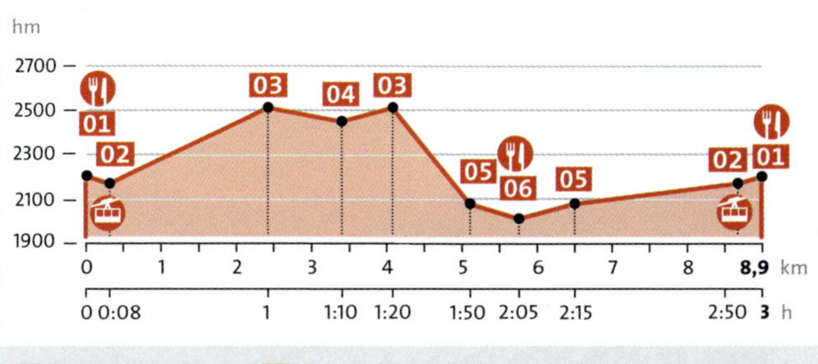

01 Bergstation, 2212 m; **02** Abzweig zur Goglesalm, 2171 m;
03 Glanderspitze, 2512 m; **04** namenloser Gipfel mit Kreuz, 2451 m;
05 Weggabelung/Abzweig zur Goglesalm, 2085 m; **06** Goglesalm, 2017 m

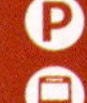

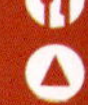

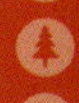

So könnte man ewig weiterwandern! Deshalb verlängern wir die kleine Kammwanderung noch zu einer zweiten, namenlosen Spitze mit **Kreuz** **04** – wer Lust hat, kann auch noch weiterwandern. Wieder zurück an der **Glanderspitze** **03** steigen wir nun nach Süden über einen breiten Grasrücken ab, sehen schon einmal kurz das Blechdach der Alm hinter einem Felsbuckel, und erreichen eine **Weggabelung** **05**, an der wir uns links halten und bald darauf

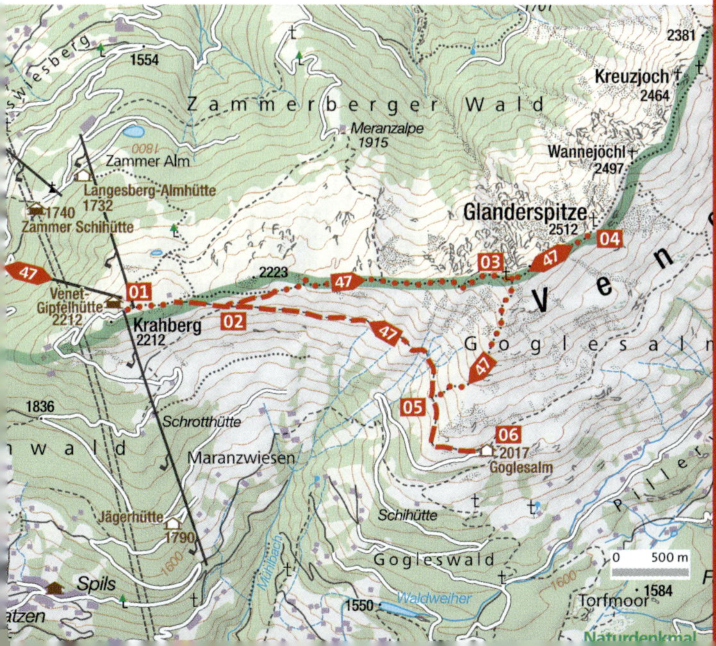

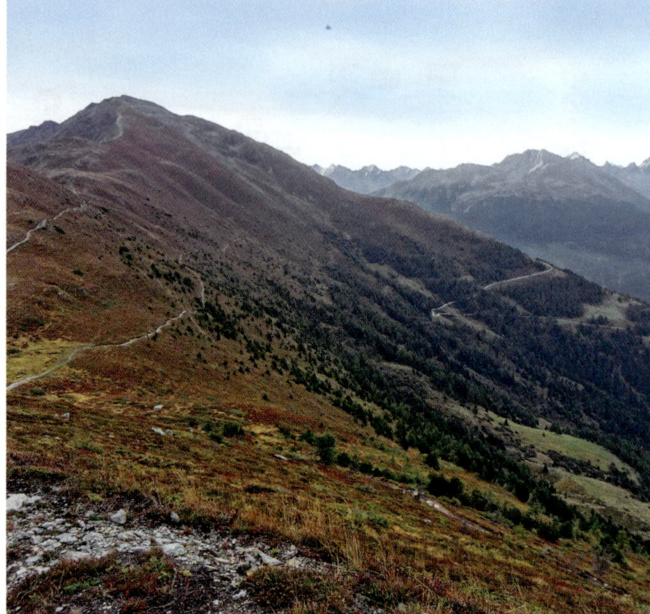

Von der Bergstation führt ein Kammweg zur Glanderspitze.

die nette **Jausenstation Goglesalm** 06 erreichen. Weit öffnet sich der Blick nach Süden auf den Piller Sattel, den Kaunergrat und ins Oberinntal Richtung Kauns.

Zurück geht es auf bekanntem Weg zur **Weggabelung** 05 und von dort angenehm ohne große Steigung wieder hinauf auf den Kamm, wo wir bei der **Weggabelung** 02 auf den Hinweg treffen und zur **Bergstation** 01 zurücklaufen. Rund um die Bergstation gibt es viele Attraktionen für Kinder: riesige Kolkraben, einen Erlebnisweg und einen Abenteuerspielplatz. Den Sommer über werden außerdem wöchentlich Kräuterwanderungen mit einer Zammer Kräuterspezialistin angeboten.

Schausennerei auf der Goglesalm

Auf der Goglesalm weiden von Mitte Juni bis Mitte September rund 80 Kühe. In der angeschlossenen Schau-Sennerei wird die frische Milch zu Käse, Butter und Joghurt weiterverarbeitet. Während der Almsaison von Mitte Juni bis Anfang September findet regelmäßig eine Vorführung statt (vorab sicherheitshalber den Wochentag beim Tourismusverband Pitztal erfragen). Anmeldungen sind erwünscht.
Tel. 0660/54 99 084
www.gogles-alm.at

VOM KRAHBERG NACH WENNS

Aussichtsreiche Gratwanderung ins Vordere Pitztal

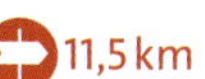

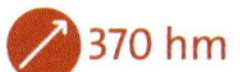

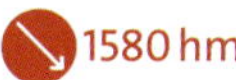

START | Bergstation der Venetbahn auf dem Krahberg, 2208 m [GPS: UTM Zone 32 x: 623.286 m y: 5.222.727 m]
CHARAKTER | Eine herrliche Kammwanderung ohne große Steigungen. Der Abstiegsweg vom Wannejöchl zur Galflunalm ist sehr steil. Ab der Lacher Alm kann man wahlweise auf dem Alm-Fahrweg oder auf einem (steilen) Steig nach Wenns absteigen.

Die abwechslungsreiche Wanderung sollte man unbedingt an einem Tag mit guter Fernsicht unternehmen, geht es doch hinauf auf den Panoramaberg Glanderspitze (Venet), auf deren Grat wir mit Blick auf die Lechtaler Alpen im Norden und die Ötztaler, Pitztaler und Kaunertaler Gipfel im Süden rund 2 Stunden nach Osten wandern. Der Abstieg zu den Almen ist dann allerdings eine Herausforderung für die Knie.

▶ Mit der Gondelbahn schwebt man von der **Talstation der Venetbahn** 01 in wenigen Minuten hinauf zur **Bergstation** 02 auf dem Krahberg. Von hier führen Pisten hinunter nach Zams ins Inntal und ins obere Inntal nach Fließ. Bei der Bergstation finden sich Wegweiser

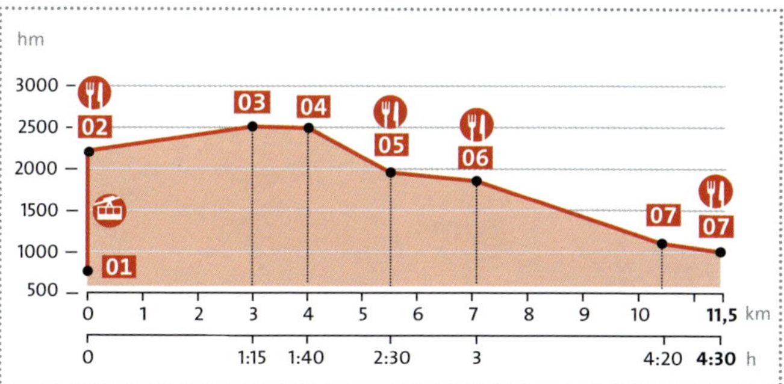

01 Talstation der Venetbahn, 775 m; 02 Bergstation auf dem Krahberg, 2208 m; 03 Glanderspitze (Venet), 2512 m; 04 Wannejöchl, 2497 m; 05 Galflunalm, 1961 m; 06 Larcheralm, 1841 m; 07 Kapelle in Farmie, 1106 m; 08 Wenns, Bushaltestelle „Pitztaler Hof", 1010 m

Richtung Venet und Kreuzjoch, der Weg führt aussichtsreich auf dem Kamm zunächst eben und fällt dann in eine kleine Einsattelung leicht ab. Der Weg ist einfach zu finden, das Gipfelkreuz der Glanderspitze nicht zu übersehen. Dann wieder ansteigend führt der Gratweg teilweise etwas ausgewaschen über die grasbewachsene Südseite hinauf zum Gipfelkreuz der **Glanderspitze (Venet)** 03. Ohne Höhenverlust wechseln wir hinüber zu einem namenlosen Gipfel mit Kreuz und steigen dann hinunter in einen **Sattel** 04 unterhalb des Wannejöchls (2497 m). Der Abstecher zu seinem Gipfelkreuz ist nicht lang.

Hier endet die Gratwanderung und wir folgen den Wegweisern Richtung Galflun- und Larcheralm bergab. Der Abstieg vom Sattel ist relativ anstrengend, das Gefälle unangenehm. Zwischen Alm-

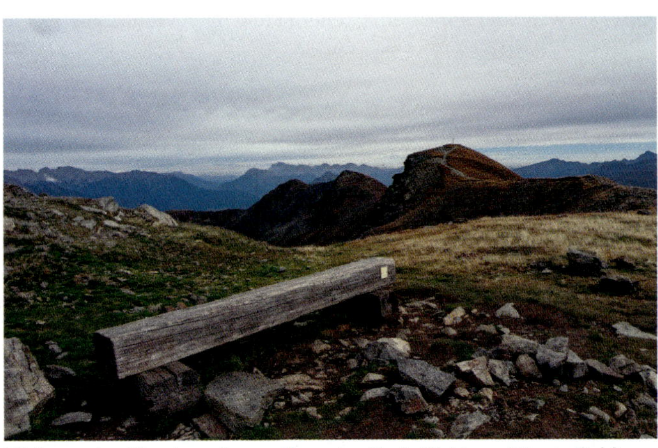

Blick von der Glanderspitze entlang des Grats Richtung Wannejöchl.

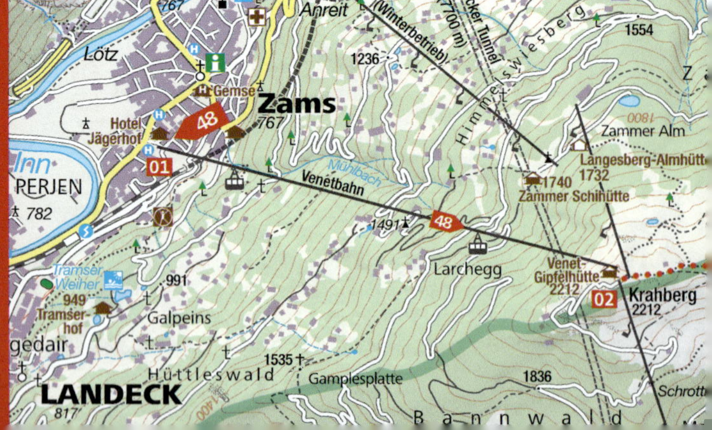

rausch hindurch erreichen wir auf 2000 m schließlich einen flacheren Wiesenbereich und wandern auf einem Bohlenweg über Feuchtwiesen zur **Galflunalm** 05, in der man einkehren kann. Wir folgen nun der Hüttenzufahrtsstraße talwärts zur **Larcheralm** 06, die wir nach rund 30 Minuten erreichen.

Nach Wenns kann man nun entweder auf dem Fahrweg Richtung Auders wandern und über den Ortsteil Farmie nach Wenns absteigen. Schöner ist allerdings ein Abstiegsweg, der gleich gegenüber der Alm beginnt und zum Teil dem „Alten Almweg“ (Wegweiser „Wenns“) folgt. Er führt zunächst immer noch recht steil durch den Bergwald talwärts, bis er auf eine Fahrstraße stößt. Hier hält man sich rechts bis zu einer großen Holztafel, die E5-Wanderer, die hier zahlreich vorbeikommen, über die Übernachtungsmöglichkeiten in

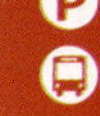

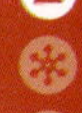
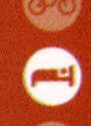
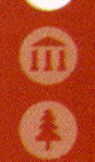

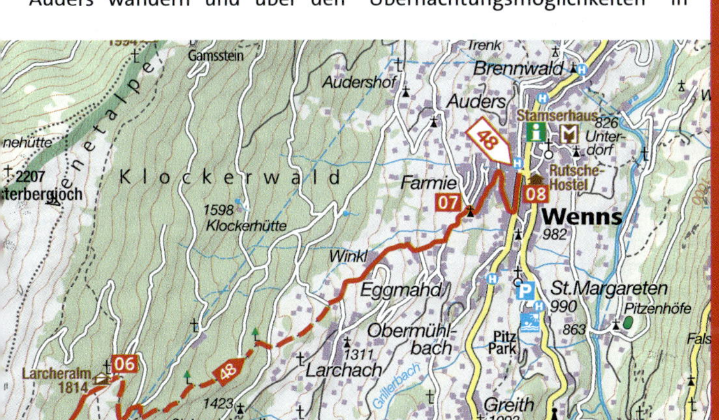

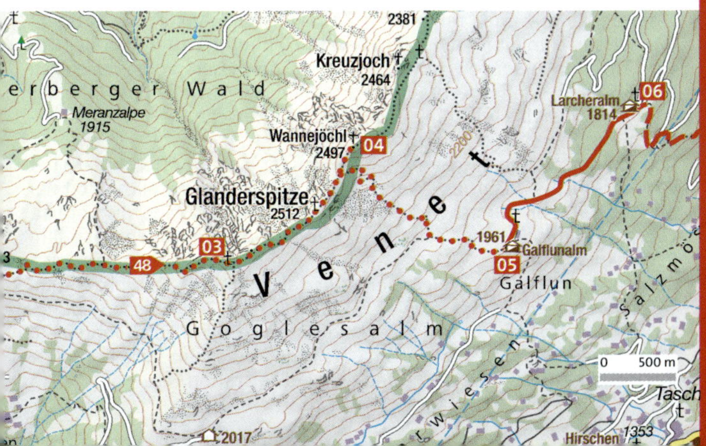

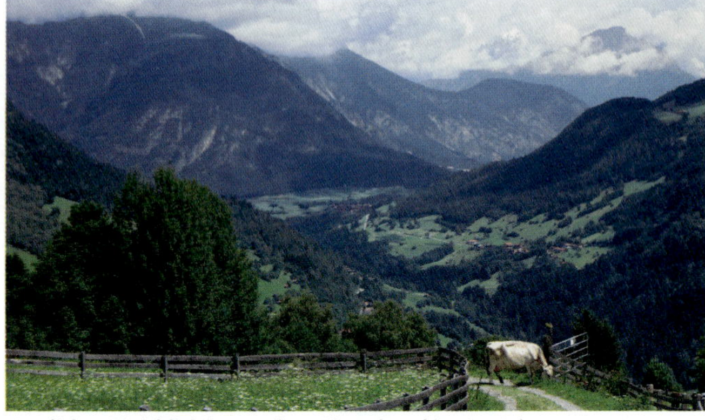

Herrlicher Weitblick ins vordere Pitztal und ins Inntal.

Wenns informiert. Gleich danach zweigt ein Pfad nach rechts ab, laut Wegweiser sind es ab hier noch 1½ Stunden nach Wenns. Zwischen Rodungsflächen steigen wir talwärts und können einen ersten Blick ins vordere Pitztal und Inntal mit dem alles beherrschenden Tschirgant (2370 m) werfen.

Kurz vor Erreichen eines Fahrwegs zweigt ein kleiner Pfad nach rechts ab. Wer diesen Abzweig verpasst, hält sich beim Fahrweg rechts und stößt nach wenigen Metern wieder auf den offiziellen Weg, zu erkennen am gelben Wegweiser. Nun laufen wir rechts von einem Weidezaun talwärts, an hübschen, sonnenverbrannten Stadeln vorbei, bis wir schließlich auf eine Fahrstraße mit einem Jägerstand stoßen. Hier halten wir uns rechts Richtung Wenns und folgen der aussichtsreichen Fahrstraße, bis in einer scharfen Rechtskurve ein Wegweiser auf den links ins Tal abzweigenden Traktorweg verweist.

Nun folgen wir der Spur rechts des Weidezauns, queren diesen zwischendurch und erreichen so den Weiler Winkl. Zwischen den Häusern hindurch folgen wir weiter den gelben Wegweisern und wandern mit Blick auf die Orte im vorderen Pitztal über die Wiesen zu einem weiteren Hof. Achtung: Hier hängt ein eher unscheinbares Holzschild an einem Baum und zeigt den Weg nach links an. Steil geht es über die Bergwiesen zu einem geteerten Fahrweg, auf dem wir uns links halten und so zu einer Wander-Infotafel kommen. Vorbei an einer **Kapelle** 07 laufen wir auf der Teerstraße talwärts, bis rechts ein Fußweg („Abkürzung Ortszentrum") hinunter zum Pitztaler Hof führt. An diesem vorbei erreichen wir die Hauptstraße auf Höhe des Hostels Rutsche.

Wenige Meter entfernt befindet sich die **Bushaltestelle „Pitztaler Hof"** 08, talauswärts die Tourist-Information. Die Linienbusse fahren von hier zu Bahnstation Imst-Pitztal Bahnhof. Dort hat man Anschluss an Züge, die in 12 Minuten zum Bahnhof Zams fahren. Zu Fuß geht es dann zum Parkplatz an der **Talstation** 01.

HOCHASTERALM UND IMSTERBERGER VENETALM

Unterwegs auf dem Venet-Rundwanderweg

 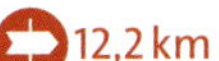 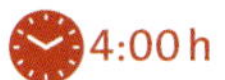 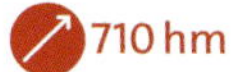  

12,2 km | 4:00 h | 710 hm | 710 hm | 43

START | Arzl im Pitztal, Ortsteil Hochasten, 1327 m [GPS: UTM Zone 32 x: 631.166 m y: 5.227.146 m]
CHARAKTER | Eine herrliche Kammwanderung ohne große Steigungen mit zwei Einkehrmöglichkeiten. Es gibt keinen ausgewiesenen Parkplatz in Hochasten.

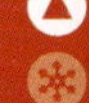

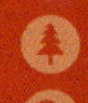

Die vorgestellte Wanderung berührt den östlichen Teil des Venet-Rundwanderwegs und begeistert immer wieder mit fantastischen Fernblicken. Dazu liegen gleich zwei Almen auf dem Weg, die zu einer gemütlichen Einkehr einladen. Besonders schön ist es im Herbst: Die Luft ist klar und die Lärchen leuchten in Goldtönen.

▶ In **Hochasten** 01 wandert man auf der Straße bergwärts in Richtung Plattenrain, biegt aber schon beim **Wegweiser zur Hochasteralm** 02 nach links ab und wandert in drei spitzen Kehren hinauf zu einem Sonnenbalkon über Arzl, der **Hochasteralm** 03. Steht man erst einmal vor der kleinen Alm, die im Einfrau-Betrieb eine kleine

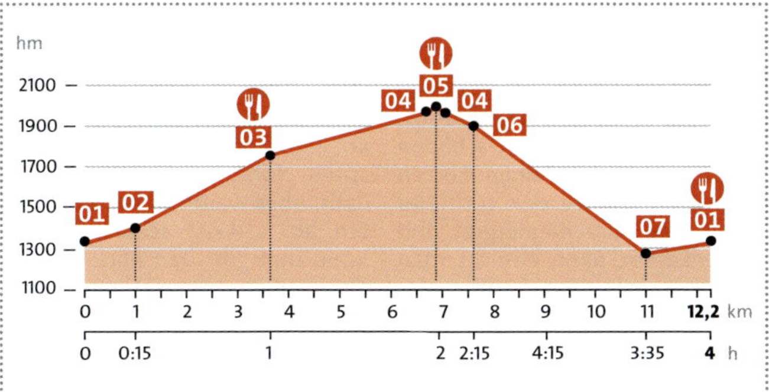

01 Hochasten, 1327 m; 02 Abzweig Hochasteralm, 1395 m; 03 Hochasteralm, 1756 m; 04 Weggabelung, 1958 m; 05 Imsterberger Venetalm, 1994 m; 06 Wegweiser, 1919 m; 07 Amishaufen, 1281 m

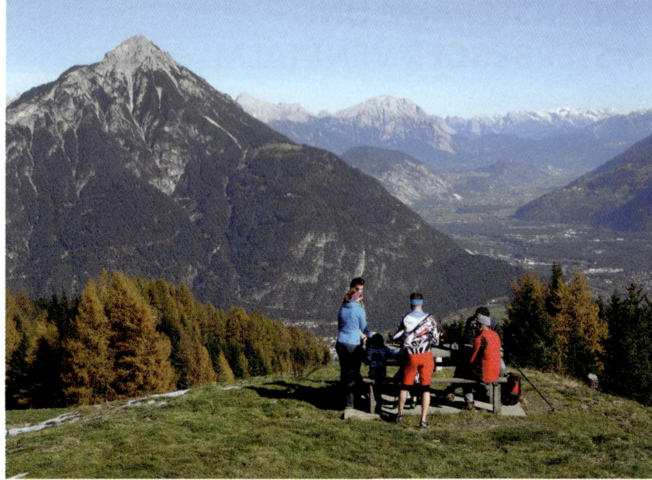

Blick von der Hochasteralm auf den Tschirgant und das Inntal.

Karte anbietet, kommt man aus dem Staunen über die Aussicht gar nicht mehr heraus. Im Norden die Gipfel über dem Gurgltal, der pyramidenförmige Tschirgant, die breite Talsohle des Inns, begrenzt vom Mieminger Plateau im Norden und den Gipfeln des Kühtais im Süden.

Nun folgt man wahlweise einem kleinen Steig rechts der Hütte oder dem Fahrweg, bis man auf die Wegweiser zur Imsterberger Venetalm und zum Venet trifft. Zunächst geht es durch schönen Lärchenwald mit kleinen kurzen Ausblicken mal zu den Lechtaler Alpen, mal zum Kaunergrat und Geigenkamm, dann erreicht man ein Kreuz, bald darauf eine waldfreie Lichtung und wandert vor bis zu einer **Weggabelung** 04, an der später der Talabstieg beginnt.

Zunächst sollte man aber noch der **Imsterberger Venetalm** 05 einen Besuch abstatten, die außer einer großen Aussichtsterrasse auch ein paar Matratzenlager für Wanderer des Rundwanderwegs anbietet.

Wieder zurück an der **Weggabelung** 04 folgen wir nun kurz der Fahrstraße, bis in einer Kurve ein **Wegweiser** 06 nach links Richtung Amishaufen weist. Wir folgen dem Waldweg, stoßen jedoch kurz darauf wieder auf eine Forststraße. Hier geradeaus weiter auf der Straße bleiben, auch wenn man völlig zu Recht das Gefühl hat, eigentlich nach Osten (links) abbiegen zu müssen. Die Forststraße führt nach Süden, biegt dann aber weiter unten nach Osten ab, verlässt schließlich den Wald und gibt den Blick frei auf die wenigen Häuser von **Amishaufen** 07. Hier muss man sich an der ersten Wegkreuzung zwischen den Gebäuden hangaufwärts auf ein Waldstück zu orientieren. An einem Wegkreuz vorbei geht es auf einem Feldweg zurück nach **Hochasten** 01, das nach wenigen Minuten erreicht ist.

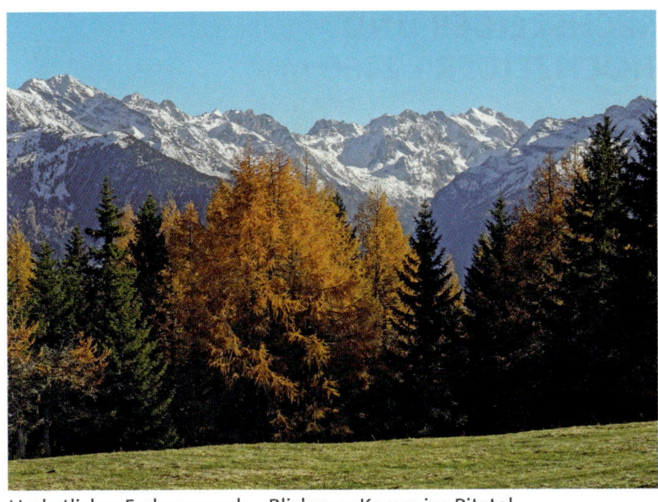

Herbstlicher Farbenrausch – Blick vom Kamm ins Pitztal.

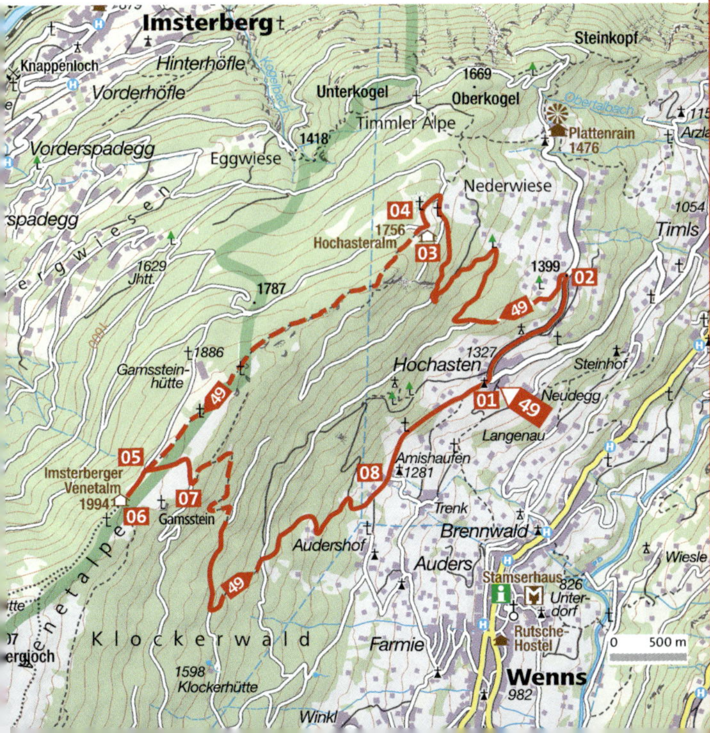

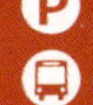

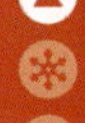

SECHSZEIGER UND HOCHZEIGER • 2460 m

Unterwegs am Nordende des Geigenkamms

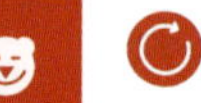 7,6 km 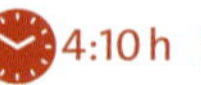 4:10 h 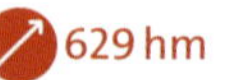 629 hm 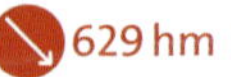 629 hm  43

START | Jerzens, Mittelstation der Hochzeigerbahn, 1829 m [GPS: UTM Zone 32 x 634.995 m y: 5.223.766 m]
CHARAKTER | Einfache Panoramawanderung auf dem Kamm vom Sechszeiger zum Hochzeiger, der Abstieg über den etwas luftigen Ferdinand-Wohlfarter-Steig erfordert Trittsicherheit, es gibt aber einen alternativen Bergweg zum Zollkreuz.

Sommerwanderungen durch ein Skigebiet sind naturgemäß meist nur bedingt ein Vergnügen. Doch bei dieser schönen Kammwanderung vom Sechszeiger zum Hochzeiger und dem Abstieg über den schönen Ferdinand-Wohlfarter-Steig lässt sich die Nähe zum Skigebiet problemlos ausblenden. Für Familien mit Kindern ist der neu eröffnete ZirbenPark an der Mittelstation eine spannende Ergänzung bzw. Abschluss dieser abwechslungsreichen Bergwanderung.

▶ Beim **Restaurant an der Mittelstation** 01 halten wir uns links und streben rechts vom Sessellift auf einen sogenannten „Relax Point" zu – ein paar Freiluftliegen auf einer Holzterrasse. Bei einer Weggabelung folgen wir dem **Wegweiser**

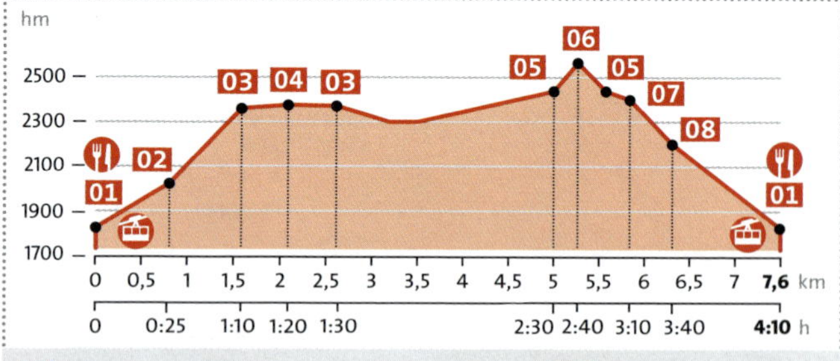

01 Hochzeiger-Restaurant (Mittelstation), 1829 m; 02 Wegweiser zum Sechszeiger, 2176 m; 03 Landschaftsteich, 2359 m; 04 Sechszeiger, 2392 m; 05 Abzweig zum Gipfel, 2453 m; 06 Hochzeiger, 2560 m; 07 Ferdinand-Wohlfarter-Steig, 2412 m; 08 Zollkreuz, 2223 m

Zirben-Ausstellung in Jerzens

Oberhalb von Jerzens schützt ein geschlossener Zirbenwald die Bewohner vor Lawinen und Muren. Wer sich näher mit der faszinierenden und duftenden Zirbe befassen will, sollte die Ausstellung „Die Zirbe – Grenzgängerin mit Talenten“ im Gemeindezentrum Jerzens besuchen.

Lohnenswert ist auch der Besuch von **Sane Cum Cembra – Gesund mit Zirbe** beim Sägewerk Reinstadler in Jerzens, wo aus „Abfallprodukten“ des Sägewerks u. a. Zirbenöl gewonnen wird. Jeweils freitags kann man in der Schaubrennerei zuschauen. Im Shop werden verschiedene Produkte rund um die Zirbe verkauft. www.gesund-zirbe.at

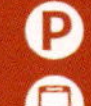

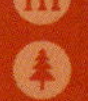

zum Sechszeiger 02 und wandern auf einem Güterweg an Zirben und Almrosen vorbei zum Kamm, den wir auf Höhe des **Landschaftsteiches** 03 und der Bergstation des Sesselliftes erreichen. Eine Infotafel informiert hier über die Größe des Teiches (1,8 ha) und seine Bedeutung für die Beschneiungsanlagen. Der Weg bis vor zum **Sechszeiger** 04 ist nicht weit und belohnt mit einem eindrucksvollen Blick auf Imst, das Gurgltal, den Tschirgant und die Lechtaler Alpen und nach Osten ins Inntal bis hin zum Karwendel. Auf einem Felsvorsprung lädt ein Glaspavillon zum Eintreten ein. Aus dem Pavillon

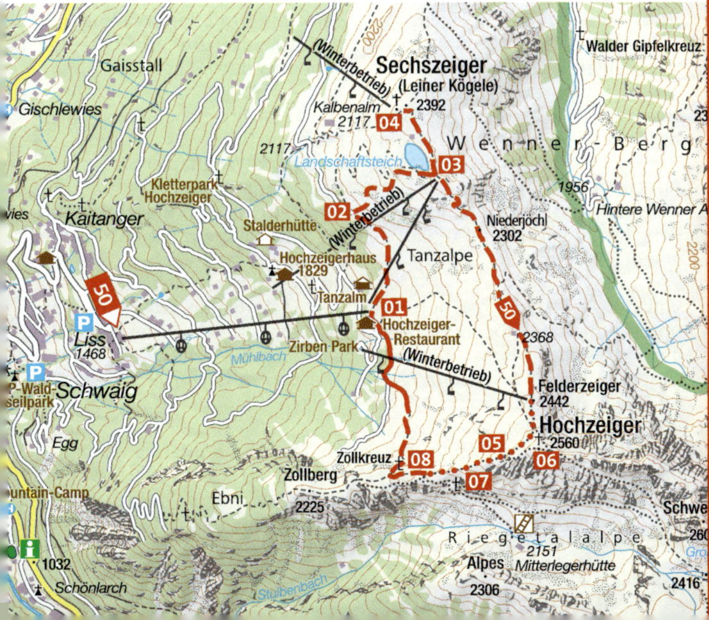

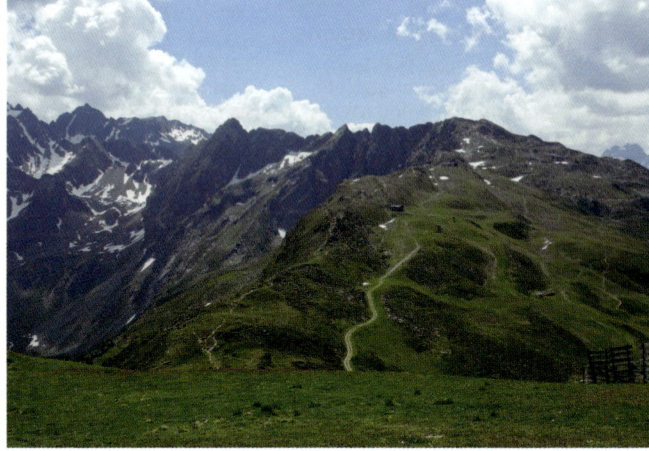

Der schmale Pfad zum Hochzeiger führt links vom Grat entlang.

heraus lassen sich die umliegenden Gipfel bestimmen, denn deren Silhouetten sind auf die Glaswände projiziert. Die Hütte bietet zudem Schutz vor Wind und Wetter.

Nun beginnt die eigentliche Kammwanderung hinüber zum Hochzeiger. Dafür wandern wir zunächst zurück zum **Landschaftsteich** 03. Unterwegs laden nochmals Relaxliegen und eine Holz-Hollywoodschaukel zum Ausruhen und Schauen ein. Der Weg führt an den Gebäuden der Bergstation vorbei und hinauf zu einem Sendemast.

Von dort fällt der Pfad nun hinunter zum Niederjöchl und zieht dann auf oder etwas links vom Grat zum Gipfel des Hochzeigers. Mit Blick auf das Kreuz führt der Aufstiegsweg jedoch zunächst unterm felsigen Gipfelaufbau vorbei nach Westen zu einer Weggabelung. Dort folgt man der Beschilderung zum Gipfel und erreicht einen weiteren **Wegweiser** 05 auf dem Westgrat. Nun sind es nur noch wenige Schritte über Steine und Gras leicht ausgesetzt hinauf zum **Hochzeiger** 06. Vom Gipfelkreuz bietet sich ein herrlicher Blick auf das Nordende des Geigenkamms mit dem Wildgrat und hinüber zum Großen Gemeindekopf über den Riegetalseen.

Der aussichtsreiche, aber manchmal auch etwas ausgesetzte **Ferdinand-Wohlfarter-Steig** 07 führt entlang des Westgrats mit schönem Blick ins Riegetal hinunter zum **Zollkreuz** 08, das in einer Einsattelung zwischen Zollberg und Hochzeiger liegt. Wer nicht den Steig gehen will, kann vom Westgrat zurück zur letzten Weggabelung unterhalb des Grates und von dort zum Zollkreuz absteigen.

Vom Zollkreuz leitet dann ein Karrenweg an schönen Bergwiesen vorbei zum Hochzeiger-Restaurant an der **Mittelstation** 01 der Hochzeigerbahn.

ALOIS-GABL-WEG

Durch die Kitzgartenschlucht

 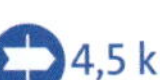4,5 km 1:30 h 272 hm 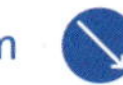272 hm 43

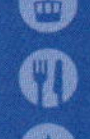

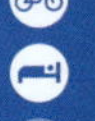

START | Bushaltestelle „Zaunhof Wiese" oder Parkplatz beim Gasthof Wiese, 1180 m [GPS: UTM Zone 32 x: 636.311 m y: 5.219.435 m]
CHARAKTER | Einfache Wanderung auf land- und forstwirtschaftlichen Wegen, aber auch Teerstraße im Ortsgebiet von Zaunhof. Eine kurze Passage ist steinschlaggefährdet, diese sollte zügig durchschritten werden.

Professor Alois Gabl ist ein in Zaunhof 1845 geborener Maler und Kunstprofessor, nach ihm wurde ein kleiner Rundweg vom Ortsteil Wiese nach Zaunhof benannt. Zurück führt der Weg durch die schöne Kitzgartenschlucht.

▶ Wir starten beim **Parkplatz** 01 des Gasthofs Wiese bzw. der Bushaltestelle, queren die Straße und laufen links vom Haus 145 zur Pitze und queren diese auf einer Brücke. Am anderen Ufer stoßen wir auf einen Schilderbaum und halten uns links Richtung Ludwigsburger Hütte. Ein breiter Wirtschaftsweg geht in eine geteerte Fahrstraße über, der wir in den Zaunhofer Ortsteil **Schußlehn** 02 folgen. Wir erreichen die ersten Häuser des Weilers und sollten einen Blick in die kleine bunt angemalte Kapelle von 1684 werfen. Wir folgen der Teerstraße und den gelben Wegweisern zur Ludwigsburger Hütte.

Die Teerstraße geht bei den letzten Häusern in einen Forstweg über. Ein Warnschild weist darauf hin, dass der folgende Wegabschnitt steinschlaggefährdet ist. Der Weg

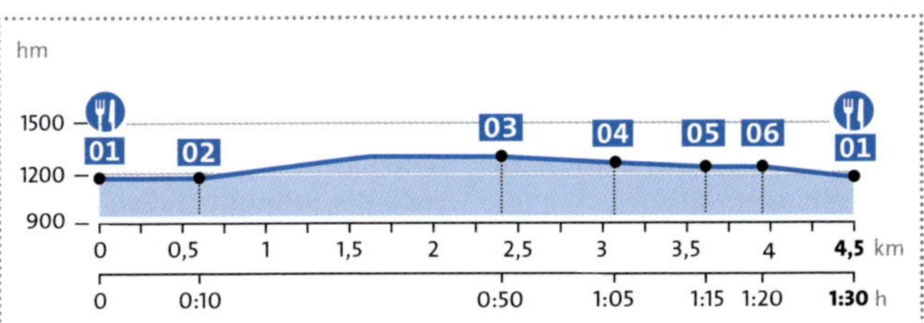

01 Parkplatz/Bushaltestelle beim Gasthof Wiese, 1170 m; 02 Schußlehn, 1201 m; 03 Zaunhof, Gerätehaus der Feuerwehr, 1300 m; 04 Brücke, 1270 m; 05 Zweite Brücke über die Pitze, 1220 m; 06 Kitzgartenschlucht, 1950 m

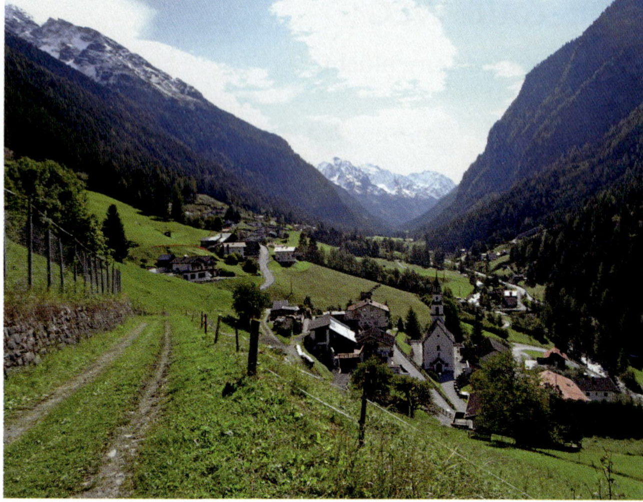

Herrlicher Blick auf Zaunhof und den Geigenkamm im Hintergrund.

führt durch Bergsturzwald unterhalb einer steilen Wand entlang. Wir verlassen schließlich den Wald und wandern auf einem Karrenweg durch die steilen Bergwiesen taleinwärts und genießen dabei den schönen Blick auf die Gipfel des Geigenkamms. Hoch über uns stehen die Bauernhäuser von Außerlehn. Wir queren einen Bach, der sich wasserfallartig talwärts stürzt. Der Weg fällt nun ab und wir schauen auf Zaunhof und seine Kirche mit eigenwilligem Turm. Eine Tafel am Weg informiert über Alois Gabl. Der Weg mündet in die Fahrstraße nach Zaunhof ein, wir folgen hier den Wegweisern zur Ludwigsburger Hütte.

Auf Höhe des links liegenden **Gerätehauses der Freiwilligen Feuerwehr** 03 halten wir uns rechts – am Zaun hängt leicht zu übersehen ein gelber Wegweiser („Moosbrücke“). Die Teerstraße zieht in einem Bogen bergab und macht dann einen scharfen Knick nach rechts. Wir queren einen Weiderost und laufen weiterhin bergab. Vorbei am hübschen Wohnhaus Obermühl 42 stoßen wir schließlich auf die **Brücke** 04 über die Pitze. Wir queren den Bach und folgen dem Wegweiser „Wiese“ nach rechts, wandern kurz durch Wald und erreichen schon bald eine Teerstraße nach Zaunhof. Wir queren die Pitze über eine **zweite Brücke** 05 und halten uns danach links Richtung Wiese.

Der Weg führt nun durch die kleine, aber eindrucksvolle **Kitzgartenschlucht** 06. Am westlichen Ende der Schlucht stoßen wir auf eine kleine Reitanlage und wandern entlang des Zufahrtswegs zurück zur Weggabelung auf Höhe des Parkplatzes. Hier halten wir uns links und sind gleich darauf wieder am **Parkplatz** bzw. der **Bushaltestelle** beim **Gasthof Wiese** 01.

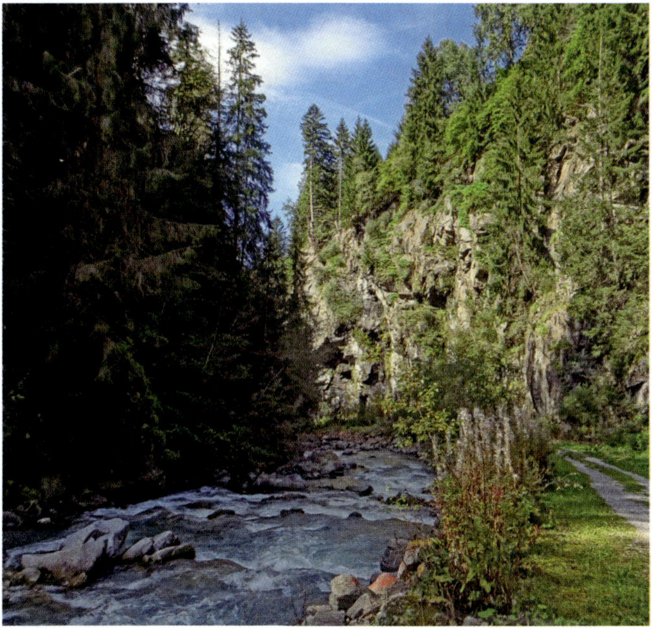

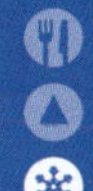

Der kurze, aber schöne Wegabschnitt durch die Kitzgartenschlucht.

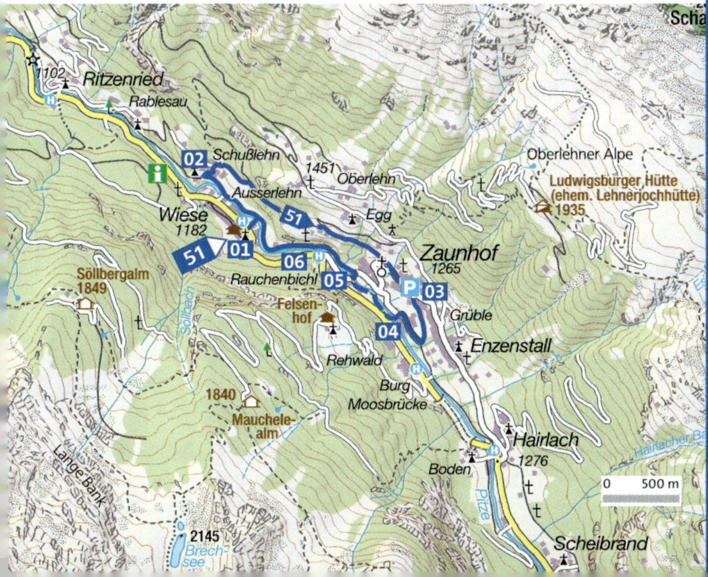

52

LUDWIGSBURGER HÜTTE • 1935 m

Unterwegs am Nordende des Geigenkamms

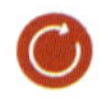 6,5 km 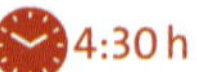  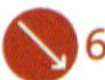 629 hm 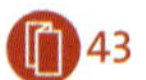

START | Zaunhof, Parkplatz der Hütte neben der Materialseilbahn, 1310 m [GPS: UTM Zone 32 x: 637.683 m y: 5.218.856 m]
CHARAKTER | Zum Teil sehr steiler Bergpfad in abschüssigem Gelände. Zwischen den Wegpunkten 04 und 06 empfiehlt es sich, mit Kindern auf den Fahrweg auszuweichen.

Die Ludwigsburge Hütte im vorderen Pitztal liegt aussichtsreich in einem Almengebiet noch unterhalb der Baumgrenze. Die Alpenvereinshütte ist ein wichtiger Übernachtungsstandort, da sich von hier viele mehrtägige Wanderungen anbieten, aber auch ein schönes Tagesziel. Von der Terrasse genießt man einen schönen Ausblick auf den gegenüberliegenden Kaunergrat und Richtung Süden auf das mittlere Pitztal sowie die Gipfel des Geigenkamms. Zwei Wege führen hinauf: ein einfach zu begehender Fahrweg und ein steiler Waldpfad. Dieser führt jedoch im mittleren Drittel sehr steil und schmal durch teilweise abschüssiges Gelände. Wer nicht ganz trittsicher oder mit kleinen Kindern unterwegs ist, sollte auf diesem Abschnitt auf die Straße ausweichen. Auf ihr wandert man entspannt und aussichtsreich zum Ziel.

▶ Wir starten in **Zaunhof** am **Parkplatz** 01 neben der Materialseilbahn und folgen den Wegweisern

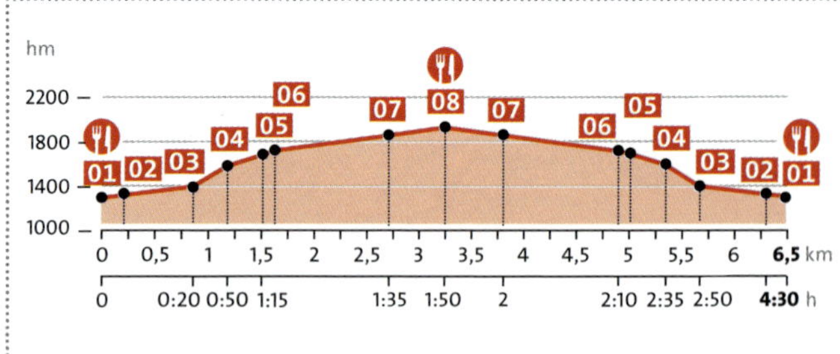

01 Zaunhof, Parkplatz, 1310 m; 02 Fahrstraße, 1330 m; 03 Abzweig Steig/Winterweg, 1392 m; 04 Fahrweg, 1583 m; 05 Querung Fahrstraße, 1672 m; 06 Viehgatter, 1722 m; 07 Schild, 1847 m; 08 Ludwigsburger Hütte, 1935 m

bergauf. An der Straßengabelung gleich nach der Materialseilbahn halten wir uns links, kommen an der Bushaltestelle vorbei und wandern auf der Teerstraße 02 bergauf, bis rechts ein Kapellchen in Sicht kommt.

Dort zweigt der **Steig/Winterweg** 03 (1:30 Std. zur Hütte) nach rechts in den Wald ab. Auf einem sehr schön gepflegten Waldweg steigen wir nun gleichmäßig bergauf und erreichen schließlich eine kleine Felswand mit einer Leiter mit Kette. Auf diese Weise lässt sich ein etwas steilerer Fels bequem überwinden. Alternativ gibt es links davon noch einen zweiten Weg ohne Leiter, aber mit Kette, der ebenfalls diesen Felsvorsprung überwindet. Kurz danach stoßen wir auf den **Fahrweg** 04.

In der Linkskurve des Fahrwegs zweigt rechts der Steig ab. Hier wird ausdrücklich darauf hingewiesen, dass der Waldaufstieg sehr steil ist. Gleich hinter dem Wegweiser öffnet sich der Wald und gibt den Weg auf das mittlere Pitztal und den Geigenkamm frei. Der Weg ist schmal, quert einen Bach und zieht steil bergauf und trifft erneut auf die **Fahrstraße** 05, quert diese, kürzt eine weitere Haarnadelkurve ab und trifft bei einem **Viehgatter** 06 erneut auf die Straße.

Wir folgen weiter dem Steig und wandern weniger steil bergauf und treffen in einer Rechtskurve erneut auf die Fahrstraße, auf der wir nun bleiben. Wir laufen eine Linkskehre aus und können in der folgenden Kehre wieder rechts auf den Steig ausweichen.

Ein großes **Schild** 07 informiert hier über das Angebot der Hütte, laut Wegweiser sind es noch 12

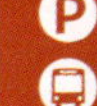

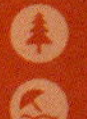

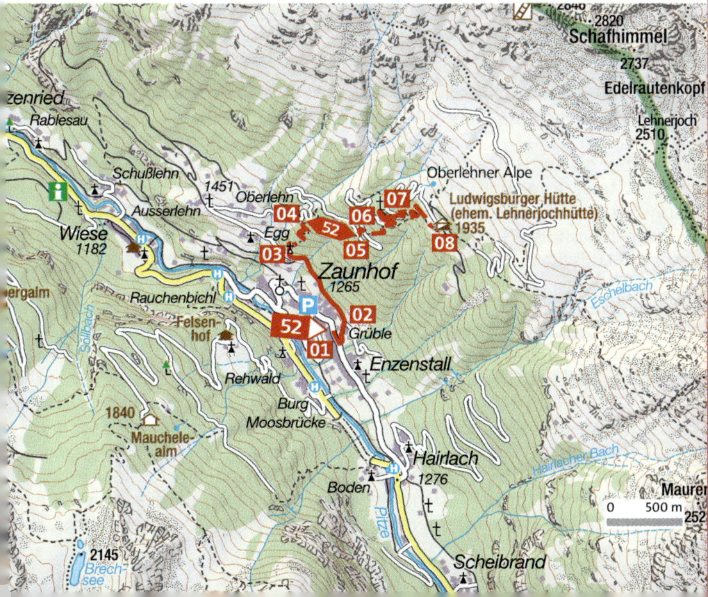

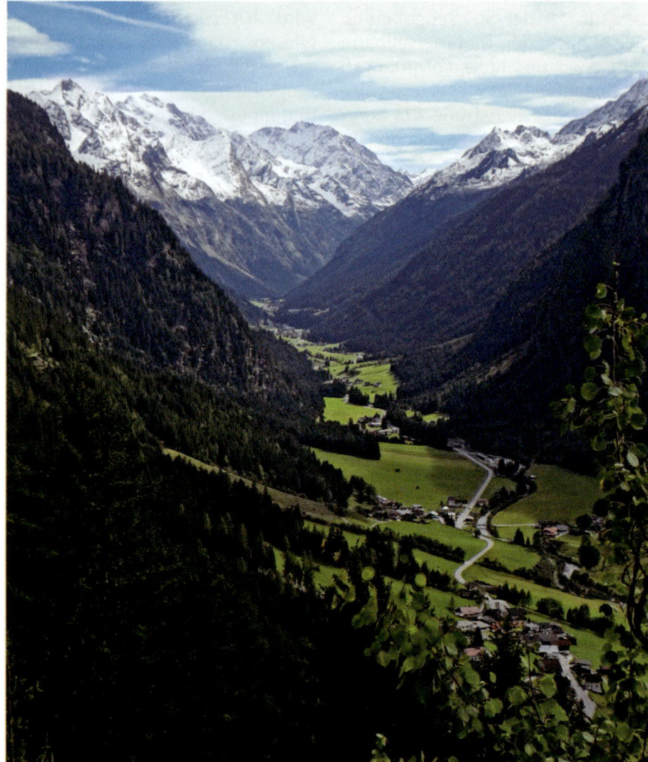

Blick taleinwärts kurz hinter Wegpunkt 04.

Minuten bis zur Hütte. Wir folgen dem Steig, erreichen eine Lichtung mit Almgebäuden, halten uns rechts und stehen kurz darauf vor der **Ludwigsburger Hütte** 08.

Die Hütte ist ein Stützpunkt und Verteiler für viele interessante Touren am Geigenkamm: So kann man von der Hütte zum Lehnerjoch (2 Std.) aufsteigen und von dort entweder über die Frischmannhütte (4:30 Std.) oder die Erlanger Hütte (3:30 Std.) ins Ötztal absteigen. Beliebt ist auch die Besteigung des Hohen Gemeindekopfs (2:30 Std.), von dem aus man weiter zum Hochzeigerhaus (4:30 Std.) wandern könnte. Von dort fährt die Hochzeigerbahn dann nach Jerzens.

Für den Rückweg hat man erneut die Wahl zwischen Fahrweg und Steig. Da der Waldweg zwischen den **Wegpunkten** 06 und 04 sehr steil ist, ist man möglicherweise auf dem Fahrweg genauso schnell unterwegs. Ab der **Weggabelung** 04 empfiehlt sich der Abstieg über den Steig, da die Fahrstraße hier zu weit nach Westen führt.

BRECHSEE • 2145 m

Almenwanderung zu einem idyllischen Bergsee am Kaunergrat

 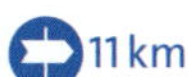 11 km  4:10 h 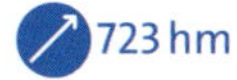 723 hm 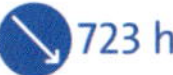 723 hm  43

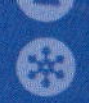

START | St. Leonhard im Pitztal, Ortsteil Rehwald, (ehem.) Gasthof Felsenhof, 1454 m [GPS: UTM Zone 32 x 636.918 m y: 5.218.773 m]
CHARAKTER | Gemütliche Almenwanderung, z. T. auf Forstwegen, sonst gut markierten Bergwegen. Der Bergsee ist ein schönes Ziel für Kinder. Von der Schwierigkeit her ist er an der Grenze zu rot.

Der am Kaunergrat gelegene Brechsee ist ein schönes Ziel für einen Familienausflug an einem heißen Sommertag, führen doch der Auf- und der Abstiegsweg zunächst durch schattigen Wald. Noch unterhalb der Waldgrenze empfiehlt sich die Mauchelealm für eine erste Einkehr, auf dem Rückweg bietet die Söllbergalm nochmals Gelegenheit für eine Pause. Söllbergalm und Mauchelealm sind im Norden beginnend die zwei ersten von insgesamt fünf Almen am 36 km langen Pitztaler Almenweg (die weiteren sind die Neuberg-, die Tiefental- und Arzler Alm, dazu kommt noch die Kaunergrathütte).

▶ Zum Ausgangsort im St. Leonharder Ortsteil Rehwald biegt man etwa 1 km nach Zaunhof rechts von der Hauptstraße ab, und zwar noch vor der Lawinengalerie. Eine recht steile Bergstraße führt hin-

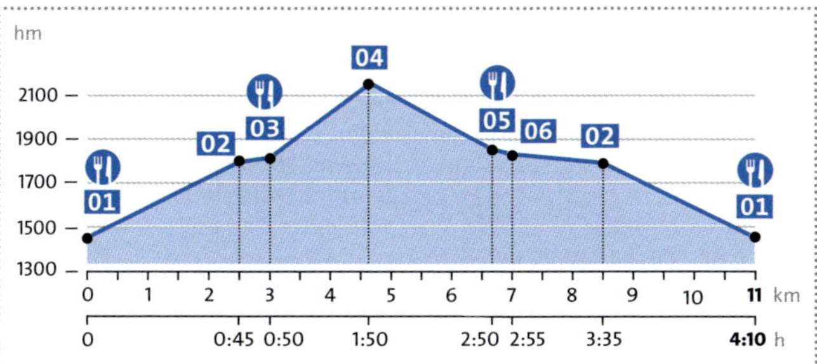

01 Parkplatz beim Gasthof Felsenhof, 1454 m; 02 Abzweig zur Söllbergalm, 1789 m; 03 Mauchelealm, 1840 m; 04 Brechsee, 2145 m; 05 Söllbergalm, 1849 m; 06 Abzweig zum Pitztaler Almenweg, 1820 m

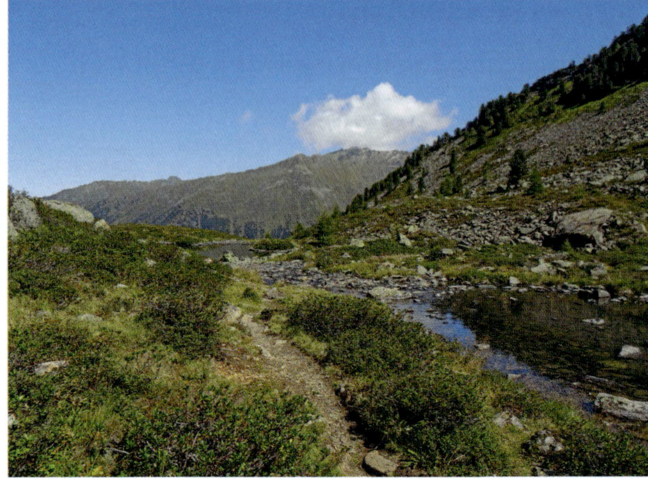

Am Brechsee – Blick Richtung Geigenkamm.

auf zum ehemaligen **Gasthof Felsenhof** 01, wo wir parken können.

Nun geht es auf der Fahrstraße durch Bergwald bergauf, eine Abzweigung zur Mauchelealm über einen Steig (schlecht markiert) ignorieren wir. Die Fahrstraße führt an der **Abzweigung** 02 vorbei, an der der Weg von der Söllbergalm zurück wieder in den Aufstiegsweg einmündet. Kurz darauf ist die **Mauchelealm** 03 erreicht, die in einem herrlichen Zirben-Lärchen-Fichten-Mischwald liegt und sich nach Osten hin zum Geigenkamm öffnet und zu einer ersten Pause einlädt.

Nach einer Pause steigt ein markierter Steig im Hochwald höher und führt allmählich über die Waldgrenze ins Weidegebiet der Mauchelealm. Mit schönem Blick auf das Kar, in dem der See liegt, wandern wir über die offene Hochfläche zwischen Almrosen, Heidelbeeren und Blockwerk hindurch immer weiter in die Höhe und erreichen schließlich den idyllischen **Brechsee** 04, der in einem schönen Bergkessel am Kaunergrat liegt. Sein glasklares Wasser ist auch im Sommer noch recht kalt. Er ist 237 m lang und 87 m breit, seine größte Tiefe liegt bei 6,1 m.

Für den Rückweg wählen wir den Weg über die Söllbergalm. Zunächst über alpine Matten führend verläuft der Pfad in angenehmen Gefälle Richtung Norden. Die Söllbergalm liegt versteckt in einem kleinen Wäldchen. Auffallend sind im Wald die vielen Flechten an den Bäumen – sie sind Anzeiger für besonders reine Luft.

Die **Söllbergalm** 05 empfängt den Wanderer mit einer schönen Aussichtsterrasse und Blick auf den Geigenkamm. Auf dem Fahrweg wandern wir talwärts, bis der **Wegweiser „Pitztaler Almenweg“** 06 auftaucht. Dem Almenweg folgen wir nach rechts. Als schöner Wald-

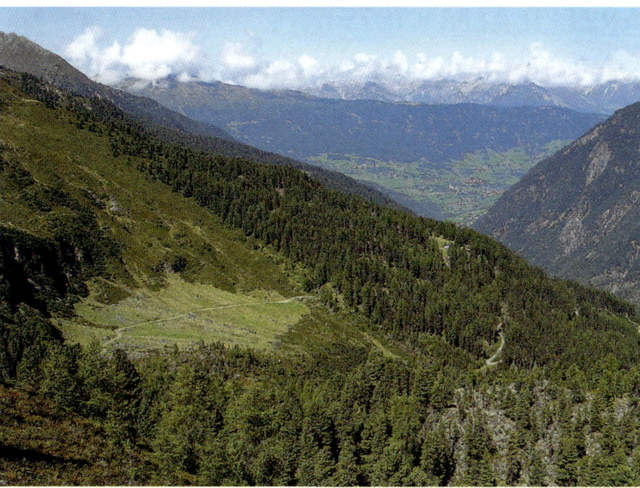

Der Rückweg zur Söllbergalm.

weg leitet er zu einer großen Waldschneise und weiter zum Söllbach. Bei einem zweiten Bach beginnt ein kleiner Gegenanstieg, der eine kleine Geländestufe hinaufführt (kurze gesicherte Passage).

Schließlich stoßen wir wieder auf den bekannten **Wegweiser** 02 unweit der Mauchelealm. Nun geht es auf dem Fahrweg talwärts zum Parkplatz beim ehemaligen **Gasthof Felsenhof** 01.

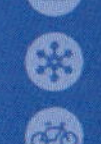
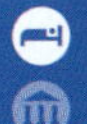

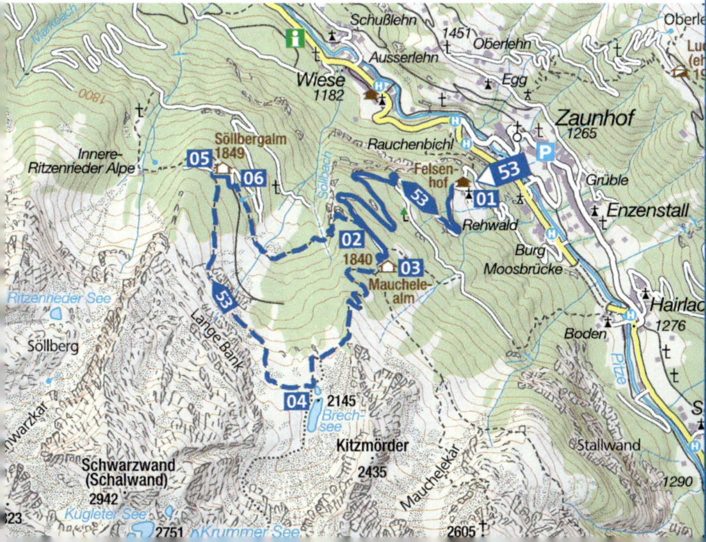

54 ARZLER ALM • 1875 m

Gemütliche Einkehr unter der Rofelewand

 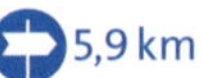 5,9 km  1:50 h 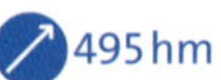 495 hm 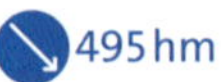 495 hm  43

START | St. Leonhard im Pitztal, Parkplatz vor der Brücke im Ortsteil Scheibe, 1364 m [GPS: UTM Zone 32 x 640.611 m y: 5.213.477 m]
CHARAKTER | Relativ steiler Aufstieg auf Waldpfad, gemütlicher Abstieg auf dem Fahrweg.

Die Arzler Alm ist eine von fünf Almen am sogenannten „Pitztaler Almenweg". Von ihrer Sonnenterrasse aus genießt man einen herrlichen Blick auf den Geigenkamm.

Von der **Bushaltestelle** 01 (es gibt auch einige wenige Parkplätze an der Straße) wandern wir über die Brücke und folgen dem markierten Steig zur Arzler Alm in den Wald hinein. Dabei wird einmal die Fahrstraße gequert. Der Steig führt im weiteren Verlauf entlang einer Lichtung und Schneise gerade aufwärts, sodass es sich immer wieder lohnt, stehenzubleiben und den schönen Talblick zu genießen. Wem die gemütliche Wanderung zu kurz ist, kann weiter zu den Totenkarseen wandern (1.30 Std.).

Nach der Einkehr auf der **Arzler Alm** 02 wählen wir für den Rückweg die Fahrstraße und wandern in zwei langen Kehren talwärts, bis wir auf einen weiteren Fahrweg stoßen. Wir halten uns am **Wegweiser** 03 nach rechts (Richtung Piösmes), bis wir zur Brücke über die Pitze kommen und zur **Bushaltestelle** 01 in Scheibe zurückkehren können.

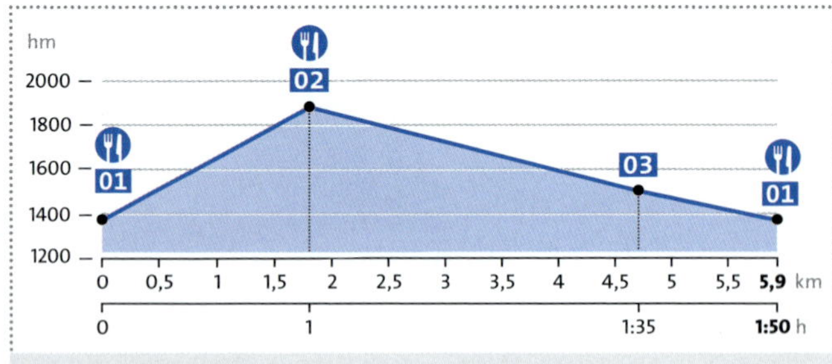

01 St.Leonhard, Ortsteil Scheibe, Bushaltestelle, 1384 m,
02 Arzler Alm, 1875 m, 03 Abzweig nach Scheibe, 1509 m

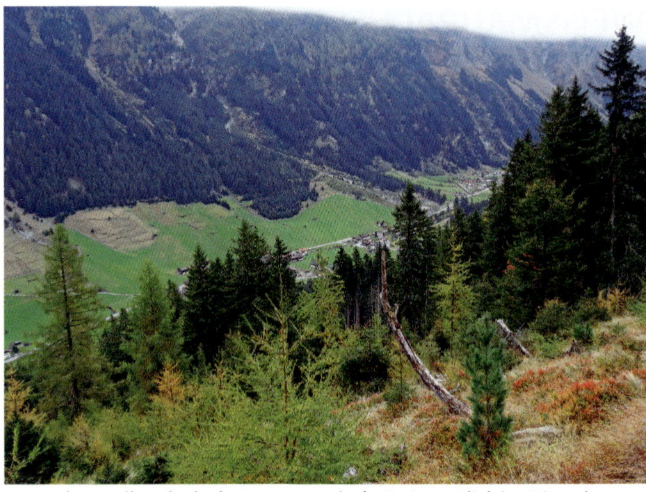

Unter der Wolkendecke hat man zumindest einen Blick ins Pitztal.

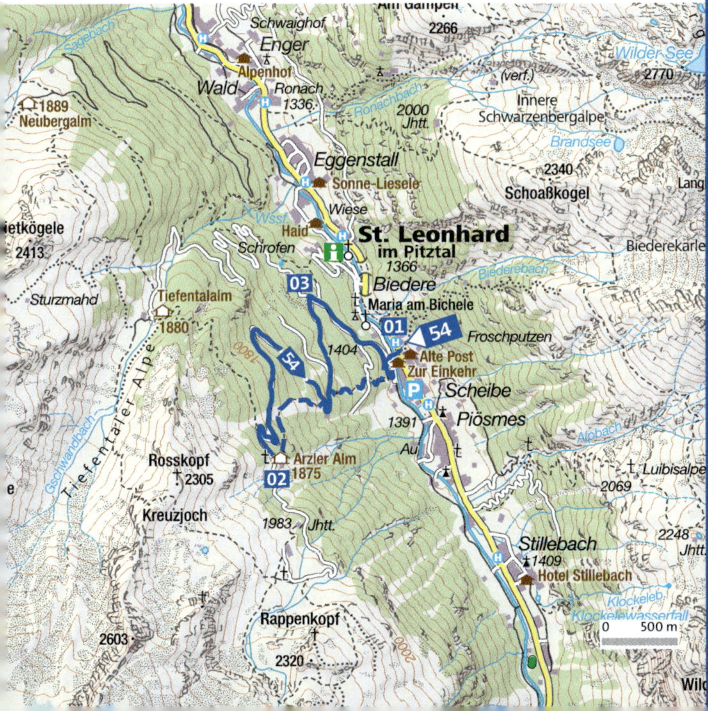

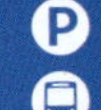
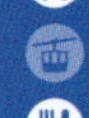
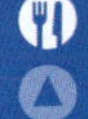

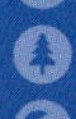

55

WEISSMAURACHSEE • 2412 m

Kleiner Gletschersee über der Rüsselsheimer Hütte

 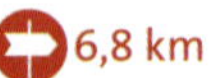 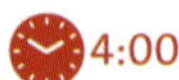 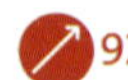  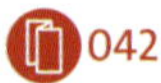

6,8 km | 4:00 h | 925 hm | 925 hm | 042

START | Wanderparkplatz zwischen Weißwald und Plangeross, 1600 m [GPS: UTM Zone 32 x 640.611 m y: 5.213.477 m]
CHARAKTER | Relativ steiler Hüttenaufstieg auf Bergpfad rechts vom Kitzlesbach, von der Hütte zum See ohne große Steigung.

Lang ist der Hüttenaufstieg nicht, aber eindrucksvoll. Von der Rüsselsheimer Hütte mit herrlichem Blick auf den Kaunergrat und die Aufstiegswege zur Kaunergrathütte bieten sich zwei weitere kleine Touren an: zum Aussichtspunkt Gahwindenkopf oder kürzer – und daher besser für Familien geeignet – zum Weißmaurachsee am Mainzer Höhenweg.

Vom **Wanderparkplatz** 01, wo auf Schildern für den Besuch der Kaunergrathütte bzw. der Rüsselsheimer Hütte geworben wird, queren wir die Talstraße und wandern über einen Schwemmkegel auf den Berg zu. Schon vom Tal aus ist die Hütte zu sehen.

Am Aufstiegshang angekommen, zieht sich der Weg links in kurzen Kehren durch den Bergwald, der schon bald offenem Gelände weicht. Weiter in Kehren führt der Weg zu einer eindrucksvollen Felswand, entlang derer man zu einem kleinen Kerbtälchen wandert. Hier wird ein Bach über eine einfache **Holzbrücke** 02 gequert. Da es hier fast immer feucht und

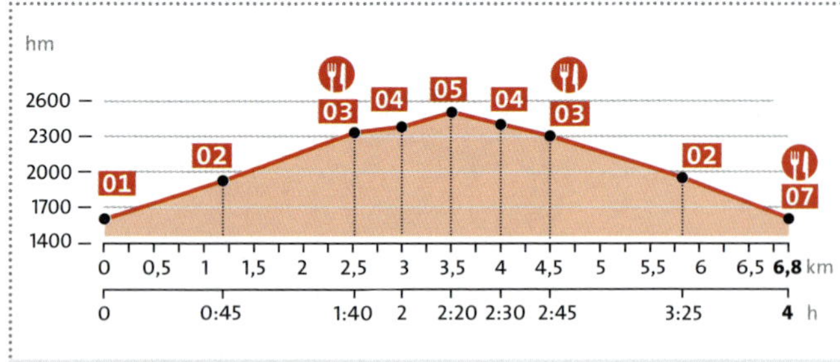

01 Wanderparkplatz Rüsselsheimer Hütte, 1600 m; 02 Holzbrücke, 1952 m; 03 Rüsselsheimer Hütte, 2328 m; 04 Wegkreuzung/Abzweig zum Weißmaurachsee, 2412 m; 05 Weißmaurachsee, 2525 m

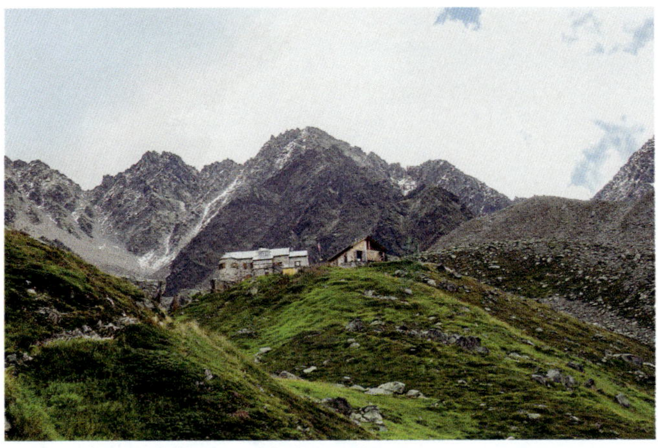

Kurz vor dem Ziel: die Rüsselsheimer Hütte.

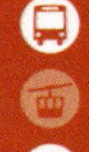
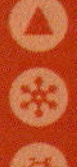
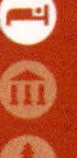
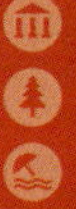

rutschig ist, ist ein Teil der Passage mit Seilen gesichert.

Immer weiter hinauf und damit auch immer aussichtsreicher verläuft der Weg durch die Bergwiesen zur wuchtigen **Rüsselsheimer Hütte 03**. Nach einer Einkehr folgen wir hinter der Hütte den zahlreichen Wegweisern Richtung Weißmaurachsee. Interessant ist ein Foto der Rüsselsheimer Hütte von 1930 (früher hieß sie Chemnitzer Hütte), die die Hütte mit dem Kaunergrat, der Watzespitze und der Verpeilspitze zeigt. Im di-

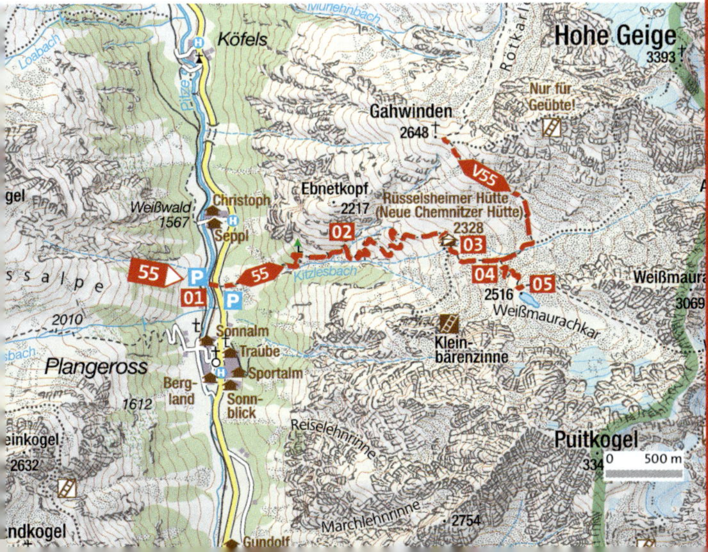

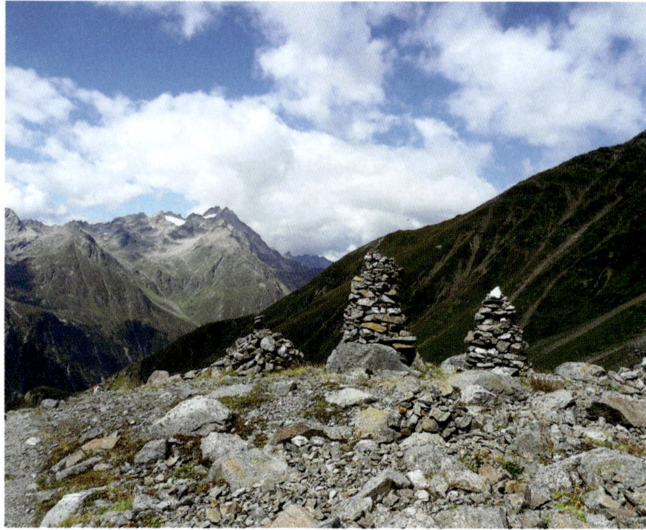

Der Aussichtspunkt Gahwinden liegt über der mittleren Steinpyramide.

rekten Vergleich lässt sich gut der Gletscherrückzug zwischen 1930 und heute erkennen. Rechts von uns erhebt sich die Nordwand des Puitkogels, vor uns der Weißmaurachkamm mit dem Ampferkogel.

An einer **Wegkreuzung** 04 wenden wir uns nach rechts und erklimmen die Stirnmoräne des einstigen Weißmaurachgletschers. Oben angekommen liegt vor bzw. ein paar Meter unter uns der milchig-weiße **Weißmaurachsee** 05, der seine Farbe dem Gletscherabrieb in seinen Zuflüssen verdankt. Der kleine Ausflug von der Hütte endet bei den Steinmännchen. Von hier hat man auch einen guten Blick auf den Aufstiegsweg zum Aussichtspunkt Gahwinden.

Zurück geht es auf gleichem Weg zur **Hütte** 03. Hier sollte man sich Zeit nehmen und ausgiebig den eindrucksvollen Kaunergrat bewundern. Anschließend wandern wir auf bekanntem Weg hinunter ins Tal zum **Parkplatz** 01.

Gahwinden, 2648 m (mittel)

Bei der **Wegkreuzung** 04 bleibt man auf dem Wanderweg, bis an einer weiteren Verzweigung der Weg zum Aussichtspunkt Gahwinden nach links abzweigt. Er führt schräg am Hang entlang durch Blockwerk, dann durch steile Grashänge und immer wieder über Schuttrinnen (einzelne Passagen sind mit Ketten gesichert) hinauf auf eine Schulter am Westgrat der Hohen Geige. Der Aussichtspunkt ist mit einem Gipfelkreuz geschmückt. Der Blick schweift von der Wildspitze im Süden über die markante Watzespitze bei der Kaunergrathütte und die Verpeilspitze bis hin zur Rofelewand. Eindrucksvoll ist auch der Tiefblick ins Pitztal (1 Std. ab Hütte, ca. 350 Hm).

PITZTALER JÖCHL • 2996 m

Ein kurzer Blick ins Ötztal

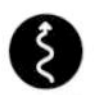  13,6 km 7:30 h 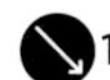 1130 hm 1130 hm 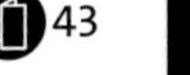 43

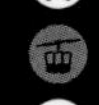
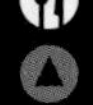

START | Mittelberg, Bushaltestelle, 1763 m
[GPS: UTM Zone 32 x: 642.762 m y: 5.202.259 m]
CHARAKTER | Schwerer Bergweg hinauf zur Hütte und gesicherter Steig kurz unterhalb des Pitztaler Jöchls.

Durch eindrucksvolle hochalpine Landschaft des Hinteren Pitztals geht es anstrengend, aber lohnend hinauf zur Braunschweiger Hütte, von der man einen imposanten Blick auf die Pitztaler Gletscherwelt genießt. In einer weiteren Stunde ist dann das Pitztaler Jöchl erreicht und der Blick kann über die Ötztaler Gipfel und die Reste des Rettenbachferners schweifen.

▶ Wir starten an der **Bushaltestelle in Mittelberg 01**. Auf einem zunächst noch recht flachen Zufahrtsweg wandern wir links der Pitze zur **Gletscherstube 02**, die Einkehr und einige wenige Betten bietet. Vorbei an der Materialseilbahn kommen wir zu einer Weggabelung. Nach links biegt der Jägersteig ab, geradeaus verläuft der Wasserfallweg. Beide Wege treffen sich auf 2385 m wieder.

Wir entscheiden uns für den Wasserfallweg und laufen an der Pitze entlang auf den Wasserfall zu. Auf

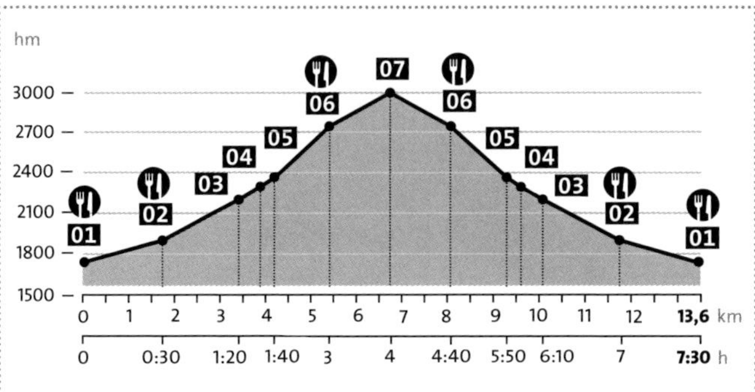

01 Mittelberg, Bushaltestelle, 1740 m; **02** Gletscherstube, 1891 m; **03** Notweg, 2200 m; **04** Wegweiser, Abzweig vom Notweg, 2303 m; **05** Weggabelung, 2385 m; **06** Braunschweiger Hütte, 2758 m; **07** Pitztaler Jöchl, 2996 m

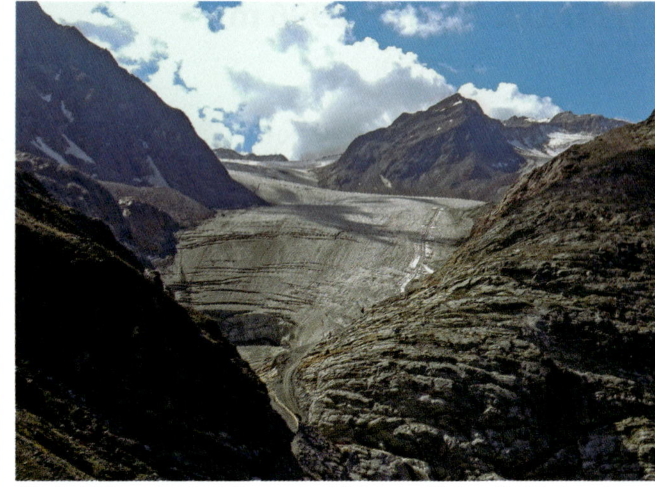

Für die Mühen des Aufstiegs entschädigt der Blick auf Mittelbergferner und Rechter Fernerkogel.

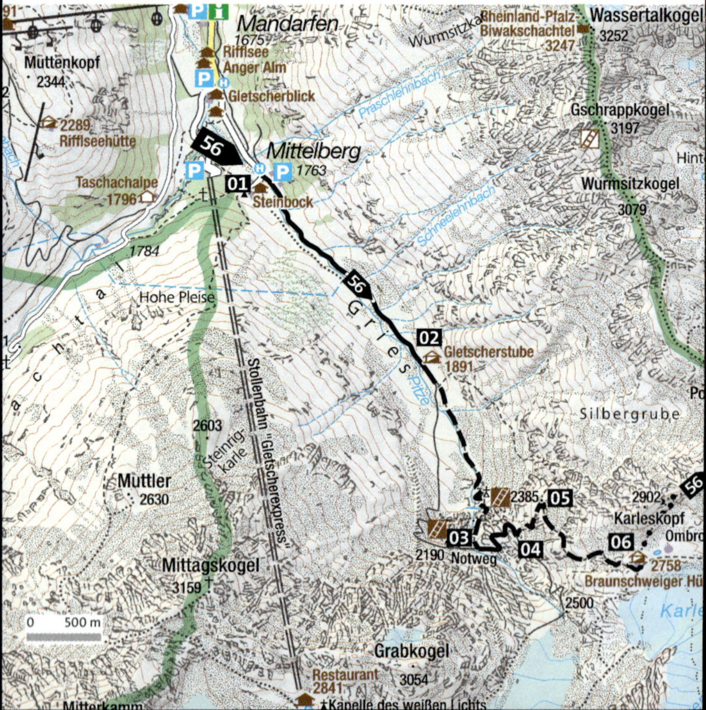

Mandarfen
1675
Rifflsee
Anger Alm
Gletscherblick
Wurmsitzkar
Rheinland-Pfalz-Biwakschachtel
3247
Wassertalkogel
3252
Muttenkopf
2344
2289
Riffelseehütte
Praschlehnbach
Gschrappkogel
3197
56
Mittelberg
1763
01
Steinbock
Taschachalpe
1796
Wurmsitzkogel
3079
Schneelehnbach
1784
56
Hohe Pleise
Gries
02
Gletscherstube
1891
Pitze
Silbergrube
Stollenbahn "Gletscherexpress"
2603
Steinrig Karle
Muttler
2630
2385
05
2902
Karleskopf
03
06
2190
Notweg
04
2758
Braunschweiger Hü
Mittagskogel
3159
2500
0 500 m
Grabkogel
Restaurant
2841
3054
Kapelle des weißen Lichts
Mitterkamm

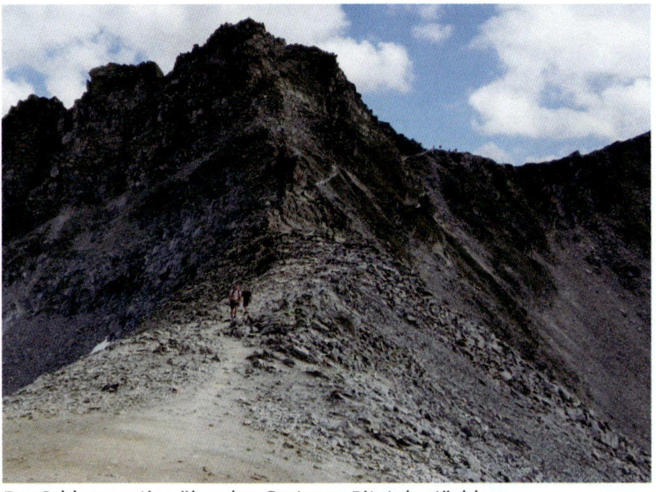

Der Schlussanstieg über den Grat zum Pitztaler Jöchl.

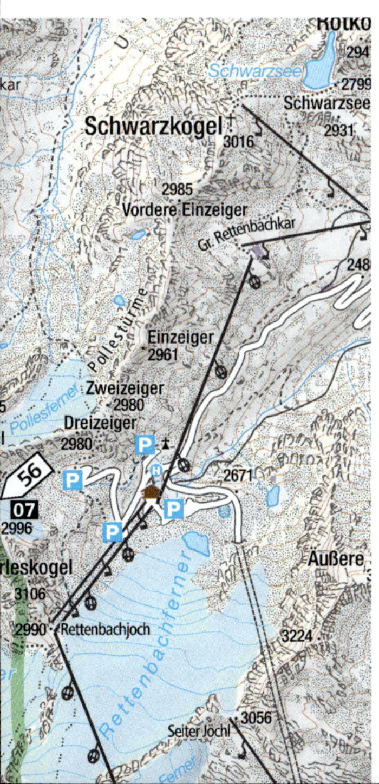

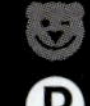
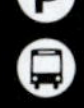
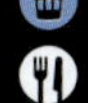
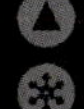

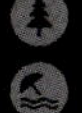

einem teilweise gesicherten Bergpfad geht es durch die Felswand links vom Wasserfall bergauf. Der Steig mündet schließlich in einen geschotterten **Fahrweg (Notweg zum Gletscher) 03**, der schon von unten an der Stützmauer erkennbar ist. Wir sind nun auf dem Notweg des Pitztaler Gletscherskigebietes. Wir folgen dem Fahrweg bergauf, bis ein gelber **Wegweiser 04** den Abzweig nach links zur Braunschweiger Hütte anzeigt.

Über steile Bergwiesen erreichen wir die **Weggabelung 05**, an der der Jägersteig in den Hauptweg einmündet. Steil und passagenweise versichert geht es Richtung Südosten bergauf. Wir erreichen eine Aussichtsbank (2590 m) und können alsbald einen ersten Blick auf die immer noch hoch über uns liegende Hütte werfen.

Der Schlussanstieg zur **Braunschweiger Hütte 06** ist nochmals

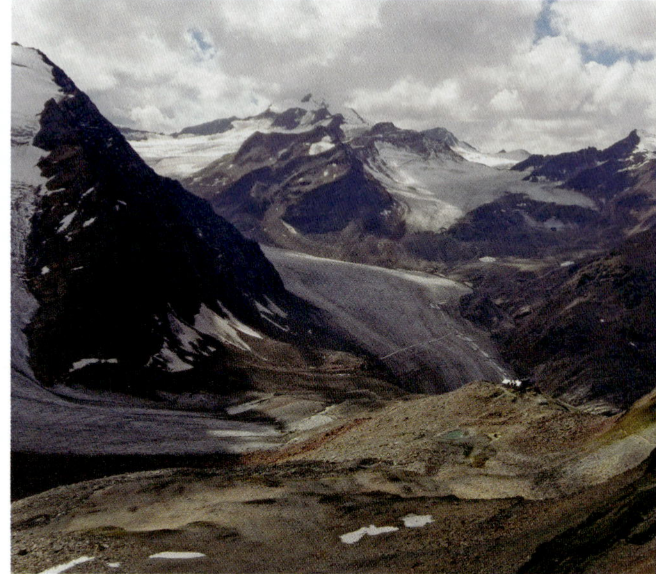

Blick vom Joch hinunter auf die Braunschweiger Hütte.

anstrengend, umso schöner dann die Einkehr in der Hütte bzw. auf der Aussichtsterrasse.

Hinter der Hütte finden sich Wegweiser hinauf zum Jöchl. Wir folgen den Markierungen und dem gut sichtbaren Steig durch die Schutt- und Wiesenhänge des Karleskopfs hinauf zu einem Sattel. Von hier aus ist das Joch schon gut zu sehen, ebenso der Weg dorthin.

Wir folgen den Wegweisern und wandern auf einem Grat, dessen Felsspitzen wir zunächst auf der Nordseite umgehen (Pfeile beachten). Wir wechseln wenig später wieder auf die andere Seite zurück und steigen nun auf der Südseite auf. Die letzten Meter zum **Pitztaler Jöchl** **07** sind zum Teil seilversichert.

Auf dem Jöchl genießen wir bei guter Fernsicht einen eindrucksvollen Blick auf die Ötztaler Alpen und – weniger schön – auf die Parkplätze und Speicherseen des Skigebiets Rettenbachferner. Umso grandioser ist der Blick nach Süden auf Tirols höchsten Berg, die Wildspitze, die Zungen des Mittelbergferners sowie die Braunschweiger Hütte.

Der Rückweg erfolgt über den Hinweg.

Rückweg über Mittelbergferner
Wer über eine Gletscherausrüstung und entsprechende Erfahrung verfügt, kann von der Hütte aus auch zum Mittelbergferner absteigen, dessen Zunge auf einem ausmarkierten Weg queren und anschließend zur **Bergstation des Pitztaler Gletscherexpress** (2841 m) aufsteigen.

COTTBUSER HÖHENWEG

Vom Riffelsee zur Kaunergrathütte

16,7 km 8:15 h 986 hm 1575 hm 042

START | Bergstation der Riffelseebahn, 2291 m
[GPS: UTM Zone 32 x 641.005 m y: 5.203.195 m]
CHARAKTER | Abwechslungsreiche, durch die Länge und die Höhenmeter aber sehr anstrengende Wanderung, die alpine Erfahrung voraussetzt. Für die klettersteigähnliche Schlüsselstelle ist Trittsicherheit und Schwindelfreiheit erforderlich. Es empfiehlt sich, auf der Hütte zu übernachten.

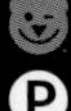

Die Kaunergrathütte ist die höchstgelegene Hütte des Pitztales und sehr einladend – nicht nur wegen ihrer einzigartigen Lage unter dem höchsten Gipfel des Kaunergrats, sondern vor allem auch wegen der netten Hüttenwirt-Familie. Auch wenn man die vorgeschlagene Runde dank der Auffahrt zum Riffelsee gut an einem Tag schaffen kann, ist eine Übernachtung doch viel schöner. Zumal es sich lohnt, rund um die Hütte nach den Steinböcken zu schauen, die hier regelmäßig auf Futtersuche sind. Der Cottbuser Höhenweg sollte nur mit alpiner Erfahrung, Trittsicherheit und

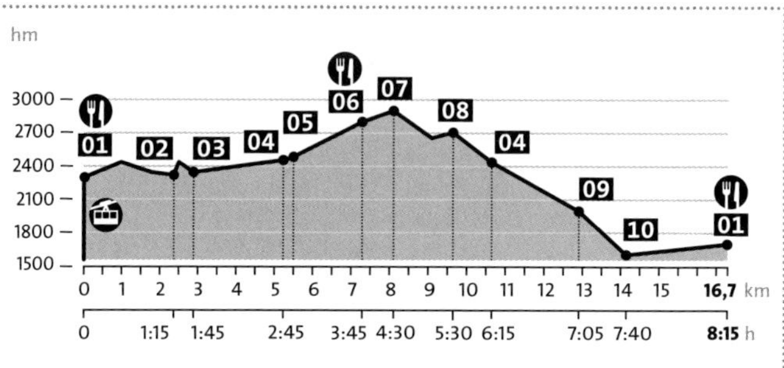

01 Bergstation der Riffelseebahn, 2291 m; **02** „Schlüsselstelle", 2360 m; **03** Aussichtspunkt, 2343 m; **04** Karlesegg, 2452 m; **05** Engstelle, 480 m; **06** Kaunergrathütte, 2817 m; **07** Steinbockjoch, 2920 m; **08** Wegweiser/Abzweig zum Karlesegg, 2705 m; **09** Plangerossalpe, 2010 m; **10** Talweg, 1617 m; **11** Talstation der Riffelseebahn, 1684 m

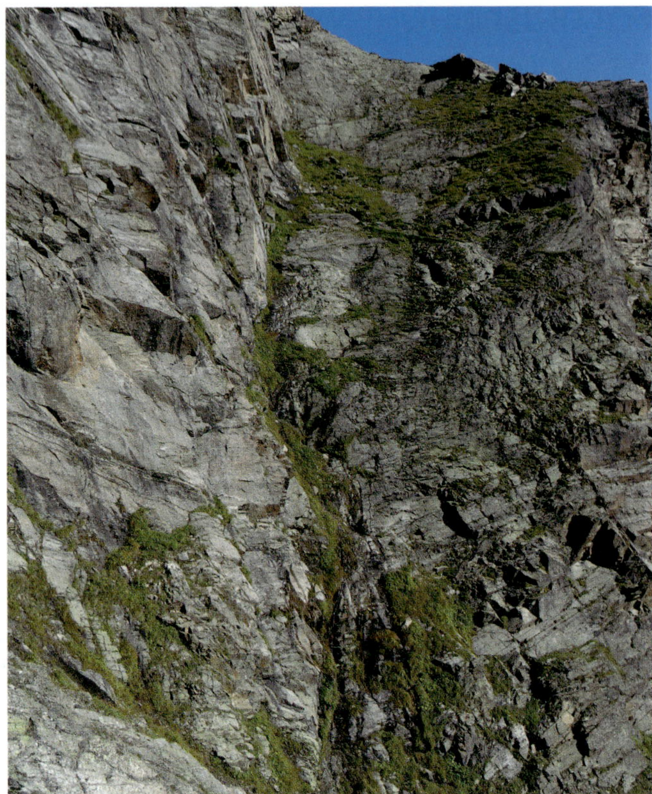
Die Schlüsselstelle – eine gut versicherte Rinne.

etwas Klettersteigerfahrung begangen werden, zum Glück gibt es aber noch alternative Aufstiegswege zur Hütte.

▶ Von der **Bergstation** 01 der Riffelseebahn wenden wir uns nach rechts und wandern auf dem Karrenweg bis zum Wegweiser Kaunergrathütte. Zunächst führt der Weg über Bergwiesen, dann stärker ansteigend durch blockdurchsetzte Hänge und überwindet so zwei Geländestufen. Zum Teil ist der Weg mit Trittbügeln und Seilen versichert. Der gut ausgetretene Pfad verläuft unter den steilen Osthängen des Brandkogels, durchquert das Alzeleskar und erreicht schließlich die Steilhänge des Steinkogels. Hier wartet nun die klettersteigähnliche **„Schlüsselstelle“** 02 des Höhenwegs auf uns, eine steile Rinne, in die man zunächst mit Hilfe von Klammern und Seilen absteigt. Nach der Querung der kleinen Schlucht führt der Gegenanstieg über nasse und glatte Felsen, was sich aber dank unzähliger Klammern und Ketten

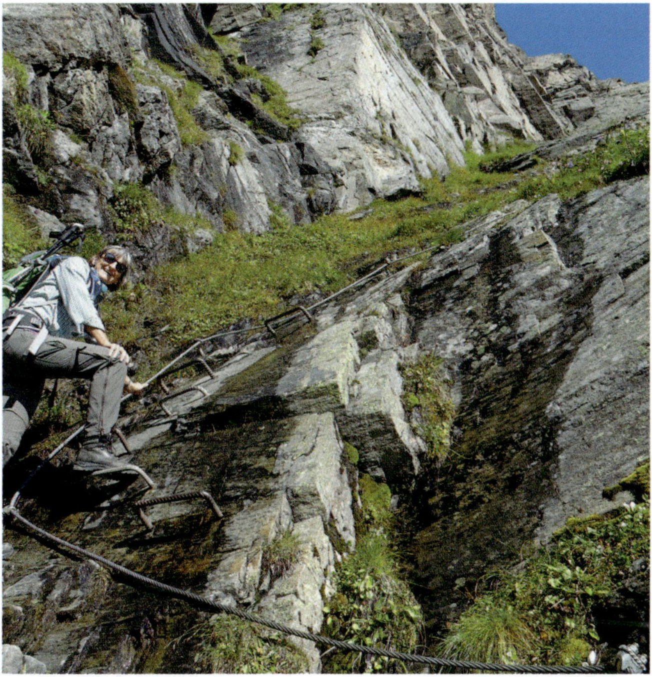

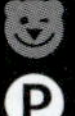
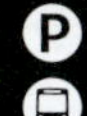

Dank der Krampen lässt sich der nasse, glatte Fels gut überwinden.

bei ausreichender Trittsicherheit ebenfalls gut meistern lässt.

Der Weg zieht sich nun die Ostseite des Steinkogels entlang Richtung Norden zu einem herrlichen **Aussichtspunkt** 03 auf einer Geländeschulter am Eingang des Plangerosstals. Hier biegt der Höhenweg markant nach Westen ab. Vom Aussichtspunkt kann man ein erstes Mal einen Blick auf die unendlich weit weg erscheinende Kaunergrathütte werfen, die von der Watzespitze (3532 m) zur linken und der Verpeilspitze (3423 m) zur rechten flankiert wird.

Aber auch der Blick hinunter ins vordere, rund 300 m tiefer liegende Plangerosstal, ins Pitztal und zum gegenüberliegenden Geigenkamm lässt die Herzen höher schlagen.

Über steile Schrofen- und Grashänge, teilweise auch Blockfelder, wandert man ohne großen Höhenverlust entlang der Nordhänge taleinwärts, am Schluss nicht immer gut markiert über Blockwerk (am Ostrand des Blockgletschers) zum **Karlesegg** 04. Hier wird sich auf dem Rückweg vom Steinbockjoch der Kreis schließen.

Durch eine imposante **Engstelle** 05 hindurch und vorbei an einer sandigen Senke mit eindrucksvoll mäandrierenden Rinnsalen wan-

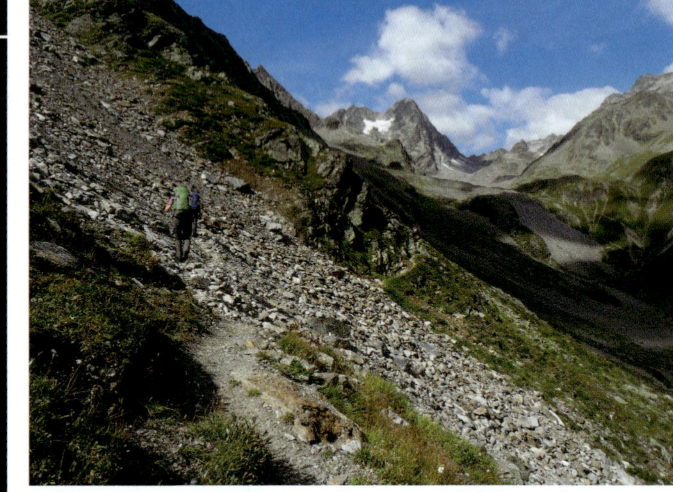

Auf dem Weg zum Karlesegg, im Hintergrund die Watzespitze.

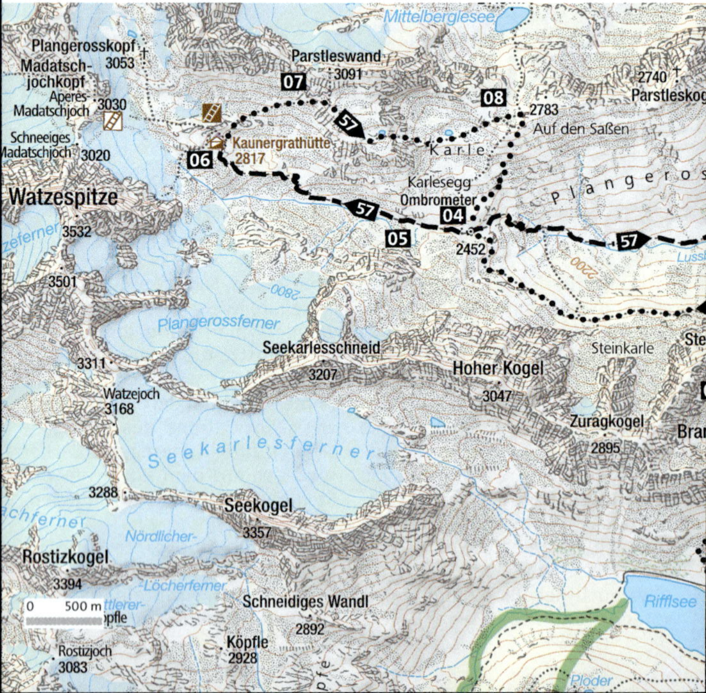

dern wir zunächst noch ohne große Steigung in das schuttreiche Kar. Der Weg wird im unteren Teil immer wieder durch Rutschungen und Sturzwasser verlegt, sodass Brücken und Wegpassagen neu gerichtet und markiert werden müssen.

Nun geht es steil hinauf zu einer Moräne, über die man bis fast unterhalb der Hütte wandert. Kurz quert man nach rechts und steigt dann auf den Felsrücken, auf der eine kleine Kapelle und die **Kaunergrathütte 06** stehen.

Links vom Lager beginnt der Aufstiegsweg über Schutthänge zum **Steinbockjoch 07**, dem Südsporn der Parstleswand. Zwischendurch, spätestens aber vom Joch aus, lohnt sich der Blick zurück zur alles beherrschenden Watzespitze mit ihrem Hängegletscher, der Kaunergrathütte und dem Madatschjoch, über das der Fernwanderweg E5 ins Kaunertal führt. Eindrucksvoll ist auch der Blockgletscher mit seinen mächtigen Wülsten, entlang dessen Ostseite wir zum Karlesegg gewandert sind.

Vom Steinbockjoch wandern wir nun unterhalb der Parstleswand zunächst einen Grasrücken, dann eine felsdurchsetzte Geländestufe (teilweise Ketten) hinunter zu einem kleinen See im Karle.

Hier könnte man schon zum Karlesegg absteigen (45 Min.), doch der kurze Gegenanstieg auf die markante Rippe (Auf den Saßen) lohnt sich, weil man so noch einen schnellen Blick auf den Mittelberglesee werfen kann. Vom **Wegweiser 08** wandern wir in einer halben bis dreiviertel Stunde über die Grashänge bergab zum **Karlesegg 04**. Hier lassen sich hin und wieder auch Steinböcke, Gämsen und Murmeltiere sehen.

Über ein paar Kehren geht es eine Seitenmoräne hinunter zum Lussbach und rechts des Bachs über Blumenwiesen talauswärts zur **Plangerossalpe 09**, deren Böden seit 2006 wieder beweidet werden. Nun durch den Bergwald in vielen Kehren eine 300 m hohe Steilstufe hinunter nach Plangeross.

Wenn der **Talweg 10** erreicht ist, kann man nun wahlweise mit dem Bus von Plangeross nach Mandarfen fahren oder auf dem Talweg bis zur **Talstation 11** der Riffelseebahn wandern. Dabei geht es nochmals rund 70 Hm bergauf.

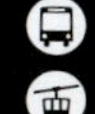
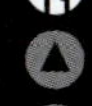

KAUNERGRATHÜTTE • 2817 m

Spannender Abstieg über das Steinbockjoch und den Mittelberglesee nach Trenkwald

  13,7 km 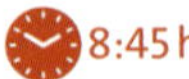 8:45 h 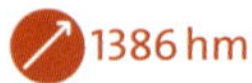 1386 hm 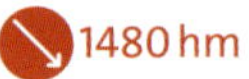 1480 hm 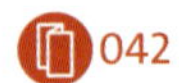 042

START | Wanderparkplatz zwischen Weißwald und Plangeross, 1600 m [GPS: UTM Zone 32 x 640.611 m y: 5.213.477 m]
CHARAKTER | Der technisch einfache, aber lange Normalweg zur Hütte besticht durch seine landschaftliche Vielfalt. Beim Abstieg vom Steinbockjoch zu den Karle-Seen ist Trittsicherheit erforderlich. Insgesamt eine anstrengende Tour, die mit einer Hüttenübernachtung zu einer entspannten 2-Tages-Tour wird.

Insgesamt drei Wege führen zur Kaunergrathütte, auf dieser Tour werden zwei von ihnen verbunden. Hoch geht es auf dem Normalweg, hinunter über den längsten Aufstiegsweg, der über das Steinbockjoch und den Mittelberglesee durch eine traumhafte Hochgebirgslandschaft führt. Die Tour bietet alles, was des Bergsteigers Herz begehrt: Weiß leuchtende Gletscher, steile Gipfel, Bergseen, rauschende Bergbäche, Blumenwiesen, mit Glück Steinböcke, Gämsen

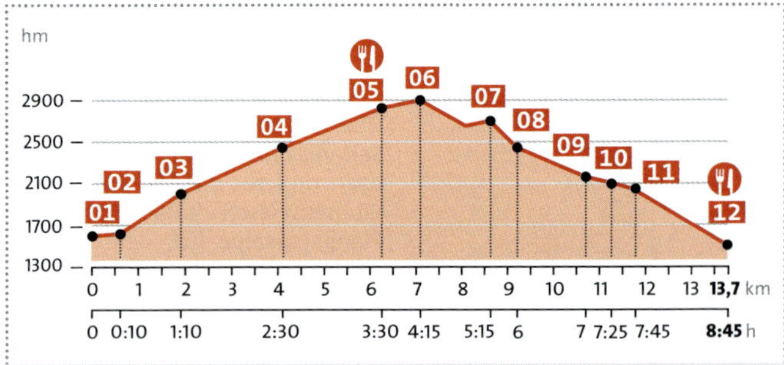

01 Wanderparkplatz Kaunertalhütte, 1600 m; 02 Steig/Abzweig Kaunergrathütte, 1617 m; 03 Plangerossalpe, 2010 m; 04 Karlesegg, 2452 m; 05 Kaunergrathütte, 2817 m, 06 Steinbockjoch, 2920 m; 07 Auf den Saßen/Abzweig Mittelberglesee, 2705 m; 08 Mittelberglesee, 2448 m; 09 Abzweig nach Trenkwald, 2143 m; 10 Jagdhütte, 2094 m; 11 Waggabelung, 2064 m; 12 Trenkwald, 1504 m

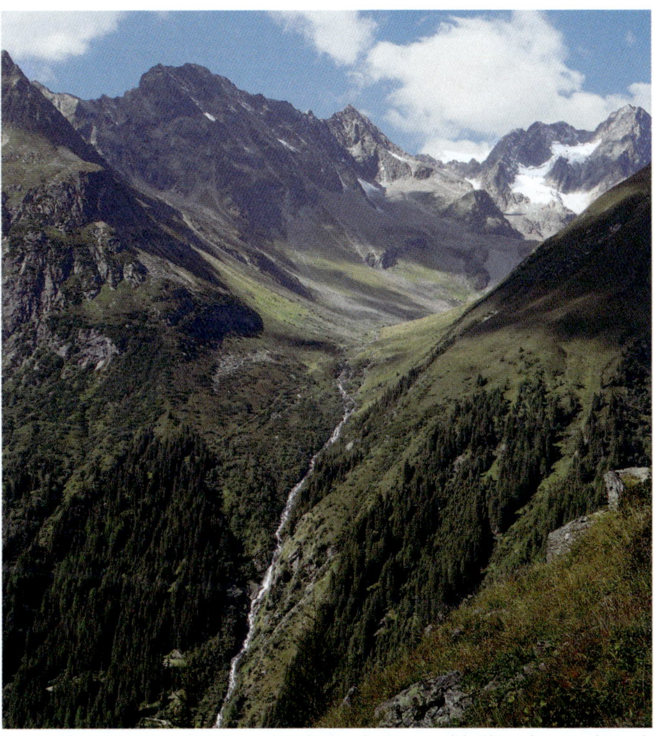

Der Aufstiegsweg – links vom Bach durch den Wald, über den Bach und taleinwärts. Die Hütte liegt unter dem Schneefeld des Madatschjochs.

und Murmeltiere. Da auch diese Tour eine lange ist, empfiehlt sich die Übernachtung auf der Hütte.

▶ Vom **Wanderparkplatz** 01 aus zum Bach hinunter, links bis zur Brücke, auf die andere Bachseite wechseln und nun den Schildern folgend zunächst auf einer Forststraße, dann einem **Steig** 02 steil in vielen Kehren eine 300 m hohe Steilstufe hinauf. Hinter den letzten Bäumen wird es flacher und wir wandern zum Lussbach, queren ihn und passieren die wieder beweidete **Plangerossalpe** 03 und folgen dem Lussbach taleinwärts.

Über ein paar Kehren steiler hinauf zum **Karlesegg** 04. Ohne große Höhenunterschiede geht es durch eine Engstelle und an einer sandigen Senke vorbei ins Kar. Dort genau der Markierung folgen – der Weg wird oft verlegt und jedes Jahr neu markiert.

Der Weg zieht nun steiler hinauf auf eine Moräne und führt über diese bis unterhalb der Hütte. Hier quert man nach rechts und steigt über Felsen hinauf auf einen Felsrücken, auf dem eine vor wenigen Jahren erbaute Kapelle und die **Kaunergrathütte** 05 stehen.

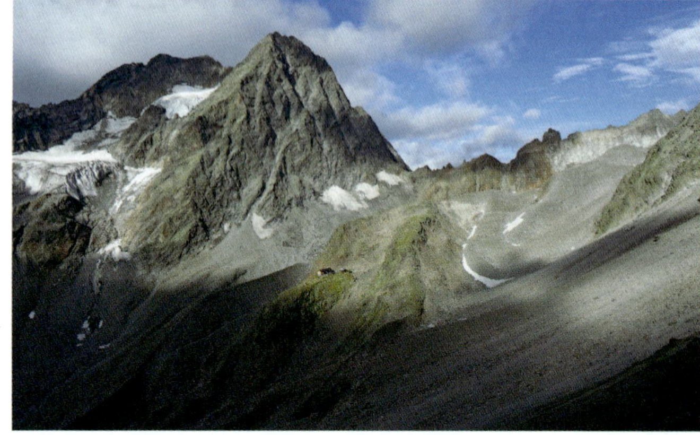

Blick zurück vom Steinbockjoch zur Kaunergrathütte.

Hinter der Hütte zeigen Schilder den weiteren Wegverlauf an. Durch die Schutthänge des Ostgrats der Verpeilspitze zieht ein Pfad zum **Steinbockjoch** 06 hinauf. Oben steht seit 2015 ein Blechsteinbock – ein schönes Fotomotiv. Grandios ist der Blick zurück in den Talschluss zur mächtigen Watzespitze mit ihrem Hängegletscher,

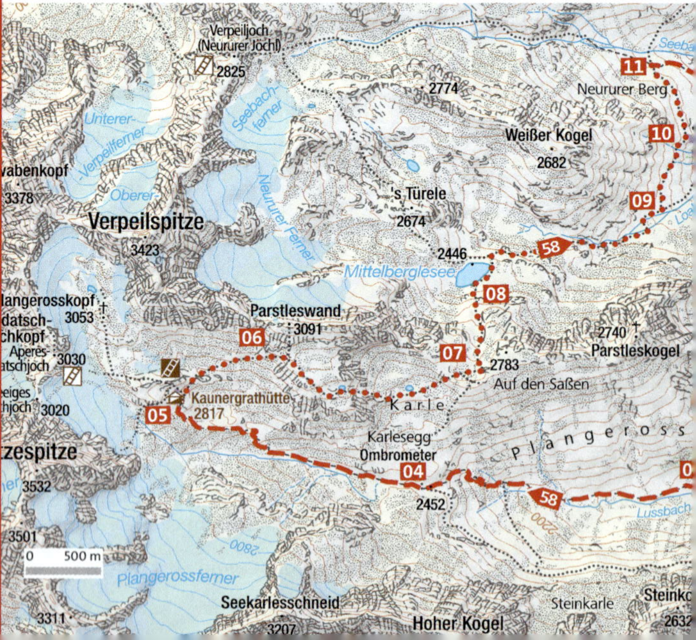

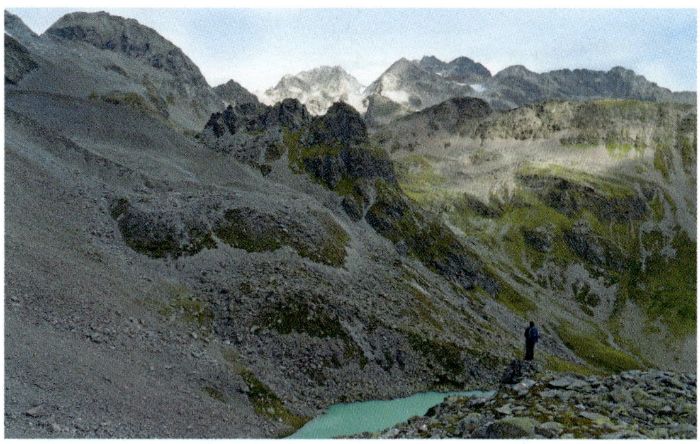

Türkisblau leuchtet der Mittelberglesee.

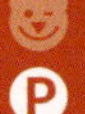

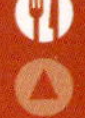
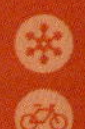
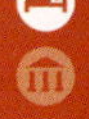

der winzig wirkenden Hütte und dem Aperen Madatschjoch, dem Übergang ins Kaunertal. Vom Joch wandert man unterhalb der Parstleswand einen Wiesenrücken hinunter zu einem Felsabsatz, der steil und etwas rutschig, mit der Hilfe einiger Ketten aber gut zu überwinden ist. Ziel ist ein kleiner See im Karle, von dem aus nochmals ein kleiner Gegenanstieg auf einen Rücken (Auf den Saßen) führt. Beim **Wegweiser** 07 folgen wir den Schildern talwärts auf einem steilen Weg hinunter zum türkisfarben leuchtenden **Mittelberglesee** 08. Der See liegt in einer eindrucksvollen Bergkulisse: Links die steilen Wände der Parstleswand, die Verpeilspitze und weiter rechts das Verpeiljoch, über das man ins Kaunertal wandern kann. Der Abstiegsweg verläuft entlang der rechten Hangseite und fällt zum wunderschön mäandrierenden Loabach ab. Mit jedem Höhenmeter tiefer wird es auch wieder grüner. Vis-à-vis begeistert der Geigenkamm mit der namensgebenden Hohen Geige. Vorbei an flachen Felsen mit schönem Gletscherschliff ist schließlich der Bach erreicht, der nun mit größerem Gefälle kaskadenartig talwärts fließt. Über schöne Bergwiesen (mit vielen Blaubeeren im Herbst!) geht es

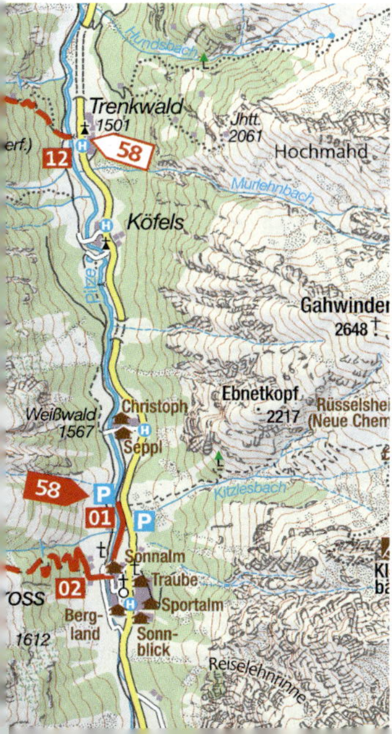

Steinbock

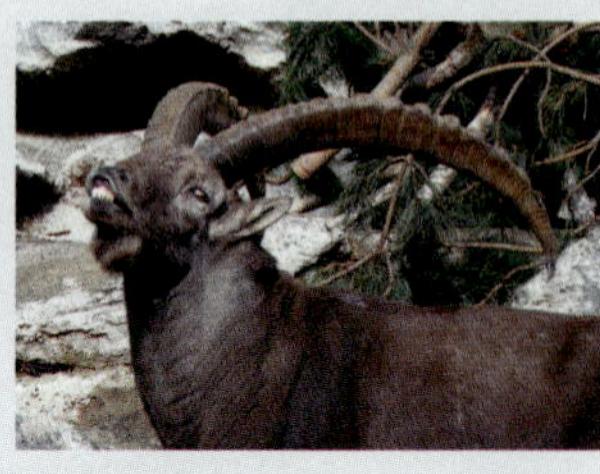

Der Alpensteinbock (*Capra ibex*) ist mit seinen bis zu 1 m langen Hörnern eine wahrlich beeindruckende und markante Erscheinung im Ötztaler Hochgebirge. Trotz seines erstaunlichen Körpergewichtes von bis zu 90 kg bewegen sich die Steinböcke äußerst sicher und klettern perfekt durch felsig ausgesetztes Gelände. Die Hörner sind bei beiden Geschlechtern ausgebildet und wachsen zeitlebens. Das Alter der Tiere lässt sich gut ersichtlich an den „Jahrringen" der Hörner ablesen. 2012 wurden am Rotmoosferner im Ötztal über 3300 Jahre alte Steinbock-Überreste gefunden, die belegen, dass die Tiere früher wohl etwas größer waren als heute. Im Ötztal finden sich die Steinböcke eher selten, der benachbarte Kaunergrat beherbergt hingegen mit 1200 Tieren die größte Steinbockkolonie Österreichs.

bis zu einem **Abzweig** 09, wo wir die Wahl zwischen dem direkten Abstieg (der Weg endet in der Mitte zwischen Trenkwald und Köfels) oder einem kleinen Umweg über das Neururer Tal haben.

Wir entscheiden uns für die zweite Möglichkeit und wandern entlang der Osthänge des Weißen Kogels zu einer **Jagdhütte** 10, von der aus wir nochmals den Blick zur Hohen Geige, zum Lehnerjoch und zum Luibiskogel genießen. Der Weg fällt zunächst noch angenehm zu einer **Weggabelung** 11 oberhalb des Seebachs ab.

Dann beginnt der steile Abstieg ins Pitztal, der zunächst weit nach Süden und dann in einem Linksbogen in den Bergwald zieht und weiter in einigen Kehren zur Talsohle führt. 450 Höhenmeter müssen von der letzten Abzweigung bis **Trenkwald** 12 abgestiegen werden. Von Trenkwald aus fahren Linienbusse zurück nach Weißwald, von wo aus man leider noch ein Stück zu Fuß zum **Parkplatz** 01 an der Talstraße laufen muss.

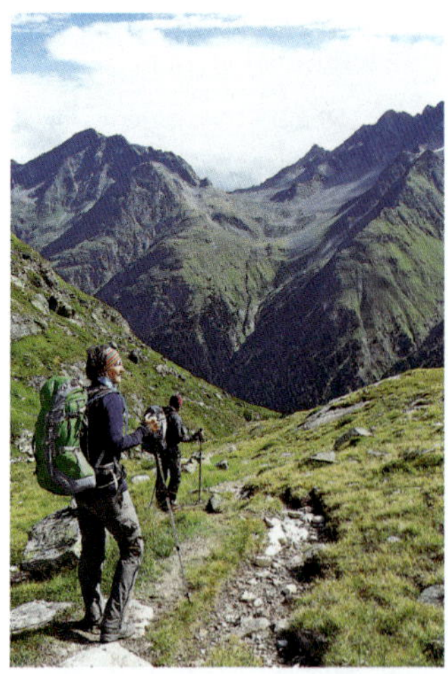

Kurz vor dem ersten Abzweig ins Tal – Blick zum Geigenkamm.

FULDAER HÖHENWEG

Mit Blick auf die Gletscher zum Taschachhaus

 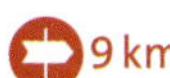 9 km  4:00 h 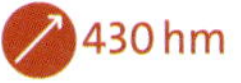 430 hm  275 hm  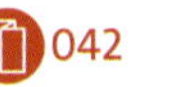 042

START | Bergstation Riffelseehütte, 2291 m
[GPS: UTM Zone 32 x 641.005 m y: 5.203.195 m]
CHARAKTER | Über weite Strecken einfache Bergwege. Wegen eines Bergsturzes ist der „Kettensteig" oberhalb des Taschachhauses nicht mehr begehbar. Stattdessen umgeht man den Bergsturz über den mit Seilen versicherten Panoramaweg.

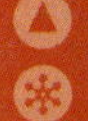

Viele Wege führen zum Taschachhaus, einer der schönsten ist der Fuldaer Höhenweg, der vom Riffelsee mehr oder wenig höhenparallel entlang der Hänge des Grubengrates und des Eiskastenkopfes zum Taschachhaus leitet. Es empfiehlt sich, den Weg in der hier vorgestellten Richtung zu laufen, da man so den schönsten Blick auf die Gletscherwelt oberhalb des Taschachhauses hat.

Der kristallklare Riffelsee am Südende des Kaunergrats ist der höchstgelegene Bergsee Tirols. Der See ist 1 km lang und 25 m tief. Wer einmal die Runde drehen will – vorbei an grasenden Schafen und Kühen – ist etwa eine Stunde unterwegs.

Nach Erreichen der **Bergstation der Riffelseebahn** 01 wandern wir oberhalb des Sees nach Südosten zur netten **Riffelseehütte** 02, können hier noch auf einen schnellen Kaffee einkehren und uns dann auf den Höhenweg begeben. Kurz geht es hinunter zum Seebach, der den

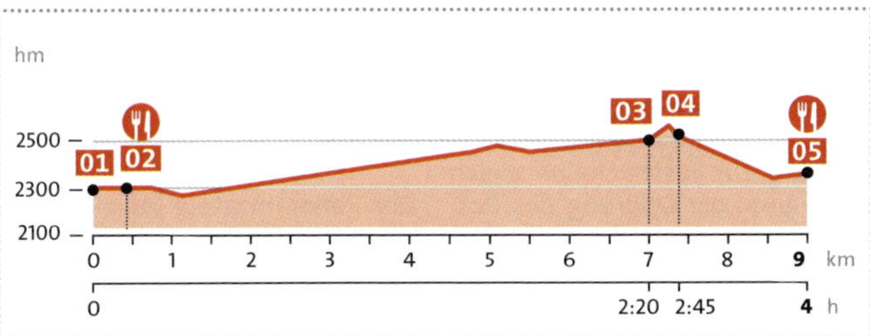

01 Bergstation Riffelseebahn, 2291 m; 02 Riffelseehütte, 2289 m; 03 Panoramasteig (Warnschild Ketttensteig gesperrt), 2516 m; 04 Abzweig zum Neuen Offenbacher Höhenweg, 2542 m; 05 Taschachhaus, 2432 m

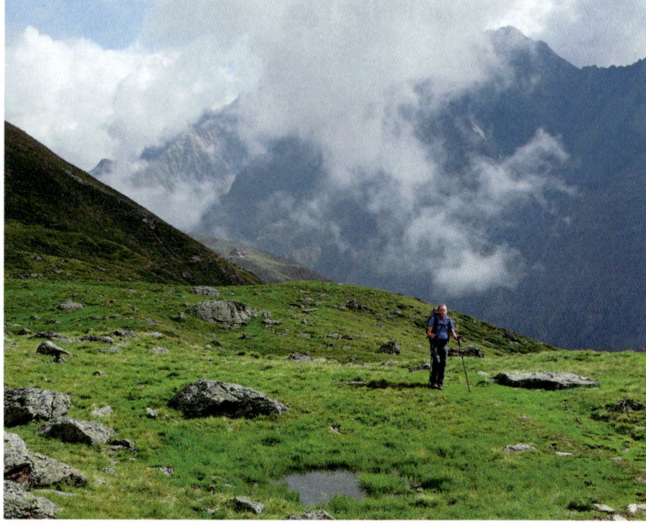

Blick zurück zur Riffelseehütte.

Riffelsee entwässert und dann in leichtem Auf und Ab auf einem gut markierten Weg ins Taschachtal hinein. Schon von der Riffelseehütte aus ist das Taschachhaus zu sehen und scheint gar nicht so weit weg zu sein, doch da die Topografie der Hänge ausgelaufen werden muss, kommen doch insgesamt 9 km zusammen.

Gewaltig sind die Gletscherkulisse und das Gletschervorfeld unterhalb des Taschachhauses. Ansonsten tut sich unterwegs nicht viel, Wegpunkte sind lediglich der Abzweig zur Taschachalpe gleich zu Beginn, die Querung des Rotschliffbachs (der das Rotschliffkar entwässert) und des Vorderen Eiskastenbachs – beide mittels solide gebauter Brücken.

Erst im letzten Drittel wandert man durch Schrofengelände und steht schließlich vor einem Warnschild, das darauf hinweist, dass der einstige höhenparallel verlaufende Kettensteig nun nicht mehr begehbar ist.

Die Abrisskante eines mächtigen Bergsturzes, bei dem sich insgesamt 1,5 Mio. Kubikmeter Fels in Bewegung gesetzt haben (und u. a. den Talweg verschüttet haben), ist gut einsehbar. Die große braune Abbruchfläche, die sich farblich markant vom Grün der Bergwiesen und des grau verwitterten Felsens abhebt, ist sehr eindrucksvoll.

Der **Panoramasteig** 03 zieht nun kurzzeitig bergan auf einen Höhenrücken oberhalb des Bergsturzgeländes und ist an ein paar Stellen mit Seilen gesichert, ohne aber technisch schwierig zu sein. Nun befindet man sich unterhalb des Vorderen Köpfles und genießt einen Paradeblick auf den Taschach-

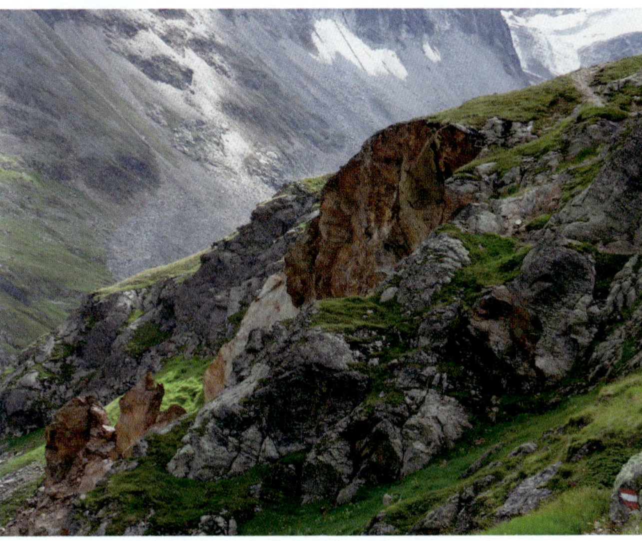

Der Bergsturz hat den Kettensteig unbegehbar gemacht.

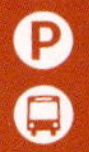

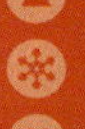

gletscher, auf dem sich immer viele Bergsteiger tummeln. Vorbei am **Abzweig zum Neuen Offenbacher Höhenweg** 04 queren wir noch den Hinteren Eiskastenbach mittels zweier Holzbrücken, dann zieht der Pfad den steilen, felsdurchsetzen Hang hinunter Richtung Süden und damit zunächst am Taschachhaus vorbei. Dabei genießt man einen schönen Blick auf den Sexegertenbach, der das Schmelzwasser des Sexegertenferners und des Ölgrubenferners talwärts transportiert.

Nachdenklich stimmt ein Foto des Taschachhauses von 1920, das den rapiden Rückgang des Ferners innerhalb der letzten knapp 100 Jahre demonstriert. Der Weg trifft beim Kleinkraftwerk auf den Sexegertenbach, ein Steg führt hinüber. In einem kleinen Gegenanstieg ist schnell das **Taschachhaus** 05 erreicht. Von seiner Terrasse aus kann man dann mit dem Fernglas dem Treiben auf dem Gletscher zusehen: Ganze Karawanen ziehen vom Brunnenkogel über den Pitztaler Gletschersteig zum Taschachferner und zum Taschachhaus.

Abstecher zum Ölgrubenjoch, 3050 m

Das Ölgrubenjoch ist der Übergang vom Pitztal ins Kaunertal. Vom Taschachhaus zunächst zurück zur Brücke, über den Sexegertenbach und an diesem entlang ins schuttreiche Tal hinunterlaufen. Eindrucksvoll ist der links liegende Sexegertenferner, dessen Zunge umgangen wird. Der Steig führt in Kehren zu einem Steinmännchen über einem kleinen See. Der Weg ist bis dahin gut markiert, bis zum Joch muss man sich im blockreichen Gelände stellenweise selbst orientieren (3–4 Std., ca. 650 Hm).

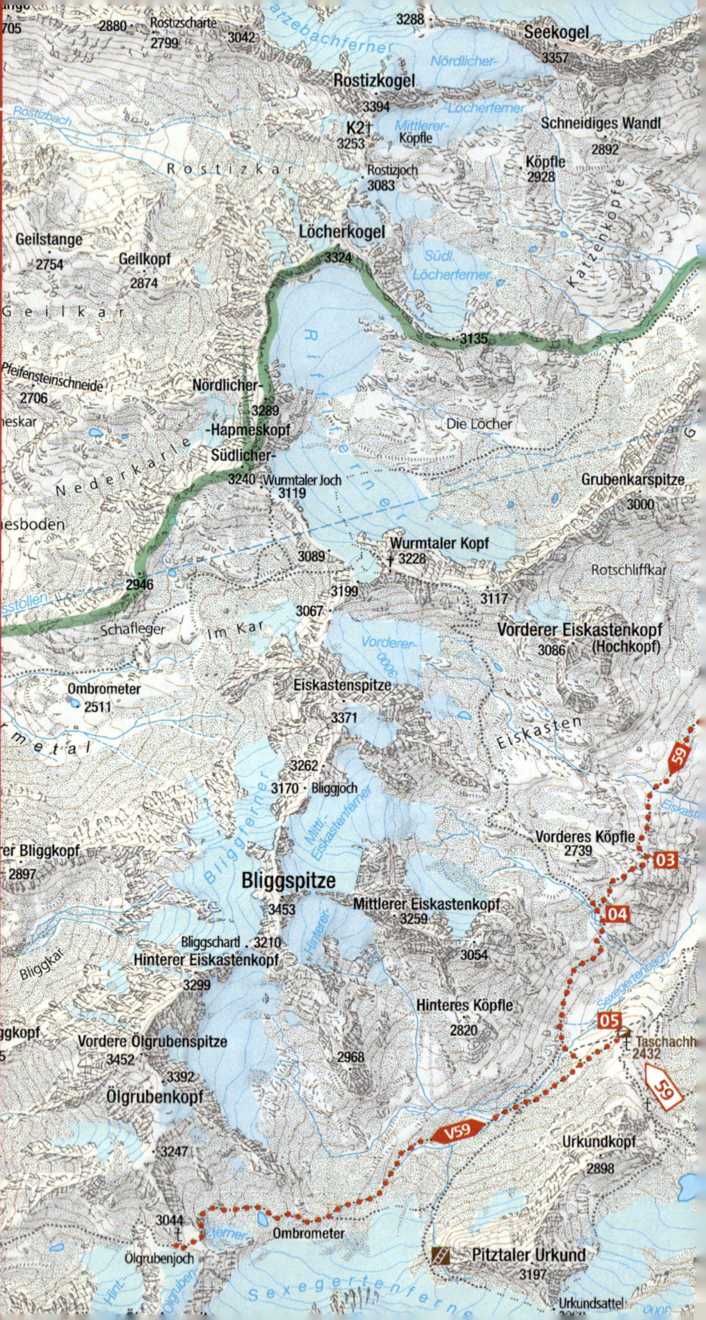

2880 · Rostizscharte
2799
3042
3288
Seekogel
3357
Nördlicher-
Rostizkogel
3394
-Löcherferner
Rostizbach
K2
3253
Mittlerer-
Köpfle
Schneidiges Wandl
2892
Rostizkar
Rostizjoch
3083
Köpfle
2928
Katzenköpfe
Löcherkogel
3324
Geilstange
2754
Geilkopf
2874
Südl.
Löcherferner
Geilkar
Riffelferner
3135
Pfeifensteinschneide
2706
Nördlicher-
3289
-Hapmeskopf
Die Löcher
Südlicher-
Nederkarle
3240
Wurmtaler Joch
3119
Grubenkarspitze
3000
Wurmtaler Kopf
3228
3089
Rotschliffkar
2946
3199
3117
Schafleger
Im Kar
3067
Vorderer Eiskastenkopf
3086
(Hochkopf)
Vorderer-
3000
Ombrometer
2511
Eiskastenspitze
3371
Eiskasten
59
3262
3170 · Bliggjoch
Mittl. Eiskastenferner
Bliggferner
Vorderes Köpfle
2739
Bliggkopf
2897
03
Bliggspitze
3453
Mittlerer Eiskastenkopf
3259
04
Bliggschartl · 3210
Hinterer Eiskastenkopf
Hinterer-
3054
Bliggkar
3299
Sexegertenbach
Hinteres Köpfle
2820
05
Taschachh
2432
Vordere Ölgrubenspitze
3452
2968
59
3392
Ölgrubenkopf
V59
Urkundkopf
3247
2898
3044
Ombrometer
Ölgrubenjoch
Pitztaler Urkund
3197
Sexegertenferner
Urkundsattel

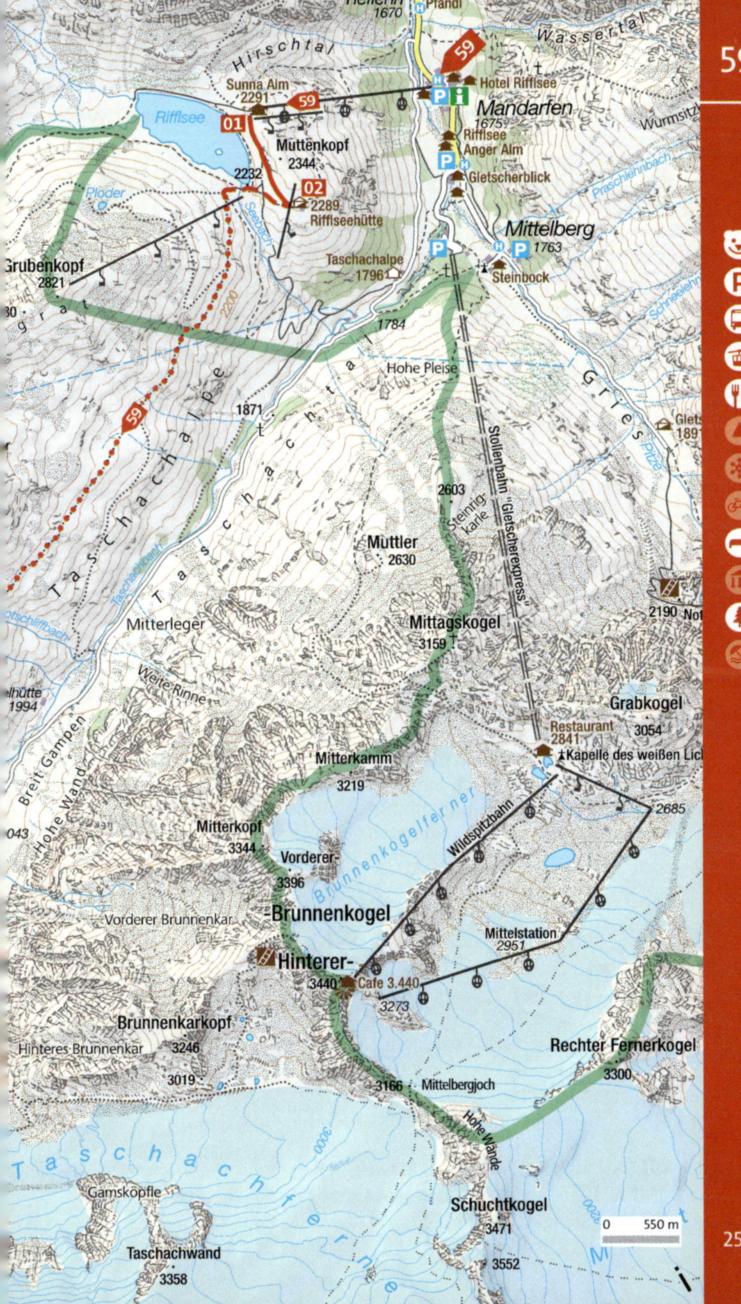
Hirschtal
Wassertal
Mandarfen
1675
Hotel Rifflsee
Sunna Alm
2291
Rifflsee
Muttenkopf
2344
2232
Ploder
Seebach
2289
Rifflseehütte
Riffisee
Anger Alm
Gletscherblick
Mittelberg
1763
Steinbock
Taschachalpe
1796
Grubenkopf
2821
1784
Hohe Pleise
1871
Taschachalpe
Taschachtal
Gries
Stollenbahn "Gletscherexpress"
2603
Steinrig-Karle
Muttler
2630
Mitterleger
Mittagskogel
3159
2190
Weite Rinne
Breit Gampen
Hohe Wand
Grabkogel
3054
Restaurant
2841
Kapelle des weißen Lic
Mitterkamm
3219
2685
Brunnenkogelferner
Wildspitzbahn
Mitterkopf
3344
Vorderer-
3396
Brunnenkogel
Vorderer Brunnenkar
Mittelstation
2951
Hinterer-
3440
Cafe 3.440
3273
Brunnenkarkopf
Hinteres Brunnenkar
3246
3019
Rechter Fernerkogel
3300
3166
Mittelbergjoch
Hohe Wände
Taschachferner
Gamsköpfle
Taschachwand
3358
Schuchtkogel
3471
3552
0 550 m

WURMTALER KOPF • 3228 m

Spannender Gipfel am Neuen Offenbacher Höhenweg

 11,3 km  6:00 h 870 hm  870 hm 042

START | Taschachhaus, 2432 m
[GPS: UTM Zone 32 x 638.425 m y: 5.196.735 m]
CHARAKTER | Auf gut markierten Wanderwegen in eine hochalpine Bergwelt. Der Schlussanstieg zum Gipfel erfordert Trittsicherheit und Schwindelfreiheit. Wer den Höhenweg weiter zum Riffelsee wandern will, braucht für den Abstieg über den Ferner Steigeisen.

Der Wurmtaler Kopf ist ein technisch einfacher Dreitausender, der durch eine grandiose Hochgebirgslandschaft führt und für die Mühen des Aufstiegs mit einem fantastischen Panorama über die Pitztaler Gletscher rund um die Wildspitze belohnt.

Vom **Taschachhaus** **01** wandern wir das kurze Stück hinunter zum Sexegertenbach und hinauf zur **Weggabelung** **02**, wo nach rechts der Fuldaer Höhenweg abzweigt. Schon beim Abzweig hat man einen schönen Blick Richtung Eiskastenspitze und Eiskastenferner. Einer kleinen Naturschönheit begegnen wir kurze Zeit später, wenn wir an einem Bach vorbeiwandern, an dem das Moos in leuchtendem Grün schimmert. Vorbei am Vorderen Köpfl wird die Vegetation immer weniger und wir erreichen das Kar des Mittleren Eiskastenferners und wandern

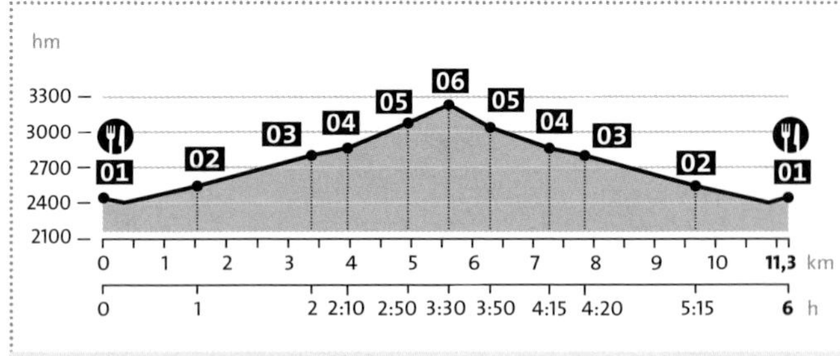

01 Taschachhaus, 2432 m; **02** Abzweig Neuer Offenbacher Höhenweg, 2542 m; **03** See, 2812 m; **04** Beginn Aufstieg zur Scharte, 2866 m; **05** Grat (Stange), 3080 m; **06** Gipfel Wurmtaler Kopf, 3228 m

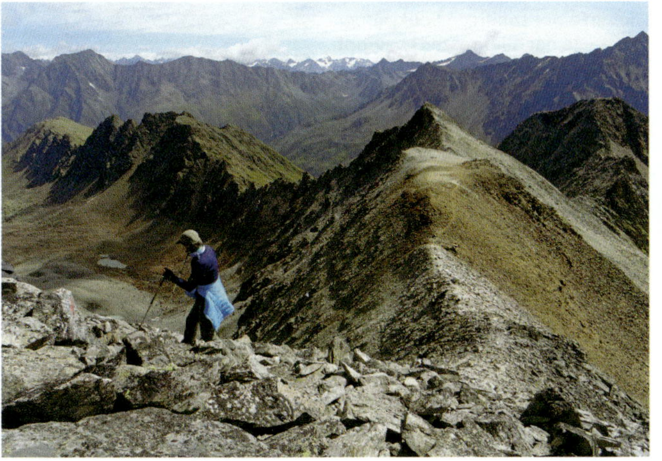

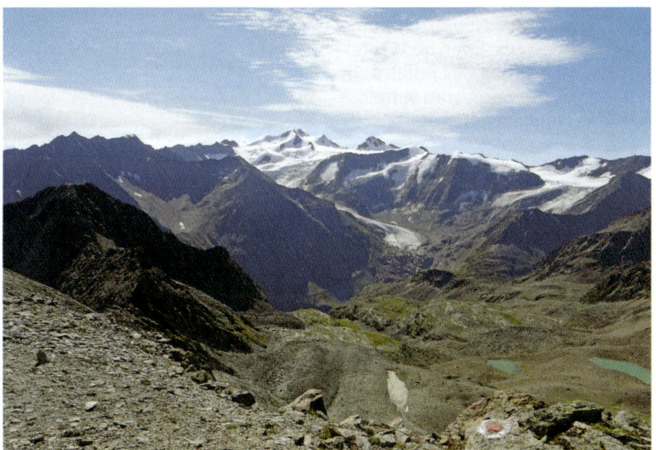

Oben: Blick vom Gipfel auf den langen Grat des Wurmtaler Kopfes.
Unten: Durch das Gletschervorfeld zieht sich der Weg vor zum kleinen dunklen Buckel im rechten Bilddrittel (unter der Gletscherzunge).

geradewegs auf einen der Hängegletscher zu, der sich leuchtend vom rotbraunen Gestein abhebt.

Der Weg führt auf einen markanten Buckel (mit der Ziffer 1997) zu und zieht dann rechts um den Südwestgrat der Eiskastenspitze herum in das vegetationslose Eiskasten-Kar, vorbei an einem **See** **03** und durch das Gletschervorfeld des Vorderen Eiskastenferners zum Fuß des Grates, der vom Wurmtaler Kopf nach Osten zieht.

Hier an einer sandigen Senke (oder Lacke – je nach Jahreszeit) beginnt der **Aufstieg zur Scharte 04**.

Steile Serpentinen führen hinauf auf den hellgrauen **Grat (Stange) 05** und auf diesem nach Westen auf das Gipfelkreuz zu. Auffallend ist hier der Gesteinswechsel zwischen grauem und dem rotbraunem Fels.

Unterhalb des Gipfelkreuzes befindet sich ein Notbiwak. Vom **Wurmtaler Kopf 06** hat man einen hervorragenden Blick auf die Gipfel im Westen, aber vor allem auf die Gletscherwelt rund um die Wildspitze und den Taschachferner. Nach Norden lässt sich die Fortsetzung des Neuen Offenbacher Höhenwegs über den Riffelferner und entlang des Riffelbachs aus dem Tal hinaus zum Riffelsee hervorragend einsehen.

Zurück geht es über den Grat zur Scharte und auf gleichem Weg zurück zum **Taschachhaus 01** – immer die Wildspitze und den Taschachferner vor Augen.

Abstieg durch das Taschachtal
Wer nicht auf dem Ausbildungsstützpunkt des DAV übernachten will, kann durch das Taschachtal zurück nach Mandarfen wandern. Durch den Bergsturz ist der alte Weg im oberen Teil teilweise verlegt, ein neuer und sicherer wurde gleich darauf gebaut und führt vorbei an der Materialseilbahn und der Taschachalpe zur Talstation der Riffelseebahn. Es lohnt sich auch zu fragen, ob das Angebot, ab der Materialseilbahn auf reservierten Rädern ins Tal zu fahren, noch aktuell gültig ist. (Gehzeit: 2.30 Std., ca. 9 km, 750 Hm).

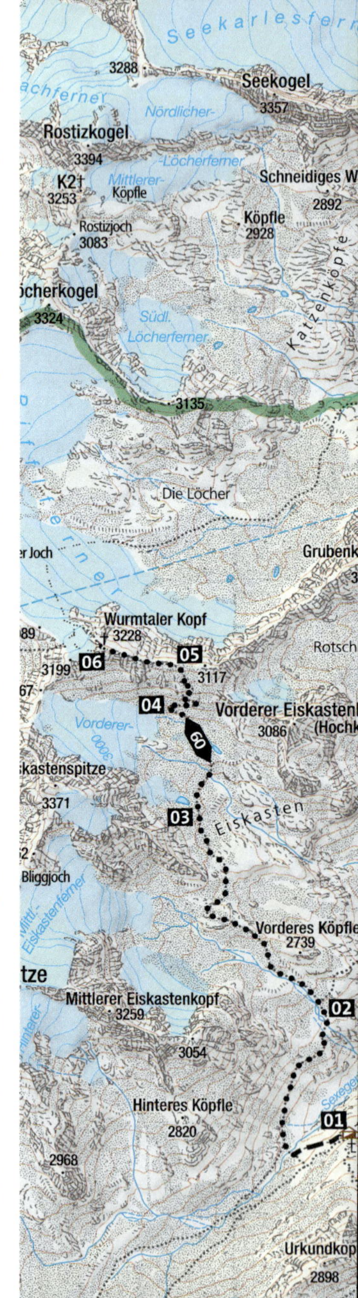

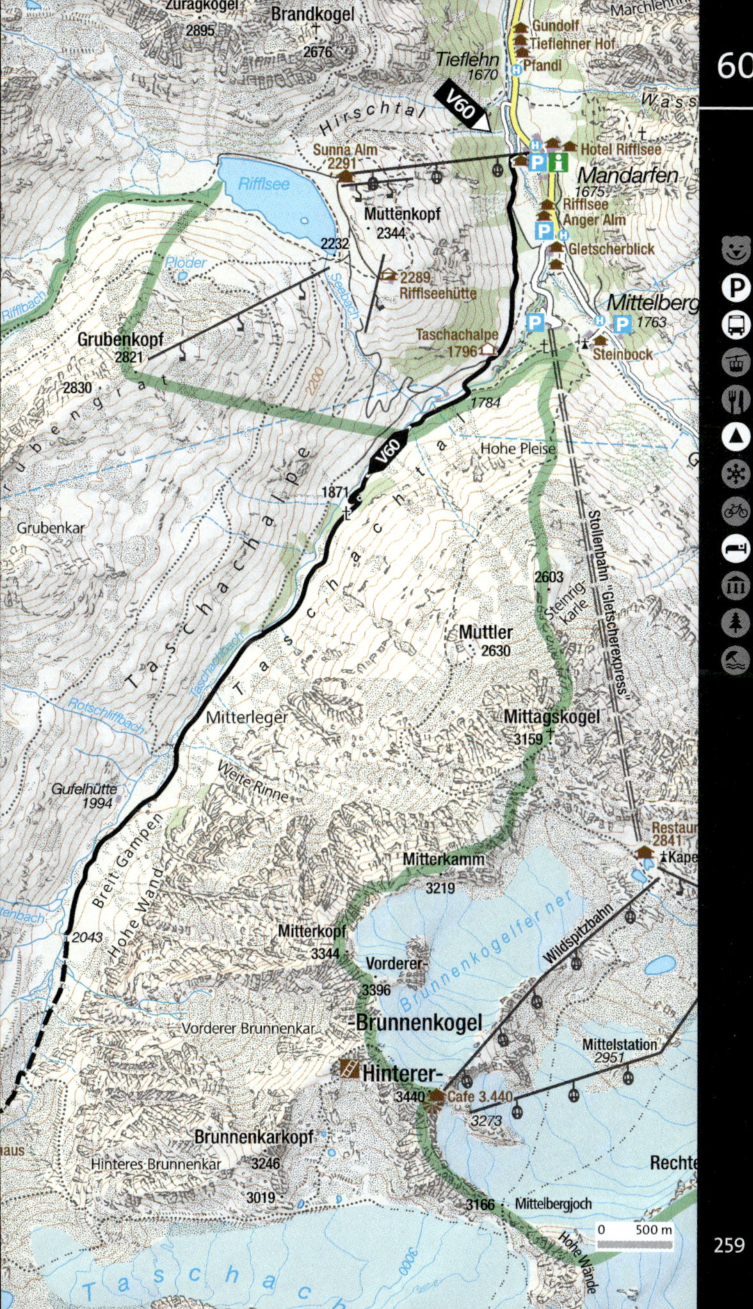
Zuragkogel
2895
Brandkogel
2676
Tieflehn
1670
V60
Hirschtal
Gundolf
Tieflehner Hof
Pfandl
Sunna Alm
2291
Hotel Rifflsee
Mandarfen
1675
Rifflsee
Rifflsee
Anger Alm
Gletscherblick
Muttenkopf
2344
2232
Ploder
Seebach
2289
Rifflseehütte
Mittelberg
1763
Taschachalpe
1796
Steinbock
Grubenkopf
2821
2830
Grubengrat
1784
Hohe Pleise
1871
Grubenkar
Taschachalpe
Taschachtal
Stollenbahn "Gletscherexpress"
2603
Steinrig-karle
Muttler
2630
Taschachbach
Rotschliffbach
Mitterleger
Mittagskogel
3159
Gufelhütte
1994
Weite Rinne
Breit Gampen
Mitterkamm
3219
Hohe Wand
2043
Mitterkopf
3344
Brunnenkogelferner
Wildspitzbahn
Vorderer-
3396
Vorderer Brunnenkar
-Brunnenkogel
Mittelstation
2951
Hinterer-
3440
Cafe 3.440
3273
Brunnenkarkopf
Hinteres Brunnenkar
3246
3019
3166
Mittelbergjoch
Hohe Wände
0
500 m
Taschach
Gamsköpfle

ALLES AUSSER WANDERN

MEINE TIPPS FÜR . . .

... Familien

Umhausen: Ötzidorf
Seit 1991 „Ötzi", die Mumie eines steinzeitlichen Jägers, in einem Gletscher am Tisenjoch gefunden wurde, hat man sich im Ötztal intensiv mit der Frühgeschichte des Tals befasst. Mit dem Archäologischen Freilichtmuseum Ötzidorf wird der Versuch unternommen, die aus den archäologischen Funden gewonnenen Erkenntnisse für die Besucher begreifbar zu machen. Sie sollen einen Einblick in das Leben, Wohnen und Wirtschaften in der Jungsteinzeit erhalten, so wie es sich Wissenschaftler vorstellen. Zwischen Juli und August gibt es sogenannte „Steinzeitliche Erlebnistage für Kids", die dann eine Zeitreise in die Steinzeit unternehmen. Darüber hinaus werden im Dorf alte Haustierrassen gehalten.
Tel. 05255/50 022 oder 57 95
www.oetzi-dorf.at

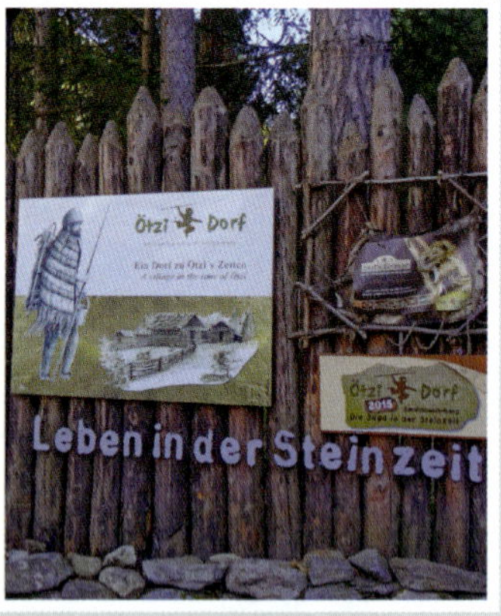

Das Ötzidorf in Umhausen.

Umhausen: Greifvogelpark
Der Greifvogelpark liegt gleich neben dem Ötzidorf und zeigt auf einem 5000 m² großen Gelände insg. 14 verschiedene Arten. Die Flugvorführungen (jeweils 45 Minuten) finden in einer Arena mit 400 Plätzen statt. Ergänzend gibt es einen Lehrpfad zur Geschichte der Falknerei. Öffnungszeiten: Anfang Mai bis Ende Oktober.
Tel. 05255/50 022 oder 57 95
www.oetzi-dorf.at/greifvogelpark

Umhausen:
Ötztaler Schafwollzentrum
Einmal wöchentlich stattfindende Führungen (nach Anmeldung) geben einen Einblick in den Verarbeitungsprozess von Schafwolle – von der Anlieferung bis hin zum fertigen Produkt. Einige Beispiele findet man im angeschlossenen Werkstattladen.
Lehnpuit 2–4
Tel. 05255/52 93
www.schafwollzentrum.tirol

Sautens: Ötztaler Outdoor Parcours
Eine spannende Kombination aus Hochseil- und Waldseilgarten mit Ziplines, die die Ötztaler Ache überspannen. Frühjahr bis Herbst.
Tel. 0676/91 23 900
www.outdoor-parcours.com

Hochzeiger: ZirbenPark
Ein rund 1 km langer Themen-Rundweg bietet an 17 Stationen Wissenswertes über die Zirbe. „Höhepunkt" ist der 12 m hohe Erlebnisturm. Dazu gibt es im Park Wasser-, Spiel-, Abenteuer- und Relaxstationen, verschiedene Zirbenkugelbahnen, eine 5,5 km lange Zirben-Cartstrecke sowie zwei Downhill-Biktetrails; Juni – Oktober.
www.pitztal.com/de/sommer/highlights/zirbenpark-hochzeiger

Die Infopunkte des Naturparks Ötztal

Sechs Infopunkte laden zu einem Besuch und der Beschäftigung mit ausgewählten Themen ein. Man findet sie in

- Ötztal-Tourismus Ambach (Ötztal-Relief), S. 42
- Wanderparklatz Niederthai (Thema: Köfler Bergsturz), S. 68
- Wanderparkplatz Gries (Thema: Wilde Wasser), S. 110
- Widum in Vent (Themen: Transhumanz & Besiedlungsgeschichte), S. 159
- Infopoint Sölden (Thema: Lebensraum Windachtal), S. 140
- Infopoint Hohe Mut/Hohe Mut Alm (Themen: Gletscher & Hochgebirgsforschung), S. 197

www.naturpark-oetztal.at

Naturpark Haus

Themenschwerpunkte: Die Vielfalt der Ötztaler Natur (Flora, Fauna, Geologie und Lebensräume) sowie das omnipräsente Thema Wasser (Gletscher, Seen, Flüsse und Moore); S. 29
Standort: Südliches Ortsende von Längenfeld, an der B186
Oberlängenfeld 142
6444 Längenfeld
Tel. 05253/20 201
www.naturpark-oetztal.at

Jerzens: XP-Abenteuerpark
Der Waldseilpark bietet acht unterschiedliche Parcours an und hat eine Gesamtlänge von 600 m. Highlight des Parks ist der Flying-Fox-Parcours über eine Waldschlucht. Alle Gäste werden von Guides eingeschult und müssen einen von zwei Einweisungsparcours absolvieren. Mitte Juni bis Mitte Oktober.
Alpin Center Hochzeiger-Pitztal
Tel. 05414/86 910
www.alpincenter-pitztal.com

Tiroler Steinbockzentrum am Schrofen
70 Jahre nach der erfolgreichen Wiederansiedlung des Steinbocks im Pitztal widmet sich das Steinbockzentrum dem eindrucksvollen Alpenbewohner. Die Architektur des barrierefreien Zentrums ist ebenso sehenswert wie die interaktive Ausstellung. Das frei begehbare Wildtiergehege (die Fütterungsstelle ist barrierefrei zugänglich) lassen sich Murmeltiere und Steinböcke aus nächster Nähe beobachten.
Tel. 05413/20 358
www.steinbockzentrum.tirol

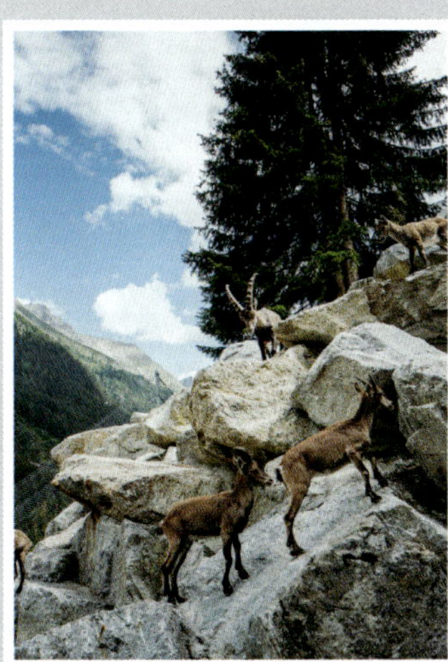

Steinböcke im Steinbockzentrum.

... Wasserratten

Waldbad Haiming
Großes Schwimmerbecken und Nichtschwimmerbecken; Mai bis Sept.
Tel. 05266/88 580

Freischwimmbad Sautens
Zwei Schwimm- und ein Kinderbecken, beim Freizeitzentrum.
Tel. 05252/66 10

Piburger See
Der See zählt mit bis zu 24 Grad zu den wärmsten Gebirgsseen Tirols.
Tel. 0664/44 18 656
www.oetz.com

Erlebnis-Schwimmbad Oetz
Mehrere Schwimmbecken, 50-m-Wasserrutsche, Luftsprudel, Wasserpilz uvm.; Mitte Mai – Anf. Sept. In der Nähe ein großer Abenteuerspielplatz.
Tel. 05252/63 85 650
www.oetz.com/de/sommer/sport-freizeit/badespass/erlebnisbad-oetz.html

Naturbadesee Umhausen
Der mit reinem Trinkwasser gefüllte Badesee liegt beim Ötzidorf unweit des Stuibenfalls.
Tel. 05255/52 30 30

Freischwimmbad Längenfeld
Mit einer 35 m langen Wasserrutsche; Ende Mai bis Anf. Sept.
Tel. 05253/54 39
www.laengenfeld.com

Längenfeld: „Alpen Arche Noah"
Die Therme Aqua Dome Längenfeld unterhält einen eigenen Familienbereich mit zwei großen Becken, einer 90-m-Rutsche, Spielräume etc.
www.aqua-dome.at

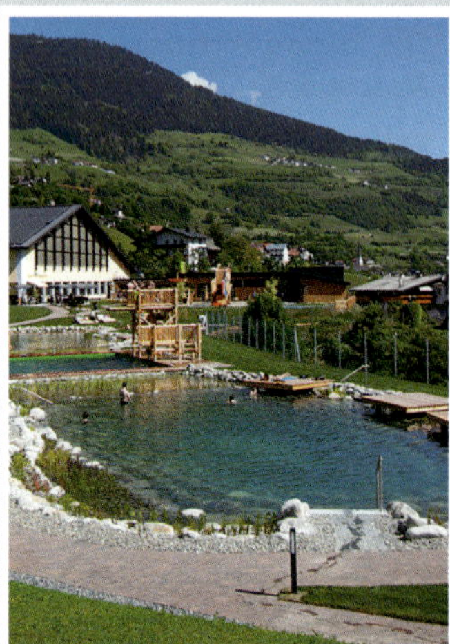

Naturbadeteich in Wenns im Pitztal.

Sölden: Erlebnisbad in der Freizeit Arena
Das Erlebnisbad bietet Schwimmbecken, Rutsche, Sprudelliegen uvm.
www.freizeit-soelden.com

Badesee Pitzpark Wenns
Das Highlight der Anlage ist ein 1050 m^2 großer, bis zu 3 m tiefer Naturbadeteich. Weitere Attraktionen sind das Spielfloß, Sprungtürme und der Kinderspielplatz; Öffnungszeiten: Mitte/Ende Mai bis Mitte Sept. bei schönem Wetter. Bei Schlechtwetter gibt es als Alternative die Riesen-Spielhalle.

Landschaftsteich Piller
Der schöne See liegt in der Nähe der Piller Höhe auf etwa 1370 m. Das Wasser ist durch den Zufluss eines Baches aus dem Piller Moor trüb. Wen das nicht stört, findet hier einen ruhigen Badesee.

... Kulturinteressierte

Oetz: Turmmuseum
Das von der Bevölkerung „der Turm“ genannte Gebäude wurde im Mittelalter als (romanischer) Wohnturm erbaut und genutzt, um 1500 im gotischen Stil umgebaut und im 17. Jh. teilweise nochmals im Renaissancestil verändert und als Verwaltungssitz des Klosters Frauenchiemsee genutzt. Heute bietet es seinen Besuchern nicht nur architektonisch und von der Einrichtung her einen Gang durch die Geschichte. Der Schwerpunkt des Museums ist die Malerei – religiöse Themen ebenso wie die Landschaftsmalerei.
www.oetztalermuseen.at/ turmmuseum/

Längenfeld-Lehn: Heimat- und Freilichtmuseum und Gedächtnisspeicher
Der bäuerliche Lebensraum und die Dokumentation der Arbeitswelt und des Alltags der Ötztaler Bevölkerung bis vor 60 Jahren stehen im Mittelpunkt des Museums. Es zeigt seine Exponate in einem Paarhof, der typischen Hofform im Ötztal, sowie in einigen Nebengebäuden, einer Säge, Mühle und einer Schwinghütte (Flachsverarbeitung). Im benachbarten „Schmidlas Haus“ befindet sich der „Gedächtnisspeicher Ötztal“ (Besuch nach Terminabsprache).
www.oetztalermuseen.at/ heimatmuseum

Timmelsjoch-Erfahrung
Wer von Hochgurgl über die Timmelsjoch Hochalpenstraße Richtung Passeiertal fährt, erfährt unterwegs an sechs Stationen Wissenswertes über die Geschichte des Timmelsjochs, den mühsamen Bau der Passstraße, über die Gebirgslandschaft, die Bedeutung des Übergangs als Schmugglerroute uvm.; Mitte/Ende Mai bis Oktober (abhängig von den Öffnungszeiten der Passstraße).

Flachsanbau

Bis 1900 hatte der Flachsanbau im Ötztal eine große wirtschaftliche Bedeutung – Leinsamen, Flachs („Haar“) und Leinen wurden nach ganz Europa verkauft. Mit dem Beginn der industriellen Stoffherstellung brach der Flachsanbau komplett zusammen. Bis Mitte des 20. Jh. wurde aber in Umhausen bzw. Längenfeld noch Flachs angebaut. Das Heimat- und Freilichtmuseum in Lehn informiert umfassend zu diesem Thema.
www.oetztal-museum.at

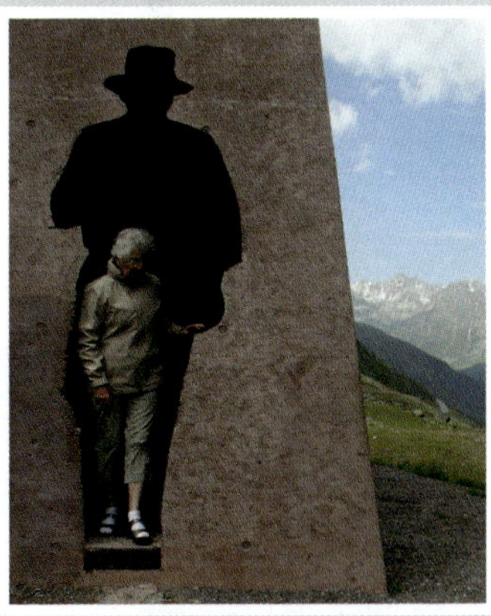

Museum an der Timmelsjoch Hochalpenstraße: „Der Schmuggler“.

SCHUTZHÜTTEN, BERGGASTHÄUSER UND ALMEN

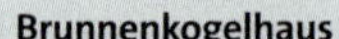

Die aktuellen Öffnungszeiten – vor allem in den Randzeiten – sollten vor einem Besuch überprüft werden, sie können sich je nach aktueller Witterung ändern. Genannt werden nur Zustiege ohne Gletscherquerung. Generell wünschen sich alle Hüttenwirte eine frühzeitige Reservierung, da vor allem die Hütten an vielfrequentierten Weitwanderwegen bzw. Hüttenrunden im Sommer oft voll sind.

Schutzhütten im Ötztal

Armelenhütte (1747 m), privat, Anfang Juni bis Ende Sept., Zustiege: von Oetz über Kohlstatt und Armelenwand (3 Std.), von Habichen über Armelenwand (2.30 Std.), Tel. 0664/20 02 590, www.urlaubambauernhof.at/armelenhuette

Amberger Hütte (2135 m), DAV, Anfang Juni bis Ende Sept./Mitte bis Ende Okt., Zustieg: von Gries (1.30–2 Std.), Tel. Hütte 0676/95 23 426, www.ambergerhuette.at

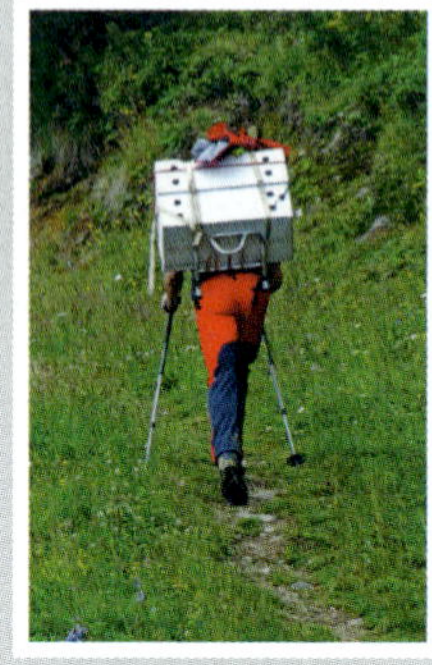

Frische Eier für das Brunnenkogelhaus.

Breslauer Hütte (2844 m), DAV, Mitte Juni bis Ende Sept., Zustiege: von Vent (2.30 Std.), von der Vernagthütte (2.30 Std.), vom Hochjoch Hospitz (4.30 Std.), vom Tiefenbachferner (4.30 Std.), Tel. 0676/96 34 596, www.breslauerhuette.at

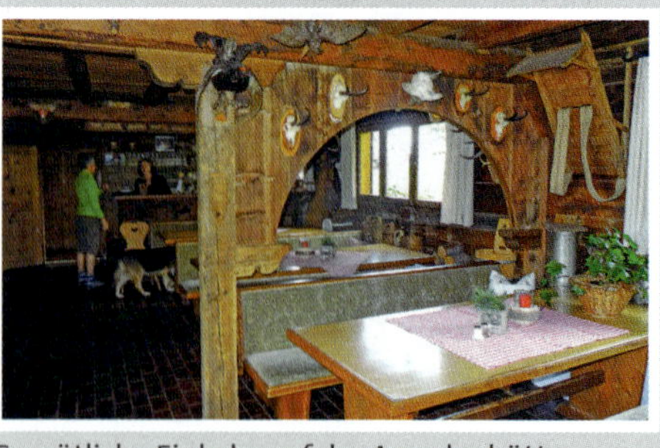

Gemütliche Einkehr auf der Armelenhütte.

Brunnenkogelhaus (2738 m), Zustieg: von Moos (3.30 Std.), von Sölden über Moos (4 Std.), von Sölden über Fiegls Gasthaus (3.30–4 Std.), vom Timmelsjoch über Hochstubai-Panoramaweg (5–6 Std.), Tel. Hütte 0664/12 34 206, www.brunnenkogelhaus.at

Dortmunder Hütte (1950 m), DAV, Anfang Juni bis Ende Okt., Zustiege: von Neuer Bielefelder Hütte über Balbachalm und Iss-Alm (3–4 Std.), von Guben-Schweinfurter Hütte (5 Std.), von Peter-Anich-Hütte (5 Std.), Tel. 05239/52 02, www.dortmunderhuette.at

Erlanger Hütte (2550 m); DAV, Ende Juni bis Mitte Sept., Zustiege: von Vorderer Tumpenalm/Hüttentaxi (3.45–4 Std.), von Umhausen über Gehsteigalm (5–5.30 Std.), von Umhausen über Vordere Leierstalalm (4.30–5 Std.), von Ludwigsburger Hütte über Lehnerjoch (3.30 Std.) oder über Hoher Gemeindekopf und Wildgrat (7 Std.), von Frischmannhütte über Feilerscharte (5 Std.), vom Hochzeigerhaus über Wildgrat (5–5.30 Std.), von Roppen über Forchheimer Weg (7–8 Std.), Tel. Hütte 0664/39 20 268, www.erlangerhuette.de

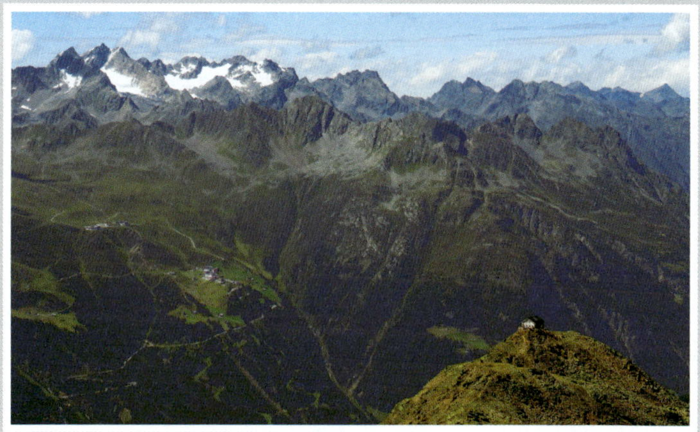

Das Brunnenkogelhaus in spektakulärer Lage hoch über Sölden.

Frischmannhütte (2192 m); ÖTK, Mitte Juni bis Ende Sept., Zustiege: von Köfels (2.30 Std.), von Umhausen (4 Std.), von Erlanger Hütte über Feilerscharte (5–6 Std.), von Hauerseehütte über Felderjöchl (4 Std.), Tel. Hütte 0676/74 48 339, www.frischmann huette.at

Hauerseehütte (2383 m), DAV, Selbstversorgerhütte (nur abgekochtes Wasser), Mitte Juni bis Anf. Okt., Zustiege: von Längenfeld-Lehn über Stabelealm (4 Std.), von Längenfeld über Hauertal (4 Std.), von Frischmannhütte über Felderjöchl (4 Std.), von der Rüsselsheimer Hütte (7–8 Std.); Tel. Hütte. 0664/78 28 637 www.alpenverein-ludwigsburg.de

Hildesheimer Hütte (2899 m), DAV, Ende Juni bis Mitte Sept., Zustiege: von Fiegls Gasthof/Hüttentaxi (3 Std.), von der Siegerlandhütte (3 Std.), von der Hochstubaihütte über Seekarsee (4 Std.), Tel. Hütte 05254/23 00, www.hildesheimer huette.at

Hochjoch Hospiz (2413 m), privat, Mitte Juni bis 26. Sept., Zustiege: von Vent (2–2.30 Std.), von der Vernagthütte (1.30 Std.), von der Breslauer Hütte (4 Std.), von der Martin-Busch-Hütte (6 Std.), Tel. Hütte 0720/92 03 11 oder 0680/30 40 190, www.hochjoch-hospiz.at

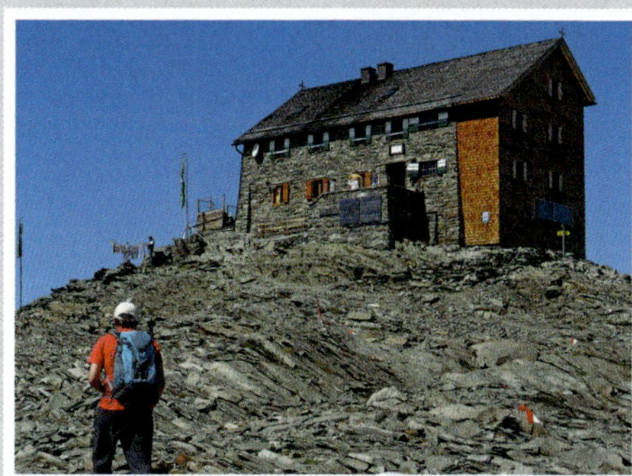

Geschafft! Ankunft an der Hochstubaihütte.

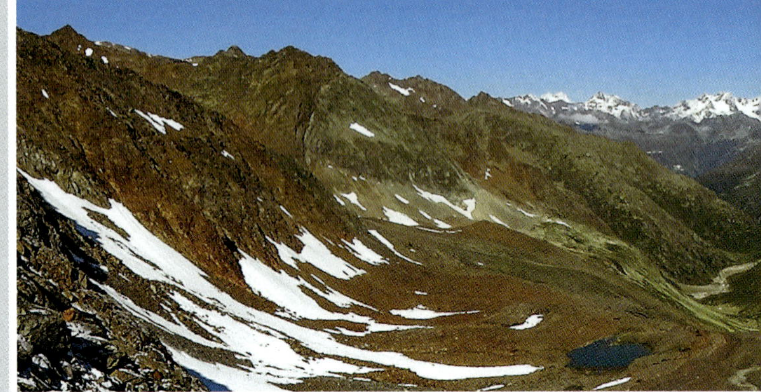

Klein wirkt die Siegerlandhütte in der grandiosen Gebirgslandschaft des hinteren Windachtals, rechts über der Hütte der pyramidenförmige Gais-

Hochstubaihütte (3174 m), DAV, Ende Juni bis Ende Sept., Zustiege von Kleble Alm (3 Std.), von Fiegls Gasthaus (2.30 Std.), von Sölden über Kleble Alm und Laubkar (5 Std.), von der Hildesheimer Hütte über Seekar (3.30–4 Std.), Tel. Hütte 0676/92 43 343, www.hochstubaihuette.at

Hochwildehaus (2883 m), DAV. Aufgrund irreparabler Schäden bleibt die Schutzhütte bis auf Weiteres geschlossen. www.alpenverein-karlsruhe.de

Kleblealm (1983 m), privat, 1. Juli bis Ende Sept., Zustiege: Sölden (1.30 Std.), Hochstubaihütte (3 Std.), Tel. 05254/32 45, keine Internet-Adresse

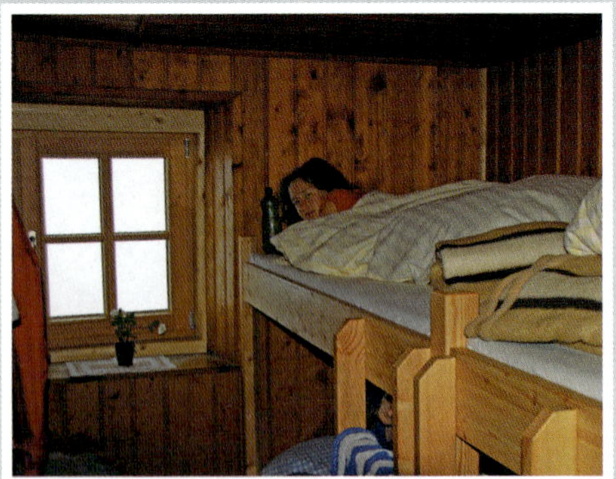

Eine Hüttennacht im Ramolhaus.

Langtalereckhütte – Karlsruher Hütte (2480 m), DAV, Mitte Juni bis Anf. Okt., Zustiege: von Obergurgl (2.30 Std.), vom Ramolhaus (2 Std.), Tel. Hütte 0664/52 68 655, www.alpenverein-karlsruhe.de

Martin-Busch-Hütte (Samoar Hütte) (2501 m), DAV, am E5, Mitte Juni bis Ende Sept., Zustiege: von Vent (2.30–3 Std.), von Similaunhütte (2 Std.), vom Ramolhaus (6 Std.), Tel. Hütte 0664/30 43 151 oder 05254/81 30, www.hotel-vent.at

Neue Bielefelder Hütte (2150 m), DAV, Mitte Juni bis Mitte Sept., Zustiege: von Hochoetz (20 Min.), von Oetz über die Achergalm (4 Std.), von Dortmunder Hütte (4 Std.), von Ochsengarten (2 Std.), Tel. 05252/69 26, www.bielefelder-huette.at

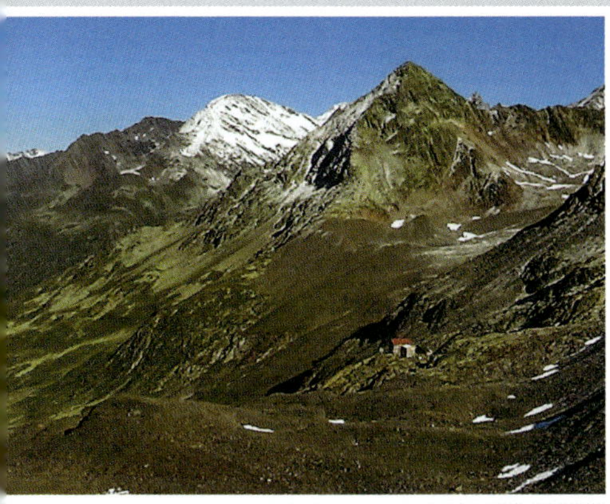

kogel und rechts daneben das Gamsplatzl, der Übergang zur Hildesheimer Hütte.

Ramolhaus (3006 m), DAV, Ende Juni bis Mitte Sept., Zustiege: von Obergurgl (4 Std.), von Vent (5 Std.), von der Langtalereckhütte (3.30–4 Std.); Tel. 05256/62 23, www.dav-hamburg.de/huette/ramolhaus

Schweinfurter Hütte (2034 m), DAV, Mitte Juni bis Anf. Okt., Zustiege: von Niederthai (2 Std.), von Winnebachseehütte über Zwieselbachjoch (4.35 Std.), von der Dortmunder Hütte über Finstertaler Scharte (4–5 Std.), von Hochoetz über Neue Bielefelder Hütte und Wilhelm-Oltrogge-Weg (8 Std.), Tel. Hütte 05255/50 029, www.dav-schweinfurt.de

Siegerlandhütte (2710 m), DAV, Ende Juni bis Mitte Sept., Zustiege: von Sölden (5–6 Std.), von Fiegls Gasthaus (3 Std.), von Hildesheimer Hütte (3 Std.), vom Gasthof Hochfirst über Windachscharte (5 Std.); Tel. 0664/24 14 040, www.siegerlandhuette.com

Similaunhütte (3019 m), DAV, Mitte Juni bis Anf. Okt., Zustiege: Von Vent (4.30 Std.), von Martin-Busch-Hütte (2 Std.), vom Hochjoch Hospiz über Saykogel (6 Std.), Tel. +39/0473/66 97 11, www.similaunhuette.com

Vernagthütte/Würzburger Haus (2766 m), DAV, Anfang Juli bis Mitte Sept., Zustiege: von Vent über Rofenhöfe (3.30 Std.), von der Breslauerhütte (3 Std.), vom Hochjoch Hospiz (2 Std.), Tel. Hütte 0664/79 80 757, www.vernagthuette.de

Winnebachseehütte (2362 m), DAV, Anf. Juli bis Anf. Okt., Zustiege: von Gries (2 Std.), von Schweinfurter Hütte über Zwieselbachjoch (5 Std.), vom Westfalenhaus (3 Std.), Tel. 05253/51 97, www.winnebachseehuette.com

Zwieselstein, Talherberge (1472 m), DAV, Selbstversorgerhütte, am E5, ganzjährig geöffnet, Anreise mit Bus/Auto, Tel. Hütte 05254/27 63, www.alpenverein-regensburg.de

Schutzhütten im Pitztal

Braunschweiger Hütte (2759 m), DAV, am E5, ca. Anf. Juni bis Mitte Sept., Zustiege: von Mittelberg (2–3 Std.), über den Mittelbergferner (2 Std., Gletscherausrüstung), vom Rettenbachferner über Pitztaler Jöchl (1 Std.), Tel. 0664/20 12 013, www.braunschweiger-huette.at

Gipfelhütte Bergstation Venetbahn (2212 m), privat, am E5, Mitte Mai bis Mitte Sept., Tel. 05442/62 663, www.venet.at

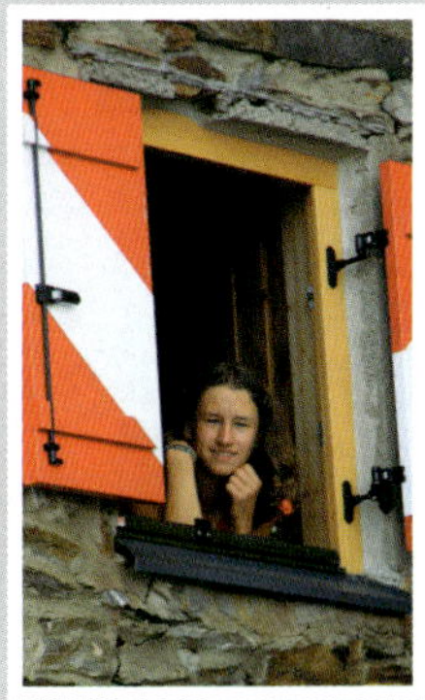

Kaunergrathütte (2817 m), DAV, am E5, Mai bis Mitte/Ende Sept., Zustiege: ab Plangeroß (3.30 Std.), vom Riffelsee über Cottbuser Höhenweg (3.30 Std.), von Trenkwald über Mittelberglesee (6 Std.), von Verpeilhütte über Aperes Madatsch Joch (4 Std.), Tel. Hütte 05413/20 310, www.kaunergrathuette.at

Ludwigsburger Hütte (1953 m), DAV, Mitte/Ende Juni bis Mitte/Ende Sept., Zustieg: ab Materialseilbahn über Waldweg (1.30 Std.) oder über Forstweg (2 Std.), von Erlanger Hütte über Lehnerjoch (3–4 Std.), vom Hochzeigerhaus über Riegetal und Hoher Gemeindekopf (3.30 Std.), von Frischmannhütte über Feilerscharte und Lehnerjoch (4 Std.), von Hauerseehütte über Frischmannhütte (8.30 Std.), Tel. Hütte 05414/20 204 oder 0664/92 47 748, www.ludwigsburger-huette.at

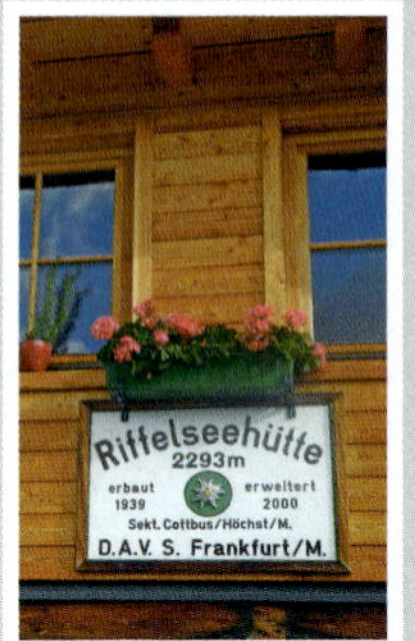

Neubergalm (1889 m), privat, max. 10 Pers., Anf. Juni bis Mitte Sept., Zustiege: von Eggenstall (2 Std.), von Kaunergrathütte (8.30 Std.), von der Verpeilhütte (8–9 Std.), Tel. 0650/41 97 921, www.pitztal.com/de/neubergalm-1889-m

Riffelseehütte (2293 m), DAV, Mitte Juni bis Mitte Sept., Zustiege: vom Riffelsee (15 Min.), von Mandarfen über Taschachalm (2 Std.), vom Taschachhaus über Fuldaer Höhenweg (4 Std.), von der Kaunergrathütte über Cottbuser Höhenweg (3.30 Std.), Tel. 0664/39 50 062, www.riffelseehuette.at

Rüsselsheimer Hütte (2328 m), DAV, Mitte Juni bis Ende Sept., Zustiege: Parkplatz (2 Std.), von Hauerseehütte (7 Std.), Tel. 05413/20 300 oder 872 26, www.ruesselsheimer-huette.de

Taschachhaus (2434 m), DAV, Anf. Juni bis Mitte/Ende Sept., Zustiege: von Mandarfen/Mittelberg (2.30–3 Std.), vom Riffelsee über Cottbuser Höhenweg (3–4 Std.), vom Riffelsee über Wurmtaler Kopf/Neuer Offenbacher Höhenweg (Steigeisen, 6 Std.), von der Pitz-Panoramabahn über Pitztaler Gletschersteig (Steigeisen/Grödel, 3 Std.), vom Gepatschhaus über Ölgrubenjoch (6 Std.), Tel. Hütte 0664/20 09 588, www.taschachhaus.com

Tiefentalalm (1880 m), privat, max. 8 Pers., Zustieg von Piösmes oder Eggenstall (1–1.30 Std.), von der Verpeilhütte (8–8.30 Std.), von der Kaunergrathütte (7.30 Std.), Tel. 0664/53 78 050, www.tiefentalalm-pitztal.at

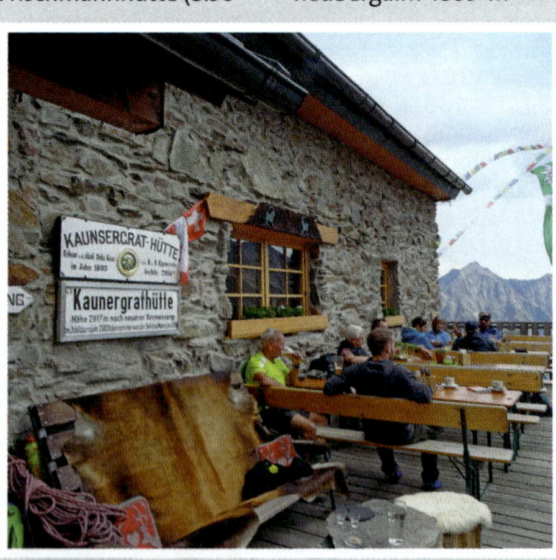

Diese Bank ist für die Wirtsleute reserviert…

Berggasthäuser

Felsenhof (1454 m), privat, Selbstversorgerhaus Tel. 0664/16 10 509, www.felsenhof-pitztal.com

Gasthaus Fiegl (Fiegl's Hütte; 1900 m), privat, Anfang Juni bis Ende Sept., Zustiege: von Sölden (2 Std.), Tel. Hütte 0664/87 27 802, http://jasmin-jessy.jimdo.com/windach-fiegls-hütte

Gasthof Hochfirst (1860 m), privat (Mai bis Nov., abhängig von den Öffnungszeiten der Timmelsjochstraße), Zustiege: von Siegerlandhütte (4 Std.), Brunnenkogelhaus (5 Std.), Tel. +39/0473/64 70 40, https://hochfirst.it/

Hochzeigerhaus (1829 m), privat, Tel. 05414/87 215, www.hochzeigerhaus.at

Moosalm (1480 m), privat, Tel. 05254/25 72, www.moosalm-soelden.com

Hüttenfinder der Alpenvereine

DAV-Hüttensuche
Auf dieser Plattform lassen sich online alle Hütten im Alpenraum suchen. Hier findet man die folgenden Angaben: Ausstattung, Anreise und Zugangswege, Übergänge zu den Nachbarhütten und mögliche Touren.
www.alpenverein.de

Österreichischer Alpenverein (OeAV)
Der OeAV betreibt eine eigene Suchmaschine, den Alpenverein-Hüttenfinder. Hier finden sich Angaben zu Öffnungszeiten, Hüttentelefon, Homepage etc.
www.alpenverein.at, Hüttenfinder: www.alpenvereinshuetten.at

Informationen zu Talunterkünften

Ötztal Tourismus
Hilft telefonisch bei der Suche nach einer Unterkunft.
Achweg 5
6450 Sölden
Tel. 057200-0
info@oetztal.com
www.oetztal.com

oetztal.at marketing GmbH
Oberlängenfeld 6
6444 Längenfeld
Tel. 05253/20 13 030
info@oetztal.at
www.oetztal.at

Ferienregion Pitztal Tourismusverband
Tel. 05414/86 999
info@pitztal.com
www.pitztal.com

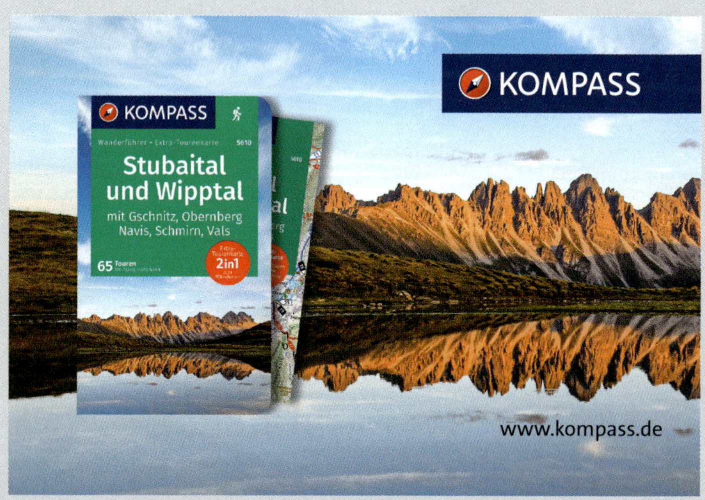

TOURISMUSINFORMATIONEN

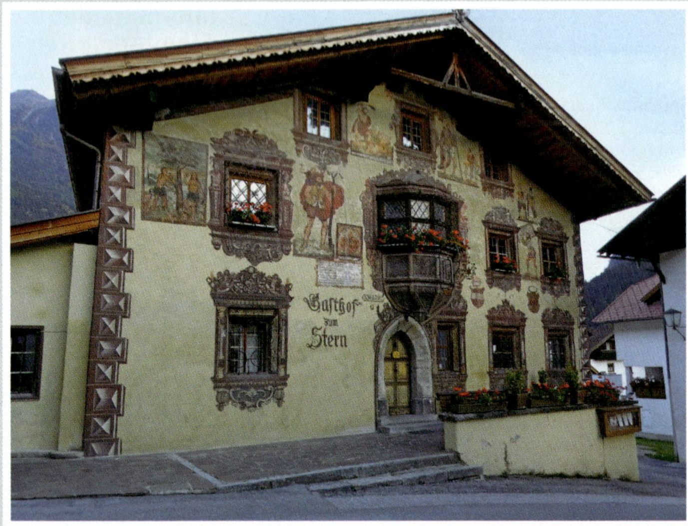

Der alte Gasthof zum Stern in Oetz war früher ein Gerichtshaus.

Ötztal Tourismus

Information Ochsengarten
Ochsengarten 3a
6433 Ochsengarten
Tel. 057200 700
www.haiming.at

Information Oetz
Hauptstraße 66
6433 Oetz
Tel. 057200 500
www.oetz.com

Information Umhausen-Niederthai
Dorf 24
6441 Umhausen
Tel. 057200 400
umhausen@oetztal.com
www.umhausen.com

Information Längenfeld
Oberlängenfeld 24
6444 Längenfeld
Tel. 057200 300
laengenfeld@oetztal.com
www.laengenfeld.com

Information Sölden
Achweg 5
6450 Sölden
Tel. 057200 200
soelden@oetztal.com
www.soelden.com

Information Obergurgl-Hochgurgl
Gurglerstraße 118
6456 Obergurgl
Tel. 057200 100
gurgl@oetztal.com
www.gurgl.com

Ötztal Tourismus Information Vent
Venterstraße 35
6458 Vent
Tel. 057200 220
vent@oetztal.com
www.vent.at

Pitztal

Tourismusverband (TVB) Pitztal
Unterdorf 18
6473 Wenns im Pitztal
Tel. 05414/86 999
info@pitztal.com
www.pitztal.com

Tourismus Information Arzl
Dorfstraße 36
Tel. 05414/86 99 933
arzl@pitztal.com

Tourismus Information Wenns
Unterdorf 18
Tel. 05414/86 99 919
wenns@pitztal.com

Tourismus Information Jerzens
Dorf 220
Tel. 05414/86 99 932
jerzens@pitztal.com

Tourismus Information Mandarfen
Mandarfen 62
Tel. 05414/86 99 930
mandarfen@pitztal.com

Pitztaler Info Gmbh
Mandarfen 78
6481 St. Leonhard
Tel. 05413/86 36 556
office@pitztaler-info.at
www.pitztaler-info.at

Bergbahnen im Ötztal

Auf der Homepage des Ötztal Tourismus finden sich die Betriebszeiten.

Kühtai
Bergbahnen Kühtai
Tel. 05239/52 29
www.kuehtai.info

Oetz
Acherkogelbahn Oetz
Tel. 05252/63 85
www.oetz.com

Sölden
- Giggijochbahn Sölden
- Gaislachkogelbahn Doppelsessellift Rotkogellift
- Gondelbahn Tiefenbach/Schwarze Schneid Gletscher

Bergbahnen Sölden
Tel. 05254/508-0
https://bergbahnen.soelden.com

Vent
Doppelsessellift Wildspitze
www.vent.at

Obergurgl/Hochgurgl
- Hohe Mut Bahn
- Hochgurglbahn Hochgurgl
- Hochgurgl Top Wurmkogel

Liftgesellschaften Obergurgl-Hochgurgl
Tel. 05256/62 60
www.liftgesellschaft.at

Bergbahnen im Pitztal

Jerzens: Hochzeiger Bergbahnen
Gondel, Doppelsessellift zum Sechszeiger
Tel. 05414/87 000
www.pitztal.com/de/hochzeigerbahn

Pitztaler Gletscherbahn & Riffelsee
Tel. 05413/86 288; www.pitztaler-gletscher.at

Linienbusse

Linienbus Ötztaler
Linienverkehr zwischen Imst und Obergurgl, Sölden und Vent.
www.oetztaler.at

Obergurgl – Moos im Passeiertal oder St. Leonhard
Es gibt einen täglich fahrenden Linienbus von Obergurgl über das Timmelsjoch nach St. Leonhard im Passeiertal. Bis Moos i. P. dauert die Fahrt 1:25 h, bis St. Leonhard 1:40 h.

Sölden – Vent
Ebenfalls täglich fährt ein Linienbus von Sölden über Zwieselstein nach Vent. Die Fahrzeit beträgt von Sölden Tankstelle Hainbach rund 30 Minuten.

Regio Bus Pitztal
Tallinie von Imst bis Mittelberg, Wanderbus von Jerzens zum Hochzeiger, Wanderbus von Imst nach Piller (Naturparkhaus Fließ). Umweltticket für Nächtigungsgäste (kostenlose Benutzung der Busse im Pitztal, Almenbusse und Linienbusse nach Imst
www.postbus.at

Gletscherbus

Täglich fährt auch der Gletscherbus von Sölden über den Rettenbachgletscher zum Parkplatz am Tiefenbachgletscher. Die einfache Fahrt bis zur Endhaltestelle dauert ab Sölden Giggijochbahn ca. 40 Minuten.

GLETSCHERBUS, WANDERBUSSE, HÜTTENTAXIS

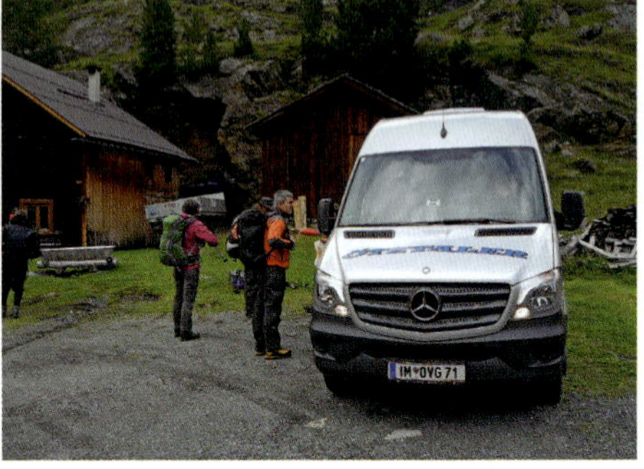

Bequem mit dem Wanderbus ins Windachtal.

Wanderbusse

Nicht immer entscheidet man sich für Rundwanderungen. Für Streckentouren bzw. Hüttentouren über mehrere Tage sind die Wanderbusse sehr praktisch, die während der Hauptsaison – in der Regel ab Mitte Juni bis Mitte/Ende Sept. – im Ötztal wichtige Wandergebiete verbinden.

Die Wanderbusse fahren auf folgenden Routen:

- Oetz – Ochsengarten – Kühtai
- Umhausen – Niederthai
- Längenfeld – Gries
- Sölden – Windach Alm – Stallwiesalm – Kleblealm

Hüttentaxis Ötztal

Der Höhenunterschied zwischen dem Talboden und den Almenregionen liegt meist bei über 600 Höhenmetern. Dadurch verlängert sich die Zeit für einen Gipfel um 2 Stunden im Aufstieg und 1.30 Stunden im Abstieg.

In den Sommermonaten bietet Ötztal Tourismus deshalb einmal wöchentlich Fahrten zu „strategisch“ günstig gelegenen Almen bzw. Hütten an. Den jeweiligen Wochentag sollte man vor Ort beim TVB erfragen oder auf seiner Homepage nachlesen. Für die Fahrten besteht eine Anmeldepflicht einen Tag im Voraus.
www.oetz.com/de/sommer/wandern-bergsteigen/huettentaxi-wanderbus.html

Hüttentaxis fahren zu folgenden Zielen:

- Oetz – Vordere Tumpenalm – Armelenhütte

Summer Card

Die Summer Card bietet viele Vergünstigungen. Mit ihr darf man einmal pro Tag eine Berg- und Talfahrt unternehmen. Außerdem können alle Busse (inkl. Wanderbusse) und einmal täglich die Mautstraßen (Timmelsjoch, Rettenbachferner) genutzt werden. Ermäßigungen gibt es bei den Hüttentaxis. Weitere Leistungen:

- zweimaliger freier Eintrit im Aqua Dome (ohne Sauna)
- Einmaliger freier Eintritt in die AREA 47 (Water Area)
- Einmal täglich freier Zutritt zu Badeseen, Frei- und Hallenbädern
- im Ötzi-Dorf, den Ötztaler Museen und in der Holzschnitzerei freier Eintritt

www.oetztal.com/de/oetztal-inside/summer-card.html

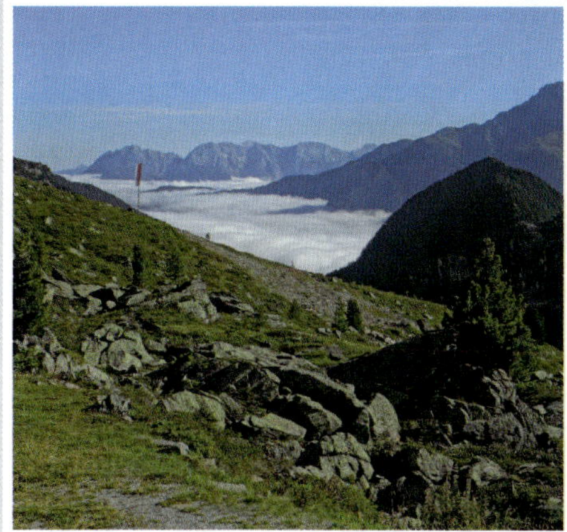
Grandioser Blick von der Frischmannhütte.

Pitztaler Freizeitpass – Umweltticket

Bietet für 5 € (Stand Dez. 2023) freie Fahrt mit allen Bussen im Pitztal von Imst bis Mittelberg sowie mit dem Almenbus. Außerdem Gratis-Teilnahme an geführten TVB-Wanderungen und am Sommerprogramm von TVB und NP Kaunergrat. www.pitztal.com

- Niederthai – Horlachtal
- Umhausen – Hintere Fundusalm
- Längenfeld – Wurzbergalm – Stabelealm – Innerbergalm
- Längenfeld – Polltal Alm – Breitlehnalm

Taxiunternehmen, die an jedem gewünschten Tag entsprechende Fahrten anbieten:

Umhausen: Taxi Scharfetter
Fahrten nach Farst, ins Fundustal zur Hinteren Fundusalm und zur Frischmannhütte, ins Leierstal (Erlanger Hütte), zur Armelenhütte, Gehsteigalm und Vorderen Tumpenalm.
Tel. 05255/58 58
https://taxischarfetter.wordpress.com/

Längenfeld: Taxi Weity
Fahrten zur Innerbergalm.
Tel. 0664/44 55 529

Express Taxi
Fahrten zu den Almen.
Tel. 05254/21 33
www.expresstaxi-soelden.at/

Almbusse Pitztal

Engelbert's Taxi
Alm-, Hütten- und Wandertaxi im Kaunertal und Tiroler Oberland. Fahrten u. a. zur Gogles Alm, Verpeilhütte, Aifner Alm Kaunerberg, Falkaunsalm
Tel. 05472/20 288
www.taxi-prutz.at/taxi-leistungen/alm-taxi/

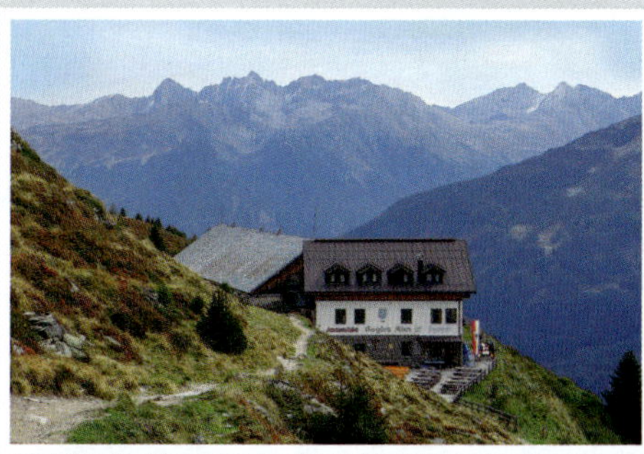
Die Gogles Alm.

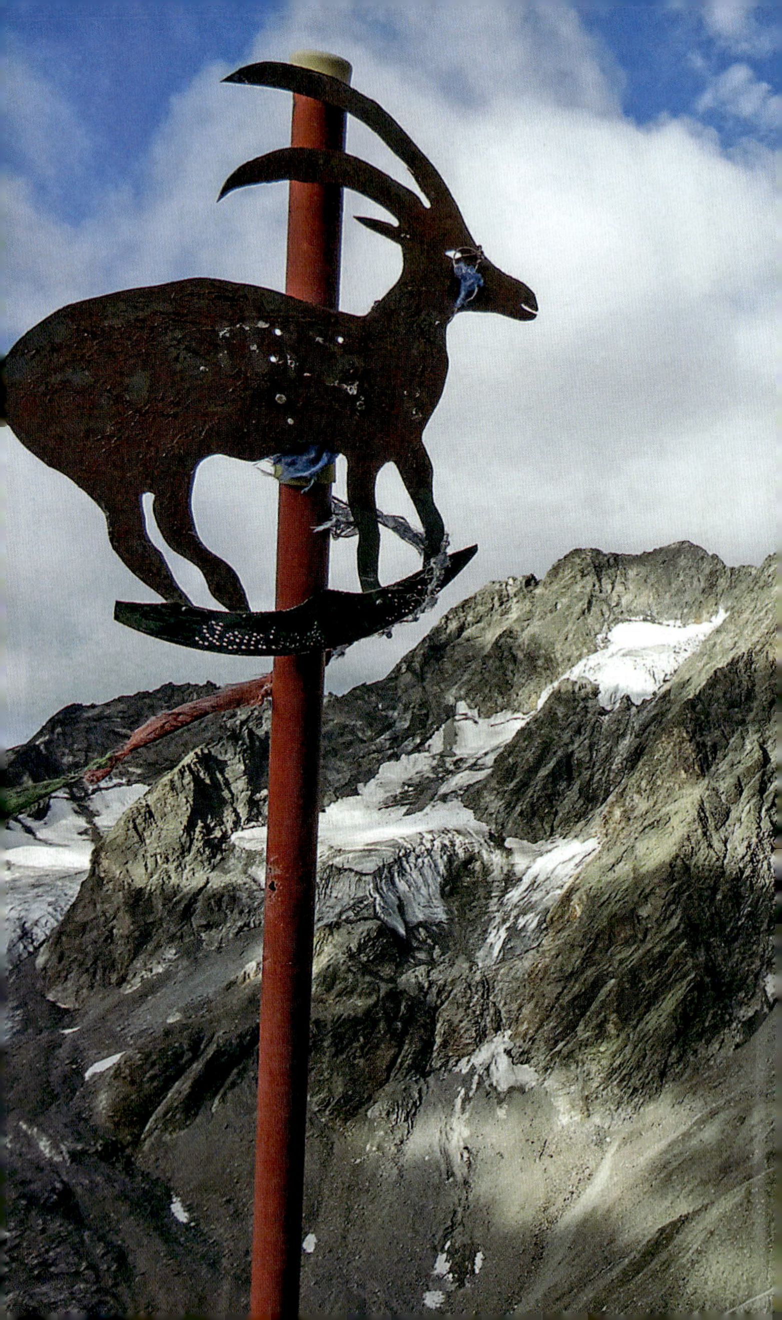

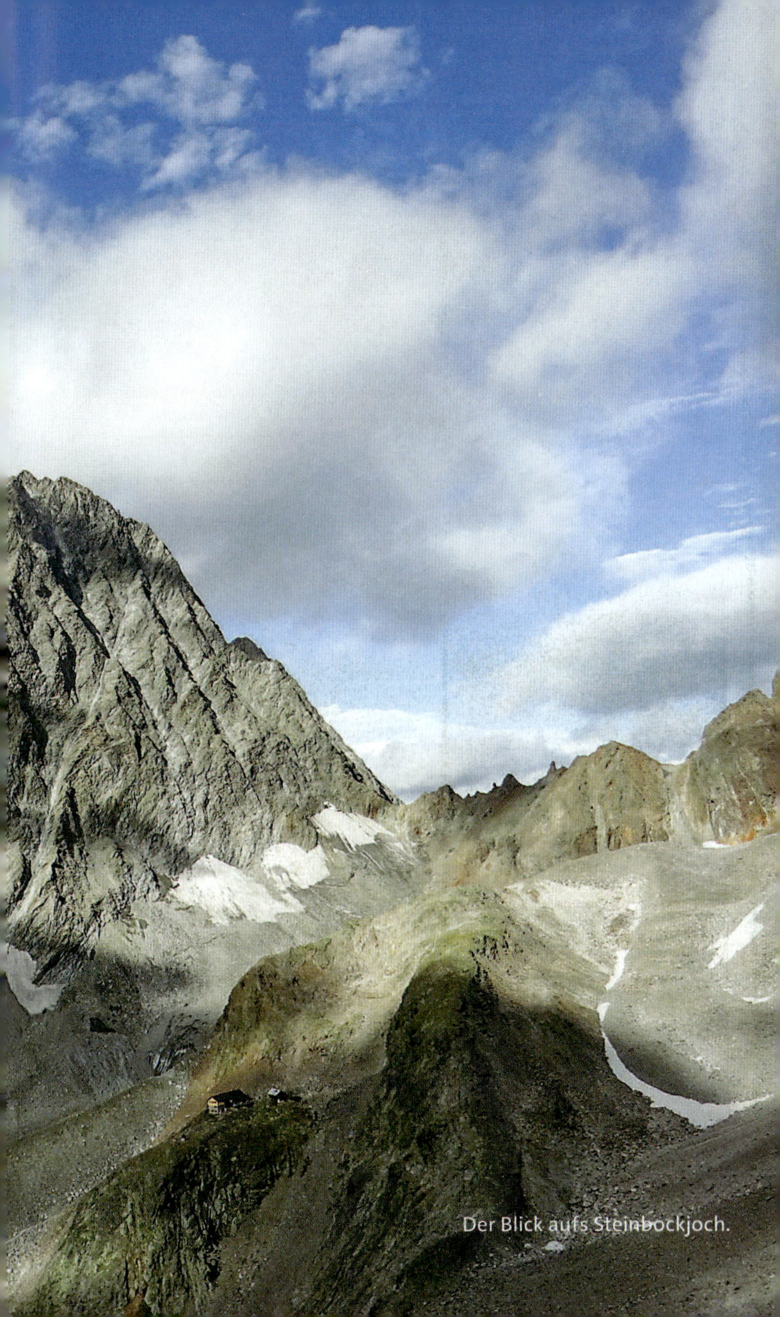

Der Blick aufs Steinbockjoch.

REGISTER

IMPRESSUM

2. Auflage 2024 Verlagsnummer 5630 ISBN 978-3-99154-183-7

Text: Raphaela Moczynski & Mag. Thomas Schmarda, Naturpark Ötztal

Titelbild: Rotmoostal mit Wasserfallferner

Alle Bilder von Raphaela Moczynski & Hannes Kleindienst
mit Ausnahme der folgenden:
Archiv Naturpark Ötztal: Jakob Abermann: S. 22; Kathrin Amprosi: S. 52; focusnatura.at: S. 27 (o.), 38, 73, 143; Hansjörg Fiegl: S. 105; Manfred Föger: S. 67; Reinhard Hölzl: S. 123, 129, 133; Hanspeter Leiter: S. 198 (u.); Gisela Letsch: S. 92 (o.); Alexander Maria Lohmann: S. 197 (u.); Roland Mayer: S. 165; Patrizia Plattner: S. 142; Matthias Plörer: S. 197 (o.); Thomas Schmarda: S. 2, 24, 25, 26 (o.li.), 27 (u.), 28 (o.), 29 (u.), 64, 68, 110, 135, 140, 175 (o.), 250; Anton Vorauer: S. 23 (beide), 180, 191; Günter Richard Wett: S. 29 (o.), 42 (o.).
Heide Bierbrauer: S. 32, 269; Hochzeiger Bergbahnen Pitztal/Albin Niederstrasser: S. 262; Hochzeiger Bergbahnen Pitztal/Daniel Zangerl: S. 261; Michael Knollseisen: S. 171; Joachim Schramm: S. 21, 35/6, 131, 205, 272; Tiroler Steinbockzentrum: S. 261.

Danke an Hannes Kleindienst, Ute & Joachim Schramm, Heide, Lynn & Luis Bierbrauer, Petra, Gerlinde & Klaus Stocker, Diethard Moczynski und Renate Karst für ihre Begleitung.

Grafische Herstellung: Raphaela Moczynski
Wanderkartenausschnitte: © KOMPASS-Karten GmbH
Kartengrundlage für Gebietsübersichtskarte S. 12-13, U4:
© MairDumont, D-73751 Ostfildern 4

Wir aktualisieren unsere Karten und Touren in regelmäßigen Abständen. Dies kann unter Umständen dazu führen, dass sich die Inhalte der digitalen Version eines freigeschalteten Wanderführers bzw. einer Karte, von dem erworbenen Printprodukt unterscheiden. Diese Aktualisierungen sind aus rechtlichen oder sicherheitsrelevanten Gründen erforderlich und ein kostenloser Service mit Mehrwert für alle Nutzer.
Alle Angaben und Routenbeschreibungen wurden nach bestem Wissen gemäß unserer derzeitigen Informationslage gemacht. Die Wanderungen wurden sehr sorgfältig ausgewählt und beschrieben, Schwierigkeiten werden im Text kurz angegeben. Es können jedoch Änderungen an Wegen und im aktuellen Naturzustand eintreten. Wanderer und alle Kartenbenützer müssen darauf achten, dass aufgrund ständiger Veränderungen die Wegzustände bezüglich Begehbarkeit sich nicht mit den Angaben in der Karte decken müssen. Bei der großen Fülle des bearbeiteten Materials sind daher vereinzelte Fehler und Unstimmigkeiten nicht vermeidbar. Die Verwendung dieses Führers erfolgt ausschließlich auf eigenes Risiko und auf eigene Gefahr, somit eigenverantwortlich. Eine Haftung für etwaige Unfälle oder Schäden jeder Art wird daher nicht übernommen. Für Berichtigungen und Verbesserungsvorschläge ist die Redaktion stets dankbar.

Korrekturhinweise bitte an folgende Anschrift:
KOMPASS-Karten GmbH
Karl-Kapferer-Straße 5, A-6020 Innsbruck
www.kompass.de/service/kontakt

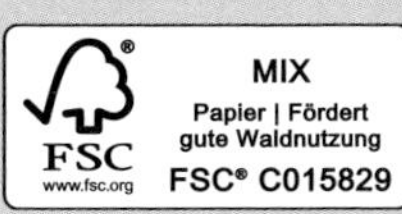

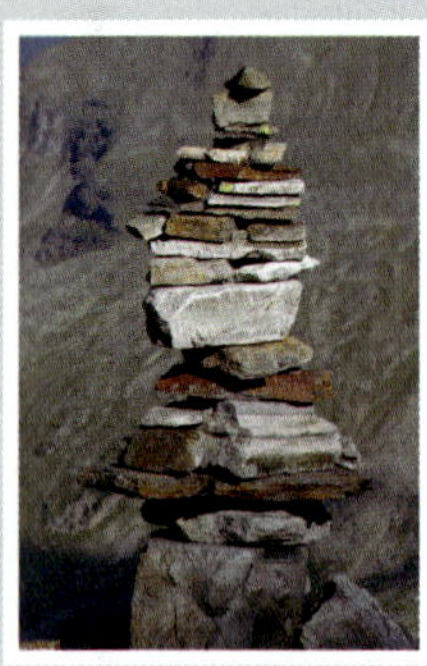

Infokästen des Naturparks Ötztal

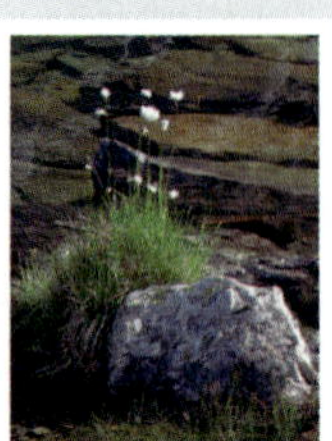

REGISTER

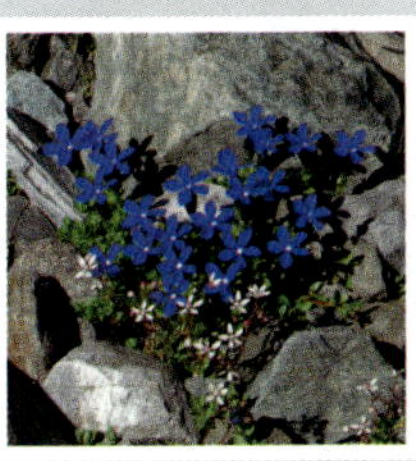

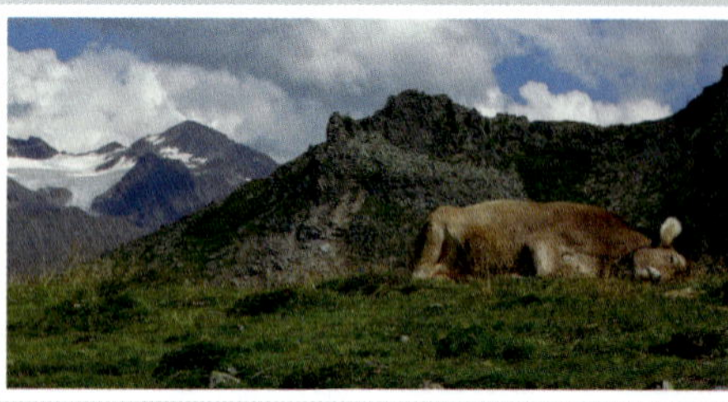